Gesammelte Prüfungsfälle Verfassungs- und Verwaltungsrecht

Originalklausuren

W0380685

Bearbeitet
von

Univ.-Prof. Dr. Stefan Storr
Mag.[a] Dr.[in] Renate Pirstner-Ebner (Hrsg)

Institut für Öffentliches Recht und Politikwissenschaft

2. Auflage

Mitautoren

M Law Myriam Becker, LL. M.

Mag.[a] Daniela Bereiter

Univ.-Prof. Dr. Christoph Bezemek, BA, LL. M.

Mag. Dr. Reinhard Jantscher

Mag. Dr. Philipp Lindermuth, I. I. LL. M.

Mag.[a] Scarlett Löscher

Mag. Dr. Thomas Mayer

Mag.[a] Christa Pail

Ass.-Prof. MMag. DDr. Jürgen Pirker

Mag.[a] Bukurije Zenuni

Wien 2018
MANZ'sche Verlags- und Universitätsbuchhandlung

ISBN 978-3-214-08581-0

Telefon: (01) 531 61-0
E-Mail: verlag@manz.at
www.manz.at
Druck: FINIDR s.t.o., Český Těšín

Vorwort

Das ist die zweite Auflage unseres Skriptums „Gesammelte Prüfungsfälle Verfassungs- und Verwaltungsrecht". Die erste Auflage 2014 ist sehr gut angenommen worden. Hierfür herzlichen Dank. Das zeigt uns, dass unser Konzept der strukturierten Lösungsvorschläge von den Studierenden geschätzt wird.

Für die zweite Auflage haben wir zehn neue Fälle und Lösungsvorschläge ausgewählt, die wir für didaktisch besonders gelungen halten. Von einer Überarbeitung der Fälle und Lösungsvorschläge der ersten Auflage, die schon wegen einer sich kontinuierlich ändernden Rechtslage (Gesetze und Verordnungen wurden aufgehoben, neu erlassen oder geändert, neue Rechtsprechung etc) erforderlich geworden wäre, haben wir abgesehen, weil es uns wichtiger war, möglichst aktuelle Originalklausuren zu präsentieren.

Das Lösen von Fällen ist die Hauptaufgabe von Juristinnen und Juristen. Deshalb konzentrieren wir am Institut für Öffentliches Recht und Politikwissenschaft der Karl-Franzens-Universität in Graz unsere Lehrveranstaltungen und Prüfungen auf Fälle und Methoden der Falllösung.

Das Lösen von Fällen muss geübt werden. Mit einem bloßen Lernen aus Lehrbüchern ist es nicht getan. Wichtig ist, die in dem Sachverhalt enthaltenen Probleme in einer sinnvollen Gliederung abzuarbeiten. Um dies den Studierenden zu erleichtern, haben wir am Ende unseres Fallbuchs eine Sammlung von Prüfungsschemata angefügt. An diesen Prüfungsschemata sollen sich die Fallbearbeiter/innen aber nicht „sklavisch" festhalten, sie sollen eine Orientierungshilfe bieten. Die Fallbearbeiter/innen sollen die Schemata vielmehr problem- und schwerpunktorientiert verwenden. Das Abprüfen der Schemata kann aber Sicherheit bei der Falllösung geben. Außerdem haben wir eine Anleitung zur Prüfungsvorbereitung und zum Lösen von Fällen beigegeben.

Unsere Musterlösungen sind als Lösungsvorschläge zu verstehen. Oft sind auch eine andere Argumentation und ein anderer Lösungsweg möglich. Die Lösungsvorschläge sind besonders ausführlich mit weiterführenden Hinweisen aus Rechtsprechung und Literatur verfasst, damit die Studierenden sich weiter informieren können.

Die vorliegende Fallsammlung ist aus dem Bestand unserer Fachprüfungen im Verfassungsrecht und im Verwaltungsrecht der vergangenen vier Jahre entstanden. Eine kleine Sammlung der wichtigsten relevanten steiermärkischen Gesetzestexte soll es den Studierenden aus allen Bundesländern ermöglichen, ohne die RIS-Datenbank die Fälle zu bearbeiten. Ohnehin bestehen in den Bundesländern ähnliche Rechtslagen. Kalender aus 2017 und 2018 sollen beim Lösen von Fristenproblemen Hilfestellung geben.

Ein Letztes: Die Fälle und die Lösungen sollen natürlich nicht auswendig gelernt werden. Es ist eine Binsenweisheit, dass jeder Fall anders ist und die Studierenden können sich darauf verlassen, dass „im Ernstfall", also bei der Klausur zur Fachprüfung sowieso ein anderer Fall gestellt werden wird. Den größten Übungs- und Lernerfolg wird haben, wer die Fälle zunächst „unter Klausurbedingungen" bearbeitet und erst danach seine Lösung mit unserer Falllösung abgleicht. Unklare Fragen und Wissenslücken sollten dann zeitnah angegangen werden.

Ein besonderer Dank geht an alle Mitautorinnen und -autoren. Über Anregungen und Kritik freuen wir uns und bitten, sie an folgende Anschrift zu richten:

Univ.-Prof. Dr. Stefan Storr
Karl-Franzens-Universität Graz
Institut für Öffentliches Recht und Politikwissenschaft
Universitätsstraße 15/C3
A-8010 Graz
stefan.storr@uni-graz.at

Mag.[a] Dr.[in] Renate Pirstner-Ebner
Karl-Franzens-Universität Graz
Institut für Öffentliches Recht und Politikwissenschaft
Universitätsstraße 15/C3
A-8010 Graz
renate.pirstner@uni-graz.at

Viel Erfolg wünschen der Herausgeber und die Herausgeberin des Fallbuches

Graz, im Februar 2018

Verzeichnis der Autorinnen und Autoren

M Law *Myriam Becker,* LL. M. ist seit 2016 wissenschaftliche Mitarbeiterin am Institut für Öffentliches Recht und Politikwissenschaft der Universität Graz.

Mag.[a] *Daniela Bereiter* ist seit 2016 wissenschaftliche Mitarbeiterin am Institut für Öffentliches Recht und Politikwissenschaft der Universität Graz.

Univ.-Prof. Dr. *Christoph Bezemek,* BA, LL. M. ist seit 2016 Professor am Institut für Öffentliches Recht und Politikwissenschaft der Universität Graz.

Mag. Dr. *Reinhard Jantscher* ist seit 2016 Konzipient bei der Eisenberger & Herzog Rechtsanwalts GmbH und war von 2012 bis 2016 wissenschaftlicher Mitarbeiter am Institut für Öffentliches Recht und Politikwissenschaft der Universität Graz.

Mag. Dr. *Philipp Lindermuth,* I. I. LL. M. ist Richter am Landesverwaltungsgericht Steiermark und war von 2008 bis 2013 wissenschaftlicher Mitarbeiter am Institut für Öffentliches Recht und Politikwissenschaft der Universität Graz.

Mag.[a] *Scarlett Löscher,* ist seit 2017 Konzipientin bei der Leissner Kovaricek Rechtsanwälte OG und war von 2013 bis 2017 wissenschaftliche Mitarbeiterin am Institut für Öffentliches Recht und Politikwissenschaft der Universität Graz.

Mag. Dr. *Thomas Mayer* ist Mitarbeiter am Amt der Steiermärkischen Landesregierung, Abteilung 7 – Gemeinden, Wahlen und ländlicher Wegebau und war von 2009 bis 2013 wissenschaftlicher Mitarbeiter am Institut für Öffentliches Recht und Politikwissenschaft an der Universität Graz.

Mag.[a] *Christa Pail* ist seit 2016 wissenschaftliche Mitarbeiterin am Institut für Öffentliches Recht und Politikwissenschaft der Universität Graz.

Ass.-Prof. MMag. DDr. *Jürgen Pirker* ist seit 2014 Assistenzprofessor am Institut für Öffentliches Recht und Politikwissenschaft der Universität Graz.

Mag.[a] Dr.[in] *Renate Pirstner-Ebner* ist wissenschaftliche Mitarbeiterin am Institut für Öffentliches Recht und Politikwissenschaft der Universität Graz.

Univ.-Prof. Dr. *Stefan Storr* ist seit 2008 Professor am Institut für Öffentliches Recht und Politikwissenschaft der Universität Graz.

Mag.[a] *Bukurije Zenuni* ist seit 2016 wissenschaftliche Mitarbeiterin am Institut für Öffentliches Recht und Politikwissenschaft der Universität Graz.

Inhaltsverzeichnis

Prüfungsschemata Verfassungrecht

Prüfungsschemata Verwaltungsrecht - formell

Prüfungsschemata Verwaltungsrecht - materiell

Literaturhinweise

I. Verfassungsrecht

Allgemeines Verfassungsrecht

Berka, Verfassungsrecht[6] (2016)
Grabenwarter/Holoubek, Verfassungs- und Allgemeines Verwaltungsrecht[3] (2016)
Kneihs, Verfassungs- und Allgemeines Verwaltungsrecht[5] (2017)
Mayer/Kucsko-Stadlmayer/Stöger, Bundesverfassungsrecht[11] (2015)
Öhlinger/Eberhard, Verfassungsrecht[11] (2016)
Stolzlechner/Bezemek, Einführung in das öffentliche Recht[7] (2018)
Wieser, Einführung in das Verfassungs- und Verwaltungsrecht[2] (2014)

Grundrechte

Adamovich/Funk/Holzinger/Frank, Österreichisches Staatsrecht III[2] (2015)
Bezemek, Grundrechte in der Rechtsprechung der Höchstgerichte (2016)
Hengstschläger/Leeb, Grundrechte[2] (2013)

II. Verwaltungsrecht

Allgemeines Verwaltungsrecht

Adamovich/Funk/Holzinger/Frank, Österreichisches Staatsrecht IV[2] (2017)
Kahl/Weber, Allgemeines Verwaltungsrecht[6] (2017)
Raschauer, Allgemeines Verwaltungsrecht[5] (2017)

Verwaltungsverfahrensrecht

Grabenwarter/Fister, Verwaltungsverfahrensrecht und Verwaltungsgerichtsbarkeit[5] (2016)
Hengstschläger/Leeb, Verwaltungsverfahrensrecht[5] (2014)
Kolonovits/Muzak/Stöger, Verwaltungsverfahrensrecht[10] (2014)
Schulev-Steindl, Verwaltungsverfahrensrecht[6] (2018)

Besonderes Verwaltungsrecht

Bachmann/Baumgartner/Feik/Fuchs/Giese/Jahnel/Lienbacher (Hrsg), Besonderes Verwaltungsrecht[11] (2016)
Bezemek/Eberhard/Grabenwarter/Holoubek/Lienbacher/Potacs/Vranes, Europäisches und öffentliches Wirtschaftsrecht I[11] (2016)
Kolonovits/Muzak/Perthold/Piska/Strejcek (Hrsg), Besonderes Verwaltungsrecht[2] (2017)
Poier/Wieser (Hrsg), Steiermärkisches Landesrecht III – Besonderes Verwaltungsrecht (2010)

III. Unionsrecht und österreichisches Recht

Öhlinger/Potacs, EU-Recht und staatliches Recht[6] (2017)

Hinweise zur Prüfungsvorbereitung

Die Fächer des Öffentlichen Rechts werden an den österreichischen Hochschulen zumeist in schriftlicher Form geprüft. Den gegenüber mündlichen Prüfungen unterschiedlichen Anforderungen sollten die Studierenden bereits bei der Prüfungsvorbereitung Rechnung tragen. Gegenstand schriftlicher Prüfungen ist nicht die Wiedergabe von Lernwissen, sondern die rechtliche Würdigung eines vorgegeben Sachverhalts. Daher sollte die optimale Prüfungsvorbereitung neben der Wissensaneignung auch das selbständige Lösen von Fällen umfassen.

Grundlage jeder positiv absolvierten Prüfung ist die Aneignung des Lernstoffs, der den Stoffabgrenzungen der Institute zu entnehmen ist. Dabei ist es ratsam, die Grundlehrveranstaltungen, die der Wissensvermittlung dienen, zu besuchen. In diesen wird das komplexe Stoffgebiet in kleinere Portionen aufgeteilt, die in didaktisch sinnvoller Weise serviert werden.

Repetitio mater studiorum est – die Wiederholung ist die Mutter der Studien, wussten schon die alten Römer. Die berühmte Vergessenskurve des deutschen Psychologen Hermann Ebbinghaus zeigt, dass ohne Wiederholung bis zu 75% des Gelernten innerhalb von zwei Tagen wieder vergessen wird. Verantwortlich dafür ist das Kurzzeitgedächtnis, das wie ein Filter in unserem Kopf arbeitet und weniger Relevantes schnell wieder vergisst. Um dem entgegenzuwirken, dass das Gehirn das öffentliche Recht in die Kategorie unwichtigen Wissens einreiht, sollte der Stoff jeder Lehrveranstaltungseinheit binnen 24 Stunden wiederholt werden, sodass das Wissen vom Kurz- in das Langzeitgedächtnis befördert wird. Anschließend reicht eine weitere Wiederholung nach einer Woche, um den Lernstoff nahezu vollständig zu behalten. Ohne Wiederholung hingegen ist das in der Lehrveranstaltung Gehörte binnen eines Monats vergessen und es wäre eine aus gedächtnistheoretischer Sicht zum Lehrveranstaltungsbesuch gleichwertige, aber ungleich entspannendere Lernmethode gewesen, sich auszuschlafen und dabei das Lehrbuch unter den Kopfpolster zu legen.

Nach dem Erlernen des Stoffgebiets und dem Studium der einschlägigen Gesetzestexte muss die Falllösung geübt werden. Die bloße, unreflektierte Wiedergabe von Lehrbuchwissen bringt bei der Prüfung keine Punkte, vielmehr muss das Wissen auf die rechtlichen Problemstellungen des Sachverhalts angewendet und in einen stringenten Aufbau gebracht werden. Wenn Sie einen Fall im Selbststudium lösen, betrügen Sie sich nicht selbst. Mag der Blick in die Lösungsskizze auch noch so verlockend sein, so führt er dazu, dass Sie nur eine fremde Leistung reproduzieren und sich über Ihr eigenes Leistungsvermögen täuschen.

Um sich mit der Prüfungssituation vertraut zu machen, sollten Sie diese simulieren und somit „den Ernstfall proben". Verwenden Sie nur die Unterlagen, die auch bei der Prüfung erlaubt sind, somit unkommentierte Gesetzestexte. Vergleichen Sie dann Ihre Falllösung Punkt für Punkt mit der Musterlösung. Dabei sollten Sie nicht nur auf den Inhalt achten, sondern auch auf die Struktur sowie die Argumentation der Musterlösung. Dadurch können Sie beurteilen, ob Ihre Lösung nachvollziehbarer aufgebaut ist oder besser argumentiert werden hätte können – Aufbau und Argumentationsfähigkeit sind Kriterien, die auch bei der Fachprüfung beurteilt werden. Zur Schulung Ihrer Argumentationsfähigkeit empfiehlt sich die Lektüre höchstgerichtlicher Entscheidungen, die Ihnen Einblicke in juristische Argumentationstechniken bietet.

Zu guter Letzt: Eine sorgfältige Prüfungsvorbereitung, die das selbständige Lösen von Fällen einschließt, ist nicht nur ob der Erfolgsaussichten bei der Prüfung, sondern auch deshalb ratsam, weil Sie in Ihrer späteren beruflichen Praxis dem öffentlichen Recht mit Sicherheit wieder begegnen werden. Dann werden Sie froh sein, zur ersten Orientierung auf rasch abrufbare Grundkenntnisse zurückgreifen zu können und das weite Feld des öffentlichen Rechts nicht als „terra incognita" zu betreten.

Philipp Lindermuth

Tipps zur juristischen Falllösung[1])

Sinn: Das Lehrbuchwissen alleine hilft oft nicht, genau das zu erkennen, was bei einer Prüfung verlangt wird. Die juristische Falllösung soll dazu dienen, bei den Studentinnen und Studenten ein gewisses Problembewusstsein zu schaffen und in weiterer Folge auch zu schärfen. In der späteren juristischen Praxis wird man nämlich meist damit konfrontiert, dass man einen Rechtsfall entweder selbst lösen muss, oder für andere beratend tätig werden soll. Dementsprechend kann man bei Diplomprüfungen zwischen einem Entscheidungsstil (zB: „*Wie ist im vorliegenden Fall zu entscheiden? Wie hat der VfGH zu entscheiden?*") oder einem Gutachtenstil (etwa „*Prüfen Sie rechtsgutachterlich, indem Sie auf alle aufgeworfenen Fragen eingehen ...*"; „*Wie ist die Rechtslage?*") unterscheiden. Nach diesem Schema sind auch die Diplomprüfungen aufgebaut. Ein allgemeines Planschema gibt es im Öffentlichen Recht nicht. Wichtig bleibt, dass man einen konkret vorgegebenen Sachverhalt rechtlich würdigt, da eine bestimmte Rechtsfolge daran geknüpft wird.

Genaue Lektüre des Sachverhalts und der beigefügten Gesetzestexte: Man sollte sich zu Beginn der Prüfung Zeit nehmen, den Sachverhalt genau durchzulesen. Alles, was die Fallgestalter/innen in den Sachverhalt verpackt haben, ist wichtig. Man sollte dem Fall nichts hinzu interpretieren und am Sachverhalt selbst nichts verändern. Lesen Sie den gesamten Fall öfter als einmal durch. Wenn die Fallgestalter/innen Passagen aus Gesetzestexten im Anhang anführen, müssen diese selbstverständlich auch verwendet werden. Die Erstellung eines Konzeptpapiers kann hilfreich sein. Achten Sie beim Durchlesen auf jedes Detail (Fristen, Datum, Personen, Orte).

Die Fragestellung und das Konzept: Die in der Diplomprüfung gestellten Fragen sollte man zu gewichten versuchen. Es ist daher schon bei der Erstellung des Konzeptes wichtig, dass man ungefähr weiß, dass eine Frage schwerer gewichtet ist als eine andere. Mitunter gibt der Fallgestalter zur Ausführlichkeit der Antworten gewisse Anleitungen in der Frageformulierung selbst vor („*Erläutern Sie eingehend und ausführlich ...*". Diese Angabe lässt auf eine höhere Gewichtung schließen als zB „*Skizzieren Sie ...*" oder „*Erläutern Sie in groben Zügen ...*"). Da viele Studierende den Gutachtenstil als schwer empfinden, wird insbesondere in den Klausurenpraktika und Repetitorien darauf Wert gelegt, beide „Stile" zu simulieren, und zwar in echten Prüfungssituationen mit Zeitvorgabe. Nebenbei empfiehlt es sich, seine Falllösungstechnik hinsichtlich Entscheidungs- und Gutachtenstil – aber auch Lernfragen generell –, mittels alter Diplomprüfungsfälle zu verfeinern. Sofern mehrere Fragen gestellt werden, sollten mögliche Zusammenhänge zwischen den einzelnen Fragen beachtet werden. Erst dann kann in groben Zügen ein erstes Konzept als Leitfaden erstellt werden.

Gesetzeszitate genau belegen und subsumieren: zB „ *... eine Erkenntnisbeschwerde gemäß Art 144 Abs 1 B-VG kann erheben ...*", „*eine Bescheidbeschwerde gem Art 130 Abs 1 Z 1 B-VG kann erheben ...*". Ausführungen ohne einen konkreten Gesetzesbezug sind unvollständig und werden bei der Korrektur nicht voll bepunktet. Der vorgegebene Sachverhalt ist unter die einschlägigen Gesetzesbestimmungen zu subsumieren. Nur die Darstellung der Rechtslage ist zu wenig.

Herstellung eines Fallbezuges: Unnötige Ausschweifungen mit Lernwissen ohne einen konkreten Fallbezug sind tunlichst zu vermeiden. Reines Lernwissen wird erst dann relevant, wenn der Fallgestalter Lernfragen als Zusatzfragen oder einfache Fragen zur Sichtung eines fachlichen Hintergrundes zu Beginn der Prüfung stellt. Unnötiges Abschweifen während der Fachprüfung wird in der Regel nicht mit Zusatzpunkten belohnt.

Juristische Fachtermini und Sprache: Grundsätzlich sollten juristische Fachtermini verwendet werden. Die Sätze sollten kurz und einfach sein. Auch sollte durch eine konzise Gliederung die genaue Gedankenführung der Studierenden deutlich werden. Zum optischen Äußeren zählt auch die Verwendung eines klaren Schriftbildes. Nicht lesbare Ausführungen können nicht bepunktet werden. Wendungen wie „*zweifelsfrei*", „*es ist offensichtlich*", sind zu vermeiden, denn die Diktion sollte sich einerseits durch eine klare und präzise Sprache auszeichnen, andererseits sind solche Füllwörter keine Argumente.

Vermeidung von Widersprüchen: Wenn man sich für einen Standpunkt entschieden hat, sollte man die gewählte Linie auch bis zum Ende durchhalten, und nicht an einem anderen Teil der Fachprüfung das gegenteilige Argument vertreten.

Zeitmanagement: Während der Prüfung ist ein optimales Zeitmanagement wichtig, wobei es hier keine allgemein gültige Richtschnur gibt. Zweckmäßig erscheint es zB bei der vierstündigen Diplomprüfung aus Verfassungsrecht bzw Verwaltungsrecht, nicht länger als eine Stunde für Vorüberlegungen bzw für eine vorläufige Lösungsskizze oder das Konzept aufzuwenden.

Lernen: Was das Lernen für die Diplomprüfungen aus Öffentlichem Recht betrifft, gilt der gleiche Grundsatz wie bei anderen schriftlichen Prüfungen: Einteilung ist alles! Abgesehen von den angebotenen Kursen, wo man durch Mitarbeit und Zwischenklausur zum Mitlernen angeregt wird, sollte man sich auf jeden Fall auch durch den Besuch von Vorlesungen vorbereiten. Die Vorbereitung für den Kurs reicht noch lange nicht für das Bestehen der Diplomprüfungen, da hier nur ausgewählte Bereiche des Öffentlichen Rechts behandelt werden.

---

[1]) Vgl die zur Falllösungstechnik ebenfalls relevanten Hinweise in *Poier*, Verfassungsrecht und Allgemeine Staatslehre-Prüfungsfälle und Lösungsvorschläge in systematischer Bearbeitung[4] (2011) 17 ff; *Trofaier-Leskovar*, Tipps und Tricks zur Prüfungslösung, in *Hanslik/Trofaier-Leskovar/Fister* (Hrsg), Casebook Öffentliches Recht[2] (2014) 13 ff; *Müller/Wallnöfer/Wimmer* (Hrsg), Fallbuch Verwaltungs-, Verwaltungsstraf- und Verwaltungsverfahrensrecht[4] (2017) XV ff.

Die Prüfungsspekulation: Dass man sich auf den jeweiligen Prüfer bzw die jeweilige Prüferin einstellt ist zwar gut, man sollte sich aber immer vor Augen halten, dass – obwohl dieser bzw diese zB in vorangegangen Diplomprüfung immer nur Fälle gegeben hat – durchaus auch Fragen aus der Verwaltungslehre geprüft werden können. Des Weiteren sollte man sich nicht wundern, wenn der Sachverhalt zB einen Unionsrechtsbezug aufweist. Deshalb der Tipp: Möglichst viele Fälle (auch mit „unüblichen" Sachverhalten) lösen, und jene unklaren Gebiete anhand des Lehrbuches wiederholen.

Thomas Mayer

Von Stefan Storr und Bukurije Zenuni

✐ Meine Notizen

Fall 1: Lang gehegter Kinderwunsch

Schwerpunkte: Parteiantrag auf Normenkontrolle; Eigentumsgarantie; Erwerbsfreiheit; Gleichheitssatz; repräsentativ-demokratisches Grundprinzip; Grundsatz des freien Mandats; Recht auf Familienleben; Recht auf persönliche Freiheit und Freizügigkeit der Person; Recht auf Leben und Verbot unmenschlicher Behandlung

SACHVERHALT[1])

Teil 1: Nach jahrelangem Kinderwunsch wird Sonja Sorglos (S) mit 47 Jahren endlich schwanger. Aufgrund ärztlicher Empfehlung lässt sie eine Fruchtwasserpunktion durchführen. Bei der Fruchtwasserpunktion handelt es sich um eine genetische Analyse, bei der Zellen des Fötus aus dem Fruchtwasser entnommen und einer Chromosomenanalyse unterzogen werden. Dadurch können sowohl die Struktur als auch die Anzahl der Chromosomen ermittelt werden. S erfährt, dass ihr noch ungeborenes Kind mit einer 80%-Wahrscheinlichkeit am Down-Syndrom („Trisomie 21"), einer Keimbahnmutation, die auf Nachkommen vererbt wird, leiden wird.

S hatte schon lange das Bestreben, sich privat versichern zu lassen, wobei sie nun aufgrund ihrer Schwangerschaft so schnell wie möglich eine private Krankenversicherung abschließen möchte. S will den Vertrag bei der „Versicherung GmbH" (V) abschließen. Sowohl S als auch ihr ungeborenes Kind sollen von der Versicherung umfasst sein. V weist die S auf ihre Anzeigepflicht hin, wonach der Versicherungsnehmer bei Abschluss eines Vertrages verpflichtet ist, dem Versicherer sämtliche risikorelevante Gesundheitsinformationen mitzuteilen.

S ist verunsichert und weiß nicht, ob sie V auch die Daten der Ergebnisse der genetischen Analyse vorlegen muss. Im Internet findet sie Hinweise, dass sie Ergebnisse einer genetischen Analyse gem § 67 GTG iVm § 11a Abs 1 VersVG nicht vorlegen muss. Deshalb verschweigt sie der V die Ergebnisse der Fruchtwasserpunktion, übermittelt ihr aber alle sonstigen medizinischen Unterlagen.

Erst nach der Geburt ihres Sohnes Kevin (K) erzählt S ihrer Freundin (F) von den Ergebnissen der Fruchtwasserpunktion und davon, dass sie wusste, dass ihr Sohn mit einer Wahrscheinlichkeit von 80% an der Krankheit „Trisomie 21" leiden werde. F berichtet dies einem Mitarbeiter von V.

In weiterer Folge geht S ein Schreiben von V zu, in dem ihr mitgeteilt wird, dass S zwar weiterhin noch versichert ist, ihr Sohn K aber nicht. Da S schon vor Vertragsabschluss gewusst habe, dass K wahrscheinlich mit einer genetischen Krankheit zur Welt kommen werde, habe sie ihre Anzeigepflicht verletzt und V über den Gesundheitszustand des K getäuscht. V ficht die Annahme des Antrages auf Abschluss eines Versicherungsvertrages an und lehnt den K als Versicherungsnehmer ab.

S erhebt daraufhin namens des K Klage beim zuständigen ordentlichen Gericht auf Feststellung des Bestehens eines Versicherungsvertrages zwischen K und V. Das Gericht stellt das Fortbestehen des Versicherungsvertrages zwischen V und K fest, weil keine arglistige Täuschung gem § 870 ABGB bei Vertragsabschluss vorgelegen habe.

V erhebt sogleich Berufung gegen das Urteil und will die Gelegenheit ergreifen, um die Aufhebung der § 67 GTG iVm §11a Abs 1 VersVG verfassungsgerichtlich zu erwirken. Nach einer Sitzung des Vorstands der V eine Woche nach der Berufungserhebung wird daher beschlossen, beim VfGH die Aufhebung des Gesetzes zu erwirken. Die Vorschriften würden V in mehreren Grundrechten verletzen. Das Verbot der Annahme und Verwertung von Ergebnissen der genetischen Analysen und vor allem

1) Es handelt sich um die überarbeitete Version des Fachprüfungsfalles Verfassungsrecht vom Mai 2017.

Meine Notizen

diese wissenschaftlich nicht begründbare Typenregelung sei in wirtschaftlicher Hinsicht sehr nachteilig. V könne durch das Verbot weder eine Prüfung der Annahme von Versicherungsverträgen, noch eine Prüfung von Leistungsfällen angemessen durchführen. Zumindest Typ-1-Analysen sollten verwendet werden dürfen, zumal nicht einzusehen sei, weshalb Informationen, die durch andere als genetische Analysen gewonnen werden, durchaus erhoben, verlangt und verwerten werden dürften.

Auch der „Bund Österreichischer Versicherungen" (B), der sich dem Anliegen der V anschließt, will im Interesse seiner Mitglieder die Aufhebung der § 67 GTG iVm § 11 a Abs 1 VersVG erwirken und einen eigenen Antrag beim VfGH einreichen.

Bearbeitungsvermerk:

Prüfen Sie in einem umfassenden Rechtsgutachten, das auf alle aufgeworfenen Rechtsfragen eingeht, ob und wie sich V und B an den VfGH wenden können und ob ein Rechtsbehelf Aussicht auf Erfolg haben wird.

<u>Teil 2:</u> Nach dem Einzug der Partei „Die Gelben" in den Steiermärkischen Landtag soll endlich „die Stimme des Volkes regieren". Laut der „Gelben" könne dies nur durch die direkte Einbeziehung des Volkes in die Gesetzgebung geschehen. Sie will, dass das Volk durch Volksbegehren die Erlassung, Änderung oder Aufhebung von Gesetzen, einschließlich der Landesverfassungsgesetze, direkt mitbestimmen kann. Das Stmk L-VG ist schnell – bei entsprechenden Anpassungen der bisherigen Bestimmungen über Volksbegehren und Volksabstimmungen – abgeändert. Der neue Art 69 a Abs 6 Stmk L-VG sieht vor, dass eine von der Mehrheit der Stimmberechtigten unterstützte Gesetzesinitiative auch gegen den Willen des Landtages Gesetz werden kann.

Schon bald nach Inkrafttreten des Art 69 a Abs 6 Stmk L-VG erreicht die Steiermark eine neue Flüchtlingswelle. Am Grenzübergang Spielfeld kommen jeden Tag etwa 1800 neue Flüchtlinge an und warten dort auf ihre Einreise. Die Verunsicherung in der Bevölkerung wächst. Die Gelben nehmen die Ängste der Bevölkerung ernst und verschiedene Parteimitglieder initiieren ein Volksbegehren zur Erlassung eines Gesetzes mit dem Titel „Verbot des Eintritts von Flüchtlingen in das Bundesland Steiermark". Das Volksbegehren kommt mit einer Zustimmung von 32% der Stimmberechtigten zustande und wird dem Landtag vorgelegt. Dieser beschäftigt sich mit der Frage, ob er einen dem Volksbegehren inhaltlich entsprechenden Gesetzesbeschluss fassen soll. Letztlich lehnt der Landtag das aber ab, weshalb das Volksbegehren einer Volksabstimmung unterzogen wird. Die Mehrheit der Stimmberechtigten stimmt dafür, dem Volksbegehren Rechnung zu tragen. Daraufhin fasst der Landtag gem Art 69 a Abs 6 Stmk L-VG einen dem Volksbegehren inhaltlich entsprechenden Gesetzesbeschluss. Es wird das Landesgesetz über das Verbot des Eintritts von Flüchtlingen in das Bundesland Steiermark erlassen und im Gesetzblatt veröffentlicht.

Bearbeitungsvermerk:

Erstellen Sie ein umfassendes Rechtsgutachten, das auf alle aufgeworfenen Rechtsfragen eingeht, zur Verfassungsmäßigkeit des Landesgesetzes über das Verbot des Eintritts von Flüchtlingen in das Bundesland Steiermark.

ANLAGE

Bundesgesetz, mit dem Arbeiten mit gentechnisch veränderten Organismen und die Anwendung von Genanalyse und Gentherapie am Menschen geregelt werden (Gentechnikgesetz – GTG)

§ 4. Im Sinne dieses Bundesgesetzes bedeuten:

. . . **23.** Genetische Analyse: Laboranalyse, die zu Aussagen über konkrete Eigenschaften hinsichtlich Anzahl, Struktur oder Sequenz von Chromosomen, Genen oder DNA – Abschnitten oder von Produkten der DNA und deren konkrete chemische Modifikationen führt, und die damit nach dem Stand von Wissenschaft und Technik Aussagen über einen Überträgerstatus, ein Krankheitsrisiko, eine vorliegende Krankheit oder einen Krankheits- oder Therapieverlauf an einem Menschen ermöglicht.

§ 65. (1) Genetische Analysen am Menschen zu medizinischen Zwecken dürfen nur nach dem Stand von Wissenschaft und Technik durchgeführt werden. Sie werden in vier Typen unterschieden:

Meine Notizen

1. Typ 1 dient der Feststellung einer bestehenden Erkrankung, der Vorbereitung einer Therapie oder Kontrolle eines Therapieverlaufs und basiert auf Aussagen über konkrete somatische Veränderung von Anzahl, Struktur, Sequenz oder deren konkrete chemische Modifikationen von Chromosomen, Genen oder DNA-Abschnitten
2. Typ 2 dient der Feststellung einer bestehenden Erkrankung, welche auf einer Keimbahnmutation beruht
3. Typ 3 dient der Feststellung einer Prädisposition für eine Krankheit, insb der Veranlagung für eine möglicherweise zukünftig ausbrechende genetisch bedingte Erkrankung oder Feststellung eines Überträgerstatus, für welche nach dem Stand von Wissenschaft und Technik Prophylaxe oder Therapie möglich sind
4. Typ 4 dient der Feststellung einer Prädisposition für eine Krankheit, insb der Veranlagung für eine möglicherweise zukünftig ausbrechende genetisch bedingte Erkrankung oder Feststellung eines Überträgerstatus, für welche nach dem Stand von Wissenschaft und Technik keine Prophylaxe oder Therapie möglich sind.

§ 67. Arbeitgebern und Versicherern einschließlich deren Beauftragten und Mitarbeitern ist es verboten, Ergebnisse von genetischen Analysen von ihren Arbeitnehmern, Arbeitsuchenden oder Versicherungsnehmern oder Versicherungswerbern zu erheben, zu verlangen, anzunehmen oder sonst zu verwerten. Von diesem Verbot sind auch das Verlangen nach Abgabe und die Annahme von Körpersubstanz für genanalytische Zwecke umfasst.

RV 1465 BlgNR 18. GP, 63: Zielsetzung § 67 GTG

„Das hier umschriebene Verbot dient dem Schutz des sozial Schwächeren in Rechtsverhältnissen, bei denen eine wirtschaftliche Abhängigkeit besteht, das heißt im Fall eines Arbeitssuchenden bei allen Arten von Arbeitsverhältnissen und arbeitsähnlichen Verhältnissen; als Arbeitgeber gelten auch die Dienstgeber. Darüber hinaus soll auch die freiwillige Vorlage von Analyseergebnissen durch Arbeitnehmer, Versicherungsnehmer usw unterbunden werden: Schutzziel dieser Bestimmung ist die genetische Privatsphäre des einzelnen Menschen, deren Unantastbarkeit vor allem in jenen Fällen nicht gewährleistet ist, wo der einzelne faktischen Zwangssituationen, wie sie im Erwerbsleben gegeben sein können, unterliegt."

Bundesgesetz über den Versicherungsvertrag (Versicherungsvertragsgesetz – VersVG)

§ 11 a. (1) Der Versicherer darf im Zusammenhang mit Versicherungsverhältnissen, bei welchen der Gesundheitszustand des Versicherten oder eines Geschädigten erheblich ist, personenbezogene Gesundheitsdaten verwenden, soweit dies
1. zur Beurteilung, ob und zu welchen Bedingungen ein Versicherungsvertrag abgeschlossen oder geändert wird, oder
2. zur Verwaltung bestehender Versicherungsverträge oder
3. zur Beurteilung und Erfüllung von Ansprüchen aus einem Versicherungsvertrag unerläßlich ist. Das Verbot der Verwendung von Daten aus genetischen Analysen gemäß § 67 Gentechnikgesetz bleibt unberührt.

§ 16. (1) Der Versicherungsnehmer hat beim Abschluß des Vertrages alle ihm bekannten Umstände, die für die Übernahme der Gefahr erheblich sind, dem Versicherer anzuzeigen. Erheblich sind jene Gefahrumstände, die geeignet sind, auf den Entschluß des Versicherers, den Vertrag überhaupt oder zu den vereinbarten Bestimmungen abzuschließen, einen Einfluß auszuüben. Ein Umstand, nach welchem der Versicherer ausdrücklich und in geschriebener Form gefragt hat, gilt im Zweifel als erheblich.

Allgemeines bürgerliches Gesetzbuch (ABGB)

§ 870. Wer von dem anderen Teile durch List oder durch ungerechte und gegründete Furcht (§ 55) zu einem Vertrage veranlaßt worden, ist ihn zu halten nicht verbunden.

Landesgesetz über das Verbot des Eintritts von Flüchtlingen in das Bundesland Steiermark (LGVEF – fiktiv)

§ 1. Ziel dieses Landesgesetzes ist der Schutz der Bevölkerung.
§ 2. Flüchtlingen ist die Einreise in das Bundesland Steiermark verboten.

✐ Meine Notizen

Steiermärkisches Landesverfassungsgesetz (Stmk L-VG)

Art 69 a (1) Durch Volksbegehren kann die Erlassung, Änderung oder Aufhebung von Gesetzen, einschließlich der Verfassungsgesetze, verlangt werden.

(2) Volksbegehren in Angelegenheiten der Gesetzgebung können in der Form der einfachen Anregung oder des ausgearbeiteten Gesetzentwurfes gestellt werden.

(3) Volksbegehren auf Aufhebung oder Änderung eines Gesetzes können erst drei Jahre nach Inkrafttreten desselben gestellt werden.

(4) Volksbegehren in Angelegenheiten der Gesetzgebung, die von wenigstens 5000 Stimmberechtigten oder von wenigstens zehn Gemeinden auf Grund von Gemeindevertretungsbeschlüssen gestellt werden, sind dem Landtag zur Entscheidung darüber vorzulegen, ob er dem Volksbegehren Rechnung tragen will oder nicht.

(5) Lehnt es der Landtag ab, einem Volksbegehren, das von wenigstens 20 v.H. der Stimmberechtigten gestellt wurde, Rechnung zu tragen, so ist es der Volksabstimmung zu unterziehen.

(6) Hat der Landtag beschlossen oder das Landesvolk durch Volksabstimmung entschieden, daß dem Volksbegehren Rechnung zu tragen ist, so hat der Landtag einen dem Volksbegehren inhaltlich entsprechenden Gesetzesbeschluß zu fassen.

LÖSUNGSVORSCHLAG

Teil 1

I. Parteiantrag der V[2])

V steht die Möglichkeit offen, gegen § 67 GTG iVm §11a Abs 1 VersVG einen Parteiantrag auf Normenkontrolle gem Art 140 Abs 1 Satz 1 Z 1 lit d B-VG, §§ 62ff VfGG zu erheben. Diesen Antrag kann sie als Partei eines zivilgerichtlichen Verfahrens vor einem ordentlichen Gericht stellen, das in erster Instanz über die Rechtssache entschieden hat. Außerdem muss sie ein Rechtsmittel gegen das Urteil erster Instanz erheben.

A. Zulässigkeit eines Parteiantrages auf Normenkontrolle (Art 140 Abs 1 Satz 1 Z 1 lit d B-VG, §§ 62ff VfGG)

1. Antragsteller

Die V ist eine inländische juristische Person und als solche grundsätzlich berechtigt, einen Parteiantrag auf Normenkontrolle zu stellen. V war auch Partei des erstinstanzlichen Verfahrens und hat Berufung gegen die Entscheidung des erstinstanzlichen Gerichts erhoben. Folglich kann der Antrag von V gestellt werden.[3]) Da V zwar partei-, aber nicht prozessfähig ist, muss sie sich durch eine natürliche Person organschaftlich vertreten lassen (§§ 1ff ZPO iVm § 35 VfGG).

2. Prüfungsgegenstand

Prüfungsgegenstand des Parteiantrages auf Normenkontrolle ist jedes Gesetz, das ein ordentliches Gericht bei der Entscheidung der Rechtssache angewendet hat.[4]) Eine Ausnahme nach § 62a VfGG ist nicht ersichtlich. V will Teile des § 67 GTG sowie § 11a Abs 1 VersVG überprüfen lassen. Dabei handelt es sich um taugliche Prüfungsgegenstände.

3. Antragslegitimation

V muss behaupten, in einem verfassungsrechtlich gewährleisteten Recht verletzt zu sein. Die Prozessvoraussetzungen eines Parteiantrages sind die Parteistellung im erstinstanzlichen Verfahren sowie die rechtzeitige und zulässige Erhebung eines Rechtsmittels gegen diese Entscheidung (Art 140 Abs 1 Satz 1 lit d B-VG, § 62a Abs 1 VfGG).

Der Parteiantrag muss „aus Anlass" (Art 140 Abs 1 Satz 1 lit d B-VG) eines gegen die gerichtliche Entscheidung erhobenen Rechtsmittels gestellt werden. V hat den Antrag jedoch nicht gleichzeitig mit der Berufung erhoben, sondern eine Woche später.

2) Vgl VfGH 8. 10. 2015, G 20/2015-13, G 281/2015-8.
3) VfGH 2. 7. 2016, G 95/2016 Rz 18ff.
4) VfGH 2. 7. 2016, G 95/2016 Rz 38f.

Meine Notizen

Aber das B-VG verlangt keine gleichzeitige Antragstellung, sondern eine Antragstellung „aus Anlass". Daraus kann abgeleitet werden, dass der Antrag weder gleichzeitig mit dem Rechtsmittel, noch in einem unmittelbaren zeitlichen Zusammenhang mit diesem erhoben werden muss.[5]) Für einen Parteiantrag auf Normenkontrolle reicht es aus, dass überhaupt ein Rechtsmittel erhoben worden ist.[6])

Rechtzeitig ist der Parteiantrag gestellt, wenn der Rechtsmittelwerber diesen innerhalb der Rechtsmittelfrist stellt.[7]) V muss daher ein Rechtsmittel gegen die in erster Instanz entschiedene Rechtssache im ordentlichen Gerichtsverfahren erheben und innerhalb der Rechtsmittelfrist einen Parteiantrag auf Normenkontrolle stellen. Unter der Voraussetzung, dass V rechtzeitig Berufung erhoben hat, schadet es folglich nicht, wenn der Parteiantrag erst eine Woche später gestellt wird, solange das noch innerhalb der Berufungsfrist erfolgt.

4. Präjudizialität

Das vom VfGH zu prüfende Gesetz muss präjudiziell sein. Nach § 62 Abs 2 VfGG heißt das, dass der Antrag auf Aufhebung eines Gesetzes nur dann gestellt werden kann, wenn das Gesetz vom Gericht in der anhängigen Rechtssache unmittelbar anzuwenden bzw wenn die Verfassungsmäßigkeit des Gesetzes eine Vorfrage für die Entscheidung der beim Gericht anhängigen Rechtssache ist oder nach Ansicht der Antragsteller wäre. Nach der Rsp des VfGH zu Art 140 Abs 1 B-VG vor Einführung der Parteibeschwerde muss die rechtswidrige generelle Norm Erzeugungsbedingung für den zu setzenden Akt sein oder die Rechtsmäßigkeit der Norm muss im Verfahren eine Vorfrage sein. Ein Mangel der Präjudizialität liegt vor, wenn das offensichtlich nicht der Fall ist oder wenn es denkunmöglich ist, dass das angefochtene Gesetz vom Gericht anzuwenden ist.[8]) Jedenfalls präjudiziell sind die vom Erstgericht tatsächlich angewendeten Normen. Sowohl wegen § 62 Abs 2 VfGG als auch wegen der systematischen Parallelität aller Verfahren auf Gesetzesprüfung an den VfGH kann diese Rsp zur Präjudizialität auf Parteibeschwerden übertragen werden.[9])

Daten der Fruchtwasserpunktion werden gem § 65 Abs 1 Z 2 GTG im Rahmen einer genetischen Analyse des Typs 2 gewonnen, da mit dieser Untersuchung bestehende Erkrankungen, welche auf einer Keimbahnmutation beruhen, festgestellt werden. Nach § 67 GTG iVm § 11a VersVG darf ein Versicherer Daten von genetischen Analysen nicht annehmen und verwerten. V hat seine Annahme des Antrags auf Abschluss eines Versicherungsvertrages angefochten, weil die S ihm die Ergebnisse der Fruchtwasserpunktion verschwiegen hat. V führt als Anfechtungsgrund eine arglistige Täuschung (§ 870 ABGB) der S an. Die streitmaßgebliche Rechtsvorschrift für das erstinstanzliche Erkenntnis ist § 870 ABGB, wobei das Gericht auch § 67 GTG iVm § 11a VersVG anzuwenden hatte bzw jedenfalls zu beurteilen gehabt hätte. Nach diesen Vorschriften durfte V das Ergebnis der genetischen Analyse nämlich nicht verwenden. Da auch die Normen, die nicht angewendet wurden, aber richtigerweise hätten angewendet werden müssen, für den konkreten Fall präjudiziell sind, ist die Präjudizialität für den Parteiantrag auf Normenkontrolle im konkreten Fall gegeben.

5. Form

Die Formerfordernisse ergeben sich aus den §§ 15, 17, 62, 62a VfGG. Der Parteiantrag muss schriftlich eingebracht werden. V muss gegen die Bestimmungen bestehende Bedenken im Einzelnen darlegen und den Umfang der zu prüfenden Bestimmungen festlegen (§ 62 Abs 1 VfGG). Er muss darlegen, inwiefern das Gericht das Gesetz unmittelbar anzuwenden gehabt hätte und welche Bedenken gegen die Verfassungsmäßigkeit des in Frage stehenden Gesetzes bestehen (§ 62 Abs 1 VfGG).

V hat den Prüfungsgegenstand des Parteiantrags auf Normenkontrolle dergestalt abzugrenzen, dass der Gegenstand des Verfahrens das Verbot der Erhebung und der Verwertung der Daten aus genetischen Analysen ist. Die Bedenken des V richten sich gegen § 67 GTG und § 11a VersVG, umfassen aber nicht die gesamte Vorschrift, sondern nur, soweit Versicherer betroffen sind. Der Parteiantrag muss deshalb eingeschränkt werden und hat das Begehren zu enthalten, die Worte „und Versicherern"

5) *Berka*, Verfassungsrecht[6] (2016) Rz 1085c.
6) VfGH 2. 7. 2016, G 95/2016 Rz 45f.
7) VfGH 2. 7. 2016, G 95/2016 Rz 56.
8) Siehe VfSlg 9906, 9911, 13.424, 16.244.
9) *Öhlinger/Eberhard*, Verfassungsrecht[11] (2016) Rz 1026a; *Mayer/Kucsko-Stadlmayer/Stöger*, Bundesverfassungsrecht[11] (2015) Rz 1158.

Meine Notizen

und „oder Versicherungsnehmern oder Versicherungswerber“ in § 67 GTG sowie die in § 11a Abs 1 VersVG enthaltene Wortfolge „Das Verbot der Ermittlung genanalytischer Daten gem § 67 GTG bleibt unberührt“ sind als verfassungswidrig aufzuheben. Durch die Aufhebung der genannten Wörter und Wortfolge wäre V nicht mehr in seiner Rechtssphäre beeinträchtigt.

6. Ergebnis

Der Parteiantrag auf Normenkontrolle des V ist zulässig.

B. Begründetheit

Der Parteiantrag auf Normenkontrolle ist begründet, wenn die behauptete Verfassungswidrigkeit des Gesetzes vorliegt.

1. Formelle Verfassungsmäßigkeit

Was die Regelungen der Gentechnik im GTG betreffen, liegt ein Gegenstand des Gesundheitswesens iSv Art 10 Abs 1 Z 12 B-VG vor. Angelegenheiten des Vertragsversicherungswesens sind ebenfalls, sowohl in Gesetzgebung als auch in Vollziehung, Bundessache (Art 10 Abs 1 Z 11 B-VG). Von einem ordnungsgemäßen Gesetzgebungsverfahren ist auszugehen. Die formelle Rechtmäßigkeit der streitgegenständlichen Vorschriften ist deshalb anzunehmen.

2. Materielle Verfassungsmäßigkeit

a) Recht auf Unversehrtheit des Eigentums (Art 5 StGG, Art 1 1. ZP-EMRK)

(1) Schutzbereich

Eigentum im verfassungsrechtlichen Sinn sind alle vermögenswerten Rechte. Davon umfasst sind das Eigentum an körperlichen Sachen, Ansprüche aus obligatorischen Dauerschuldverhältnissen sowie das Recht, privatrechtliche Verträge abzuschließen.[10]) Auch juristische Personen sind Grundrechtsträger, sofern dies dem „Wesen“ des betreffenden Grundrechts nach möglich ist,[11]) was im konkreten Fall für V anzunehmen ist.

Grundsätzlich darf der Staat den Abschluss eines privatrechtlichen Vertrages weder erzwingen noch verhindern.[12])

(2) Beschränkung

Eine Beschränkung des Rechts auf Unversehrtheit des Eigentums könnte das gesetzliche Verbot § 67 GTG iVm § 11a VersVG, der Annahme und Verwertung von genetischen Analysen durch Versicherungsunternehmen, darstellen. Dieses Verbot beeinträchtigt den V in der Prüfung von Angeboten auf Abschluss von Versicherungsverträgen, in der Gestaltung ihrer Versicherungsverträge sowie in der Prüfung von Leistungsfällen. Das Verbot stellt somit einen Eingriff in die Privatautonomie des V dar.[13])

(3) Rechtfertigung

Eine Eigentumsbeschränkung ist nur zulässig, wenn sie gesetzlich vorgesehen ist, die Regelung nicht den Wesensgehalt des Grundrechts berührt oder in einer anderen Weise gegen einen bindenden Verfassungsgrundsatz verstößt, im öffentlichen Interesse liegt und nicht unverhältnismäßig und unsachlich ist.[14])

- **Legitimes Ziel im öffentlichen Interesse**

Mit § 67 GTG verfolgt der Gesetzgeber das Ziel des Schutzes der genetischen Privatsphäre sowie der personenbezogenen Daten. Dafür hat er das Recht eingeführt, selbst zu bestimmen, ob und zu welchem Zweck personenbezogene Daten erhoben, verwendet und an Dritte weitergegeben werden.

---

10) VfSlg 12.227/1989.
11) VfSlg 7380/1974.
12) VfSlg 17.071/2003.
13) VfSlg 12.227/1989.
14) VfSlg 9911, 17.981, 18.738, 19.532, 19.635, 19.687.

Meine Notizen

◦ **Schutz der genetischen Privatsphäre (Art 8 EMRK)**

Das in Art 8 EMRK grundrechtlich gewährleistete Recht auf Achtung der Privatsphäre enthält ein Recht auf „genetische Privatsphäre" bzw auf „geninformationelle Selbstbestimmung".[15]) Dieses umfasst nicht nur das Recht auf Geheimhaltung genetischer Daten, sondern auch ein Recht auf Nichtwissen im Sinne eines Rechts, über mögliche Veranlagungen oder bestehende Krankheiten keine Kenntnis zu erhalten. Genetische Daten erlauben nicht nur Aussagen über den aktuellen Gesundheitszustand einer Person, sondern enthalten auch Informationen über die Prädisposition für eine Krankheit. Prädiktive genetische Analysen dienen zur Feststellung einer Veranlagung für eine möglicherweise zukünftige ausbrechende genetisch bedingte Erkrankung und zur Feststellung eines Überträgerstatus, unabhängig davon, ob nach dem Stand der Wissenschaft und Technik eine Therapie möglich sein wird. Die daraus gewonnenen Aussagen können eine erhebliche Belastung für den Betroffenen mit sich bringen, selbst wenn im Einzelfall keine sichere Vorhersage über den tatsächlichen Eintritt eines Krankheitsfalls getroffen werden kann. Genetische Daten sind unveränderbar und daher auch vom Willen und der Lebensführung des Betroffenen nicht beeinflussbar. Der Staat kann jedenfalls diese legitimen, im öffentlichen Interesse gelegenen Ziele zum Schutz der Privatsphäre anführen.

◦ **Schutz personenbezogener Daten**

Daten der genetischen Analysen sind sensible Daten (iSd § 4 Z 2 DSG 2000), da sie einen Personenbezug aufweisen, Informationen bezüglich Verwandtschaftsverhältnissen, ethnischer Herkunft oder auch Prädispositionen für eine Krankheit enthalten und deswegen besonders schutzwürdig sind. Das Verbot der Annahme und Verwendung von Daten genetischer Analysen dient somit dem Datenschutz und stellt ebenfalls ein legitimes, im öffentlichen Interesse liegendes Ziel dar.

- **Geeignetheit**

Ein generelles Verbot der Annahme und Verwertung von genetischen Analysen ist geeignet, die obig angeführten Ziele zu erreichen.

- **Erforderlichkeit**

Bei Maßnahmen der Eigentumsbeschränkung kommt dem Gesetzgeber ein weiter Gestaltungsspielraum zu. Deshalb kann er nicht nur das Ziel, die genetischen Privatsphäre zu schützen, verfolgen, sondern auch davon ausgehen, dass ein generelles Verbot notwendig ist, um die sensiblen Daten geheim zu halten und das Recht auf Nichtwissen um seinen Gesundheitszustand zu schützen. Argumente, weshalb das gesetzliche Verbot des § 67 GTG iVm § 11 a Abs 1 VersVG nicht erforderlich sein sollte, sind nicht ersichtlich.

- **Angemessenheit**

Die Angemessenheit des generellen Verbots, Ergebnisse von genetischen Analysen von Versicherungsnehmern oder Versicherungswerbern zu erheben, zu verlangen, anzunehmen oder sonst zu verwerten, ist fraglich. Denn grundsätzlich kann der Versicherer vom Versicherungsnehmer den Abschluss eines Versicherungsvertrages von der Durchführung bestimmter medizinischer Untersuchungen oder der Beibringung von Untersuchungsergebnissen abhängig machen. Er kann das Angebot auf Vertragsabschluss ablehnen, Behandlungen ausnehmen oder zu höheren Prämien akzeptieren.

Das Verbot des § 67 iVm § 11 a VersVG umfasst nur genetische Analysen, dh eine bestimmte labortechnische Analysemethode. § 11 a VersVG verbietet die Verwendung anderer Gesundheitsinformationen nicht, wenn sie auf andere Weise als durch eine genetische Analyse gewonnen werden. Das Gesetz stellt also auf die Art der Gewinnung des Befundes ab und nicht auf den Befund selbst. Die Methode als solche kann aber von vornherein kein Kriterium für die Beurteilung der sachlichen Rechtfertigung für die unterschiedliche Regelung in Bezug auf Informationen sein, die aus konventionellen Untersuchungen und aus genetischen Analysen gewonnen werden, zumal beide Untersuchungsmethoden zulässig sind. Die sachliche Rechtfertigung kann sich nur aus der erzielbaren Aussagekraft einer bestimmten Untersuchung und deren Auswirkungen und Folgen auf die Interessen des Betroffenen ergeben.

Das ausnahmslose Verbot der Annahme und Verwertung von Ergebnissen (§ 67 GTG) vermag diese Besonderheit der Daten aus genetischen Analysen gegenüber Ergebnissen konventioneller Untersuchungsmethoden nicht zu rechtfertigen. Bei den

15) *Öhlinger/Eberhard*, Verfassungsrecht[11] (2016) Rz 814.

Meine Notizen

genetischen Analysen des Typs 3 und 4 handelt es sich um prädiktive genetische Tests, bei denen das Recht auf Nichtwissen um eine genetische Veranlagung besonders zum Tragen kommt. In Bezug auf genetische Analysen des Typs 2 ist das Verbot auch gerechtfertigt, da diese der Feststellung einer bestehenden Erkrankung, die auf einer Keimbahnmutation beruht, dient und genetische Informationen über die Nachkommen enthält.

Analysen des Typs 1 beziehen sich jedoch nur auf bereits bestehende Erkrankungen, die auf Aussagen über konkrete somatische Veränderungen von Anzahl, Struktur, Sequenz oder deren konkrete chemische Modifikation von Chromosomen, Genen und DNA-Abschnitten beruhen, und lassen keine Rückschlüsse auf die genetische Disposition zu. Ein generelles Verbot der Verwendung von Ergebnissen aus genetischen Analysen ist somit nicht mit Art 8 EMRK zu rechtfertigen, da durch die Ergebnisse des Typs 1 weder das Recht auf genetische Privatsphäre gem Art 8 EMRK, noch das Recht auf Datenschutz ins Treffen geführt werden kann.

(4) Ergebnis

Im Ergebnis stellt das generelle Verbot der Annahme und Verwertung von genetischen Daten (§ 67 iVm § 11 a VersVG) einen unverhältnismäßigen Eingriff in Art 5 StGG dar.

b) Recht auf Erwerbsfreiheit (Art 6 StGG)

(1) Schutzbereich

Art 6 StGG schützt jede Form der wirtschaftlichen, auf Erwerb ausgerichteten Betätigung vor staatlichen Beschränkungen. In den Schutzbereich dieses Grundrechts fallen selbstständige Gewerbe. Sowohl der Antritt als auch die freie Ausübung eines Berufes werden geschützt. Damit schützt Art 6 StGG auch das Recht der Versicherungsunternehmen, sich wirtschaftlich zu betätigen.

(2) Eingriff

Ein Eingriff in die Erwerbsfreiheit der Versicherung GmbH könnte durch das gesetzliche Verbot der Annahme und Verwertung von Ergebnissen genetischer Analysen vorliegen. § 67 GTG iVm § 11 a Abs 1 VersVG untersagt die Annahme und die Verwertung von Ergebnissen genetischer Analysen bei der Prüfung von Angeboten auf Abschluss von Versicherungsverträgen und bei der Beurteilung von Ansprüchen aus einem Versicherungsvertrag. Das Verbot kann sich wirtschaftlich auf das Versicherungsgeschäft auswirken, weil der Versicherer die Kalkulation der Versicherungsprämien ohne genetische Informationen von Versicherungsnehmern vornehmen muss.

Was die Eingriffsintensivität betrifft, muss zwischen Erwerbsantritt und Erwerbsausübung, bei der dem Gesetzgeber ein größerer Gestaltungsspielraum zukommt, unterschieden werden. Bei einem Annahme- und Verwertungsverbot der Daten der genetischen Analysen handelt es sich um eine Beschränkung der Erwerbsausübung, weil für Versicherungsunternehmen weiterhin die Möglichkeit besteht, Versicherungsverträge abzuschließen und sie weiterhin Versicherungsleistungen anbieten können.

(3) Rechtfertigung

Gesetzliche Beschränkungen der Erwerbsfreiheit sind nur zulässig, wenn sie durch ein öffentliches Interesse geboten, zur Zielerreichung geeignet, erforderlich und adäquat und auch sonst sachlich zu rechtfertigen sind.[16])

- **Legitimes Ziel**

Der Gesetzgeber hat einen weiten rechtspolitischen Gestaltungsspielraum. Bei den vom Gesetzgeber verfolgten Zielen (Schutz der genetischen Privatsphäre und Schutz sensibler Daten) handelt es sich um legitime Ziele, die im öffentlichen Interesse liegen (siehe oben).

- **Geeignetheit**

Ein generelles Verbot der Annahme und Verwertung von genetischen Analysen ist geeignet, die obig angeführten Ziele zu erreichen.

---

16) VfSlg 13.704, 13.725/1994, 14.038/1995.

Meine Notizen

- **Erforderlichkeit**

Das Verbot scheint jedenfalls erforderlich zur Erreichung der Ziele (siehe oben).

- **Angemessenheit**

Wenn eine Kollision mehrerer Interessen vorliegt, muss eine Abwägung erfolgen. Der Eingriff in die Grundrechtsposition und die mit den Regelungen verfolgten Ziele stehen, wie schon oben ausgeführt, in keiner verhältnismäßigen Relation. Das generelle Verbot ist somit unverhältnismäßig und nicht mit Art 8 EMRK und § 1 DSG 2000 rechtfertigbar, da durch die Ergebnisse des Typs 1 weder das Recht auf genetische Privatsphäre noch das Recht auf Datenschutz ins Treffen geführt werden kann.

(4) Ergebnis

Im Ergebnis stellt das generelle Verbot der Annahme und Verwertung von genetischen Daten (§ 67 iVm § 11 a VersVG) einen unverhältnismäßigen Eingriff in Art 6 StGG dar.

c) Gleichheitssatz (Art 2 StGG, Art 7 B-VG)

Das Grundrecht verbietet dem Gesetzgeber, Gleiches ohne sachlichen Grund ungleich oder Ungleiches ohne sachlichen Grund gleich zu behandeln. Der Gesetzgeber muss folglich an gleiche Tatbestände gleiche Rechtsfolgen knüpfen, wesentlich ungleiche Tatbestände müssen zu entsprechend unterschiedlichen Regelungen führen. Innerhalb dieser Schranken ist es dem Gesetzgeber jedoch von Verfassung wegen nicht verwehrt, seine politischen Zielvorstellungen auf die ihm geeignet erscheinende Art zu verfolgen.[17)]

Das Regelungsziel (siehe oben) des § 67 GTG ist in gleichheitsrechtlicher Hinsicht jedenfalls vertretbar. Allerdings dürfen Ergebnisse aus konventionellen Untersuchungen von Versicherungsnehmern verlangt und verwendet werden, während die Verwendung der Daten aus genetischen Analysen im Sinne des § 4 Z 23 GTG ausnahmslos verboten ist. Das Verbot des § 67 GTG knüpft nur an eine bestimmte labortechnische Analysemethode an. Die Methode als solche kann aber von vornherein kein Kriterium für die Beurteilung der sachlichen Rechtfertigung für die unterschiedliche Regelung sein, sondern sie kann sich nur aus der erzielbaren Aussagekraft einer bestimmten Untersuchung und deren Auswirkung und Folgen auf die Interessen des Betroffenen ergeben.

Fraglich ist, ob die Gleichbehandlung der Analysen Typen 2, 3 und 4 mit dem Typ 1 sachlich gerechtfertigt ist. Typ-1-Analysen unterscheiden sich nicht wesentlich von jenen aus konventionellen Untersuchungen (§ 65 Abs 1 Z 1 GTG). Die Ergebnisse können in Arztbriefen und Krankengeschichten oder wie in anderen herkömmlichen medizinischen Daten dokumentiert sein. Solche Ergebnisse enthalten weder prädiktive Daten (Typ 3, 4) noch Informationen über andere Personen (Typ 2). Aufgrund der tatsächlichen festgestellten Unterschiede ist eine Gleichbehandlung aller vier Analysetypen sachlich nicht gerechtfertigt. Eine sachliche Rechtfertigung für das Verbot der Annahme und Verwendung genetischer Analysen des Typs 1 findet sich nicht, da gegen die Zulässigkeit der Erhebung und der Verwendung genetischer Analysen des Typs 1 weder das Recht auf genetische Privatsphäre (Art 8 EMRK) noch der Datenschutz herangezogen werden kann.

Das undifferenzierte Verbot der Annahme und Verwendung jeglicher Ergebnisse aus genetischen Analysen (§ 67 GTG iVm § 11 a VersVG) ist gleichheitswidrig.

C. Ergebnis

Das generelle Verbot der Annahme und Verwertung der Daten von genetischen Analysen (§ 67 GTG iVm § 11 a VersVG) verletzt die verfassungsgesetzlich gewährleisteten Rechte der Eigentumsgarantie (Art 5 StGG, Art 1 1. ZP-EMRK), der Erwerbsfreiheit (Art 6 StGG) und den Gleichheitssatz (§ 2 StGG, Art 7 B-VG), weshalb der VfGH diese Regelung aufzuheben hat.

17) VfSlg 13.576/1993, 13.743/1994, 15.737/2000, 16.167/2001.

Meine Notizen

II. Antrag der B

Ein Parteiantrag auf Normenkontrolle iSd Art 140 Abs 1 Satz 1 Z 1 lit d B-VG muss für B schon deshalb ausscheiden, weil B nicht Partei des ordentlichen Gerichtsverfahrens vor dem ordentlichen Gericht gewesen ist.

Möglich erscheint eine individuelle Normenkontrolle iSd Art 140 Abs 1 Satz 1 Z 1 lit c B-VG, dh auf Antrag einer Person, die unmittelbar durch diese Verfassungswidrigkeit in ihren Rechten verletzt zu sein behauptet, wenn das Gesetz ohne Fällung einer gerichtlichen Entscheidung oder ohne Erlassung eines Bescheids für diese Person wirksam geworden ist. Jedoch fehlt B die erforderliche Legitimation: B selbst ist kein Versicherungsunternehmen, das selbst Versicherungen auf dem Markt anbieten kann. Ein unmittelbarer Eingriff in die Rechtssphäre des B scheidet daher aus.[18])

Teil 2

I. Verfassungsmäßigkeit des LG über das Verbot des Eintritts von Flüchtlingen in das Bundesland Steiermark (LGVEF)[19])

A. Formelle Rechtmäßigkeit

1. Gesetzgebungskompetenz

Das Land müsste für die im LGVEF genannten Aufgaben zuständig sein. Das LGVEF ist ein Landesgesetz, das zum Schutz der Bevölkerung den Flüchtlingen den Eintritt in das Bundesland Steiermark verbietet. In kompetenzrechtlicher Hinsicht handelt es sich um eine gem Art 10 Abs 1 Z 3 B-VG dem Bund in Gesetzgebung und Vollziehung zugeordnete Angelegenheit. Gem Art 10 Abs 1 Z 3 B-VG gehören Regelungen zur Überwachung des Eintritts in das Bundesgebiet und Asylangelegenheiten zum Gesetzgebungsbereich des Bundes. Die Erlassung des Gesetzes fällt nicht in den Kompetenzbereich des Landes, deshalb ist das Gesetz kompetenzwidrig.

2. Gesetzgebungsverfahren

Das LGVEF ist vom Landtag gem Art 69 a Abs 6 Stmk L-VG erlassen worden. Der Gesetzesbeschluss hat seinen Grund in einem Volksbegehren, das mit dem Ziel der Erlassung des LGVEF durchgeführt wurde. Der Landtag lehnte das Volksbegehren ab, weshalb es einer Volksabstimmung unterzogen wurde. Das Ergebnis der Abstimmung war eine Zustimmung zum Gesetzesvorschlag.

Fraglich ist aber, ob das in Art 69 a Stmk L-VG geregelte Gesetzgebungsverfahren verfassungsmäßig ist. Daher ist zu prüfen, ob Art 69 a Stmk L-VG gegen Vorschriften des B-VG verstößt.

a) Formelle Rechtmäßigkeit der Einführung des Art 69 a Stmk L-VG

(1) Kompetenz

Die Gesetzgebung der Länder übt gem Art 95 B-VG der Landtag aus. Das Gesetz wurde vom Landtag beschlossen.

(2) Gesetzgebungsverfahren

Ein Landesverfassungsgesetz kann nur bei Anwesenheit der Hälfte der Mitglieder des LT mit einer Mehrheit von zwei Dritteln der abgegebenen Stimmen beschlossen werden (Art 27 Abs 2 Stmk L-VG, Art 99 Abs 2 B-VG). Das Gesetz wurde daher formell rechtmäßig erlassen.

b) Materielle Rechtmäßigkeit der Einführung des Art 69 a Stmk L-VG

Fraglich ist, ob der Stmk Gesetzgeber eine Vorschrift wie Art 69 a Stmk L-VG in das L-VG aufnehmen durfte. Insb fraglich erscheint Art 69 a Abs 6 Stmk L-VG, der den Landtag verpflichtet, ein bestimmtes Gesetz zu erlassen, wenn sich die Stimmberechtigten einer Volksabstimmung für einen Gesetzesentwurf ausgesprochen haben.

18) VfGH 8. 10. 2015, G 20/2015, G 281/2015, Rz 20.
19) Vgl VfGH 28. 6. 2001, G 103/00.

Meine Notizen

Nach Art 99 B-VG[6] kann die durch Landesverfassungsgesetz zu erlassende Landesverfassung durch Landesverfassungsgesetz abgeändert werden, aber nur, wenn dadurch die Bundesverfassung nicht berührt wird. Insofern gewährt Art 99 B-VG den Ländern eine relative Verfassungsautonomie.[20]) Daher ist zu prüfen, ob Art 69a Stmk L-VG im Rahmen dieser relativen Verfassungsautonomie ergangen ist.

(1) Repräsentativ-demokratisches Grundprinzip

Nach Art 97 Abs 1 B-VG ist zu einem Landesgesetz der Beschluss des Landtages, die Beurkundung und Gegenzeichnung nach den Bestimmungen der Landesverfassung und die Kundmachung durch den Landeshauptmann im Landesgesetzblatt erforderlich. Bei einer Gesamtschau mit Art 95 B-VG geht das B-VG sohin davon aus, dass eine Volksgesetzgebung einer Mitwirkung des Landtages bedarf. Das heißt aber nicht, dass der Landtag verpflichtet werden kann, einem erfolgreichen Volksbegehren zuzustimmen.

Österreich ist eine repräsentativ-parlamentarische Demokratie. Gem Art 1 B-VG geht das Recht der demokratischen Republik vom Volk aus. Daraus lässt sich keine unmittelbare Herrschaft des Volkes ableiten, jedoch müssen die Volksvertretungen durch das Volk gewählt werden. Im B-VG finden sich nur in eingeschränktem Maß auch Elemente der direkten Demokratie. Das B-VG kennt das Volksbegehren (Art 41 Abs 2 B-VG), die Volksabstimmung (Art 43 B-VG) und die Volksbefragung (Art 49b B-VG). Durch diese Instrumente soll das Volk zwar direkt an der Gesetzgebung mitwirken können; das soll aber nicht „am Nationalrat vorbei" erfolgen. Insb kann eine Volksabstimmung nur über einen Gesetzesbeschluss des Nationalrats erfolgen und nur dann, wenn der Nationalrat das beschließt oder die Mehrheit der Mitglieder des Nationalrats das verlangt (Art 43 B-VG).

Nach Art 69a Abs 2 Stmk L-VG soll aber die Erlassung von Gesetzen durch Volksbegehren und Volksabstimmung ermöglicht werden können. Ein Volksbegehren kann gem Art 69a Abs 2 Stmk L-VG sowohl in Form der einfachen Anregung als auch eines ausgearbeiteten Gesetzesentwurfes gestellt werden. Wenn ein Volksbegehren gem Art 69a Abs 4 Stmk L-VG von wenigstens 5000 Stimmberechtigten unterstützt wird, ist es dem Landtag zur Entscheidung darüber vorzulegen, ob er dem Volksbegehren Rechnung tragen, dh einen dem Volksbegehren inhaltlich entsprechenden Gesetzesbeschluss fassen wird oder nicht. Wenn es der Landtag ablehnt, einem solchen Volksbegehren, soweit es gem Art 69a Abs 5 Stmk L-VG von wenigstens 20% der Stimmberechtigten gestellt wurde, in der genannten Weise Rechnung zu tragen, dann ist dieses Volksbegehren einer Volksabstimmung zu unterziehen. Entscheidet das Landesvolk dann, dass dem Volksbegehren Rechnung zu tragen ist, hat der Landtag gem Art 69a Abs 6 Stmk L-VG einen dem Volksbegehren inhaltlich entsprechenden Gesetzesbeschluss zu fassen.

Mithin ist die Einführung der Instrumente des Volksbegehrens und der Volksabstimmung (Art 69a Abs 6 Stmk L-VG) in das Stmk L-VG nicht als Alternative zum parlamentarischen Gesetzgebungsprozess konzipiert, sondern soll eine Volksgesetzgebung ermöglichen, ohne dass der Landtag diese verhindern kann.

Im Ergebnis verstößt Art 69a Abs 6 Stmk L-VG gegen das repräsentativ-demokratische Konzept des B-VG. Ungeachtet der Frage, ob Art 69a Abs 6 Stmk L-VG einem Baugesetz des B-VG widerspricht – wie es der VfGH annimmt[21]) – steht eine Gesetzgebung in einem Land, die den Beschluss des Landtags als bloße Formalität konzipiert, mit dem B-VG nicht in Einklang.

(2) Grundsatz des freien Mandats

Da der Landtag dem Gesetzesvorschlag, der in einer Volksabstimmung bestätigt wurde, zustimmen muss (Art 69a Abs 6 Stmk L-VG), könnte auch eine Verletzung des freien Mandats der Abgeordneten vorliegen. Nach Art 56 Abs 1 B-VG sind die Mitglieder des Nationalrats und des Bundesrats bei Ausübung ihres „Berufs" an keinen Auftrag gebunden. Dies gilt auch für die Mitglieder des Landtages. Abgeordnete sollen

---

20) *Berka*, Verfassungsrecht[6] (2016) Rz 167.

21) VfGH 28. 6. 2001, G 103/00; dagegen *Storr*, Die Maßgabe der österreichischen Bundesverfassung für sachunmittelbare Demokratie in Bund und Ländern, in *Neumann/Renger* (Hrsg), Sachunmittelbare Demokratie im interdisziplinären und internationalen Kontext 2008/2009 (2010) 96 (113f); *Pernthaler*, Die Verfassungsautonomie der österreichischen Bundesländer, JBl 1986, 485; *Berka*, Verfassungsrecht[6] (2016) Rz 640; *Öhlinger*, Direkte Demokratie: Möglichkeiten und Grenzen, ÖJZ 2012, 1055.

✐ Meine Notizen

ohne Bindung an Aufträge der Wähler ihre Entscheidung in freier Diskussion und unter Bedachtnahme auf die Interessen des Gesamtvolkes ermitteln.

Zwar sollte die Pflicht, einen bestimmten Gesetzesbeschluss nach erfolgreicher Durchführung einer Volksabstimmung fassen zu müssen, nicht unmittelbar dem einzelnen Abgeordneten auferlegt sein, sondern dem Landtag insgesamt (Art 69a Abs 6 Stmk L-VG). Der einzelne Abgeordnete wäre in seinem Abstimmungsverhalten aber nur dann frei, wenn sich eine Mehrheit für den Gesetzesbeschluss findet. Diese Überlegung führt aber nicht weiter. Denn die Mehrheit ist in demselben Verfahren erst festzustellen. Außerdem: wenn die Stimme eines Abgeordneten für einen Beschluss nicht mehr relevant ist, würde das freie Mandat ad absurdum geführt. Die Regelung des Art 69a Abs 6 Stmk L-VG widerspricht somit dem Grundsatz des freien Mandats, da die Abgeordneten nicht frei und ohne Einflussnahme der Wähler entscheiden können.

3. Ergebnis

Art 69a Abs 6 Stmk L-VG ist mit dem B-VG nicht vereinbar.

B. Materielle Rechtmäßigkeit

Das Einreiseverbot könnte die Einheit des Währungs-, Wirtschafts- und Zollgebiets (Art 4 B-VG), das Grundrecht auf Familienleben (Art 8 EMRK), das Grundrecht auf persönliche Freiheit (Art 5 EMRK; PersFrG) und das Recht der Freizügigkeit der Person (Art 4 StGG, Art 6 StGG, Art 4 EMRK, Art 2 – 4 4. ZP-EMRK) verletzen.

1. Einheit des Währungs-, Wirtschafts- und Zollgebiets (Art 4 B-VG)

Gem Art 4 B-VG stellt das Bundesgebiet ein einheitliches Währungs-, Wirtschafts- und Zollgebiet dar, in dem weder Zwischenzolllinien noch sonstige Verkehrsbeschränkungen errichtet werden dürfen. Das Verbot nach Art 4 Abs 2 B-VG erfasst nur solche Beschränkungen oder Erschwerungen des Verkehrs von Personen oder Waren, die die Einheit des Bundesgebietes als Währungs-, Wirtschafts- oder Zollgebiet beschränken.[22]) Es darf durch länderweise unterschiedliche Gesetzgebung zu keinen Beschränkungen des freien Waren- und Wirtschaftsverkehrs kommen.[23]) Unterschiedliche landesgesetzliche Regelungen sind dadurch aber nicht gänzlich ausgeschlossen. Eine Beeinträchtigung des Währungs-, Wirtschafts- oder Zollgebiet liegt hier aber schon deshalb nicht vor, weil nur der Personenverkehr von bestimmten Personen (Flüchtlingen) in der Steiermark verboten werden soll.

2. Recht auf Familienleben (Art 8 EMRK)

Art 8 EMRK schützt das Zusammenleben in der Familie.[24]) Es handelt sich dabei um ein Jedermannsrecht, dh auch Flüchtlinge sind Grundrechtsträger. Der Entzug oder die Nichtgewährung einer Aufenthaltsberechtigung können jedenfalls einen Eingriff in das Privat- und Familienleben darstellen, wenn dadurch eine Familienzusammenführung verhindert wird.[25]) Unter bestimmten Umständen ist der Staat verpflichtet, den Aufenthalt eines Fremden zu ermöglichen.[26]) Somit verstößt ein generelles Einreiseverbot im Falle einer Familienzusammenführung gegen Art 8 EMRK, wenn die Umstände des Einzelfalles ein Familienleben im eigenen Staat nicht zulassen. Bei Flüchtlingen ist dies der Fall, da diese Menschen vor Krieg flüchten und in diesem Land weder eine rechtliche noch eine faktische Möglichkeit eines Familienlebens haben. Das Einreiseverbot greift in das Recht auf Familienleben ein.

3. Recht auf persönlichen Freiheit (Art 5 EMRK und das PersFrG)

Der Schutzbereich der persönlichen Freiheit und Sicherheit umfasst den Schutz vor rechtswidrigen Verhaftungen und Anhaltungen und nicht ein allgemeines Freiheitsrecht. Es handelt sich um ein Jedermannsrecht, dh auch Flüchtlinge sind Grundrechtsträger. Im konkreten Fall geht es aber nicht um ein Einreiseverbot und nicht um

22) VfSlg 8086/1977.
23) *Berka*, Verfassungsrecht[6] (2016) Rz 378.
24) *Berka*, Verfassungsrecht[6] (2016) Rz 1401.
25) VfSlg 14.091/1995.
26) *Öhlinger/Eberhard*, Verfassungsrecht[11] (2016) Rz 816.

Meine Notizen

eine Beschränkung der Bewegungsfreiheit. Das LGVEF greift nicht in das Recht auf persönliche Freiheit ein.

4. Recht der Freizügigkeit der Person (Art 4 StGG, Art 6 StGG, Art 4 EMRK, Art 2–4 4. ZP-EMRK)

Nach Art 4 StGG kommt dem Einzelnen ein Recht auf Freizügigkeit innerhalb des Staatsgebietes zu, wobei gem Art 6 StGG jeder Staatsbürger an jedem Ort des Staatsgebietes seinen Aufenthalt und Wohnsitz nehmen kann. Nur Inländern stehen diese Rechte in vollem Umfang zu. Fremde haben keinen grundrechtlichen Anspruch auf Einreise nach Österreich. Unter der Bedingung des rechtmäßigen Aufenthalts im Hoheitsgebiet Österreich stehen Fremden die Bewegungsfreiheit und das Recht der freien Wohnsitznahme zu.[27]) Unter welchen Bedingungen der Aufenthalt eines Fremden rechtmäßig ist, richtet sich nach dem einfachgesetzlichen Fremden- und Asylrecht. Ein verfassungsrechtliches Recht auf Einreise in das Land ist damit aber nicht gewährleistet.[28])

Im vorliegenden Fall wird den Flüchtlingen die Einreise in das Bundesland Steiermark und nicht Österreich insgesamt untersagt. Da die Flüchtlinge noch gar keinen rechtmäßigen Aufenthalt in Österreich haben und es kein verfassungsrechtliches Recht auf Einreise in das Land gibt, liegt kein Eingriff in die persönliche Freizügigkeit der Flüchtlinge vor.

5. Recht auf Leben (Art 2 EMRK) und Verbot unmenschlicher Behandlung (Art 3 EMRK)

Das LGVEF enthält keine Regelungen bezüglich Zurückschiebung oder Abschiebung in einen anderen Staat, weshalb nicht das Recht auf Leben (Art 2 EMRK) oder das Verbot der Folter oder unmenschlichen Behandlung (Art 3 EMRK) verletzt ist.

C. Ergebnis

Das LGVEF ist kompetenzwidrig, da dem Landesgesetzgeber – angesichts der Bundeskompetenz zur Regelungen der Überwachung des Eintritts in das Bundesgebiet und bei Asylangelegenheiten – keine Zuständigkeit zukommt. Zudem ist das Gesetz in einem Verfahren zustande gekommen, das mit Art 99 Abs 1 iVm dem repräsentativ-demokratischen Prinzip des B-VG und Art 56 B-VG nicht in Einklang steht. Ferner verletzt das Gesetz jedenfalls auch das Grundrecht auf Familienleben.

27) *Berka*, Verfassungsrecht[6] (2016) Rz 1380.
28) VfSlg 11.397/1987.

Von Myriam Becker, Christoph Bezemek und Christa Pail

✐ Meine Notizen

Fall 2: Ein todsicheres Geschäft

Schwerpunkte: Individualantrag; Erwerbsfreiheit; Gleichheitssatz; Recht auf Privat- und Familienleben; Beurkundungsrecht des Bundespräsidenten

SACHVERHALT[1])

Teil 1: Der Steirer Bernhard Bestatter (B) betreibt ein privates Bestattungsunternehmen in Graz. Im Rahmen seines Unternehmens organisiert er Trauerfeiern und führt Erd- und Feuerbestattungen durch. Wenn er von einem Todesfall verständigt wird, holt er den Leichnam nach erfolgter Totenbeschau durch die Totenbeschauärztin aus der Wohnung des Verstorbenen ab. Anschließend hat er diesen – gem § 10 des Steiermärkischen Bestattungs- und Aufbahrungsgesetzes (Stmk BestAG) – in die Leichenkammer einer Bestattungsanlage (Friedhof bzw Urnenhain) zu bringen, wo der Leichnam bis zur Bestattung aufzubahren ist. Der Großteil der (Grazer) Bestattungsanlagen wird von Gesellschaften der Stadt Graz betrieben, die übrigen von verschiedenen Glaubensrichtungen.

B nützt den Großteil seiner Geschäftsräumlichkeiten zur Präsentation von Trauerwaren, Särgen und Urnen sowie für Besprechungstermine. Zu Bs täglichen Aufgaben gehört es auch, die Toten zu reinigen, anzukleiden, thanatopraktisch[2]) zu behandeln und einzusargen. Diese Tätigkeiten führt er in der Leichenkammer der jeweiligen Bestattungsanlage durch. Indes hielte er es für weitaus sinnvoller, sämtliche direkt mit dem Leichnam in Zusammenhang stehenden Tätigkeiten anstatt in der Leichenkammer des Friedhofes direkt in seiner eigenen neu errichteten Leichenkammer, die einen Teil seiner Geschäftsräumlichkeiten darstellt, durchzuführen. Damit würde er sich das Umherfahren mitsamt seiner notwendigen Ausrüstung zwischen den verschiedenen Grazer Friedhöfen ersparen und würde nur mehr den fertigen Sarg zum jeweiligen Friedhof bringen müssen. Zudem würde er dadurch einem anderen Problem entgehen: Der Zutritt zu den Leichenkammern der Friedhöfe ist ihm nur während deren – eingeschränkten – Öffnungszeiten möglich. Außerhalb der Öffnungszeiten bleibt ihm nur die Möglichkeit, die Verstorbenen in die Leichenkammer Puntigam (betrieben von einer Gesellschaft der Stadt Graz) zu bringen. Diese ist auch dann zu verwenden, wenn der Bestimmungsort des Leichnams noch unbekannt ist, über keine Kühlanlage verfügt, außerhalb von Graz gelegen ist oder eine Feuerbestattung gewünscht ist. Die Privatbestatter haben dort weder Zutritt zu den Personalräumlichkeiten noch Zugriff auf das vor Ort befindliche Inventar.

Als B sich „beim Land" darüber beschwert, bekommt er folgende Auskunft: Es sei nicht erwünscht, dass ständig Leichentransporte auf öffentlichen Straßen zwischen den Friedhöfen und den Geschäftsräumlichkeiten von privaten Bestattern stattfinden. Es sei daher wichtig, dass die Leichenkammern der jeweiligen Bestattungsanlage verwendet werden. Die Bevölkerung müsse zudem vor der unerwünschten Konfrontation mit dem Tod geschützt werden. Außerdem habe man nun ein Auge auf ihn; sollte er seine eigene Leichenkammer und nicht die der Friedhöfe verwenden, könne er mit einer hohen Strafe rechnen.

B reicht es und er beschließt, gleich gegen „den ganzen § 10 Bestattungs- und Aufbahrungsgesetz" vorzugehen.

1) Es handelt sich um die überarbeitete und gekürzte Version des Fachprüfungsfalles Verfassungsrecht vom März 2017.

2) Unter Thanatopraxie versteht man sowohl die vorübergehende Konservierung eines Leichnams sowie die Wiederherstellung des optisch-ästhetischen Erscheinungsbildes des Verstorbenen (bspw nach Unfällen), um eine pietätvolle Abschiednahme zu gewährleisten.

✐ Meine Notizen

Zudem bekommt B unerwartete Schützenhilfe von einer älteren Dame: Waltraud Witwe (W) plant ihre eigene Bestattung und möchte, dass ihr Leichnam nicht in der Leichenkammer eines Friedhofes aufgebahrt wird. Als ihr Mann verstorben ist, sei er als „ein Sarg unter vielen" in der Leichenkammer aufgebahrt gewesen. Ws Kinder sollen die Möglichkeit haben, sich zwischen ihrem Tod und der Einäscherung in Ruhe und in einer angenehmen Atmosphäre von ihr verabschieden zu können. Aus diesem Grund wünscht sie eine Aufbahrung in der Leichenkammer von B, der die Aufbahrung ihren Vorstellungen entsprechend durchführen kann.

Frage 1: Wie kann B die für ihn nachteilige Bestimmung bekämpfen? Prüfen Sie sowohl die formellen als auch die materiellen Aspekte und gehen Sie insb auf Bs Absicht, gegen den ganzen § 10 Stmk BestAG vorgehen zu wollen, ein.

Frage 2: Kann W die für sie nachteilige Bestimmung bekämpfen? Welches Grundrecht könnte betroffen sein? Prüfen Sie, ob eine Verletzung vorliegt.

Teil 2: Bei der Lektüre der Morgenzeitung stößt die Bundesministerin für Wirtschaft auf ein Inserat eines Bestattungsunternehmens. Zu sehen sind das Logo des Unternehmens sowie der Slogan *„Damit Sie am Ende nicht am Ende sind: Im Trauerfall an Ihrer Seite"*. Erzürnt ob so einer „Geschmacklosigkeit" lotet sie die Möglichkeiten zur Einführung eines Gesetzes aus, das Bestattern die Werbung für ihre Leistungen komplett verbietet. Tatsächlich finden sich vier Parteifreunde, die in ihrer Funktion als Nationalratsabgeordnete einen Initiativantrag für ein absolutes Werbeverbot für Bestatter im Nationalrat einbringen. In der zweiten Lesung wird der Antrag mit den notwendigen Anwesenheits- und Konsensquoren angenommen. Als das Gesetz im Gefolge des Beschlusses des Bundesrates, keinen Einspruch zu erheben, dem Bundespräsidenten vorgelegt wird, verweigert dieser die Beurkundung: Er habe „verfassungs-, vor allem grundrechtliche Bedenken, was das Werbeverbot angeht" und könne daher das Gesetz nicht unterschreiben.

Frage 3: Ist der Bundespräsident im gegenständlichen Fall berechtigt, die Beurkundung zu verweigern?

ANLAGE

Stmk Bestattungs- und Aufbahrungsgesetz (Auszug; fiktiv)

Vorgehen nach der Totenbeschau

§ 10 (1) Leichen sind nach Vornahme der Totenbeschau unverzüglich in einer Leichenkammer einer Bestattungsanlage unterzubringen.

(2) Für die Dauer der Trauerzeremonie hat die Aufbahrung in einem Aufbahrungsraum einer Bestattungsanlage zu erfolgen. Wenn kein Aufbahrungsraum in der Bestattungsanlage, in der die Bestattung erfolgen soll, vorhanden ist, kann die Aufbahrung auch in der dieser Bestattungsanlage nächstgelegenen Kirche oder in einem anderen Sakralbau sowie in einem Aufbahrungsraum einer anderen Bestattungsanlage erfolgen.

(3) Die Bestimmung des Abs 2 findet keine Anwendung, wenn die Aufbahrung von Leichen ehrenhalber von einer Gebietskörperschaft, einer gesetzlich anerkannten Religionsgemeinschaft oder einer Ordensgemeinschaft veranlasst wird.

(4) Die Aufbahrung nach Abs 3 ist der Bezirksverwaltungsbehörde unverzüglich nach Vornahme der Totenbeschau schriftlich anzuzeigen.

(5) Der Anzeige nach Abs 4 ist die Todesbescheinigung anzuschließen.

(6) Die Bezirksverwaltungsbehörde hat eine Aufbahrung nach Abs 3 unter Vorschreibung von Aufträgen im erforderlichen Ausmaß, die nach gesundheitlichen Anforderungen unbedingt notwendig sind, zu genehmigen.

(7) Nach der Aufbahrung ist die Leiche unverzüglich einer Erd- oder Feuerbestattung zuzuführen.

Bestattungsanlagen

§ 22. (1) In jeder Bestattungsanlage müssen die nach der Größe, Lage und Widmung der Anlage erforderlichen Betriebsgebäude, sanitären Anlagen, Abfallplätze, Versorgungsleitungen und Wasserentnahmestellen vorhanden sein. Falls Leichen ge-

Meine Notizen

waschen oder thanatopraktisch behandelt werden, muss noch zusätzlich ein Leichenwaschraum vorhanden sein.

(2) In jeder Bestattungsanlage muss eine Leichenkammer zur Unterbringung der Leichen bis zur Bestattung vorhanden sein. Das Vorhandensein einer Leichenkammer ist nicht erforderlich, wenn die Unterbringung der Leichen in einer Leichenkammer einer anderen Bestattungsanlage möglich ist.

(3) Jede Leichenkammer hat über eine Kühlanlage zu verfügen. Der Fassungsraum der Kühlanlage hat entsprechend der Größe der Bestattungsanlage dem voraussichtlichen Bedarf zu entsprechen. Die Einrichtung einer Kühlanlage in der Leichenkammer ist dann nicht erforderlich, wenn in der Bestattungsanlage nur eine geringe Anzahl von Bestattungen von Leichen zu erwarten ist. In diesem Fall müssen die Leichen bis zum Tag der Bestattung in einer mit einer Kühlanlage versehenen Leichenkammer einer anderen Bestattungsanlage untergebracht werden.

[...]

Aufsicht

§ 26. (1) Alle Bestattungsanlagen, Privatbegräbnisstätten und die Aufbewahrung der Urnen unterliegen der Aufsicht der Bezirksverwaltungsbehörde. Die Organe der Bezirksverwaltungsbehörde sind jederzeit berechtigt, die Einhaltung der Vorschriften dieses Gesetzes an Ort und Stelle zu überprüfen.

(2) Der Rechtsträger einer Bestattungsanlage oder einer Privatbegräbnisstätte sowie die Inhaberin oder der Inhaber einer Bewilligung zur Aufbewahrung einer Urne hat den Organen der Bezirksverwaltungsbehörde jederzeit Zutritt zu der Bestattungsanlage, Privatbegräbnisstätte oder dem Aufstellungsort der Urne zu gewähren, Kontrollen durchführen zu lassen, erforderliche Auskünfte zu erteilen sowie erforderliche Unterlagen vorzulegen.

Hygiene

§ 33. (1) Der Rechtsträger einer Bestattungsanlage hat dafür zu sorgen, dass Maßnahmen gesetzt werden, die der Erkennung, Verhütung und Bekämpfung von Infektionen dienen und ein Hygieneplan erstellt wird, der diese Maßnahmen vorsieht.

(2) Der Hygieneplan ist in der Bestattungsanlage zur jederzeitigen Einsichtnahme durch Organe der Bezirksverwaltungsbehörde bereit zu halten.

Strafbestimmungen

§ 36. (1) Eine Verwaltungsübertretung begeht, sofern keine gerichtlich strafbare Handlung vorliegt, wer den Vorschriften gemäß § 10 Abs 1 und 2, §§ 22 und 26 Abs 2 zuwiderhandelt.

(2) Wer eine Verwaltungsübertretung nach Abs 1 begeht, ist von der Bezirksverwaltungsbehörde mit einer Geldstrafe bis zu 20.000,– Euro, im Fall der Uneinbringlichkeit mit Ersatzfreiheitsstrafe bis zu vier Wochen zu bestrafen.

Verordnung des Bundesministers für Wirtschaft und Arbeit über Standesregeln für Bestatter, BGBl II 476/2004, (Bestatter-Verordnung; Auszug)

Anwendungsbereich

§ 1. (1) Diese Verordnung ist anzuwenden auf:

1. die dem reglementierten Gewerbe der Bestattung (§ 94 Z 6 GewO 1994) vorbehaltenen Tätigkeiten (Abs 2);

2. sonstige Tätigkeiten, zu denen die Bestatter berechtigt sind (Abs 3 und 4).

(2) Die dem reglementierten Gewerbe der Bestattung vorbehaltenen Tätigkeiten sind:

1. die Durchführung von gesetzlich zugelassenen Bestattungen (Erde, Feuer und andere), die Beisetzung von Urnen und Exhumierungen (Enterdigungen) unter Berücksichtigung der jeweils geltenden landesrechtlichen Vorschriften;

2. die Durchführung von Totenaufbahrungen, insbesondere

a) das Reinigen und Ankleiden der Toten,

b) das Einsargen der Toten,

c) das Schließen (zB Verlöten, Verschrauben) des Sarges unter Berücksichtigung der jeweils geltenden landesrechtlichen Bestimmungen,

d) die Thanatopraxie, das sind insbesondere die Verzögerung der Autolyse (Verwesung) und die rekonstruktiven Arbeiten zB an einem Unfalltoten sowie die Wiederherstellung der optisch-ästhetischen Erscheinung von Verstorbenen zum Zweck

Meine Notizen

der pietätvollen Abschiednahme unter Berücksichtigung der jeweils geltenden landesrechtlichen Vorschriften;

3. die Organisation und Durchführung von Totenfeierlichkeiten unter Berücksichtigung der verschiedenen religiösen und weltanschaulichen Gebräuche sowie die Beratung der Hinterbliebenen in diesen Angelegenheiten;

4. die Durchführung von Totenüberführungen, das ist die Beförderung von Toten oder die Übernahme/Übergabe zur Beförderung durch befugte Unternehmen vom Sterbeort zum Bestimmungsort.

(3) Unbeschadet der Rechte anderer Gewerbetreibender sind die Bestatter zur Herstellung, Beistellung, Lieferung und zum Verkauf der erforderlichen Einrichtungen und Gegenstände (wie zB Särge, Urnen, Sargausstattung, Trauerdekoration) zur Durchführung der in Abs 2 genannten Tätigkeiten berechtigt.

(4) Weiters stehen den Bestattern noch folgende Rechte zu:

1. die Besorgung der Grabstelle;
2. der Aushub sowie das Verschließen der Grabstelle;
3. die Beschaffung der erforderlichen Urkunden;
4. die Erstellung von Trauerdrucksorten;
5. die Aufgabe von Zeitungsanzeigen;
6. die Besorgung der Parten;
7. die Besorgung bzw. Vermittlung von Blumenspenden.

Werbung

§ 9. Jegliche Werbung hat den Erfordernissen der Pietät sowie den allgemeinen Anstandserwartungen zu entsprechen. In der Bevölkerung als besonders sensibel geltende Bereiche oder Lebenssituationen sind zu berücksichtigen. In Krankenanstalten, Pflege- und Altenheimen sind nur ausschließlich Informationszwecken dienende Maßnahmen zulässig (zB Ratgeber im Trauerfall).

LÖSUNGSVORSCHLAG

Teil 1

Frage 1: Wie kann B die für ihn nachteilige Bestimmung bekämpfen? Prüfen Sie sowohl die formellen als auch die materiellen Aspekte und gehen Sie insb auf Bs Absicht, gegen den ganzen § 10 Stmk BestAG vorgehen zu wollen, ein.

I. Rechtsschutzmöglichkeit des B: Individualantrag auf Normenkontrolle beim VfGH gem Art 140 Abs 1 Satz 1 Z 1 lit c B-VG, §§ 62 ff VfGG

A. Zulässigkeit

1. Antragsteller

B ist als natürliche Person dazu berechtigt, einen Individualantrag auf Normenkontrolle gem Art 140 Abs 1 Satz 1 Z 1 lit c B-VG zu stellen.

2. Prüfungsgegenstand

Prüfungsgegenstand im Verfahren nach Art 140 Abs 1 Satz 1 Z 1 B-VG sind Gesetze – auch Landesgesetze im formellen Sinn. § 10 Stmk BestAG ist daher ein tauglicher Gegenstand des Normenkontrollverfahrens.

3. Betroffenheit in einer Rechtsposition (Art 140 Abs 1 Satz 1 Z 1 lit c B-VG, § 62 Abs 1 VfGG)

Antragslegitimiert bei einem Individualantrag auf Normenkontrolle ist, wer unmittelbar durch das angefochtene Gesetz aufgrund dessen Verfassungswidrigkeit in seinen Rechten verletzt zu sein behauptet. Das Gesetz muss nachteilig in die Rechtssphäre des Antragstellers eingreifen (unmittelbare Eingriffswirkung). Ein derartiger Eingriff ist nur dann anzunehmen, wenn dieser nach Art und Ausmaß durch das Gesetz selbst eindeutig bestimmt ist und wenn er die (rechtlich geschützten) Interessen des Antragstellers nicht bloß potentiell, sondern aktuell beeinträchtigt.

Der Individualantrag ist demnach ein subsidiärer Rechtsbehelf. An die Stelle der Präjudizialität tritt beim Individualantrag die unmittelbare und aktuelle Betroffenheit.

B ist Bestatter und behauptet, dass die gesetzlichen Vorschriften betreffend die Unterbringung von Leichen und deren Aufbahrung, soweit sie diese auf Bestattungsanlagen beschränken, seine Erwerbsfreiheit unverhältnismäßig einschränken und nachteilig in seine subjektive Rechtssphäre eingreifen.[3])

B führt in Übereinstimmung mit § 1 Abs 2 Z 2 Bestatter-Verordnung folgende Tätigkeiten aus: er reinigt die Leichen, kleidet sie an, behandelt sie thanatopraktisch und sargt sie ein. Da die Leichen gem § 10 Abs 1 Stmk BestAG unverzüglich in einer Leichenkammer einer Bestattungsanlage unterzubringen sind, müssen die genannten Tätigkeiten zwingend in Räumlichkeiten einer Bestattungsanlage durchgeführt werden. Das bedeutet, dass B diese Tätigkeiten in seiner eigenen, neu errichteten Leichenkammer nicht ausüben darf. § 10 Abs 1 Stmk BestAG greift daher unmittelbar in die Rechtssphäre von B ein.

Weiters wird auch durch die gesetzlich festgelegten Beschränkungen des möglichen Aufbahrungsorts von Leichen für die Dauer der Trauerzeremonie auf den Aufbahrungsraum einer Bestattungsanlage (bzw einen Sakralbau oder einen anderen Ort im Falle einer Ehrenaufbahrung) gem § 10 Abs 2 und 3 Stmk BestAG in die Rechtssphäre des Bestatters unmittelbar eingegriffen. Es ist ihm dadurch nämlich nicht möglich, die Totenfeierlichkeiten und die damit verbundenen Tätigkeiten in seinen eigenen Räumlichkeiten durchzuführen. Das gesetzliche Verbot, Leichen anders als in Leichenkammern von Bestattungsanlagen unterzubringen bzw diese grundsätzlich nur in solchen Kammern aufzubahren, greift damit unmittelbar in die Rechtssphäre des Antragstellers als Bestatter ein. Da das Stmk BestAG in Kraft ist und seine Bestimmungen daher für B Wirkung entfalten, liegt der Eingriff auch aktuell und nicht nur potentiell vor.

Meine Notizen

▹ unmittelbare & aktuelle Betroffenheit!

▹ Anwendung Bestatter-VO

4. Umwegsunzumutbarkeit

Es darf dem Antragsteller kein anderer Rechtsweg als der Individualantrag auf Normenkontrolle zumutbar sein, um die behauptete Verfassungswidrigkeit an den VfGH heranzutragen. B könnte ansonsten nur ein Strafverfahren gem § 36 Stmk BestAG provozieren, um damit einen Verwaltungsstrafbescheid zu erwirken. Diesen könnte er zunächst mittels Bescheidbeschwerde beim LVwG und danach beim VfGH mittels Erkenntnisbeschwerde bekämpfen und dabei die amtswegige Prüfung der Gesetzesbestimmungen anregen. Ein Strafverfahren zu provozieren wird vom VfGH aber in stRsp als unzumutbar erachtet. Die Umwegsunzumutbarkeit ist daher gegeben.

5. Form und Frist

Eine Frist für die Einbringung des Individualantrags auf Normenkontrolle besteht – infolge der erforderlichen aktuellen Belastung durch einen generell-abstrakten Rechtsakt – nicht. Der Antrag muss unter Einhaltung der Formerfordernisse nach §§ 15, 17, 17a und 62 VfGG (Schriftlichkeit, Anwaltspflicht, Gebühr) eingebracht werden. Der Antragsteller muss seine Bedenken, die gegen die Verfassungsmäßigkeit der aufzuhebenden Norm sprechen, im Einzelnen und präzise ausführen.

▹ keine Frist

▹ schriftl., Anwaltspflicht gem. VfGG

Zudem muss der Antrag ein bestimmtes Begehren enthalten und die angefochtenen gesetzlichen Bestimmungen genau bezeichnen, um den Prüfungs- und Aufhebungsumfang des VfGH festzulegen, denn Ziel des Normprüfverfahrens ist die Bereinigung einer als verfassungswidrig erkannten Rechtslage. Anzufechten sind einzelne Wörter, Wortfolgen, Sätze oder Absätze, ganze Bestimmungen oder die gesamte Rechtsvorschrift. Die Grenzen der Aufhebung sind nach der stRsp des VfGH im Verfahren so zu ziehen, dass einerseits der verbleibende Gesetzesteil nicht einen völlig veränderten Inhalt bekommt und andererseits die mit der aufzuhebenden Gesetzesstelle in untrennbarem Zusammenhang stehenden Bestimmungen auch erfasst werden.[4]) Daher sollte weder mehr aus dem Rechtsbestand ausgeschieden werden, als zur Bereinigung der Rechtslage unbedingt notwendig ist, noch sollte der Anfechtungsumfang der in Prüfung gezogenen Norm bei sonstiger Unzulässigkeit des Prüfungsantrags zu eng gewählt werden. Der Antragsteller hat all jene Normen anzufechten, welche für die Beurteilung der allfälligen Verfassungswidrigkeit der Rechtslage eine untrennbare Einheit bilden.

3) Vgl näher dazu und iwF VfGH 2. 12. 2016, G 105/2015.
4) VfGH 11. 12. 2014, G 119-120/2014 Rz 16 mwN.

Meine Notizen

Keine Anfechtung des ges. §10 Stmk BestAG

hätte auf "Bestattungsanl." begr. müssen! → daher zurückzuweisen

wirtschaftl. Erfolg!

Unzulässig ist ein Antrag insb auch dann, wenn der Umfang der zur Aufhebung beantragten Bestimmungen so abgesteckt ist, dass die angenommene Verfassungswidrigkeit durch die Aufhebung gar nicht beseitigt werden würde.

B ist nur damit nicht einverstanden, dass die Leichen in einer Leichenkammer „einer Bestattungsanlage" unterzubringen sind (§ 10 Abs 1 Stmk BestAG) und, dass für die Dauer der Trauerzeremonie die Aufbahrung in einem Aufbahrungsraum „einer Bestattungsanlage" zu erfolgen hat (Abs 2 erster Satz leg cit). Daher hätte er seinen Antrag auf die Wortfolge „einer Bestattungsanlage" beschränken müssen anstatt den gesamten § 10 Stmk BestAG anzufechten.

Grundsätzlich kann davon ausgegangen werden, dass hinsichtlich des gesamten § 10 Abs 1 und 2 Stmk BestAG die unmittelbare und aktuelle Betroffenheit von B vorliegt.

Soweit die unmittelbare und aktuelle Betroffenheit des Antragstellers durch alle vom Antrag erfassten Bestimmungen gegeben ist oder der Antrag mit solchen untrennbar zusammenhängende Bestimmungen erfasst, führt dies – ist der Antrag in der Sache begründet – im Fall der Aufhebung nur eines Teils der angefochtenen Bestimmungen im Übrigen zu seiner teilweisen Abweisung.[5]) § 10 Abs 3 bis 6 Stmk BestAG stehen im Regelungszusammenhang mit § 10 Abs 1 und 2 Stmk BestAG: sie enthalten Ausnahmen zu dem von B als verfassungswidrig erachteten Regelungsgehalt.

Dagegen schränkt § 10 Abs 7 Stmk BestAG B nicht in seinen Rechten ein. Da diese Bestimmung von den anderen angefochtenen trennbar ist, ist der Antrag in Hinblick auf diese Bestimmung zu weit gefasst und daher zurückzuweisen.

6. Zwischenergebnis

Bei Einhaltung der Formerfordernisse sind alle Zulässigkeitsvoraussetzungen bezüglich § 10 Abs 1 bis 6 Stmk BestAG erfüllt, es kann also ein Individualantrag auf Normenkontrolle nach Art 140 Abs 1 Satz 1 Z 1 lit c B-VG beim VfGH eingebracht werden. In Hinblick auf § 10 Abs 7 Stmk BestAG ist der Antrag zurückzuweisen.

B. Begründetheit

Der Individualantrag auf Normenkontrolle ist begründet, wenn B durch die Verfassungswidrigkeit des Gesetzes in seinen Rechten verletzt ist.

Gem § 62 VfGG muss der Beschwerdeführer seine Bedenken im Einzelnen darlegen. B könnte geltend machen, das angefochtene Gesetz verstoße gegen das Recht auf Freiheit der Erwerbsausübung (Art 6 StGG) und den Gleichheitsgrundsatz (Art 7 Abs 1 B-VG und Art 2 StGG).

1. Erwerbsausübungsfreiheit (Art 6 StGG)

a) Schutzbereich

Grundrechtsträger sind Staatsbürger und inländische juristische Personen sowie Unionsbürger und Unternehmen mit einem Sitz in einem Mitgliedstaat. Unionsbürger dürfen im Anwendungsbereich des Unionsrechts Staatsbürgern gegenüber nicht schlechter gestellt werden (vgl das Diskriminierungsverbot des Art 18 AEUV). Die grenzüberschreitende Ausübung der Erwerbsbetätigung fällt in der Regel (Grundfreiheiten) in den Anwendungsbereich des Unionsrechts.

Der Schutzbereich der Erwerbsausübungsfreiheit umfasst jede Art von Tätigkeit, die auf wirtschaftlichen Erfolg gerichtet ist bzw jede Art Vermögen zu erwerben. Die Tätigkeit als Bestatter stellt jedenfalls eine solche auf wirtschaftlichen Erfolg gerichtete Tätigkeit dar und ist damit vom Schutzbereich der Erwerbsausübungsfreiheit erfasst.

In den Schutzbereich des Art 6 StGG fallen der Antritt und die Ausübung einer Erwerbstätigkeit.

b) Eingriff

Der VfGH qualifiziert objektive Beschränkungen des Erwerbsantrittes als einen grundsätzlich schweren Eingriff in die verfassungsgesetzlich gewährleistete Erwerbsfreiheit.[6]) Bei der Normierung subjektiver Zutrittsbeschränkungen (das sind solche,

5) VfGH 2. 12. 2016, G 105/2015, Rz 22.
6) VfSlg 11.625/1988.

die der Betroffene aus eigener Kraft überwinden kann – zB einen Befähigungsnachweis) räumt der VfGH dem Gesetzgeber einen größeren rechtspolitischen Gestaltungsspielraum ein.[7]) Bei Regelungen zur Erwerbsausübung steht dem Gesetzgeber ein größerer rechtspolitischer Gestaltungsspielraum offen als bei Regelungen, die den Erwerbsantritt beschränken. Dies deshalb, weil durch die Ausübung einer Erwerbstätigkeit regelnde Vorschriften der Eingriff in die verfassungsgesetzlich geschützte Rechtssphäre weniger gravierend ist als bei Bestimmungen, die überhaupt den Zugang zum Beruf behindern.

Durch die zu prüfenden Rechtsvorschriften wird die berufliche Tätigkeit der Bestatter teilweise örtlich beschränkt: Bestimmte Tätigkeiten (Reinigen und Ankleiden der Toten, Einsargen, Schließen des Sarges, Thanatopraxie) müssen innerhalb von Bestattungsanlagen durchgeführt werden. Ebenso ist die Durchführung von Totenfeierlichkeiten, soweit sie in Anwesenheit des aufgebahrten Leichnams stattfinden, auf Bestattungsanlagen bzw auf die sonstigen in § 10 Stmk BestAG umschriebenen Örtlichkeiten beschränkt. Diese Regelungen beschränken nicht den Erwerbsantritt, sondern die Erwerbsausübung.

Im gegenständlichen Fall kann jedoch die Frage aufgeworfen werden, ob die vorliegende Beschränkung der Erwerbsausübung in Hinblick auf eine bestimmte Infrastruktur bereits so gravierend in die Rechtssphäre des B eingreift, dass, aufgrund der Intensität der Einschränkung, diese im Ergebnis einer Zugangsbeschränkung gleichkommt. Sollte dies bejaht werden, ist der rechtspolitische Gestaltungsspielraum des Gesetzgebers entsprechend kleiner.

Es liegt durch § 10 Stmk BestAG also ein Eingriff in die Erwerbsfreiheit vor.

Meine Notizen

Erwerbsausübung & – Zutritt/Antritt

c) Rechtfertigung des Eingriffs

Nicht jeder Eingriff bedingt eine Verletzung des Grundrechts. Eine solche hängt vielmehr davon ab, ob sich der Eingriff rechtfertigen lässt.

Aufgrund des in Art 6 StGG verankerten Gesetzesvorbehaltes sind gesetzliche, die Erwerbs(ausübungs)freiheit beschränkende Regelungen nur dann zulässig, wenn sie durch das öffentliche Interesse geboten, zur Zielerreichung geeignet, erforderlich und auch sonst angemessen bzw sachlich zu rechtfertigen sind. Dem Gesetzgeber kommt dabei ein rechtspolitischer Gestaltungsspielraum zu.

(1) Öffentliches Interesse

Durch die Bestimmungen des Stmk BestAG soll insb das öffentliche Interesse des Gesundheitsschutzes gewahrt werden. Aus sanitären Gründen sollten Leichen rasch aus privaten Bereichen entfernt, die Transportwege kurz gehalten und die Leichname gem § 33 Abs 1 Stmk BestAG den hygienischen Anforderungen entsprechend gelagert werden.

Ein weiteres öffentliches Interesse an der verpflichtenden Unterbringung von Leichen in der Leichenkammer einer Bestattungsanlage ist die Ordnung der Leichenbestattung auf eine den Bedürfnissen der Bevölkerung entsprechende Weise.

Zuletzt entspricht das Gebot in § 10 Abs 2 Stmk BestAG auch dem Wunsch der Bevölkerung, die Konfrontation mit dem Tod zu vermeiden und die mit diesem verbundenen Trauerfeierlichkeiten und Riten auf jene Orte zu beschränken, die dem Totengedenken vorbehalten und in besonderer Weise ausgestattet sind.

(2) Geeignetheit

Prüft man die Unterbringung in der Leichenkammer einer Bestattungsanlage am vorrangigen Ziel der Bestimmung, den von Leichen ausgehenden Infektionsgefahren zu begegnen, ergibt sich ihre Eignung zur Zielerreichung. Dies insofern, als die Leichenkammern von Bestattungsanlagen gem § 22 Abs 3 Stmk BestAG über eine Kühlanlage verfügen müssen und auch der hygienischen und gesundheitlichen Aufsicht der Behörde unterliegen (§§ 26 und 33 Stmk BestAG). Außerdem wird dadurch verhindert, dass Leichen an verschiedensten Orten aufbewahrt und beliebig oft und unkontrolliert weitertransportiert werden, was auch dem öffentlichen Interesse an einem geordneten Bestattungswesen entspricht.

7) VfSlg 13.704/1994.

Meine Notizen

Freilich: Gerade die durch diese Rechtslage geschaffene Minderanzahl an Leichenkammern kann letztlich – im Vergleich zur Aufbahrungsmöglichkeit in einer Vielzahl privater Leichenkammern – eine Verlängerung der Transportwege mit sich bringen. *Andere Meinung daher vertretbar.*

(3) Erforderlichkeit

Diese Bestimmung ist auch erforderlich, um dieses Ziel zu erreichen. Würden die Leichen in privaten Leichenhallen aufbewahrt werden, könnten diese nicht ordnungsgemäß von der Behörde gem § 26 Stmk BestAG kontrolliert werden. Durch die „Konzentration" der zu kontrollierenden Räumlichkeiten können sowohl eine hohe Frequenz der Hygienekontrollen als auch ein besonders hoher Qualitätsstandard sichergestellt werden. In Hinblick darauf, dass in der Steiermark mehrere Bestattungsunternehmen tätig sind, wäre zudem oft nicht klar, in welcher privaten Leichenkammer der Leichnam liege. Schließlich können unnötige Leichentransporte auf keine andere Art und Weise verhindert werden.

Andere Meinung vertretbar: Ein gelinderes Mittel zur Zielerreichung könnte darin bestehen, dass durch häufige behördliche Kontrollen sowie strenge Hygienevorschriften der Schutz der Gesundheit der Bevölkerung auch bei der Unterbringung und Aufbahrung in Leichenkammern privater Bestatter gewährleistet wäre. Ein dichteres Netz von Leichenkammern könnte zudem dazu beitragen, Transportwege zu verkürzen und so der Zielsetzung eines geordneten Bestattungswesens bei Wegfall des Grundrechtseingriffs besser Rechnung tragen.

(4) Angemessenheit

rechtspolitischer Gestaltungs-spielraum d. Gesetzgebers!

Die – im vorliegenden Fall – die Ausübung (und nicht den Antritt) einer Erwerbstätigkeit mittelbar beeinträchtigende Vorschrift ist auch angemessen und nicht unsachlich:

In vielen Fällen ist nach dem Tod einer Person – als einziger Anhaltspunkt – absehbar, dass eine Erdbestattung in einer Grabstelle, bspw in einem Familiengrab, in einer konkreten Bestattungsanlage vorgenommen werden wird. Eine Regelung, die die Unterbringung des Verstorbenen in der Leichenkammer dieser Bestattungsanlage vorsieht, ist daher grundsätzlich sachlich nachvollziehbar.

Dem Gesetzgeber kommt in Hinblick auf das öffentliche Interesse eines geordneten Bestattungswesens zudem generell ein weiter rechtspolitischer Gestaltungsspielraum zu. Dies wird insb auch dadurch verstärkt, dass es sich bei den in Frage stehenden Bestimmungen nur um Einschränkungen der Erwerbsausübungsfreiheit handelt. Wenn der Gesetzgeber vorsieht, dass Bestatter gewisse Tätigkeiten in der Leichenhalle einer Bestattungsanlage vornehmen müssen und auch die Totenaufbahrung nur in solchen Anlagen stattfinden darf, handelt der Gesetzgeber innerhalb seines rechtspolitischen Gestaltungsspielraums. Es ist dem Bestatter wohl zuzumuten, sich für einige Tätigkeiten zu Bestattungsanlagen zu begeben. Diese geringe Einschränkung in seiner Tätigkeit erscheint im Lichte der Wichtigkeit der betreffenden öffentlichen Interessen sachlich und angemessen. Denn durch die Aufbahrung Verstorbener in Aufbahrungshallen von Bestattungsanlagen wird nicht nur die ungewollte „Begegnung mit dem Tod" von Passanten durch im öffentlichen Raum gelegene Aufbahrungsräumlichkeiten abgewendet und Totentransporte im öffentlichen Straßenbild tendenziell reduziert, sondern auch – möglicherweise pietätlos ablaufende – Konfliktsituationen, etwa mit benachbarten Einrichtungen (zB Inhabern von Geschäftslokalen), von vornherein ausgeschlossen. Diese Überlegungen treffen auch für den Fall des § 10 Abs 2 Satz 2 Stmk BestAG zu, wenn also ausnahmsweise die Aufbahrung in der nächstgelegenen Kirche oder in einem anderen Sakralbau erfolgt, weil auch diese Anlagen traditionell ua für das Totengedenken bestimmt sind und der Gesetzgeber insofern von gesellschaftlichen Erwartungshaltungen ausgehen konnte. *Andere Meinung vertretbar.*

d) Zwischenergebnis

Die in Ausübung des rechtspolitischen Gestaltungsspielraums des Gesetzgebers erlassenen Regelungen der verpflichtenden Unterbringung von Leichen in der Leichenkammer einer Bestattungsanlage sowie die Regelungen hinsichtlich des Aufbahrungsorts für die Dauer der Trauerzeremonie liegen im öffentlichen Interesse, sind geeignet, erforderlich und angemessen. Somit widersprechen § 10 Abs 1 bis 6 Stmk BestAG nicht Art 6 StGG. *Andere Meinung vertretbar.*

2. Gleichheitsgrundsatz (Art 7 B-VG, Art 2 StGG)

a) Schutzbereich

Grundrechtsträger des Gleichheitsgrundsatzes sind nach Art 7 B-VG und Art 2 StGG österreichische Staatsbürger sowie Unionsbürger, soweit Unionsrecht anzuwenden ist (Art 18 AEUV).

Der Gleichheitsgrundsatz verlangt nicht nur eine Rechtsanwendungsgleichheit, sondern er bindet auch den Gesetzgeber. Er setzt ihm insofern inhaltliche Schranken, als er verbietet, dass ein Gesetz sachlich nicht gerechtfertigte Differenzierungen vornimmt (Verbot unsachlicher Differenzierung, Gleiches gleich, Ungleiches ungleich behandeln) sowie, dass ein Gesetz an sich unsachlich ist (allgemeines Sachlichkeitsgebot). Das Verbot unsachlicher Differenzierung verbietet es dem Gesetzgeber, andere als sachlich begründbare Differenzierungen zwischen den Normadressaten zu schaffen. Nur dann, wenn gesetzliche Differenzierungen aus entsprechenden Unterschieden im Tatsächlichen ableitbar sind, entspricht das Gesetz dem verfassungsrechtlichen Gleichheitssatz.

Der Gesetzgeber behandelt private Bestatter anders als die Betreiber von Bestattungsanlagen. § 10 Stmk BestAG regelt den Ort der Aufbewahrung von Leichen allgemein und insb auch den Ort der Aufbahrung des Leichnams für die Dauer der Trauerzeremonie. Zu prüfen ist, ob der Ausschluss der Möglichkeiten für B, einerseits alle direkt mit dem Leichnam in Zusammenhang stehenden Tätigkeiten in seiner eigenen, neu errichteten Leichenkammer durchzuführen und andererseits die Trauerzeremonie in seinen eigenen Räumlichkeiten zu veranstalten, eine zu rechtfertigende Ungleichbehandlung von Privatbestattern gegenüber den Gesellschaften der Stadt Graz und den Glaubensrichtungen darstellt bzw eine sachlich begründbare Regelung ist.

Zu prüfen ist somit zuerst, ob Unterschiede im Tatsächlichen zwischen der Unterbringung bzw Aufbahrung in der Leichenkammer einer Bestattungsanlage und der Unterbringung bzw Aufbahrung in der Leichenkammer eines privaten Bestatters vorliegen, die eine rechtliche Ungleichbehandlung sachlich rechtfertigen. Die Leichenkammer einer Bestattungsanlage befindet sich in aller Regel in einem räumlichen Naheverhältnis zur Grabstelle. Werden Verstorbene an anderen Orten aufgebahrt oder untergebracht, sind Leichentransporte unvermeidbar, weil die Geschäftslokale von Bestattern räumlich mit den Bestattungsanlagen oder mit Grabstellen allgemein für gewöhnlich in keinem Zusammenhang stehen. Der Unterschied im Tatsächlichen besteht somit im fehlenden räumlichen Naheverhältnis zum Ort der Bestattung.

Als nächstes ist zu prüfen, ob die rechtliche Differenzierung zwischen privaten Bestattern einerseits und Betreibern von Bestattungsanlagen andererseits sachlich gerechtfertigt ist. Für die Ungleichbehandlung spricht, dass die Bevölkerung vor der unerwünschten Konfrontation mit dem Tod geschützt werden soll. Des Weiteren ist der Gesundheitsschutz durch eine Konzentration der für Leichen bestimmten Aufbahrungs- und Unterbringungsorte besser gewährleistet als bei einer schwer kontrollierbaren Verteilung in Leichenkammern in und auf besiedelte Gebiete. Aus diesen Gründen ist die rechtliche Differenzierung sachlich gerechtfertigt.

Soweit der Gleichheitssatz in seiner Ausprägung als allgemeines Sachlichkeitsgebot zur Anwendung kommt, wird das vom Gesetzgeber angestrebte Ziel losgelöst von einer vergleichbaren Regelung auf seine Vertretbarkeit (Legitimität des Zieles, Verhältnismäßigkeit der eingesetzten Mittel) geprüft. Weiters ist es dem Gesetzgeber nach dem Gleichheitssatz nicht verwehrt, seine politischen Zielvorstellungen auf die ihm geeignet erscheinende Art und Weise zu verfolgen. Angesichts der mit dem geordneten Leichen- und Bestattungswesen verbundenen öffentlichen Interessen kommt dem Gesetzgeber in dieser Hinsicht ein weiter rechtspolitischer Gestaltungsspielraum zu.[8]) Der politisch motivierte Hintergrund dieser Regelung besteht eben nicht darin, den Betreibern von Bestattungsanlagen (egal ob von der öffentlichen Hand oder von Glaubensgemeinschaften) eine bevorzugte Sonderstellung einzuräumen, sondern den öffentlichen Gesundheitsschutz zu wahren sowie eine unerwünschte Konfrontation mit dem Tod zu verhindern. § 10 Stmk BestAG ist somit eine verhältnismäßige Regelung (es sei hier auf die Argumente oben für die Rechtfertigung des Eingriffs verwiesen) und entspricht dem Sachlichkeitsgebot.

Meine Notizen

- rechtl. Ungleichbehandlung
- sachl. rechtfertigt
- Sachlichkeitsgebot

8) VfSlg 11.503/1987.

Meine Notizen

b) Zwischenergebnis

§ 10 Stmk BestAG verstößt nicht gegen das Verbot unsachlicher Differenzierung und entspricht dem allgemeinen Sachlichkeitsgebot. Eine Verletzung des Gleichheitsgrundsatzes liegt daher nicht vor.

C. Ergebnis

Der Antrag des Beschwerdeführers ist nicht begründet und daher vom VfGH abzuweisen.

Alternative Lösung bei plausibler Argumentation möglich.

Frage 2: Kann W die für sie nachteilige Bestimmung bekämpfen? Welches Grundrecht könnte betroffen sein? Prüfen Sie, ob eine Verletzung vorliegt.

I. Rechtsschutzmöglichkeit der W: Individualantrag auf Normenkontrolle beim VfGH gem Art 140 Abs 1 Satz 1 Z 1 lit c B-VG, §§ 62 ff VfGG

A. Zulässigkeit eines Individualantrages

Im gegenständlichen Fall stellt sich die Frage, ob W überhaupt zur Erhebung des Individualantrages legitimiert ist.

1. Antragsteller

W ist als natürliche Person dazu berechtigt, einen Individualantrag auf Normenkontrolle gem Art 140 Abs 1 Satz 1 Z 1 lit c B-VG zu stellen.

2. Prüfungsgegenstand

Prüfungsgegenstand im Verfahren nach Art 140 Abs 1 Satz 1 Z 1 B-VG sind Gesetze – auch Landesgesetze im formellen Sinn. § 10 Stmk BestAG ist daher ein tauglicher Gegenstand des Normenkontrollverfahrens.

3. Betroffenheit in einer Rechtsposition (Art 140 Abs 1 Satz 1 Z 1 lit c B-VG, § 62 Abs 1 VfGG)

Zur Erhebung eines Individualantrages ist legitimiert, wer durch die generelle Norm unmittelbar in seinen Rechten verletzt zu sein behauptet und für wen die generelle Norm ohne Fällung einer gerichtlichen Entscheidung oder Erlassung eines Bescheides wirksam geworden ist (Art 140 Abs 1 Satz 1 Z 1 lit c B-VG). Zuerst ist daher zu prüfen, ob eine unmittelbare Betroffenheit in einer Rechtsposition vorliegt.

Zum einen sind nur Personen antragsberechtigt, deren Rechtssphäre durch die betreffende Norm berührt wird bzw in deren Rechtssphäre sie eingreift. Es ist das höchstpersönliche Recht eines jeden (noch lebenden) Menschen, Verfügungen über seinen Leichnam zu treffen. Die Autonomie über den eigenen Körper, sei es ausschließlich zu Lebzeiten oder über den Tod hinaus, ist durch verfassungsgesetzlich gewährleistete Rechte geschützt (bspw Recht auf Privat- und Familienleben nach Art 8 EMRK, Folterverbot gem Art 3 EMRK). Zudem sind solche Verfügungen Ausfluss des über den Tod hinauswirkenden allgemeinen Persönlichkeitsrechts (§ 16 ABGB). § 10 Stmk BestAG sieht die Unterbringung des Leichnams in einer Leichenkammer einer Bestattungsanlage vor. Dadurch beschränkt § 10 Stmk BestAG W in ihrer Gestaltungsfreiheit und greift damit in die Sphäre ihres Persönlichkeitsrechts ein.[9])

Der Eingriff ist auch aktuell, da § 10 Stmk BestAG verhindert, dass W zu Lebzeiten wirksam über ihren Leichnam disponieren kann. Schließlich ist es ausgeschlossen, dass W im tatsächlichen Moment der Unterbringung noch über ihren Leichnam verfügen kann, da sie zu diesem Zeitpunkt bereits verstorben ist.

Zu überlegen ist, ob W einen Feststellungsbescheid erwirken kann. Die Möglichkeit, einen solchen zu erlangen, macht einen Individualantrag dann nicht unzulässig,

9) VfSlg 19.904/2013, 1.3.3.

wenn sein einziger Zweck in der Erlangung eines Mittels besteht, verfassungsrechtliche Bedenken über diesen Weg an den VfGH heranzutragen. Der Individualantrag ist nur dann unzulässig, wenn ein Rechtsanspruch auf einen Feststellungsbescheid besteht.[10]) Ein solcher Rechtsanspruch[11]) lässt sich hier weder aus dem Sachverhalt noch aus den einschlägigen gesetzlichen Bestimmungen ableiten.

Meine Notizen

W steht kein anderer zumutbarer Weg als die Erhebung des Individualantrages offen, da sich aus dem Sachverhalt diesbezüglich keine Anhaltspunkte ergeben.

W ist somit zur Erhebung des Individualantrages legitimiert. Der Antrag ist daher unter Einhaltung der Frist- und Formerfordernisse zulässig.

B. Begründetheit

Der Individualantrag ist begründet, wenn W durch die Verfassungswidrigkeit von § 10 Stmk BestAG in ihren Rechten verletzt ist.

Zu denken ist an das Recht auf Privat- und Familienleben (Art 8 EMRK), da W einerseits aufgrund der (offenbar negativen) Erfahrungen nach dem Tod ihres Mannes selbst nicht möchte, dass ihre Leiche in der Leichenkammer eines Friedhofes aufgebahrt wird. Andererseits wünscht sie die Aufbahrung bei B auch deswegen, damit ihre Kinder in Ruhe von ihr Abschied nehmen können.

1. Schutzbereich

Art 8 EMRK umfasst sowohl den Schutz des Privatlebens als auch den Schutz des Familienlebens. Eine abschließende Definition des Umfangs des Schutzbereichs ist nicht möglich. Jedenfalls erfasst sind die freie Entfaltung der Persönlichkeit und die Pflege eines individuellen Lebensstils.[12]) Der EGMR hat das Verhalten staatlicher Behörden in Zusammenhang mit Leichen bzw der Asche Verstorbener wiederholt unter dem Blickwinkel des Art 8 EMRK beurteilt.[13]) W möchte zu Lebzeiten über ihren Leichnam disponieren, was als Ausdruck ihrer Persönlichkeit gewertet werden kann. Der Schutzbereich ist daher eröffnet.

2. Eingriff

§ 10 Stmk BestAG steht ihrem Wunsch zur Aufbahrung bei einem privaten Bestatter entgegen und verpflichtet vielmehr zur Aufbahrung in einer Bestattungsanlage.

W kann daher nicht frei über ihren Leichnam verfügen. Ein Eingriff in das Recht auf Privatleben ist gegeben.

3. Rechtfertigung des Eingriffs

Art 8 EMRK enthält einen materiellen Gesetzesvorbehalt. Ein gesetzlicher Eingriff kann daher nur gerechtfertigt sein, wenn er auf einer gesetzlichen Grundlage basiert und eines der in Art 8 Abs 2 EMRK taxativ aufgezählten Ziele in verhältnismäßiger Weise verfolgt wird.

Die Verpflichtung zur Unterbringung von Verstorbenen in Leichenkammern von Bestattungsanlagen ist in § 10 Stmk BestAG normiert und daher gesetzlich vorgesehen.

Hinsichtlich des öffentlichen Interesses und der Geeignetheit des Eingriffes ist auf die Ausführungen zur Antwort auf Frage 1 zu verweisen. Das Aufbahren von Toten an einigen wenigen dafür vorgesehenen Orten, nämlich in Leichenkammern von Bestattungsanlagen, dient dem Schutz der Gesundheit der Bevölkerung und somit dem legitimen Ziel, Gefahren für das Leben und die Gesundheit Dritter abzuwehren. Die Verpflichtung zur Aufbahrung in Bestattungsanlagen ist dafür auch geeignet, weil dadurch potentielle Gefahren auf gewisse Orte beschränkt und damit beherrschbar bleiben.

Zur Erforderlichkeit und Angemessenheit kann auf die Argumentation unter Frage 1 verwiesen werden.

Andere Meinung vertretbar: So könnte argumentiert werden, dass durch häufige behördliche Kontrollen sowie strenge Hygienevorschriften, somit durch den Einsatz gelinderer Mittel, auch bei einer Aufbahrung in Leichenkammern von privaten Be-

10) *Öhlinger/Eberhard,* Verfassungsrecht[11] (2016) Rz 1026 mwN.
11) *Hengstschläger/Leeb,* Verwaltungsverfahrensrecht[5] (2014) Rz 425.
12) *Öhlinger/Eberhard,* Verfassungsrecht[11] (2016) Rz 812 ff.
13) VfSlg 19.904/2013, 2.1.4. mwN.

Meine Notizen

stattern der Schutz der Gesundheit der Bevölkerung genauso sichergestellt werden kann.

C. Ergebnis (je nach Argumentationslinie)

Der Eingriff ist gerechtfertigt, eine Verletzung des Privat- und Familienlebens liegt nicht vor. Der Antrag ist daher vom VfGH abzuweisen. *Andere Meinung vertretbar.*

Teil 2

Frage 3: Ist der Bundespräsident im gegenständlichen Fall berechtigt, die Beurkundung zu verweigern?

I. Beurkundungsrecht des Bundespräsidenten

Das verfassungsmäßige Zustandekommen der Bundesgesetze wird durch den Bundespräsidenten beurkundet (Art 47 B-VG). Es ist umstritten, wie weit die Prüfkompetenz des Bundespräsidenten geht, insb, ob ihm ein bloß formelles Prüfungsrecht hinsichtlich des Zustandekommens des Gesetzes oder auch ein materielles zusteht. Die ältere Lehre ging von einem uneingeschränkten formellen und materiellen Prüfungsrecht aus.[14]) Eine weitere Theorie besagt, dass der Bundespräsident ausschließlich die Einhaltung jener Bestimmungen der Verfassung und allenfalls der Geschäftsordnung des Nationalrates zu prüfen hat, die das Verfahren der Gesetzgebung regeln. Gem der dritten und herrschenden Theorie sowie der Staatspraxis hat der BPräs die Beurkundung bei einer offenkundigen und schwerwiegenden Verfassungsverletzung zu verweigern, vor allem, wenn diese das Funktionieren des parlamentarischen Systems gefährdet. Die vierte Theorie besagt, dass der BPräs die Beurkundung bei Vorliegen einer evidenten Verfassungswidrigkeit zu verweigern hat.[15])

Im Sachverhalt tun sich jedoch mehrere Probleme auf:

▹ Leichen & Bestattungswesen Gesetzgebung & Vollz. Länder
▹ Gewerbe d. Bestatters § 94 Z 6 GewO Gesetzgebung & Angelegenh. Bundessache gesetzl. Einschränkung der Gewerbeausüb. mittels Werbeverb. ⇒ Bundessache!

A. Initiativantrag

Es stellt sich die Frage, ob der Nationalrat als Bundesorgan zuständig für die Erlassung eines absoluten Werbeverbotes für Bestatter war, da es sich beim Leichen- und Bestattungswesen gem Art 10 Abs 1 Z 12 iVm Art 15 B-VG um eine Materie handelt, die in Gesetzgebung und Vollziehung in die Kompetenz der Länder fällt.[16])

Bei einem Werbeverbot für Bestatter handelt es sich jedoch um eine Ausübungsschranke für das (reglementierte) Gewerbe des Bestatters (§ 94 Z 6 GewO). Gem Art 10 Abs 1 Z 8 B-VG ist die Gesetzgebung in Angelegenheiten des Gewerbes Bundessache. Die gesetzliche Einschränkung der Gewerbeausübung von Bestattern mittels Werbeverbot fällt somit in die Bundeskompetenz und der Nationalrat durfte als Gesetzgebungsorgan tätig werden.[17])

Der Gesetzesvorschlag zur Einführung eines absoluten Werbeverbots wird in Form eines Initiativantrages im Nationalrat eingebracht. Dabei handelt es sich um einen Antrag von Mitgliedern des Nationalrates (Art 41 Abs 1 B-VG). Die nähere Ausgestaltung findet sich in der Geschäftsordnung des Nationalrates, die materielles Verfassungsrecht darstellt. § 26 Abs 1 iVm Abs 4 GOG-NR bestimmt, dass ein Initiativantrag von mindestens fünf Abgeordneten (unter Einrechnung des Antragstellers) unterstützt sein muss. Diese Voraussetzung wurde laut Sachverhalt nicht eingehalten, da der Gesetzesvorschlag von nur vier Abgeordneten eingebracht wurde. Es liegt daher ein formeller Mangel im Gesetzgebungsprozess vor.

B. Beschluss in der zweiten Lesung

Für die Behandlung von Gesetzesvorschlägen bis zur endgültigen Beschlussfassung sind drei „Lesungen" im Nationalrat möglich.[18]) Über Initiativanträge ist eine erste Lesung durchzuführen, wenn es im Antrag verlangt wird (§ 69 Abs 4 GOG-NR), ansonsten erfolgt direkt die Zuweisung zu einem Ausschuss. Im Sachverhalt finden sich dazu keine Angaben, weshalb von einem ordnungsgemäßen Ablauf auszugehen ist.

14) *Adamovich/Spanner,* Handbuch des österreichischen Verfassungsrechts (1957) 304.
15) *Öhlinger/Eberhard,* Verfassungsrecht[11] (2016) Rz 433.
16) VfSlg 14.771/1997.
17) *Krauskopf,* Leichen- und Bestattungswesen in *Pürgy* (Hrsg), Das Recht der Länder II/1 (2012) Rz 4.
18) *Mayer/Kucsko-Stadlmayer/Stöger,* Bundesverfassungsrecht[11] (2015) Rz 450.

In der zweiten Lesung wird der Gesetzesvorschlag im Plenum des Nationalrates behandelt (General- und Spezialdebatte; § 70 GOG-NR). Daran schließt üblicherweise die dritte Lesung unmittelbar an (§ 74 Abs 1 GOG-NR), in welcher es zur (endgültigen) Beschlussfassung kommt. Laut Sachverhalt erfolgte die Beschlussfassung bereits in der zweiten Lesung. Hier ist abzugrenzen, ob es sich bei dieser Bestimmung um eine bloße Ordnungsvorschrift handelt oder um eine solche, die gewährleisten soll, dass der wahre Wille der Mehrheit der Abgeordneten zum Ausdruck kommt.[19]) Nachdem bereits die erste Lesung gem § 69 GOG-NR optional ist und in der dritten Lesung, die für gewöhnlich direkt im Anschluss an die zweite Lesung stattfindet, Änderungen nur begrenzt möglich sind (§ 74 GOG-NR), handelt es sich dabei um eine Ordnungsvorschrift: Ihre Verletzung bewirkt keine Verfassungswidrigkeit.[20])

C. Grundrechtliche Bedenken

Die Werbung für Produkte und Dienstleistungen unterfällt den verfassungsgesetzlich gewährleisteten Rechten auf Erwerbs- (Art 6 StGG) und Meinungsfreiheit (Art 13 StGG, Art 10 EMRK). Beide Rechte sind nicht vorbehaltlos gewährleistet, sondern unterliegen gesetzlichen Einschränkungen. Daher ist es dem Gesetzgeber erlaubt, nähere Bestimmungen hinsichtlich zulässiger Werbung zu schaffen. So unterliegen bestimmte Berufsgruppen (Ärzte, Anwälte oder eben auch Bestatter – siehe hierzu § 9 der Standesregeln für Bestatter im Anhang) gesetzlichen Beschränkungen hinsichtlich Art und Ausgestaltung ihrer Werbemaßnahmen. Ein absolutes Werbeverbot für Bestatter verhindert jedoch, dass Hinterbliebene und somit potentielle Geschäftskunden von den Leistungen der einzelnen Bestatter Kenntnis erlangen. Es stellt einen unverhältnismäßigen Eingriff dar und verletzt somit Art 6 StGG und Art 10 EMRK.[21])

D. Ergebnis

Der Bundespräsident ist dazu berechtigt, die Beurkundung zu verweigern, da es am „verfassungsmäßigen Zustandekommen" des Gesetzes iSd Art 47 Abs 1 B-VG fehlt: Der Initiativantrag hätte von fünf Abgeordneten eingebracht werden müssen. Bejaht man darüber hinausgehend grundsätzlich ein materielles Prüfrecht des Bundespräsidenten, ist mit der Mehrheitsauffassung und der Staatspraxis davon auszugehen, dass ein solches dem Bundespräsidenten *in concreto* nur in gravierenden Fällen zukommt, die offenkundig sind.[22]) Derartiges kann etwa bei Verletzung vorbehaltlos gewährleisteter Grundrechte anzunehmen sein. Im gegebenen Fall ist indes anzunehmen, dass diese Erfordernisse mit Blick auf das grundrechtliche Problem nicht gegeben sind.

Meine Notizen

▷ Erwerbsfreiheit !
▷ Meinungsfreiheit!
Komplettes Werbeverbot = unverhältnism. Eingriff!
Initiativantrag v. 5 Abgeord.

19) VfSlg 16.151/2001; *Bezemek*, Materielle Perspektiven eines formellen Verfassungsverständnisses: Eine essayistische Annäherung, in FS Korinek (2010) 437 (446 f).
20) *Bezemek*, Zur Rolle des Bundespräsidenten als Hüter des Gesetzgebungsverfahrens, ZfV 2015/25 FN 111.
21) VfSlg 12.886/1991, VfSlg 19.159/2010.
22) *Berka*, Verfassungsrecht[6] (2016) Rz 626.

Von Christoph Bezemek und Jürgen Pirker

Meine Notizen

Fall 3: Mindestsicherung *light*

Schwerpunkte: Erkenntnisbeschwerde; Gesetzgebungsverfahren im Landtag; Verbot der unmenschlichen Behandlung, Gleichbehandlung von Fremden untereinander

SACHVERHALT[1]

Neue Gerechtigkeit, Mindestsicherung, Asyl. Diese Themen beherrschen nicht erst seit dem Wahlkampf für die Nationalratswahl 2017 die politische Diskussion im Bundesland S. Um Ausgaben für Sozialleistungen zu reduzieren, überlegt die Landesregierung eine Kürzung der Leistungen für subsidiär Schutzberechtigte. Subsidiär Schutzberechtigte sind Personen, die aus rechtlichen Gründen vorübergehend einen Schutz vor Abschiebung genießen, deren Asylantrag jedoch rechtskräftig abgewiesen wurde. Diese sollen nicht mehr, wie bisher, Aufstockungs-Leistungen der Mindestsicherung beanspruchen können, sondern nur noch Leistungen aus der Grundversorgung. Man orientiert sich an anderen Bundesländern, in denen subsidiär Schutzberechtigte keinen Anspruch auf Leistungen aus der Bedarfsorientierten Mindestsicherung haben, wenn sie Leistungen aus der Grundversorgung erhalten.

Zuständigkeit Landtag?

Der entsprechende Gesetzesentwurf wird ordnungsgemäß im Landtag eingebracht. Im Zuge der Diskussion kommt es zu intensiver Kritik am Gesetz: Die Abgeordneten der G-Partei bewerten die Initiative als reinen Populismus, der auf dem Rücken der Schwächsten ausgetragen werde. Der Status von subsidiär Schutzberechtigten sei aufgrund des provisorischen Aufenthaltsrechts ohnehin prekär. Ihre Lage dürfe durch ungerechte Sparmaßnahmen nicht noch verschlechtert werden. Außerdem, so die Kritik des zuständigen Sprechers für den Asyl- und Sozialbereich weiter, verstoße man hier eindeutig in verfassungsrechtlich problematischer Weise gegen die Art 15 a B-VG-Vereinbarung zwischen den Bundesländern über die Bedarfsorientierte Mindestsicherung und greife in soziale Kernleistungen ein, die die Status-Richtlinie der Europäischen Union vorschreibe. Es sei überhaupt unklar, ob das Land eine solche Regelung beschließen dürfe. Gegen das Gesetz wendet sich auch eine Petition des Obmannes des Vereins *Neuland*, der Asyl- und subsidiär Schutzberechtigte bei ihren ersten Schritten in Österreich unterstützt und sich gegen den Beschluss des Gesetzes ausspricht, weil er zwischen den ohnehin schon spärlichen Leistungen für Asyl- und subsidiär Schutzberechtigte differenziert und Letzteren ein menschenwürdiges Leben nach einer Flucht aus menschenunwürdigen Umständen erschwert.

Art 15a B-VG

Verein Neuland

Trotz dieser Bedenken wird das Gesetz im Landtag mit den Stimmen der F- (7) und K-Partei (15) beschlossen. Die neun Abgeordneten der G-Partei nehmen aus Protest nicht an der Sitzung teil, während die Abgeordneten der S-Partei nicht einhellig abstimmen: neun sind dafür, fünf stimmen dagegen, drei enthalten sich einer Stimmabgabe. In der Folge wird das Gesetz vom Landeshauptmann unterzeichnet und kundgemacht. Als Antwort auf die Petition erhält der Obmann des Vereins *Neuland* ein Schreiben des Landtages, in dem auf die ähnlichen Regelungen in anderen Bundesländern verwiesen wird.

Gesetz zustande gekommen?
Konsens & Präsenzquorum

Betroffen von der Regelung ist der irakische Staatsbürger *Hasan H.* Er ist nach Österreich geflüchtet, wo ihm subsidiärer Schutz gewährt wurde und er gut Deutsch gelernt hat. Um sein Leben finanzieren zu können, bezieht er schon einige Zeit die Leistungen der Bedarfsorientierten Mindestsicherung. Über die Neuregelung im Landesgesetz informiert ihn ein Betreuer aus dem Verein *Neuland*. Als *Hasan H* daraufhin ordnungsgemäß einen Antrag auf Leistungen der Mindestsicherung stellt, wird

1) Es handelt sich um die überarbeitete und gekürzte Version des Fachprüfungsfalles Verfassungsrecht vom Oktober 2017.

Meine Notizen

sein Antrag von der zuständigen Behörde mit der Begründung abgelehnt, dass er als subsidiär Schutzberechtigter nicht nach dem neuen Mindestsicherungsgesetz anspruchsberechtigt ist. Der Vertreter des Vereins *Neuland* rät ihm, diese „ungerechte" Entscheidung zu bekämpfen, doch das zuständige Landesverwaltungsgericht bestätigt die Erstentscheidung.

Die Neuregelung erweist sich für *Hasan H* als äußerst ungünstig: So errechnet der Vertreter des Vereins, dass *Hasan H* mit den Leistungen aus der Grundversorgung seinen Lebensunterhalt kaum auf längere Zeit wird bestreiten können, da allein seine Wohnungsmiete höher ausfällt als die gewährten finanziellen Zuwendungen. Die Kürzung seiner Leistungen auf ein derart geringes Niveau empfindet *Hasan H* als „unmenschlich". Schließlich hat er seit der Gewährung des subsidiären Schutzstatus darauf vertraut, dass wenigstens sein Unterhalt durch die Leistungen der Mindestsicherung gedeckt sein wird. Dass er nun, anders als Asylberechtigte, keine Mindestsicherung mehr erhalten soll, erscheint ihm ungerecht.

Verstoß gegen Unionsrecht & 15a ?

H – LVwG Entscheidung
Verein – Gesetz

Der Anwalt des Vereins *Neuland,* der *Hasan H* nun berät, bleibt hingegen optimistisch, weil er die breite Kritik an dem neuen Gesetz und die Diskussionen im Landtag mitverfolgt hat. Er meint, das Gesetz verstoße ohnehin gegen Unionsrecht und widerspreche der Art 15a B-VG-Vereinbarung. Das habe im Verfahren bisher keiner bedacht und auch die Bedenken von *Hasan H* müsse man nur entsprechend würdigen. Daher beschließt *Hasan H,* die Entscheidung des LVwG zu bekämpfen. Unzufrieden mit der Auskunft des Landtages zur Gesetzesnovelle ist auch der Obmann des Vereins *Neuland.* Er möchte seinerseits das Gesetz bekämpfen und hofft, mit diesem Schritt viele seiner Schutzbefohlenen vor den ungerechten und unzureichenden Leistungen bewahren zu können. Er will alles tun, um das Gesetz zu Fall zu bringen. Auch die „lapidare" Antwort des Landtages genügt ihm nicht.

Bearbeitungsvermerk:

Wie können Hasan H und der Vereinsobmann des Vereins Neuland vorgehen? Beurteilen Sie ihre Erfolgsaussichten.

ANLAGE

S Landes-Verfassungsgesetz (L-VG) (Auszug; fiktiv)

Artikel 10 Zusammensetzung, Wahl

(1) Der Landtag besteht aus 48 Mitgliedern (Abgeordneten), die auf Grund des gleichen, unmittelbaren, persönlichen, freien und geheimen Verhältniswahlrechts aller Landesbürgerinnen und Landesbürger gewählt werden, die am Wahltag das 16. Lebensjahr vollendet haben. [. . .]

Artikel 22 Ausschüsse

(1) Der Landtag hat den Unvereinbarkeitsausschuss, den Kontrollausschuss, den Ausschuss für Angelegenheiten der Europäischen Union, den Petitionsausschuss, den Ausschuss für Notsituationen, den Ausschuss für Vereinbarungen und Staatsverträge, den Ausschuss für Finanzen sowie weitere zur Vorberatung der Verhandlungsgegenstände erforderliche Ausschüsse einzurichten. [. . .]

(5) Die näheren Bestimmungen über Ausschüsse werden in der Geschäftsordnung des Landtages geregelt. [. . .]

Artikel 23 Aufgaben der verpflichtend einzurichtenden Ausschüsse [. . .]

(4) Dem Petitionsausschuss obliegen insbesondere die Behandlung und schriftliche Beantwortung der an den Landtag gerichteten Eingaben nach Art 76. [. . .]

Artikel 27 Beschlusserfordernisse

(1) Zu einem Beschluss des Landtages ist, soweit in diesem Gesetz, im Bundes-Verfassungsgesetz oder der Geschäftsordnung des Landtages nicht anderes bestimmt ist, die Anwesenheit von mindestens der Hälfte der Mitglieder und die unbedingte Mehrheit der abgegebenen Stimmen erforderlich.

(2) Ein Landesverfassungsgesetz kann nur mit einer Mehrheit von zwei Dritteln der abgegebenen Stimmen beschlossen werden. Verfassungsgesetze oder in einfachen Gesetzen enthaltene Verfassungsbestimmungen sind als solche (‚Landesverfassungsgesetz', ‚Verfassungsbestimmung') ausdrücklich zu bezeichnen.

Meine Notizen

Artikel 28 Behandlung von Gesetzesbeschlüssen

(1) Jeder Gesetzesbeschluss des Landtages ist unverzüglich durch dessen Präsidentin/Präsidenten der Landeshauptfrau/dem Landeshauptmann zu übermitteln. Falls der Bundesregierung nach der Bundesverfassung ein Einspruchs- oder Zustimmungsrecht zukommt, hat die Landeshauptfrau/der Landeshauptmann den Gesetzesbeschluss unmittelbar nach der Beschlussfassung des Landtages dem Bundeskanzleramt/zuständigen Bundesministerium bekannt zu geben.

(2) Unwesentliche Änderungen im Text der Gesetzesbeschlüsse, besonders solche formeller Art, kann die Landesregierung, sofern sich dies als notwendig erweist, im eigenen Wirkungskreis vornehmen.

(3) Die Landeshauptfrau/Der Landeshauptmann hat das verfassungsmäßige Zustandekommen von Landesgesetzen zu beurkunden. Die Beurkundung ist von einem Mitglied der Landesregierung gegenzuzeichnen.

(4) Landesgesetze sind von der Landeshauptfrau/vom Landeshauptmann im Landesgesetzblatt unter Berufung auf den Beschluss des Landtages kundzumachen. Soweit nicht ausdrücklich anderes bestimmt ist, treten sie mit dem der Kundmachung folgenden Tag in Kraft und gelten für das gesamte Landesgebiet.

(5) Verlautbarungen im Landesgesetzblatt müssen allgemein zugänglich sein und in ihrer kundgemachten Form vollständig und auf Dauer ermittelt werden können. Die Kundmachung der im Landesgesetzblatt zu verlautbarenden Rechtsvorschriften kann auch in elektronischer Form erfolgen. Das Nähere über das Landesgesetzblatt ist durch Landesgesetz zu regeln. [. . .]

Artikel 30 Gesetzesanfechtung durch Abgeordnete

Ein Drittel der Mitglieder des Landtages hat das Recht, beim Verfassungsgerichtshof einen Antrag auf Prüfung der Verfassungswidrigkeit eines Landesgesetzes zu stellen. [. . .]

Artikel 76 Petitionsrecht

Jede Person hat das Recht, Eingaben allgemeiner Art an Organe des Landes zu richten. Derartige Eingaben sind umgehend in Behandlung zu nehmen und zu beantworten.

Geschäftsordnung des Landtages S -GeoLT (Auszug; fiktiv)

§ 16 Gegenstände der Verhandlung [. . .]

(3) Als Gegenstände der Verhandlung von Ausschüssen sind ohne Befassung des Landtages insbesondere zu beraten und zu beschließen:

1. Petitionen gemäß Art 76 L-VG in Verbindung mit § 32 Abs 2; [. . .]

§ 32 Petitionsausschuss

(1) Dem Petitionsausschuss (Art 23 Abs 4 L-VG) obliegt insbesondere die Behandlung der an den Landtag gerichteten Eingaben.

(2) Anonyme Eingaben und solche, die ein Begehren allgemeiner Art (Art 76 L-VG) nicht erkennen lassen, sind nicht zu behandeln. Wenn eine Zuständigkeit von Landesorganen nicht vorliegt, hat der Ausschuss dies der Erstunterzeichnerin/dem Erstunterzeichner mitzuteilen.

(3) Soweit es zur Behandlung der Eingabe erforderlich ist, kann der Petitionsausschuss die Erstunterzeichnerin/den Erstunterzeichner der Eingabe zur schriftlichen Erläuterung einladen. Wird der Einladung keine Folge geleistet, so ist der Petitionsausschuss nicht verpflichtet, die Eingabe weiter zu behandeln, worauf in der Einladung hinzuweisen ist.

(4) Der Petitionsausschuss kann eine Anhörung der Erstunterzeichnerin/des Erstunterzeichners vornehmen. Wird die Petition von mehr als 100 Personen eingebracht, ist die Erstunterzeichnerin/der Erstunterzeichner zur Anhörung einzuladen, sofern der Petitionsausschuss nicht einstimmig anderes beschließt. Solche Petitionen müssen den Vor- und Familien- oder Nachnamen und das Geburtsdatum der Petitionswerberinnen/Petitionswerber sowie deren Adresse des Wohnsitzes im Bundesland S und deren eigenhändige Unterschrift enthalten. Auf Grund seiner Beratungen hat der Petitionsausschuss die Eingaben schriftlich zu beantworten. Er hat dem Landtag jährlich einen Bericht über seine Tätigkeit zu übermitteln.

(5) Dem Petitionsausschuss ist jährlich von der Landesregierung ein schriftlicher Bericht über die Art der Behandlung und Beantwortung der an andere Organe des Landes gerichteten Eingaben zu übermitteln. Hinsichtlich dieses Berichtes kommt

Meine Notizen

dem Petitionsausschuss eine Erledigungsbefugnis ohne Befassung des Landtages zu. [...]

§ 58 Beschlussfähigkeit und Abstimmung

(1) Zu einem Beschluss des Landtages ist, soweit bundes- oder landesverfassungsgesetzlich oder in diesem Gesetz nicht anderes bestimmt ist, die Anwesenheit von wenigstens der Hälfte der Abgeordneten und die unbedingte Mehrheit der abgegebenen Stimmen notwendig. Das Gleiche gilt für Wahlen im Landtag und in den Ausschüssen.

(2) Ein Landesverfassungsgesetz kann nur mit einer Mehrheit von zwei Dritteln der abgegebenen Stimmen beschlossen werden (Art 27 Abs 2 L-VG), ebenso die Geschäftsordnung des Landtages (Art 25 L-VG). [...]

S Mindestsicherungsgesetz (S MSG) (Auszug; fiktiv)

§ 5 Anspruchsberechtigte Personen

(1) Anspruch auf Leistungen der Bedarfsorientierten Mindestsicherung haben nach Maßgabe dieses Abschnittes Personen, die

1. hilfsbedürftig sind,
2. ihren Hauptwohnsitz oder mangels eines solchen ihren Aufenthalt im Bundesland S haben und
3. zu einem dauernden Aufenthalt im Inland berechtigt sind.

(2) Zum Personenkreis nach Abs 1 Z 3 gehören jedenfalls: [...]

3. Asylberechtigte gemäß § 3 AsylG 2005;

(3) Keinen Anspruch auf Leistungen der Bedarfsorientierten Mindestsicherung des Landes haben insbesondere: [...]

4. Subsidiär Schutzberechtigte gemäß § 8 AsylG 2005.

(4) Bedarfsorientierte Mindestsicherung kann auf Grundlage des Privatrechts auch an andere als die in Abs 2 genannte Personen, die sich für einen Zeitraum von mehr als drei Monaten rechtmäßig in S aufhalten, geleistet werden, wenn dies auf Grund der persönlichen, familiären oder wirtschaftlichen Verhältnisse zur Vermeidung einer sozialen Härte geboten ist und eine vergleichbare Leistung nicht auf Grund einer anderen Rechtsgrundlage geltend gemacht werden kann.

S Grundversorgungsgesetz (S GVG) (Auszug; fiktiv)

§ 1 Ziele und Grundsätze

(1) Die Grundversorgung soll hilfs- und schutzbedürftigen Fremden ein menschenwürdiges Leben ermöglichen, solange sie dazu Hilfe benötigen. [...]

§ 4 Hilfs- und Schutzbedürftigkeit

(1) Hilfsbedürftig ist, wer den Lebensbedarf im Sinne der in den §§ 5 und 6 angeführten Leistungen in der im § 7 angeführten Höhe für sich und seine mit ihm in S im gemeinsamen Haushalt lebenden unterhaltsberechtigten Angehörigen nicht oder nicht ausreichend aus eigenen Kräften und Mitteln beschaffen kann und ihn auch nicht oder nicht ausreichend von anderen Personen oder Einrichtungen erhält. Hilfsbedürftigkeit liegt nicht vor, wenn der Bund, ein anderes Bundesland oder sonstige Personen, Einrichtungen bzw Stellen aufgrund gesetzlicher oder vertraglicher Regelung zur Erbringung von Grundversorgungsleistungen oder gleichartiger Leistungen – ausgenommen Leistungen nach dem S Mindestsicherungsgesetz, LGBl [...] – verpflichtet sind; dies gilt auch aufgrund von Ansprüchen, die sich aus gemeinschaftsrechtlichen Normen ergeben.

(2) Schutzbedürftig sind

1. Fremde ab Einbringung eines Antrages auf internationalen Schutz oder eines Asylantrages bis zum rechtskräftigen Abschluss, zur Einstellung oder zur Gegenstandslosigkeit des Asylverfahrens;
2. Fremde mit Aufenthaltsrecht gemäß § 57 Abs 1 Z 1 oder 2 AsylG 2005 oder auf Grundlage einer Verordnung nach § 62 AsylG 2005;
3. Fremde, bei denen nach rechtskräftigem Abschluss des Asylverfahrens das Aufenthaltsrecht durch das Wiederaufleben der asylrechtlichen vorläufigen Aufenthaltsberechtigung infolge der vom Verwaltungsgerichtshof im Zuge einer Revision oder vom Verfassungsgerichtshof im Zuge einer Beschwerde gegen die asylrechtliche Entscheidung zuerkannten aufschiebenden Wirkung entstanden ist;
4. Fremde ohne Aufenthaltsrecht, die aus rechtlichen oder tatsächlichen Gründen nicht abschiebbar sind;

Meine Notizen

5. Fremde, denen nach asylrechtlichen Vorschriften der Status des subsidiär Schutzberechtigten zuerkannt wurde und
6. Asylberechtigte während der ersten vier Monate nach Asylgewährung.

§ 5 Umfang der Grundversorgung

(1) Im Rahmen der Grundversorgung können in S folgende Leistungen gewährt werden:

1. Unterbringung in geeigneten Unterkünften;
2. Versorgung mit angemessener Verpflegung;
3. Versorgung mit notwendiger Bekleidung;
4. Gewährung eines monatlichen Taschengeldes bei Unterbringung in organisierten Unterkünften, sofern kein Verpflegungsgeld ausbezahlt wird;
5. Sicherung der Krankenversorgung im Sinne des ASVG durch Bezahlung der Krankenversicherungsbeiträge;
6. Gewährung allenfalls darüber hinausgehender notwendiger, durch die Krankenversicherung nicht abgedeckter, medizinischer Leistungen nach Prüfung im Einzelfall;
7. Bereitstellung des notwendigen Schulbedarfs für Schüler;
8. Übernahme der bei Schülern für den Schulbesuch erforderlichen Fahrtkosten bis zur Kostentragung nach dem Familienlastenausgleichsgesetz 1967;
9. Maßnahmen für pflegebedürftige Personen;
10. Übernahme von Transportkosten bei angeordneten Überstellungen und behördlichen Ladungen;
11. Information, Beratung und soziale Betreuung;
12. Maßnahmen zur Strukturierung des Tagesablaufs im Bedarfsfall;
13. Kostenübernahme einer einfachen Bestattung oder eines Rückführungsbetrages maximal in derselben Höhe;
14. Gewährung von Rückkehrberatung, von Reisekosten sowie einer einmaligen Überbrückungshilfe bei freiwilliger Rückkehr in das Herkunftsland;
15. Leistungen gemäß § 6 für die dort genannten Personengruppen. [...]

§ 6 Sonderbestimmungen für besonders hilfsbedürftige Personen [...]

(4) Im Rahmen der Grundversorgung ist außer im Hinblick auf unbegleitete minderjährige Fremde im Einzelfall auch die spezielle Situation von besonders hilfsbedürftigen Personen, Menschen mit besonderen Bedürfnissen, älteren Menschen, Schwangeren, Alleinerziehenden mit minderjährigen Kindern, Opfern des Menschenhandels, Personen mit schweren körperlichen Erkrankungen, Personen mit psychischen Störungen und Personen, die Folter, Vergewaltigung oder sonstigen schweren Formen psychischer, physischer oder sexueller Gewalt ausgesetzt waren, zu erfassen und berücksichtigen.

§ 7 Höhe und Form der Grundversorgungsleistungen

(1) Grundversorgungsleistungen gemäß § 5 und § 6 können bis zur Höhe der in Art 9 der Grundversorgungsvereinbarung festgelegten Kostenhöchstsätze gewährt werden. Sie können in Form von Geld- oder Sachleistungen oder auch in Mischform, unter Auflagen, Bedingungen oder Anordnungen und, wenn damit die Bedürfnisse des Fremden ausreichend befriedigt werden, auch eingeschränkt oder in Teilleistungen gewährt werden. Es besteht kein Anspruch auf eine bestimmte Leistungsform. Auflagen, Bedingungen und Anordnungen können insbesondere erteilt werden, wenn dies zum Schutz der Interessen an einem geordneten Ablauf der Grundversorgung in einer Unterkunft oder zum Schutz der öffentlichen Ruhe, Ordnung, Sicherheit, Gesundheit oder des öffentlichen Wohles dringend geboten erscheint. [...]

Richtlinie 2011/95/EU (Status-RL) (Auszug)

Erwägungsgrund 45

Insbesondere zur Vermeidung sozialer Härtefälle ist es angezeigt, Personen, denen internationaler Schutz zuerkannt worden ist, ohne Diskriminierung im Rahmen der Sozialfürsorge angemessene Unterstützung in Form von Sozialleistungen und Leistungen zur Sicherung des Lebensunterhalts zu gewähren. Bei der Sozialhilfe sollten die Modalitäten und die Einzelheiten der Gewährung der Kernleistungen für Personen, denen der subsidiäre Schutzstatus zuerkannt worden ist, durch das nationale Recht bestimmt werden. Die Möglichkeit der Einschränkung der Sozialhilfe auf Kernleistungen ist so zu verstehen, dass zumindest eine Mindesteinkommensunterstützung

Meine Notizen

sowie Unterstützung bei Krankheit oder bei Schwangerschaft und bei Elternschaft umfasst sind, soweit diese Leistungen nach dem nationalen Recht eigenen Staatsangehörigen gewährt werden. [. . .]

Artikel 29 Sozialhilfeleistungen

(1) Die Mitgliedstaaten tragen dafür Sorge, dass Personen, denen internationaler Schutz zuerkannt worden ist, in dem Mitgliedstaat, der diesen Schutz gewährt hat, die notwendige Sozialhilfe wie Staatsangehörige dieses Mitgliedstaats erhalten.

(2) Abweichend von der allgemeinen Regel nach Absatz 1 können die Mitgliedstaaten die Sozialhilfe für Personen, denen der subsidiäre Schutzstatus zuerkannt worden ist, auf Kernleistungen beschränken, die sie im gleichen Umfang und unter denselben Voraussetzungen wie für eigene Staatsangehörige gewähren. [. . .]

Artikel 39 Umsetzung

(1) Die Mitgliedstaaten setzen die erforderlichen Rechts- und Verwaltungsvorschriften in Kraft, um den Artikeln 1, 2, 4, 7, 8, 9, 10, 11, 16, 19, 20, 22, 23, 24, 25, 26, 27, 28, 29, 30, 31, 32, 33, 34 und 35 bis 21. Dezember 2013 nachzukommen. Sie übermitteln der Kommission unverzüglich den Wortlaut dieser Vorschriften. [. . .]

Bundesgesetz über die Gewährung von Asyl (Asylgesetz 2005 – AsylG 2005) (Auszug)

Begriffsbestimmungen

§ 2. (1) Im Sinne dieses Bundesgesetzes ist [. . .]

14. ein Asylwerber: ein Fremder ab Einbringung eines Antrags auf internationalen Schutz bis zum rechtskräftigen Abschluss, zur Einstellung oder Gegenstandslosigkeit des Verfahrens;

15. der Status des Asylberechtigten: das zunächst befristete und schließlich dauernde Einreise- und Aufenthaltsrecht, das Österreich Fremden nach den Bestimmungen dieses Bundesgesetzes gewährt;

16. der Status des subsidiär Schutzberechtigten: das vorübergehende, verlängerbare Einreise- und Aufenthaltsrecht, das Österreich Fremden nach den Bestimmungen dieses Bundesgesetzes gewährt; [. . .]

20 a. Fremder: wer die österreichische Staatsbürgerschaft nicht besitzt; [. . .]

Vereinbarung gemäß Art. 15 a B-VG über eine bundesweite Bedarfsorientierte Mindestsicherung (Auszug)

Artikel 1 Ziele

Die Vertragsparteien kommen überein, auf der Grundlage der bundesstaatlichen Struktur Österreichs eine bundesweite Bedarfsorientierte Mindestsicherung zur verstärkten Bekämpfung und Vermeidung von Armut und sozialer Ausschließung zu schaffen. Die Bedarfsorientierte Mindestsicherung soll eine dauerhafte (Wieder-)Eingliederung ihrer BezieherInnen in das Erwerbsleben weitest möglich fördern.

Artikel 2 Grundsätze

(1) Die Bedarfsorientierte Mindestsicherung ist durch pauschalierte Geldleistungen zur Sicherung des Lebensunterhaltes und des Wohnbedarfes, jeweils außerhalb von stationären Einrichtungen, sowie durch die bei Krankheit, Schwangerschaft und Entbindung erforderlichen Leistungen zu gewährleisten. Dies hat im Rahmen von Rechtsansprüchen zu erfolgen, soweit in dieser Vereinbarung nicht Anderes bestimmt ist.

(2) Die Leistungen der Bedarfsorientierten Mindestsicherung sind subsidiär. Soweit in dieser Vereinbarung nicht Anderes bestimmt ist, sollen die Leistungen daher wie bisher vom Fehlen einer ausreichenden Deckung des jeweiligen Bedarfes durch eigene Mittel oder durch Leistungen Dritter sowie von der Bereitschaft zum Einsatz der eigenen Arbeitskraft abhängig gemacht werden.

(3) Bei der Erbringung von Leistungen der Bedarfsorientierten Mindestsicherung ist auch die jeweils erforderliche Beratung und Betreuung zur Vermeidung und Überwindung von sozialen Notlagen sowie zur nachhaltigen sozialen Stabilisierung zu gewährleisten. Bei arbeitsfähigen Personen gehören dazu auch Maßnahmen, die zu einer weitest möglichen und dauerhaften (Wieder-)Eingliederung in das Erwerbsleben erforderlich sind.

Meine Notizen

(4) Bei den Verpflichtungen aus dieser Vereinbarung handelt es sich um bundesweit zu gewährleistende Mindeststandards. Die Erbringung weitergehender Leistungen oder die Einräumung günstigerer Bedingungen bleibt jeder Vertragspartei unbenommen. Das derzeit bestehende haushaltsbezogene Leistungsniveau darf durch die in Umsetzung dieser Vereinbarung erlassenen Regelungen nicht verschlechtert werden.

Artikel 3 Erfasste Bedarfsbereiche

(1) Der Lebensunterhalt umfasst den regelmäßig wiederkehrenden Aufwand für Nahrung, Bekleidung, Körperpflege, Hausrat, Heizung und Strom sowie andere persönliche Bedürfnisse wie die angemessene soziale und kulturelle Teilhabe.

(2) Der Wohnbedarf umfasst den für die Gewährleistung einer angemessenen Wohnsituation erforderlichen regelmäßig wiederkehrenden Aufwand für Miete, allgemeine Betriebskosten und Abgaben.

(3) Der Schutz bei Krankheit, Schwangerschaft und Entbindung umfasst alle Sachleistungen und Vergünstigungen, die BezieherInnen einer Ausgleichszulage aus der Pensionsversicherung in der gesetzlichen Krankenversicherung zukommen.

Artikel 4 Personenkreis

(1) Leistungen der Bedarfsorientierten Mindestsicherung sind vorbehaltlich des Abs. 3 für alle Personen für die Dauer ihres gewöhnlichen Aufenthaltes im Inland vorzusehen, die nicht in der Lage sind, die in Art. 3 genannten Bedarfsbereiche zu decken. [. . .]

(3) Rechtsansprüche auf Leistungen der Bedarfsorientierten Mindestsicherung sind für alle Personen vorzusehen, die zu einem dauernden Aufenthalt im Inland berechtigt sind. Dazu gehören jedenfalls [. . .]

2. Asylberechtigte und subsidiär Schutzberechtigte; [. . .]

(4) [. . .] Die Verpflichtungen aus der Grundversorgungsvereinbarung – Art. 15a B-VG (BGBl. I Nr. 80/2004) bleiben unberührt. [. . .]

LÖSUNGSVORSCHLAG

I. Erkenntnisbeschwerde gegen das Erkenntnis des LVwG[2])

Gegen das abweisende Erkenntnis des LVwG hat H die Möglichkeit, eine Erkenntnisbeschwerde an den VfGH gem Art 144 B-VG iVm §§ 82 ff VfGG zu erheben. In Betracht kommt auch eine o/ao Revision an den VwGH (Art 133 Abs 1 Z 1 B-VG unter den Voraussetzungen von Art 133 Abs 4 B-VG) wegen der Verletzung durch das Erk (nur) in einfachgesetzlich gewährleisteten Rechten. Vorzugswürdig ist das Rechtsmittel an den VfGH, da im vorliegenden Fall die Verletzung in verfassungsmäßig gewährleisteten Rechten geltend gemacht werden soll.

A. Zulässigkeit der Erkenntnisbeschwerde (Art 144 B-VG, §§ 82 ff VfGG)

1. Beschwerdeführer

H ist Adressat des Erkenntnisses. Als natürliche, partei- und prozessfähige Person iSd §§ 1 ff ZPO iVm § 35 VfGG ist ihm die Erhebung einer Entscheidungsbeschwerde möglich.

2. Beschwerdegegenstand

Gegenstand der Erkenntnisbeschwerde nach Art 144 Abs 1 B-VG ist das abweisende Erkenntnis des LVwG.

3. Beschwerdelegitimation

H kann denkmöglich behaupten, durch das Erkenntnis des LVwG in einem verfassungsgesetzlich gewährleisteten Recht (Art 144 Abs 1 1. Fall B-VG) verletzt worden zu sein. Da er laut Sachverhalt Zweifel an der Verfassungskonformität des zugrunde-

2) Zu diesem Abschnitt: VfGH 28. 6. 2017, E 3297/2016.

Meine Notizen

liegenden Gesetzes hegt, kann er zudem vorbringen, durch die Anwendung einer rechtswidrigen generellen Norm in seinen Rechten verletzt worden zu sein (2. Fall).

Bezogen auf die Ausführungen im Sachverhalt könnte H vorbringen, in seinen Rechten nach Art 3 EMRK und auf Gleichbehandlung von Fremden untereinander (Art I Abs 1 des Bundesverfassungsgesetzes zur Durchführung des Internationalen Übereinkommens über die Beseitigung aller Formen rassischer Diskriminierung [im Folgenden: BVG betreffend das Verbot der rassischen Diskriminierung]) verletzt worden zu sein und die Verfassungswidrigkeit des § 5 Abs 3 Z 4 S MSG behaupten.

4. Frist

Für die Erhebung der Beschwerde hat H gem § 82 Abs 1 VfGG eine Frist von 6 Wochen ab Zustellung oder mündlichen Verkündung des Erkenntnisses des VwG einzuhalten.

5. Form

Einzuhalten sind die Formvorschriften der §§ 15 ff, 82 Abs 4 und 5 VfGG (insb Schriftlichkeit, Anwaltspflicht, Eingabegebühr, spezielle Inhaltserfordernisse).

6. Ergebnis

Unter Einhaltung der Frist- und Formerfordernisse ist die Erhebung einer Entscheidungsbeschwerde an den VfGH durch H zulässig.

B. Begründetheit

Die gegenständliche Beschwerde ist begründet, wenn H durch das Erkenntnis des LVwG in seinen verfassungsrechtlich gewährleisteten Rechten oder wegen der Anwendung eines verfassungswidrigen Gesetzes in seinen Rechten verletzt wurde. Schließt sich der VfGH den Bedenken des H an der zugrundeliegenden Rechtsgrundlage an, hat der VfGH das Beschwerdeverfahren zu unterbrechen und von Amts wegen ein Gesetzesprüfungsverfahren einzuleiten (§ 65 VfGG iVm § 32 GO-VfGH).

1. Prüfungsmaßstab

a) Verstoß gegen Unionsrecht

Unionsrecht bildet grundsätzlich keinen Prüfungsmaßstab im Normprüfungsverfahren vor dem VfGH.[3]) Im Sachverhalt wird gegen die Bestimmung des S MSG eingewandt, dass sie in die sozialen Kernleistungen der Status-RL eingreift (und daher nicht anzuwenden wäre). Ein etwaiger Verstoß gegen Unionsrecht bildet jedoch keine Verfassungsverletzung. Vom VfGH ist eine Unionsrechtswidrigkeit nur aufzugreifen, wenn der Widerspruch zum Unionsrecht offenkundig ist und die Entscheidung daher mit einem Verstoß gegen das – aus dem Gleichheitssatz abzuleitende – Willkürverbot behaftet ist.[4]) Ein solcher Verstoß liegt im vorliegenden Fall – siehe unten – nicht vor.

Anders als das übrige Unionsrecht werden jene Bestimmungen der Europäischen Grundrechtecharta (GRC), die in Formulierung und Bestimmtheit verfassungsgesetzlich gewährleisteten Rechten gleichen, vom VfGH – im Anwendungsbereich des Unionsrechts[5]) – als Prüfungsmaßstab herangezogen.[6]) Im vorliegenden Fall ist davon auszugehen, dass der Anwendungsbereich des Unionsrechts eröffnet ist, insb aufgrund der Status-RL. Als einschlägige Rechte in Frage kämen insb Art 4, 18, 19, 20 GRC. Weisen die Bestimmungen der GRC denselben Anwendungsbereich auf wie die betreffenden innerstaatlich gewährleisteten Grundrechte, entscheidet der VfGH auf Grundlage der innerstaatlichen Grundrechte.[7])

3) *Öhlinger/Eberhard,* Verfassungsrecht[11] (2016) Rz 195, Rz 1008; *Berka,* Verfassungsrecht[6] (2016) Rz 1033, Rz 1081.
4) *Öhlinger/Eberhard,* Verfassungsrecht[11] (2016) Rz 1055; *Berka,* Verfassungsrecht[6] (2016) Rz 353.
5) Art 51 GRC.
6) VfSlg 19.632/2012; *Öhlinger/Eberhard,* Verfassungsrecht[11] (2016) Rz 196, Rz 206, Rz 684; *Berka,* Verfassungsrecht[6] (2016) Rz 1033, Rz 1198.
7) VfSlg 19.632/2012, 19.892/2012; *Öhlinger/Eberhard,* Verfassungsrecht[11] (2016) Rz 684; *Berka,* Verfassungsrecht[6] (2016) Rz 1198.

✎ Meine Notizen

b) Verstoß gegen Art 15 a B-VG-Vereinbarung

Vereinbarungen zwischen Bund und Ländern nach Art 15a B-VG (sog „gemischte Vereinbarung") sind öffentlich-rechtliche Verträge. Sie verpflichten (nur) die Vertragsparteien, sind nicht unmittelbar anwendbar und bedürfen der Transformation (idR durch Gesetz), um Rechte und Pflichten für Normunterworfene zu begründen. Daher sind sie keine höherrangigen Normen, an denen landesrechtliche Bestimmungen zu messen sind und bilden keinen Prüfungsmaßstab im Verfahren vor dem VfGH. Etwaige Verstöße gegen die Vereinbarung über die bundesweite Bedarfsorientierte Mindestsicherung begründen keine Verfassungswidrigkeit der bekämpften Bestimmungen des S MSG.

Lediglich im Verfahren nach Art 138a Abs 1 B-VG unterliegen die Gliedstaatsverträge – zwischen Bund und Ländern – der Kontrolle durch den VfGH auf Antrag der Bundesregierung oder einer Landesregierung; geprüft wird, ob eine Vereinbarung nach Art 15a B-VG vorliegt und die daraus hervorgehenden Verpflichtungen, ausgenommen vermögensrechtliche Ansprüche, erfüllt wurden. Die Erlassung von Gesetzen oder Verwaltungsakten – als Verpflichtung der Verträge – kann nicht eingeklagt werden; es handelt sich um eine Feststellungsklage. Auch später erlassene Gesetze, die die Vereinbarung verletzen, sind nicht verfassungswidrig.[8])

2. Kompetenz

Die Unterstützung von Asylwerbern oder anderen hilfs- und schutzbedürftigen Fremden zeigt eine Sachnähe zu den Kompetenztatbeständen Asyl (Art 10 Abs 1 Z 3 B-VG) und Armenwesen (Art 12 Abs 1 Z 1 B-VG). Für den Bereich Asyl obliegt die Zuständigkeit in Gesetzgebung und Vollziehung gem Art 10 Abs 1 Z 3 B-VG dem Bund; die Zuordnung der Grundversorgung – von Fremden – zum Bereich Asyl ist jedoch strittig (diesfalls wäre das Land unzuständig). Entscheidend ist der Zusammenhang zur jeweiligen Verwaltungsmaterie. Werden Leistungen ausschließlich (ehemaligen) Asylwerbern gewährt, ist der Zusammenhang zum Asylrecht evident[9]). Zuständig zur Gesetzgebung im Bereich der Grundversorgung – aus dem alleinigen Gesichtspunkt der Hilfsbedürftigkeit der Betroffenen ohne Zurechnung zu einer Verwaltungsmaterie[10]) – sind bei Zurechnung zum Kompetenztatbestand „Armenwesen" nach Art 12 Abs 1 Z 1 B-VG die Bundesländer in Ausführungsgesetzgebung und Vollziehung. Möglich wäre eine Grundsatzgesetzgebung durch den Bund; diese Zuständigkeit wurde jedoch nicht genutzt. Daher können die Länder die Grundversorgung nach Art 15 Abs 6 B-VG ausgestalten. Eine abweichende Meinung geht von der Zuständigkeit der Länder nach Art 15 Abs 1 B-VG (darunter fallen nach hL über das Armenwesen hinausgehende spezifische Leistungen der sozialen Hilfe) aus.[11])

3. Gesetzgebungsverfahren

Die Landesgesetzgebung wird gem Art 95 B-VG vom Landtag ausgeübt. Dieser besteht im Bundesland S aus 48 Mitgliedern (Art 10 L-VG). Die Regelungen über die Gesetzgebung der Länder ergeben sich aus der Bundes- und Landesverfassung, sowie der Geschäftsordnung des Landtages. Dabei ist die Gesetzgebung der Länder intensiv durch die Bundesverfassung (Art 95 ff B-VG) determiniert, der die Landesverfassung nicht widersprechen darf (relative Verfassungsautonomie der Länder, Art 99 Abs 1 B-VG). Um ein einfaches Gesetz zu beschließen, ist gem Art 97 Abs 1 B-VG iVm Art 27 Abs 1 L-VG und § 58 GeoLT die Anwesenheit der Hälfte der Abgeordneten und die unbedingte Mehrheit der abgegebenen Stimmen erforderlich.

---

8) *Grabenwarter/Holoubek,* Verfassungsrecht und allgemeines Verwaltungsrecht[3] (2016) Rz 212 ff, Rz 217, Rz 692; *Mayer/Kucsko-Stadlmayer/Stöger,* Bundesverfassungsrecht[11] (2015) Rz 848 ff, Rz 1100; *Öhlinger/Eberhard,* Verfassungsrecht[11] (2016) Rz 318 ff, Rz 1037.

9) VfSlg 17.942/2006.

10) VfSlg 4609/1963, 17.942/2006.

11) *Oswald,* Aktuelle Fragen zur Grundversorgung von Asylwerbern, migraLex 2009, 51 (53 ff); *Tessar,* Die kompetenzrechtliche Verankerung der Grundversorgungsgesetze und die Relevanz der „De-facto-Bundesbedarfsgesetzgebungskompetenz" in Angelegenheiten des „Armenwesens", migraLex, 2011, 34 (39 f); *Krysl,* Sozialhilfe- und Pflegerecht, in *Poier/Wieser* (Hrsg), Steiermärkisches Landesrecht III: Besonderes Verwaltungsrecht (2011) 169 (176 f); *Bußjäger,* Integration als Querschnittsmaterie – zur Verteilung der Aufgaben in der Betreuung und Integration von Flüchtlingen und Migrant/innen in Österreich, Integration im Fokus 2007, 18 (20); *Matti,* Effektiver Rechtsschutz für Asylsuchende im Grundversorgungsrecht?, Jahrbuch Asylrecht und Fremdenrecht (2016) 123 (126 f); *Maier,* Die Grundversorgung in Österreich: 10 Jahre Grundversorgungsvereinbarung, SIAK-Journal – Zeitschrift für Polizeiwissenschaft und polizeiliche Praxis 2014, 47 (48).

Meine Notizen

Im vorliegenden Fall waren die Quoren für eine ordnungsgemäße Beschlussfassung erfüllt: Anwesend waren insgesamt 39 Abgeordnete, von denen 31 für den Gesetzesentwurf gestimmt haben. Sodann wurde das Gesetz entsprechend den Vorgaben des Art 28 Abs 1, 3 und 4 L-VG iVm Art 97 Abs 1 B-VG vom Landeshauptmann beurkundet und kundgemacht. Die Erfordernisse der Landesverfassung wurden daher eingehalten. Über das übrige Gesetzgebungsverfahren im Landtag gibt der Sachverhalt keine Auskunft und daher keinen Anlass zu Bedenken.

4. Bestimmtheit

Die Bestimmung in § 5 Abs 3 Z 4 MSG ist ausreichend bestimmt und bietet keinen Anlass zu Bedenken im Hinblick auf das aus Art 18 B-VG abgeleitete Determinierungsgebot.

5. Grundrechtliche Erwägungen

a) Verbot der unmenschlichen Behandlung (Art 3 EMRK)

Art 3 EMRK ist ein absolut gewährleistetes Jedermannsrecht.[12]) Träger des Grundrechts ist auch H. Art 3 EMRK normiert ein Verbot der Folter, erniedrigender oder unmenschlicher Strafe oder Behandlung. Geschützt werden Personen in ihrer physischen und psychischen Integrität und die Menschenwürde vor absichtlichen Misshandlungen durch Staatsorgane.[13]) Grundsätzlich ist abzustufen zwischen Folter, unmenschlicher oder erniedrigender Behandlung;[14]) zwischen erniedrigender und unmenschlicher Behandlung differenziert der VfGH nicht. Unmenschlich oder erniedrigend ist eine Behandlung, in der „eine die Menschenwürde des Betroffenen beeinträchtigende gröbliche Missachtung des Betroffenen als Person" zum Ausdruck kommt.[15]) Die „Menschenwürde" versteht der VfGH als „allgemeinen Wertungsgrundsatz unserer Rechtsordnung".[16]) Art 3 EMRK steht unter keinem Gesetzesvorbehalt; ein Eingriff in das Verbot der Folter oder der unmenschlichen oder erniedrigenden Behandlung stellt stets eine Verletzung des Grundrechts dar.[17]) Aus Art 3 EMRK ergibt sich eine Schutzpflicht des Staates, in bestimmten Situationen Schutz vor unmenschlicher oder erniedrigender Behandlung zu bieten. Der Gesetzgeber ist verpflichtet, Verletzungen präventiv zu verhindern.[18]) Dem Staat auferlegt ist insb die Pflicht, Personen nicht durch Abschiebung oder Ausweisung in ein Bestimmungs- oder Herkunftsland einer Situation auszusetzen, in der mit hoher Wahrscheinlichkeit eine grundrechtswidrige Behandlung droht;[19]) dazu gehört auch die Pflicht zur Gewährleistung ihrer grundlegenden Subsistenz.[20])

In ausgewählten Fällen greift daher ein grundrechtlicher Anspruch darauf, auch nicht im Weg einer Ausweisung oder Abschiebung einer dergestalt grundrechtlich verpönten Situation im Bestimmungs- bzw Herkunftsstaat ausgesetzt zu werden.

Ein Erkenntnis des LVwG verletzt Art 3 EMRK, wenn es eine erfolgte Verletzung durch ein Organ nicht wahrnimmt, auf einem gegen Art 3 EMRK verstoßenden Gesetz oder einer Art 3 EMRK widersprechenden Auslegung des Gesetzes beruht oder bei der Erlassung des Erkenntnisses grobe Verfahrensfehler unterlaufen sind.[21]) Das vorliegende Erkenntnis beruht auf einer ordnungsgemäßen Anwendung des § 5 Abs 3 Z 4 S MSG, der subsidiär Schutzberechtigte von Leistungen der Mindestsicherung ausnimmt. Das Gesetz wurde nicht in verfassungswidriger Weise angewandt und es sind – siehe unten – keine groben Verfahrensfehler unterlaufen.

---

12) *Bezemek,* Grundrechte (2016) 97.
13) *Grabenwarter/Holoubek,* Verfassungsrecht und allgemeines Verwaltungsrecht[3] (2016) Rz 439; *Mayer/Kucsko-Stadlmayer/Stöger,* Bundesverfassungsrecht[11] (2015) Rz 1394; *Bezemek,* Grundrechte (2016) 97; *Öhlinger/Eberhard,* Verfassungsrecht[11] (2016) Rz 748.
14) *Mayer/Kucsko-Stadlmayer/Stöger,* Bundesverfassungsrecht[11] (2015) Rz 1394; *Bezemek,* Grundrechte (2016) 98.
15) Dazu schon VfSlg 8145/1977; vgl *Grabenwarter/Holoubek,* Verfassungsrecht und allgemeines Verwaltungsrecht[3] (2016) Rz 439; *Mayer/Kucsko-Stadlmayer/Stöger,* Bundesverfassungsrecht[11] (2015) Rz 1394; *Bezemek,* Grundrechte (2016) 100; *Öhlinger/Eberhard,* Verfassungsrecht[11] (2016) Rz 750.
16) VfSlg 13.635/1993; *Öhlinger/Eberhard,* Verfassungsrecht[11] (2016) Rz 748.
17) *Grabenwarter/Holoubek,* Verfassungsrecht und allgemeines Verwaltungsrecht[3] (2016) Rz 441; *Mayer/Kucsko-Stadlmayer/Stöger,* Bundesverfassungsrecht[11] (2015) Rz 1395.
18) *Mayer/Kucsko-Stadlmayer/Stöger,* Bundesverfassungsrecht[11] (2015) Rz 1395; *Bezemek,* Grundrechte (2016) 102 ff; *Öhlinger/Eberhard,* Verfassungsrecht[11] (2016) Rz 748, Rz 753.
19) Zu Kettenabschiebungen vgl VfSlg 17.340/2004.
20) EGMR 7. 7. 2015, 60125/11, *V. M. ea/Belgium.*
21) *Öhlinger/Eberhard,* Verfassungsrecht[11] (2016) Rz 752.

Fraglich ist aber, ob das Erkenntnis des LVwG auf einer Art 3 EMRK widersprechenden Grundlage beruht, weil die Bestimmung des § 5 Abs 3 Z 4 S MSG ein menschenwürdiges Leben durch die Nicht-Abdeckung der dafür erforderlichen Grundbedürfnisse verhindert. Unter der Annahme, dass auch die Leistungen der Grundversorgung dazu dienen, ein menschenwürdiges Leben zu ermöglichen und die essenziellen Grundbedürfnisse abzudecken, um verpönte Situationen iSd Art 3 EMRK nicht eintreten zu lassen, verletzt § 5 Abs 3 Z 4 S MSG nicht Art 3 EMRK.[22]) Zwar besteht nach § 7 Abs 1 Satz 3 S GVG kein Anspruch auf eine bestimmte Form der Leistung. Die vorgeschriebene Leistung kann aber nicht schlechthin verweigert werden. Zusätzlich können für bestimmte Bedürfnisse auch andere Leistungen gewährt werden (zB Pflegegeld bei erhöhten Pflegekosten).

Meine Notizen

b) Gleichheitssatz (Art 7 B-VG, Art 2 StGG), insb Gleichbehandlung von Fremden untereinander (Art I Abs 1 BVG betreffend das Verbot der rassischen Diskriminierung)

Grundrechtsträger iSv Art 7 B-VG und Art 2 StGG sind österreichische Staatsbürger und gem Art 18 AEUV (Diskriminierungsverbot) Bürger der Europäischen Union im Anwendungsbereich des Unionsrechts. Der Gleichheitssatz gebietet sachliche und verbietet unsachliche Differenzierungen und umfasst ein allgemeines Sachlichkeitsgebot. Fremden ist die Berufung auf das Staatsbürgerrecht verwehrt. Art I Abs 1 BVG betreffend das Verbot der rassischen Diskriminierung weitet freilich den Anwendungsbereich auf das Verhältnis von Fremden untereinander aus und normiert ein Verbot der sachlich nicht begründbaren Unterscheidung von Fremden untereinander; umfasst ist auch hier das allgemeine Sachlichkeitsgebot. Fremde haben daher das Recht, sich auf das Sachlichkeitsgebot einer gesetzlichen Regelung und das Willkürverbot in der Vollziehung zu berufen. Der allgemeine Gleichheitsgrundsatz wird damit insoweit entgegen des Wortlauts in Art 7 B-VG und Art 2 StGG zu einem Jedermannsrecht,[23]) das H – als Fremder – geltend machen kann.

Staatsbürgerrecht – Jedermannsrecht

Ein Erkenntnis verletzt dieses Recht auf Gleichbehandlung von Fremden untereinander, wenn es auf einem in diesem Sinne gleichheitswidrigen Gesetz beruht, das VwG dem anzuwendenden Gesetz einen gleichheitswidrigen Inhalt unterstellt oder bei Erlassung der Entscheidung Willkür geübt hat.[24]) Das Erkenntnis des LVwG beruht auf § 5 Abs 3 Z 4 S MSG, der subsidiär Schutzberechtigte vom Anwendungsbereich der Mindestsicherung ausnimmt. Damit kommt es zu einer Differenzierung zwischen Asylberechtigten und subsidiär Schutzberechtigten durch das zugrundeliegende Gesetz.

Differenzierung zw. Asylber. & subsidiär Schutzberechtigten liegt im Gestaltungsspiel. des Gesetzgeber

Fraglich ist, ob es tatsächliche Unterschiede zwischen diesen beiden Gruppen gibt, die eine solche rechtlich unterschiedliche Behandlung im Bereich der sozialen Zuwendungen rechtfertigen. Grundsätzlich ist der Status des subsidiären Schutzes – wie schon im Sachverhalt betont wird – ein bedingter: Gewährt wird ein Aufenthaltsrecht, das unter bestimmten Voraussetzungen verlängert werden kann. Umstände, aufgrund derer subsidiärer Schutz gewährt wird (Sicherheitslage, Bürgerkrieg), sind (im Gegensatz zu zB systematischer Verfolgung in einem repressiven Regime) eher vorübergehender Natur. Der Status von subsidiär Schutzberechtigten hat im Gegensatz zu jenem von Asylberechtigten daher eher provisorischen Charakter. Diese Unterschiede im Status der Personen können eine unterschiedliche Versorgungsleistung rechtfertigen. Dabei obliegt es dem Gestaltungsspielraum des Gesetzgebers, Natural- oder Geldleistungen vorzusehen oder die für ein menschenwürdiges Dasein erforderlichen Leistungen für den provisorischen Schutz nur im zwingenden Fall zu gewähren. Die Grundversorgungsleistungen, die nach dem S GVG gewährt werden, bezwecken die Ermöglichung eines menschenwürdigen Lebens durch Unterkünfte, Verpflegung, notwendige Bekleidung, ärztliche Versorgung oder monatliches Taschengeld, auch wenn die subsidiär Schutzberechtigten – nach dem Vorbild anderer Bundesländer – keine Leistungen aus der Mindestsicherung mehr beziehen sollen. Diese Differenzierung liegt im Gestaltungsspielraum des Gesetzgebers und verstößt nicht gegen den Gleichheitssatz.

---

22) Vgl idZ EGMR 7. 7. 2015, 60125/11, *V. M. ea v. Belgium*.

23) *Grabenwarter/Holoubek*, Verfassungsrecht und allgemeines Verwaltungsrecht[3] (2016) Rz 585; *Mayer/Kucsko-Stadlmayer/Stöger*, Bundesverfassungsrecht[11] (2015) Rz 1355; *Öhlinger/Eberhard*, Verfassungsrecht[11] (2016) Rz 757 f.

24) *Öhlinger/Eberhard*, Verfassungsrecht[11] (2016) Rz 757.

Meine Notizen

Daher verletzt § 5 Abs 3 Z 4 S MSG nicht das Gleichbehandlungsgebot von Fremden untereinander. Dem Gesetzgeber kommt insgesamt ein rechtspolitischer Gestaltungsspielraum in der Ausgestaltung sozialer Leistungen zu, die nicht unbeschränkt gewährt werden müssen. Unzulässig wären sachlich nicht gerechtfertigte Regelungen in einer Form, die den Zweck der Sicherung des notwendigen Bedarfs für ein menschenwürdiges Leben nicht mehr gewährleisten würde. Dies ist bei Gewährung von Leistungen der Grundversorgung bei gleichzeitigem Ausschluss von der Mindestsicherung nicht der Fall.

Es ergeben sich auch keine Bedenken in Hinblick auf den aus dem Gleichheitssatz (und damit aus Art 7 B-VG) abgeleiteten Vertrauensschutz (er kann vor rückwirkenden belastenden Gesetzesvorschriften, schwerwiegenden und plötzlichen Eingriffen in wohlerworbene Rechte schützen und selbst faktisch getroffene Dispositionen können Schutz genießen, wenn sie im Vertrauen auf den Bestand einer bestimmten Rechtsnorm getroffen wurden).[25]) Nicht besonders geschützt ist das Vertrauen auf den Fortbestand einer bestimmten Rechtslage. Verfassungsrechtlich unbedenklich ist die – negative – Änderung einer einmal gewährten Leistung, mit der besonders im wirtschaftlichen Verkehr regelmäßig zu rechnen ist. Nur unter besonderen Umständen muss dem Betroffenen zur Vermeidung unsachlicher Ergebnisse Gelegenheit gegeben werden, sich rechtzeitig auf die neue Regelung einzustellen.[26]) Der Gesetzgeber kann den Zugang zu steuerfinanzierten Transferleistungen erschweren, um zB auf eine erhöhte Nachfrage zu reagieren, die den öffentlichen Haushalt belastet.[27]) Steuerfinanzierte Transferleistungen, denen keine Beitragsleistungen oder Anwartschaften gegenüberstehen, genießen einen solchen Schutz nicht. Nur unter besonderen Umständen ist Normunterworfenen die Möglichkeit zu geben, sich rechtzeitig auf die neue Rechtslage einzustellen, um unsachliche Ergebnisse zu vermeiden. Solche besonderen Umstände sind im vorliegenden Fall nicht zu erblicken: Die in den vergangenen Jahren permanent und erheblich steigende Zunahme von Flüchtlingen und subsidiär Schutzberechtigten verbietet keine Verschlechterung der Rechtslage, was das Leistungsspektrum im Bereich der Grundsicherung anlangt. Ebenso sind Einwendungen von konkret anfallenden Belastungen (zB Mietkosten) nicht zur Begründung solcher Umstände geeignet, da die Grundversorgung das absolut Unerlässliche, jedoch keine darüberhinausgehenden tatsächlichen Aufwendungen abdeckt.

Für die Unterstellung eines gleichheitswidrigen Inhalts durch das VwG sind keine Anhaltspunkte erkennbar. Die Bestimmungen des S MSG wurden ordnungsgemäß zur Anwendung gebracht. Fraglich ist schließlich, ob das VwG bei Erlassung seiner Entscheidung Willkür geübt hat.

Für subjektive Willkür, also das absichtliche Zufügen von Unrecht, finden sich keine Anhaltspunkte. Vorliegen könnte eine objektive Willkür, die in die Verfassungssphäre reicht. Ein derartiger grober Fehler könnte in der Anwendung eines Gesetzes begründet sein, das offenkundig gegen unmittelbar anwendbare unionsrechtliche Vorschriften verstößt.[28]) Ein derartiger Verstoß gegen Unionsrecht ist vom VfGH nur aufzugreifen, wenn der Verstoß offenkundig und die betreffende Entscheidung daher mit einer Verletzung des Willkürverbotes behaftet ist. Nach Art 29 Abs 1 Status-RL haben Mitgliedstaaten Personen, denen internationaler Schutz gewährt wurde, Sozialhilfe wie ihren Staatsangehörigen zu gewähren. Die Leistungen können für Personen mit subsidiärem Schutzstatus gem Art 29 Abs 2 Status-RL auf Kernleistungen beschränkt werden, die sie im gleichen Umfang und unter gleichen Voraussetzungen den eigenen Staatsangehörigen gewähren. Dazu gehören nach Erwägungsgrund 45 zumindest eine Mindesteinkommensunterstützung sowie besondere Unterstützung bei Krankheit, Schwangerschaft oder Elternschaft, wenn diese Leistungen auch eigenen Staatsangehörigen gewährt werden. Eine Beschränkung auf die Grundversorgung als Kernleistung durch § 5 Abs 3 Z 4 S MSG, die im gleichen Umfang und unter denselben Voraussetzungen auch den Staatsangehörigen gewährt wird, ist RL-konform und steht in keinem offenkundigen Widerspruch zum Unionsrecht. Das VwG hat § 5 Abs 3 Z 4 S MSG ordnungsgemäß angewandt und verstößt in seinem Erkenntnis nicht gegen das Recht auf Gleichbehandlung von Fremden untereinander nach Art I Abs 1 BVG Rassendiskriminierung.

25) *Öhlinger/Eberhard,* Verfassungsrecht[11] (2016) Rz 786 ff.
26) *Öhlinger/Eberhard,* Verfassungsrecht[11] (2016) Rz 787.
27) *Öhlinger/Eberhard,* Verfassungsrecht[11] (2016) Rz 787.
28) VfSlg 18.970/2009; *Öhlinger/Eberhard,* Verfassungsrecht[11] (2016) Rz 207, Rz 728, Rz 792.

C. Ergebnis

Meine Notizen

Die Beschwerde ist inhaltlich nicht begründet und vom VfGH daher abzuweisen. H hat mit seinem Vorhaben keine Aussicht auf Erfolg.

II. Möglichkeiten des Vereinsobmannes

A. Individualantrag gem Art 140 Abs 1 Satz 1 Z 1 lit c B-VG iVm §§ 62 ff VfGG

Das S MSG kann als Landesgesetz tauglicher Gegenstand eines Normenkontrollverfahrens nach Art 140 Abs 1 Satz 1 Z 1 lit c B-VG sein. Antragslegitimiert ist jedoch nur, wer behaupten kann, durch das Gesetz ohne Fällung einer gerichtlichen Entscheidung oder ohne Erlassung eines Bescheids unmittelbar in seinen Rechten verletzt zu sein. Da das Gesetz den Vereinsobmann nicht in seiner subjektiven Rechtssphäre betrifft, ist er nicht zur Stellung eines Individualantrages auf Normenkontrolle berechtigt. Auch der Verein Neuland wird durch das Gesetz nicht nachteilig in seiner Rechtssphäre berührt. Eine „actio popularis" gibt es im verfassungsrechtlichen Rechtsschutzsystem nicht.

B. Aufforderung von „betreuten Personen" zur Rechtsmittelerhebung

Denkbar wäre, dass der Vereinsobmann subsidiär schutzberechtige Personen, die vom Verein betreut werden, anregt, gegen das Gesetz vorzugehen. Mit Individualanträgen auf Normenkontrolle wäre dies jedoch nicht zulässig, da ein zumutbarer Umweg iSd Art 140 Abs 1 Satz 1 Z 1 B-VG besteht, indem – wie durch H – ein Bescheid über die Leistungen erwirkt werden kann, der im Zuge eines Verfahrens vor dem VwG und allenfalls folgender Entscheidungsbeschwerde vor dem VfGH (Art 144 B-VG) bekämpft werden kann.

C. Abstrakte Normenkontrolle (Art 140 Abs 1 Satz 1 Z 3 B-VG)

Der Vereinsobmann könnte zur Bekämpfung des Landesgesetzes eine abstrakte Normenkontrolle gem Art 140 Abs 1 Satz 1 Z 3 B-VG bei der Bundesregierung oder, wie in Art 30 L-VG vorgesehen, bei einem Drittel der Mitglieder des S Landtages anregen.

D. Petition

Der Obmann hat eine Petition iSd Art 76 L-VG an den Landtag gerichtet, die umgehend zu behandeln und zu beantworten ist. Über solche Petitionen ist gem § 16 Abs 3 Z 1 GeoLT in einem Petitionsausschuss (Art 23 L-VG iVm § 32 GeoLT) zu beraten und zu beschließen. Dieser hat – da es sich nicht um eine anonyme Eingabe handelt und das Land zur Gesetzgebung zuständig ist – die Eingabe zu behandeln und sie gem § 32 Abs 4 GeoLT – nach einer bloß fakultativen Anhörung, da die Eingabe von weniger als 100 Personen eingebracht wird – schriftlich zu beantworten. Dies ist im vorliegenden Fall geschehen und der Vereinsobmann hat diesbezüglich keine Möglichkeiten.

E. Ergebnis

Der Vereinsobmann hat selbst keine Möglichkeiten, gegen das Gesetz vorzugehen. Er kann lediglich „Betroffene" anregen, ihre Rechte in entsprechenden Verfahren geltend zu machen oder bei der Bundesregierung oder bei einem Drittel der Abgeordneten im Landtag eine abstrakte Normenkontrolle anregen. Dazu müssten – wenn man die Abstimmungsverhältnisse der beschlussfassenden Sitzung bedenkt – insgesamt 16 Abgeordnete gewonnen werden. Die G-Partei kann mit ihren 9 Abgeordneten alleine keinen Antrag auf Normenkontrolle stellen. Dies wäre nur mit Unterstützung von Abgeordneten der S-Partei möglich. Da von der S-Partei aber nur 5 Abgeordnete dagegen stimmten und 3 sich enthielten, erscheint ein solches Vorhaben insgesamt wenig aussichtsreich.

Von Daniela Bereiter und Stefan Storr

Meine Notizen

Fall 4: Ein turbulentes Wahljahr

Schwerpunkte: Kausalgerichtsbarkeit; Erkenntnisbeschwerde; Wahlanfechtung; Parteienförderung; Wahlwerbung; Kompetenzen; demokratisches Prinzip; Gleichheitssatz; Meinungsäußerungsfreiheit, Rundfunkfreiheit; Grundsatz der freien Wahl; Grundsatz der geheimen Wahl

SACHVERHALT[1])

Teil 1: In einigen Wochen findet die nächste Nationalratswahl statt. Schon im November vergangenen Jahres hatten die A-Partei und die B-Partei, die gemeinsam die Bundesregierung stellen, beschlossen, die im internationalen Vergleich hohe Parteienförderung in Österreich noch vor der kommenden Wahl zu halbieren. Am 15. 12. 2017 hatte der Nationalrat dann das Änderungsgesetz zum Parteien-Förderungsgesetz 2012 (PartFörG) mit Wirkung zum 1. 12. 2017 beschlossen.

Die Regelung zum Grundbetrag in § 1 Abs 2 Z 1 PartFörG soll bestehen bleiben. Das Änderungsgesetz sieht vor, dass sich der in § 1 Abs 2 Z 2 PartFörG geregelte Zusatzbetrag nicht mehr nach den für eine Partei abgegebenen Stimmen berechnen soll, sondern nach der Anzahl der einer Partei zugehörigen Mitglieder im Nationalrat, die in einem ihrer Wahlvorschläge für die letzte Nationalratswahl enthalten waren (dh: je ihr zugehörigem Abgeordneten im NR).

In der Sitzung des Nationalrats am 15. 12. 2017, in der der Beschluss gefasst worden war, waren 55 Abgeordnete anwesend, von denen 40 von ihnen für eine Änderung stimmten. Die Novelle wurde sodann am 18. 12. 2017 ordnungsgemäß im BGBl I 2017/140 (siehe Anhang) kundgemacht.

Die C-Partei, eine politische Partei iSd PartG mit knapp 350 Mitgliedern, traf die neue Regelung besonders hart. Bei der letzten Nationalratswahl 2013 hatte sie knapp 6% der Stimmen erreicht und war mit 11 Mandaten in den Nationalrat eingezogen. Seit dieser Wahl haben allerdings rund 50 Mitglieder, darunter auch 5 Nationalratsabgeordnete, die Partei verlassen. Das Begehren der C-Partei auf Zuerkennung von Fördermitteln und Auszahlung der Jänner-Rate ist gem § 3 Abs 1 PartFörG gesetzeskonform am 15. 12. 2017 beim Bundeskanzleramt eingelangt. Aufgrund dieser neuen Regelung wurde ihr mit 4. 1. 2018 jedoch nur mehr ein Zusatzbetrag in der Höhe von 150.000,– Euro ausgezahlt, anstatt der 310.000,– Euro, die sie nach der alten Regelung bekommen hätte. Mit dieser drastischen Mittelkürzung während der laufenden Gesetzgebungsperiode hatte die C-Partei nicht gerechnet. Angesichts ihrer bereits bestehenden Zahlungsverbindlichkeiten sowie der Kosten für die kommende Nationalratswahl befürchtet sie eine erhebliche Erschwerung des bevorstehenden Wahlkampfs.

Die C-Partei will beim VfGH erreichen, dass ihr die vollständige von ihr beantragte Fördersumme zugesprochen wird. Zwar habe der Gesetzgeber bei der Ausgestaltung der Förderung iSd § 3 PartG einen weiten Ermessensspielraum, die Novellierung habe aber für einzelne Parteien eine übermäßige Kürzung der Fördermittel bewirkt. Mit Chancengleichheit habe das nichts mehr zu tun und überhaupt sei auch die Gesetzgebungszuständigkeit des Bundes für das PartFörG fraglich.

Bearbeitungsvermerk:

Wie kann die C-Partei eine höhere Förderung als die erhaltene vor dem VfGH erreichen und wie stehen ihre Erfolgschancen? Erstellen Sie ein Rechtsgutachten und prüfen Sie alle aufgeworfenen Rechtsfragen!

---

1) Es handelt sich um die überarbeitete Version des Fachprüfungsfalles Verfassungsrecht vom Jänner 2018.

Meine Notizen

Teil 2: Ein Monat vor der Wahl liegt der Programmschwerpunkt in Fernsehen, Radio und bei den Internetmedien natürlich auf der Nationalratswahl. Im ORF gibt es unter anderem zehn TV-Konfrontationen mit allen Spitzenkandidaten und Spitzenkandidatinnen der Parteien, eine Diskussionsrunde mit allen Spitzenkandidaten und Spitzenkandidatinnen der Parteien mit Klubstatus, „Sommergespräche", das sind Einzelgespräche mit den Spitzenkandidaten und Spitzenkandidatinnen der drei größten Parteien, eine Diskussionsrunde mit den Spitzenkandidaten und Spitzenkandidatinnen der Kleinparteien (mit und ohne Klubstatus). Ferner hatten die Spitzenkandidaten der bisherigen Koalition in der „Pressestunde" die Gelegenheit, ihr Programm vorzustellen. Vertreter der C-Partei – eine Kleinpartei mit Klubstatus – wurden zu allen Diskussionen mit Ausnahme der Sommergespräche und der Gespräche im Rahmen der „Pressestunde" geladen.

Ferner gab es einige Spezialsendungen, unter anderem die Sendung „IM ZENTRUM Spezial" mit dem Titel „Österreichs Umgang mit Zuwanderern". Zu dieser waren neben einschlägigen Experten auch Vertreter der Regierungsparteien geladen, der Bundesminister für Inneres und ein Vertreter des Außenministeriums. Ein Vertreter der C-Partei wurde nicht zu dieser Sendung eingeladen. In einem Interview kritisierte die C-Partei den ORF: Das Thema Zuwanderung sei ein hoch aktuelles Wahlkampfthema, zu dem auch sie der Bevölkerung ihren politischen Standpunkt darlegen wollte. Gerade die restriktive Handhabung der Zuwanderungs- und Asylpolitik zum Schutz der Heimat sei ihr ein zentrales Anliegen. Aber im ORF bestimme sowieso nur die Regierungsspitze. Wenn dieser eine Ansicht missfällt, selektiere der ORF die Informationen. Der ORF ist empört über diese Vorwürfe und kontert: Die C-Partei habe in vielen Politsendungen Möglichkeiten gehabt, ihre politischen Standpunkte darzulegen. Welche Partei zu einer Sendung eingeladen werde, liege schlussendlich alleine im Ermessen des ORF.

Die C-Partei sieht sich in ihren Rechten verletzt und erhebt eine Beschwerde an die Kommunikationsbehörde Austria (KommAustria). Durch die Nichteinladung habe der ORF seinen in §§ 4, 10 ORF-G definierten öffentlich-rechtlichen Programmauftrag verletzt. Die Behörde weist die Beschwerde jedoch ab. Auch die nachfolgende Bescheidbeschwerde an das zuständige BVwG bleibt erfolglos.

Bearbeitungsvermerk:

Welches Rechtsmittel kann die C-Partei gegen das abweisende Erkenntnis des BVwG erheben und wird sie damit Erfolg haben? Erstellen Sie ein Rechtsgutachten und prüfen Sie alle aufgeworfenen Rechtsfragen!

Teil 3: Der Tag der Wahl war gekommen. Die Wählerinnen und Wähler im Bezirk Bruck-Mürzzuschlag konnten § 59 iVm § 52 Abs 2 NRWO entsprechend von 8:00 – 12:00 in den Wahllokalen ihre Stimme abgeben. Nach der Schließung der Wahllokale zählten die Gemeindewahlbehörden die Stimmen aus und übermittelten sie gesetzeskonform der Bezirkswahlbehörde Bruck-Mürzzuschlag. Bereits um ca 14:00 Uhr wurden alle Stimmen im Bezirk zusammengerechnet und es zeichnete sich ein Sieg der B-Partei ab. Euphorisch über den bevorstehenden Bezirkssieg veröffentlichte Herr X, Bezirkswahlleiter und Parteimitglied der B-Partei, um ca 14:30 Uhr eine erste Hochrechnung auf der Homepage und auf der offiziellen Facebook-Seite der Bezirkshauptmannschaft mit den Worten: *„Ein ziemlich sicherer Sieg der B-Partei zeichnet sich ab. Ein Drehen des Ergebnisses ist unwahrscheinlich. Danke an alle Wählerinnen und Wähler für Ihre Wahlbeteiligung! Für die Bezirkshauptmannschaft, Ihr Bezirkswahlleiter"*. Die Bezirkswahlergebnisse werden unter anderem auf Facebook von der B-Partei und diversen Zeitungen sowie auch vom ORF geteilt und auch auf twitter österreichweit verbreitet.

Auch Frau Z von der A-Partei und Angehörige der Bezirkswahlbehörde Bruck-Mürzzuschlag lasen den Facebook-Post. Entsetzt über den Versuch von X, im Namen der BH die Entscheidung der Wähler zu beeinflussen, beschloss sie, den Bezirkswahlleiter im Zuge der Wahlkartenauszählung zur Rede zu stellen. Im Rahmen der konstituierenden Sitzung der Wahlbehörde war der Ablauf der Wahl besprochen worden und unter anderem der Beginn der Wahlkartenauszählung für Montag 13:00 Uhr angesetzt gewesen. Als Z am Montag nach der Wahl gegen 11:30 Uhr als erste Beisitzerin das Gebäude betrat, musste sie feststellen, dass die Auszählung tatsächlich bereits voll im Gange war. Das Hilfspersonal hatte unter Aufsicht von X noch am Abend des Wahltages alle Wahlkarten auf ihre Gültigkeit hin geprüft und auch angefangen, alle Wahlkarten und Wahlkuverts zu öffnen, die Stimmzettel herauszunehmen und in gül-

Meine Notizen

tige und nicht gültige Stimmen zu sortieren. Um 9:00 Uhr am Tag nach der Wahl war die Auszählung sodann fortgesetzt worden.

Frau Z hätte gerne selbst die Gültigkeit der Wahlkarten und Stimmzettel geprüft, zumal weder gestern noch heute andere Wahlbeisitzer anwesend waren, um die Rechtmäßigkeit dieser Vorgehensweise bestätigen zu können. Die Frage, ob die Wahlkuverts vor der Auszählung gemischt wurden, verneinten die Mitarbeiter. X versicherte Z, dass keiner der Mitarbeiter das Abstimmungsverhalten der Wählerinnen und Wähler Preis geben werde und sie lieber dankbar für die zügige Auszählung sein soll.

Daraufhin verließ Frau Z die Bezirkswahlbehörde und fand sich erst wieder zusammen mit allen anderen Beisitzern um 13:00 zur abschließenden Sitzung ein. Dort wurde das Endergebnis verkündet: Insgesamt wurden 51.800 Stimmen ausgezählt. Von diesen 51.800 Stimmen wurden 51.678 in die Ergebnisermittlung miteinbezogen; 122 Stimmen wurden als ungültig gewertet. Von den gültigen Stimmen entfielen 17.474 (34%) auf die B-Partei, 16.409 (32%) auf die A-Partei und die restlichen Stimmen verteilten sich auf kleinere Parteien. Im bundesweiten Gesamtergebnis entfielen 32% der Stimmen auf die B-Partei, 31% auf die A-Partei und die restlichen 37% verteilten sich auf andere Parteien.

Bearbeitungsvermerk:

Was kann die A-Partei gegen diese Wahl unternehmen und wird sie damit Erfolg haben? Erstellen Sie ein Rechtsgutachten und prüfen Sie alle aufgeworfenen Rechtsfragen!

ANLAGE

Zu Teil 1

Änderung des Parteienförderungsgesetzes – BGBl I 2017/140 vom 18. 12. 2017 (fiktiv)

Der Nationalrat hat beschlossen:

1. In § 1 Abs 2 wird die Ziffer 2 wie folgt geändert:

„Die nach Abzug der Förderungen gemäß Z 1 verbleibenden Mittel werden auf die im Nationalrat vertretenen politischen Parteien verteilt. Die Höhe des Zusatzbetrages berechnet sich für jede Partei je ihr zugehörigem Mitglied im Nationalrat, das in einem ihrer Wahlvorschläge für die letzte Nationalratswahl enthalten war."

2. In § 7 wird folgender Abs 3 angefügt:

„Die Änderungen des BGBl I 140/2017 treten mit 1. 12. 2017 in Kraft".

Auszug aus den Erläuternden Bemerkungen zum Parteiengesetz 2012 (PartG) – fiktiv

Zu § 1: Bis zum Inkrafttreten der Vorgängerregelung des PartG 1975 konnten politische Vereine nach den Vorschriften des Vereinsgesetzes 1867 gegründet werden. Regelungen über die Gründung und Bedeutung politischer Parteien sind nun im § 1 PartG 2012 geregelt.

Zu § 3: Mit Einführung des § 3 ins Parteiengesetz 2012 wird erstmals eine klare Kompetenzgrundlage für die hoheitliche Parteienförderung geschaffen und die Gebietskörperschaften dazu ermächtigt, die Tätigkeiten politischer Parteien zu fördern.

Kompetenzgrundlage: Die Zuständigkeit des Bundes zum Erlass dieser Bestimmungen stützt sich auf Art 10 Abs 1 Z 1 und Z 7 B-VG.

Zu Teil 3

Auszug aus den Erläuternden Bemerkungen zur Nationalratswahlordnung (NRWO) – fiktiv

[...] Es ist darauf hinzuweisen, dass den in Art 26a B-VG vorgesehenen Wahlbehörden als Kollegium besondere Bedeutung bei der Durchführung von Wahlen und der – gegenseitigen – Kontrolle der Rechtmäßigkeit des Wahlverfahrens zukommt. Insb die Regelungen über die (proporzmäßige) Zusammensetzung der Wahlbehörden, deren stimmberechtigte Beisitzer durch die von Wahlen betroffenen politischen Parteien nominiert werden, verbürgen die Objektivität dieser Behörden.

Meine Notizen

Die gesetzlichen Vorschriften behalten daher insb Ermittlungsvorgänge und sonstige Handlungen im Zuge des Wahlverfahrens, bei denen eine Veränderung oder Beeinflussung des Wahlergebnisses durch unmittelbare Manipulation der Wahlunterlagen – bis hin zum Stimmzettel – möglich wäre, diesen kollegialen Wahlbehörden vor.

LÖSUNGSVORSCHLAG

Teil 1

Wie kann die C-Partei eine höhere Förderung als die erhaltene vor dem VfGH erreichen und wie stehen ihre Erfolgschancen? Erstellen Sie ein Rechtsgutachten und prüfen Sie alle aufgeworfenen Rechtsfragen!

I. Kausalgerichtsbarkeit (Art 137 B-VG)

Die C-Partei könnte ihre Forderung im Rahmen der Kausalgerichtsbarkeit nach Art 137 B-VG beim VfGH geltend machen.

A. Zulässigkeit

1. Klägerin

In Ermangelung anderer Anhaltspunkte im Sachverhalt ist davon auszugehen, dass die C-Partei ordnungsgemäß als politische Partei nach § 1 Abs 4 PartG gegründet wurde und sie ihre Satzung ordnungsgemäß hinterlegt hat. Die Partei ist eine juristische Person (keine Körperschaft des öffentlichen Rechts) und besitzt Rechtspersönlichkeit.[2]) Sie ist parteifähig, allerdings nicht prozessfähig und muss sich daher von ihrem Zustellungsbevollmächtigten vertreten lassen (§ 35 VfGG iVm §§ 1 ff ZPO). Als juristische Person ist sie klageberechtigt.

2. Beklagte Partei

Nur eine in Art 137 B-VG genannte Gebietskörperschaft kann geklagt werden. Über das Begehren auf Zuerkennung entscheidet das Bundeskanzleramt. Der Bundeskanzler ist der mit der Leitung betraute Bundesminister und ein oberstes Verwaltungsorgan des Bundes (Art 77 Abs 1 und Abs 2 B-VG). Die Vergabe von Förderungen durch den Bundeskanzler ist daher ein Akt der Bundesverwaltung. Der richtige Beklagte ist somit der Bund (Art 137 B-VG, § 37 VfGG).

3. Klagsgegenstand

Die Klage nach Art 137 B-VG ist auf vermögensrechtliche Ansprüche gerichtet, die öffentlich-rechtlicher Art sind. Fraglich ist, ob die Parteienförderung hoheitlich oder im Rahmen der Privatwirtschaftsverwaltung erfolgt. Das Gesetz selbst regelt die Rechtsnatur der Förderung nicht ausdrücklich, jedoch bestimmt § 3 letzter Satz PartG, dass Fördermittel des Bundes durch ein „besonderes Bundesgesetz", das Parteienförderungsgesetz, zu regeln sind. Außerdem stellen die erläuternden Bemerkungen zu § 3 PartG klar, dass dieser eine Kompetenzgrundlage für die hoheitliche Parteienförderung sein soll.[3]) Mithin ist die Bundesparteienförderung öffentlich-rechtlich geregelt und ein darauf begründeter Förderungsanspruch öffentlich-rechtlicher Art. Die Klage ist auf eine Geldleistung gerichtet, konkret auf den Differenzbetrag zur Förderungssumme, den die C-Partei vor Inkrafttreten der Novelle erhalten hätte (vgl § 37 VfGG).

4. Klagslegitimation (Art 137, § 37 VfGG)

Die Geltendmachung des Anspruchs ist im ordentlichen Zivilrechtsweg ausgeschlossen, da es sich nicht um einen zivilrechtlichen Anspruch handelt. Die Parteienförderung nach § 1 Abs 2 Z 2 PartFörG wird durch schlicht-hoheitliches Handeln zuerkannt.

2) *Berka,* Verfassungsrecht[6] (2016) Rz 228.
3) Siehe zur hoheitlichen Parteienförderung *Zögernitz/Lenzhofer,* Politische Parteien: Recht und Finanzierung (2013) § 3 PartFörG Rz 2 ff.

Meine Notizen

Außerdem ist eine Bescheidbeschwerde nicht zulässig. Das „Begehren" (§ 3 Abs 1 PartFörG) wird – anders als ein „Antrag" – nicht mit Bescheid erledigt.[4]) Tatsächlich wurde die Förderungssumme gem § 1 Abs 2 Z 2 PartFörG idF BGBl I 2017/140 auch auf Begehren der Partei ausgezahlt und nicht durch Bescheid zuerkannt. Da die Förderungssumme bereits ausbezahlt wurde, ist anzunehmen, dass die einzuklagende Leistung bereits fällig ist. Die C-Partei ist daher klagslegitimiert.

5. Form

Die Klage ist schriftlich gem § 15 Abs 1 VfGG und von einem bevollmächtigten Rechtsanwalt unterschrieben beim VfGH einzubringen (§ 17 Abs 2 VfGG). Inhaltsanforderungen ergeben sich aus § 37 VfGG und Art 137 B-VG.

6. Zwischenergebnis

Unter Einhaltung der Formerfordernisse ist die Klage zulässig.

B. Begründetheit

Die Klage ist begründet, wenn die Forderung der C-Partei besteht.

1. Verfassungsmäßigkeit des Gesetzes

a) Kompetenzgrundlage

Der Bundesgesetzgeber hat seine Zuständigkeit zum Erlass des PartG auf Art 10 Abs 1 Z 1 und Z 7 B-VG gestützt.[5]) Nach der Versteinerungstheorie können Regelungen zum Parteirecht auf der Kompetenzgrundlage Art 10 Abs 1 Z 7 B-VG (Vereins- und Versammlungsrecht) erlassen werden, da politische Parteien (zuvor: politische Vereine) zum Versteinerungszeitpunkt am 1. Oktober 1925 im VereinsG 1867 geregelt waren und sich bis zum Inkrafttreten des PartG 1975 nach den vereinsrechtlichen Vorschriften konstituieren konnten. Allerdings waren diesem Gesetz Regelungen über deren Finanzierung unbekannt, sodass diese nach der Versteinerungstheorie[6]) nicht auf Art 10 Abs 1 Z 7 B-VG gestützt werden können.[7])

Die Versteinerungstheorie wird durch den Grundsatz der intrasystematischen Fortentwicklung ergänzt. Dieser ermöglicht den Erlass neuer Regelungen basierend auf einem „versteinerten" Kompetenztatbestand, sofern sich diese systematisch der jeweiligen Materie zuordnen lassen.[8]) Der VfGH handhabt die intrasystematische Fortentwicklung restriktiv und verwendet sie vor allem dazu, technologischen oder gesellschaftlichen Entwicklungen (zB Gentechnik) Rechnung zu tragen.[9]) Anders als Regelungen über Parteien ist deren Finanzierung keine Entwicklung, die dem „versteinerten" Kompetenztatbestand Vereinsrecht zugeordnet werden kann, da die Finanzierung keine systematische Entwicklung darstellt, der mit dem Vereinsrecht Rechnung getragen werden soll. Die Parteienfinanzierung kann daher auch nicht intrasystematisch auf den Kompetenztatbestand Art 10 Abs 1 Z 7 B-VG gestützt werden.

Nach Art 10 Abs 1 Z 1 B-VG fallen Angelegenheiten der Bundesverfassung, insb Wahlen zum Nationalrat, und Volksbegehren, Volksabstimmungen und Volksbefragungen auf Grund der Bundesverfassung in die Kompetenz des Bundes. Gem § 1 Abs 1 PartG sind die Existenz und die Vielfalt politischer Parteien wesentliche Bestandteile der demokratischen Ordnung der Republik Österreich (Art 1 B-VG). Die parlamentarische Demokratie ist daher unabdingbar mit der Existenz politischer Parteien verbunden. Das Parteienrecht und das Recht zur Finanzierung politischer Parteien können daher unter den Kompetenztatbestand „Bundesverfassung" subsumiert werden.[10])

---

4) *Zögernitz/Lenzhofer,* Politische Parteien: Recht und Finanzierung (2013) § 3 PartFörG Rz 2 und 5 f.

5) ErläutRV 1782 BlgNR 24. GP 3.

6) Zur Versteinerungstheorie allgemein: *Berka,* Verfassungsrecht[6] (2016) Rz 429 ff; *Öhlinger/Eberhard,* Verfassungsrecht[11] (2016) Rz 275.

7) *Lenzhofer,* Die Parteienfinanzierung in Österreich (2010) 51 f mwN.

8) *Berka,* Verfassungsrecht[6] (2016) Rz 433; *Öhlinger/Eberhard,* Verfassungsrecht[11] (2016) Rz 277.

9) *Öhlinger/Eberhard,* Verfassungsrecht[11] (2016) Rz 277 f: zB die Diskothek als neue Gewerbeform iSd Art 10 Abs 1 Z 8 B-VG (VfSlg 12.996/1992) oder weiter: der Rundfunk als Fortentwicklung des Telegraphenrechts (VfSlg 2721/1954).

10) *Lenzhofer,* Die Parteienfinanzierung in Österreich (2010) 52 f. Möglich wäre auch § 1 PartG 2012 als eigenen Kompetenztatbestand für das „Parteienrecht" zu sehen.

Meine Notizen

Zwischenergebnis

Die Änderung des PartFörG kann auf Art 10 Abs 1 Z 1 B-VG gestützt werden und fällt in die Kompetenz des Bundes.

b) Gesetzgebungsverfahren

Der Nationalrat bildet zusammen mit dem Bundesrat das Gesetzgebungsorgan des Bundes. Für die Abstimmung über einen Gesetzesantrag im Nationalrat gelten – soweit nichts anderes bestimmt ist – die Beschlussfassungserfordernisse nach Art 31 B-VG. Diesem zufolge erfordert der Beschluss eines einfachen Bundesgesetzes eine Anwesenheit von mindestens einem Drittel der Abgeordneten und die unbedingte Mehrheit der abgegebenen Stimmen.

Im vorliegenden Fall wurde das PartFörG geändert. Der Beschluss des Nationalrats war allerdings verfassungswidrig, da die Erzeugungsbestimmungen nicht eingehalten wurden: Bei der Änderung waren lediglich 55 Abgeordnete anwesend. Um das Präsensquorum zu erfüllen, hätten mindestens 61 Abgeordnete anwesend sein müssen.

Zwischenergebnis

Der Gesetzesbeschluss war somit verfassungswidrig.

c) Änderung der Anspruchsvoraussetzung in § 1 Abs 2 Z 2 PartFörG

(1) Recht auf Chancengleichheit (Art 1 B-VG iVm Art 7 Abs 1 B-VG, Art 2 StGG)

Österreich ist eine demokratische Republik, in der das Recht vom Volk ausgeht (Art 1 B-VG). In Einklang mit dem demokratischen Prinzip bezeichnet § 1 Abs 1 PartG die Existenz und Vielfalt politischer Parteien als wesentlichen Bestandteil der demokratischen Ordnung. Nach § 1 Abs 2 PartG ist es Aufgabe einer politischen Partei, an der staatlichen Willensbildung mitzuwirken, insb durch die Teilnahme an Wahlen zu allgemeinen Vertretungskörpern. Durch freie Wahlen wird erst die Idee der repräsentativen Demokratie verwirklicht, den Staat durch legitimierte Volksvertreter und Parlamente zu lenken. Dazu gehört auch die Möglichkeit eines Wechsels der gewählten Mehrheit. Eine Vielfalt an politischen Parteien bildet die Basis für das Funktionieren eines parlamentarischen Systems (Parteienpluralismus).[11])

Gem § 3 PartG können Bund, Länder und Gemeinden die Tätigkeit politischer Parteien – in gesetzlichen Grenzen – fördern. Da § 3 PartG lediglich die Möglichkeit und keine Pflicht zur Parteienförderung vorsieht, kommt den Gebietskörperschaften bei der Ausgestaltung von Förderungen ein weiter Ermessensspielraum zu. Dieser Ermessensspielraum wird allerdings durch verfassungsrechtliche Grundsätze begrenzt. Insb muss der Gesetzgeber bei der Förderungsgewährung darauf achten, nicht den Zweck der Förderungsgewährung – die Mitwirkung an der politischen Willensbildung und den Sinn von Wahlen – zu vereiteln. Er muss insb den Gleichheitssatz und das aus ihm und dem Demokratieprinzip abgeleitete Gebot auf Chancengleichheit achten.

Im vorliegenden Fall erscheint jedoch fraglich, ob der Gesetzgeber seinen Ermessenspielraum mit der Anknüpfung an die tatsächliche Anzahl an Abgeordneten in einer Partei überschritten und damit den Gleichheitssatz und in weiterer Folge das sich aus dem Demokratieprinzip ergebende Recht auf Chancengleichheit verletzt hat.

Der Gleichheitssatz (Art 7 B-VG) verbietet es, andere als sachlich begründete Differenzierungen zwischen Normadressaten zu schaffen. Nur wenn gesetzliche Differenzierungen auf Unterschiede im Tatsächlichen zurückzuführen sind, entspricht das Gesetz dem Gleichheitssatz. IdS ist Gleiches gleich und Ungleiches ungleich zu behandeln.[12]) Darüber hinaus hat der VfGH aus Art 7 Abs 1 B-VG ein allgemeines, den Gesetzgeber bindendes Sachlichkeitsgebot abgeleitet.[13])

Die Anknüpfung an die tatsächliche Abgeordnetenanzahl könnte eine Ungleichbehandlung iS einer Schlechterstellung für jene Parteien bewirken, aus denen seit der letzten Nationalratswahl mehrere Abgeordnete ausgetreten sind.

---

11) *Öhlinger/Eberhard,* Verfassungsrecht[11] (2016) Rz 349.
12) *Mayer/Kucsko-Stadlmayer/Stöger,* Bundesverfassungsrecht[11] (2015) Rz 1357; *Öhlinger/Eberhard,* Verfassungsrecht[11] (2016) Rz 761.
13) *Öhlinger/Eberhard,* Verfassungsrecht[11] (2016) Rz 762 ff.

Meine Notizen

Eine Verletzung der Chancengleichheit liegt allerdings nicht vor. Chancengleichheit bedeutet nicht die Verpflichtung, ein gleiches Ergebnis im Sinne gleich hoher Fördermittel herbeizuführen, sondern erfordert die Gewährleistung gleicher Chancen im Wettbewerb. Der Grundsatz der Chancengleichheit verbietet dem Gesetzgeber, Förderungen in einer Art zu gewähren, die einige Parteien gegenüber anderen begünstigen bzw benachteiligen. Die Fördermittel dürfen nicht so verteilt werden, dass hierdurch die Tätigkeit politischer Parteien beschränkt und gleichsam der Parteienpluralismus (§ 1 PartG) gefährdet sowie der Zweck der Förderungsgewährung - die Mitwirkung an der politischen Willensbildung - vereitelt wird.

Die gleich hohe Verteilung staatlicher Mittel erscheint allerdings nur auf den ersten Blick gleichheitskonform. Denn mit dieser Verteilung werden Unterschiede im Tatsächlichen nicht berücksichtigt. Insb dem Rückhalt der Parteien in der Bevölkerung wird damit kein Gewicht beigemessen. Um diesen angemessen zu berücksichtigen, ist es sachgerecht, die Fördermittel nach Stimmenstärke basierend auf den Wahlergebnissen zu verteilen oder in weiterer Folge auf die tatsächliche Anzahl an Abgeordneten einer Partei abzustellen.[14]) Daher kann es gerechtfertigt sein, kleinere Parteien mit weniger Abgeordneten auch mit weniger Fördermittel auszustatten und größere Parteien mit mehr Abgeordneten auch mehr Förderungen zu gewähren. Umgekehrt wird dem Gleichheitssatz nicht mehr Rechnung getragen, wenn Parteien mit weniger Abgeordneten und größeren Parteien mit mehr Abgeordneten die gleiche Förderungssumme gewährt wird.

Die Anknüpfung an die tatsächliche Anzahl an Abgeordneten gilt für alle Parteien und kann sowohl bei größeren als auch bei kleineren Parteien zu finanziellen Einbußen führen, wenn diese an Rückhalt verlieren. Etwaige potentielle Förderungseinbußen machen die Regelung dennoch nicht gleichheitswidrig, zumal es § 3 PartG den Gebietskörperschaften erlaubt, Förderungen zu gewähren, eine Gewährung aber nicht zwingend vorschreibt. Ob die Regelung zweckmäßig ist und das Ergebnis als befriedigend empfunden wird, ist nicht am Gleichheitssatz zu messen.[15]) Die Anknüpfung an die tatsächliche Abgeordnetenanzahl steht dem Gebot des Parteienpluralismus und dem Grundsatz der Chancengleichheit jedenfalls nicht entgegen. Vielmehr ist dieser Anknüpfungspunkt ein objektiver Maßstab, die Fördermittel sachgerecht auf die Parteien zu verteilen und dabei den Wählerwillen ausreichend zu berücksichtigen.

(2) Zwischenergebnis

Das Recht auf Chancengleichheit wird durch die Anknüpfung an die tatsächliche Anzahl der Mitglieder nicht verletzt.

d) Änderung während laufender Gesetzgebungsperiode gem § 7 Abs 3 PartFörG

(1) Verbotene Rückwirkung (Rechtsstaatsprinzip, Gleichheitssatz)

Fraglich ist jedoch, ob die rückwirkende Änderung verfassungskonform war. Das Rückwirkungsverbot wird aus dem Rechtsstaatsprinzip hergeleitet. Dieses Prinzip ist im B-VG nicht ausdrücklich verankert, sondern findet sich in verschiedenen Regelungen der Verfassung. Rechtsstaatlichkeit verlangt Rechtssicherheit und Vertrauen in die Kontinuität der Rechtslage.

Der VfGH[16]) leitet den Vertrauensschutz allerdings nicht direkt aus dem Rechtsstaatsprinzip ab, sondern aus dem Sachlichkeitsgebot, das wiederum aus dem Gleichheitssatz abgeleitet wird.

Grundsätzlich kennt die Verfassung - abseits der für das (Verwaltungs-)Strafrecht geltenden Bestimmungen (Art 7 EMRK, Art 49 GRC) - kein generelles Verbot, Gesetze rückwirkend in Kraft zu setzen. Es fällt in den rechtspolitischen Gestaltungsspielraum des Gesetzgebers, eine einmal geschaffene Rechtsposition zu Lasten des Rechtsunterworfenen wieder abzuändern.[17]) Eine nachteilige rückwirkende Gesetzesänderung ist allerdings dann verfassungswidrig, wenn - so der VfGH - „die Normunterworfenen durch einen Eingriff von erheblichem Gewicht in einem berechtigten Ver-

14) *Lenzhofer,* Die Parteienfinanzierung in Österreich (2010) 60f.
15) *Öhlinger/Eberhard,* Verfassungsrecht[11] (2016) Rz 763 mit Verweis auf VfSlg 12.416/1990.
16) stRsp des VfGH VfSlg 3336/1958, 6182/1970, 8195/1977, 12.186/1989 uva; *Berka,* Verfassungsrecht[6] (2016) Rz 1688.
17) *Berka,* Verfassungsrecht[6] (2016) Rz 487; *Mayer/Kucsko-Stadlmayer/Stöger,* Bundesverfassungsrecht[11] (2015) Rz 1365.

Meine Notizen

trauen auf die Rechtslage enttäuscht wurden und nicht etwa besondere Umstände eine solche Rückwirkung verlangen".[18])

- **Schutzwürdiges Vertrauen**

Gem § 1 Abs 1 PartFörG fördert der Bund die Mitwirkung an der politischen Willensbildung auf Bundesebene durch die jährliche Zuwendung von Fördermitteln. Begehren auf Zuerkennung von Fördermittel müssen gem § 3 Abs 1 PartFörG spätestens bis zum 15. 12. des Vorjahres beim Bundeskanzleramt einlangen. Die Fördermittel werden gem § 1 Abs 4 PartFörG in zwei Raten (zum Ende des ersten Quartals und zum Ende des dritten Quartals) ausbezahlt. Parteien, die ihre Anträge rechtzeitig bis zum 15. 12. 2017 beim Bundeskanzleramt einbringen, können daher berechtigterweise darauf vertrauen, dass ihnen für die Mitwirkung an der politischen Willensbildung Förderungen gemäß den Anspruchsvoraussetzungen nach § 1 Abs 2 PartFörG gewährt werden und zwar solange, bis sich diese in Folge der nächsten Nationalratswahl ändern.

In Anbetracht der Höhe der Förderungssumme (von 310.000,– Euro) stellt die öffentliche Parteienförderung eine wichtige, wenn nicht sogar die quantitativ wichtigste finanzielle Unterstützung der politischen Tätigkeit dar. Der Beibehaltung dieses Systems während der laufenden Gesetzgebungsperiode kommt daher besondere Bedeutung zu. Die Parteien dürfen auf die Gewährung einer gewissen Förderungssumme während aufrechter Gesetzgebungsperiode berechtigterweise vertrauen, um ihre politische Tätigkeit ausüben zu können.[19]) Dies kommt auch in § 3 Abs 2 PartFörG zum Ausdruck. Demnach dürfen die geänderten Anspruchsvoraussetzungen in Folge einer Wahl erstmals in dem auf die Nationalratswahl folgenden Halbjahr berücksichtigt werden. Das Vertrauen in die bestehende Rechtslage ist somit besonders schützenswert.

- **Spürbarer Eingriff**

Das rückwirkende Inkrafttreten der Novelle hat zur Folge, dass sich die Anspruchsvoraussetzungen noch für die laufende Gesetzgebungsperiode ändern. Der Zusatzbetrag berechnet sich bereits für die kommende Rate am Ende des ersten Quartals nicht mehr nach den für eine Partei abgegebenen Stimmen, sondern wird nur noch für jene Mitglieder gewährt, die in einem Wahlvorschlag für die letzte Nationalratswahl enthalten waren und nach wie vor dieser Partei angehören. Der Eingriff wiegt in Hinblick auf die nicht unbeträchtliche Höhe des Zusatzbetrags schwer und ist für die C-Partei spürbar.

- **Rechtfertigung**

Es ist zu prüfen, ob der Eingriff in den Vertrauensschutz gerechtfertigt werden kann. Das kann der Fall sein, wenn die Wahrung öffentlicher Interessen höher zu gewichten ist als der Schutz des privaten Vertrauens. Die Kürzung der Parteienförderung kann im öffentlichen Interesse liegen. Eine rückwirkende Änderung der Anspruchsvoraussetzungen noch für die laufende Gesetzgebungsperiode stellt allerdings einen erheblichen Eingriff in das Vertrauen der Parteien dar, zumal diese berechtigterweise auf eine gewisse, nicht unbeachtliche Förderungssumme vertrauen durften, um politisch mitwirken zu können. Dieses Vertrauen ist wegen der gesetzlichen Regelung in § 3 Abs 2 PartFörG erheblich. Eine abrupte rückwirkende Änderung kann das eigentliche Ziel der Parteienförderung iSd § 1 Abs 1 PartFörG, nämlich die Förderung der Parteien bei ihrer Tätigkeit in der Mitwirkung an der politischen Willensbildung und die Parteienvielfalt, erheblich beeinträchtigen. Insb um die Sinnhaftigkeit von Wahlen und die Chancengleichheit aller Parteien im Wettbewerb zu garantieren, ist es daher unerlässlich, schutzwürdiges Vertrauen in das bestehende Förderungssystem nicht zu enttäuschen, damit Parteien ihre Tätigkeit und ihr Budget langfristig planen können. Umgekehrt wiegt es deutlich weniger schwer, wenn die Kürzung der Parteienförderung erst auf die Zukunft hin – konkret für die nächste Gesetzgebungsperiode – erfolgt. Eine Kürzung der Parteienförderung vor Ablauf der Gesetzgebungsperiode steht daher in keinem angemessenen Verhältnis zur Zielerreichung und ist daher verfassungswidrig.

18) stRsp des VfGH seit VfSlg 12.186/1989; *Berka*, Verfassungsrecht[6] (2016) Rz 1688.
19) VfGH 14. 6. 2017, G 62/2017-12 ua.

✐ Meine Notizen

(2) Zwischenergebnis

Die Änderung der Anspruchsvoraussetzungen während laufender Gesetzgebungsperiode widerspricht dem Vertrauensschutz und ist daher verfassungswidrig.[20])

2. Rechtsschutz im Wege der inzidenten (konkreten) Normenkontrolle

Hegt der VfGH Bedenken hinsichtlich der Verfassungskonformität der präjudiziellen Novelle, kann er von Amts wegen ein Normenkontrollverfahren einleiten (inzidente Normenkontrolle Art 140 Abs 1 Satz 1 lit b B-VG) und das Verfahren nach Art 137 B-VG mit Beschluss unterbrechen. Nach Abschluss des Gesetzesprüfungsverfahrens würde der VfGH die Klage wiederaufnehmen (§ 32 GO-VfGH iVm § 65 VfGG) und dieses unter Berücksichtigung des Ergebnisses im Normenprüfungsverfahren entscheiden.

C. Ergebnis

Die Änderung der Anspruchsvoraussetzungen während laufender Gesetzgebungsperiode ist verfassungswidrig. Die rückwirkende Änderung gem § 7 Abs 3 PartFörG verstößt gegen den Vertrauensschutz und ist folglich als verfassungswidrig aufzuheben.

Die Aufhebung ist kundzumachen und wirkt „ex nunc" (sofern der VfGH nicht eine Frist setzt). Auf den Anlassfall wirkt die Aufhebung stets zurück (Art 140 Abs 7 B-VG). Dieser Fall ist sodann basierend auf der „bereinigten Rechtslage" zu entscheiden.[21])

Teil 2

Welches Rechtsmittel kann die C-Partei gegen das abweisende Erkenntnis des BVwG erheben und wird sie damit Erfolg haben? Erstellen Sie ein Rechtsgutachten und prüfen Sie alle aufgeworfenen Rechtsfragen!

II. Erkenntnisbeschwerde nach Art 144 B-VG an den VfGH[22])

Die C-Partei kann eine Erkenntnisbeschwerde nach Art 144 Abs 1 1. Alt B-VG an den VfGH erheben.

A. Zulässigkeit

1. Beschwerdeführer

Die C-Partei ist eine politische Partei iSv § 1 Abs 4 PartG. Sie ist somit eine juristische Person und besitzt Rechtspersönlichkeit.[23]) Sie ist parteifähig, allerdings nicht prozessfähig und muss sich daher von ihrem Zustellungsbevollmächtigten vertreten lassen (§ 35 VfGG iVm §§ 1 ff ZPO).

2. Beschwerdegegenstand

Das abweisende Erkenntnis des BVwG ist tauglicher Beschwerdegegenstand (Art 144 Abs 1 B-VG).

3. Beschwerdelegitimation

Die C-Partei kann geltend machen, durch das Erkenntnis in einem ihrer verfassungsgesetzlich gewährleisteten Rechte verletzt worden zu sein (Art 144 Abs 1 1. Alt B-VG). Denkmöglich ist eine Verletzung der Grundrechte der Meinungsäußerungsfreiheit und des Gleichheitssatzes.

4. Form, Frist

Die Beschwerde ist gem § 15 Abs 1 VfGG schriftlich und von einem bevollmächtigten Rechtsanwalt unterschrieben einzubringen (§ 17 Abs 2 VfGG). Die Beschwerdefrist

20) VfGH 14. 6. 2017, G 62/2017-12 ua mwN.
21) *Öhlinger/Eberhard,* Verfassungsrecht[11] (2016) Rz 1032.
22) Angelehnt an VfGH 12. 3. 2009, B 434/08.
23) *Berka,* Verfassungsrecht[6] (2016) Rz 228.

Meine Notizen

beträgt gem § 82 Abs 1 VfGG 6 Wochen nach Zustellung des Erkenntnisses. Der Inhalt bestimmt sich nach § 82 Abs 4 VfGG.

5. Zwischenergebnis

Unter Einhaltung der Frist- und Formerfordernisse ist die Beschwerde zulässig.

B. Begründetheit

1. Meinungsfreiheit (Art 13 StGG, Art 10 EMRK)

Zu prüfen ist, ob die C-Partei in ihrem Recht auf Meinungsfreiheit verletzt worden ist, weil sie durch die Nichteinladung zu einer Fernsehsendung ihren politischen Standpunkt nicht darlegen konnte.

a) Schutzbereich

Gem Art 13 Abs 1 StGG hat jedermann das Recht, seine Meinung frei zu äußern. Das schließt alle ein Werturteil enthaltenden Stellungnahmen ein – seien sie neu oder von anderen bereits geäußerte Ansichten wissenschaftlicher, kultureller, wirtschaftlicher oder sonstiger Art. Auch politische Aussagen fallen in den Schutzbereich dieses Grundrechts. Zentral für die Meinungsfreiheit ist auch Art 10 EMRK, der explizit nicht nur das Recht, sich frei zu äußern (Meinungsäußerungsfreiheit), sondern auch Tatsachen oder Informationen frei mitzuteilen bzw frei zu empfangen (Informationsfreiheit), umfasst. Von Art 10 EMRK sind daher sämtliche kommunikative Akte, unabhängig davon, ob bloß ein Sachverhalt wiedergegeben oder bewertet wird, geschützt.[24]) IdS garantiert Art 10 EMRK auch Massenmedien die Freiheit, ohne Eingriffe staatlicher Stellen, Nachrichten oder Informationen mitzuteilen.[25]) Auch die Rundfunkfreiheit ist von Art 10 EMRK erfasst. Das schließt die freie Veranstaltung und die Verbreitung von Hörfunk- und Fernsehprogrammen über Funk, Satelliten oder Kabelnetze in analoger und digitaler Technik ein.[26]) Art 10 EMRK garantiert daher jedermann umfassende Kommunikationsfreiheit.[27])

Die Freiheit von Massenmedien ist auch dem StGG nicht fremd. In Art 13 Abs 2 StGG und im Beschluss der Provisorischen Nationalversammlung 1918 wird sogar gesondert die Freiheit der Presse hervorgehoben. Mit der Freiheit des Rundfunks, der Presse und anderen Massenmedien garantiert die Verfassung diejenigen Mittel, durch die die Freiheiten, sich zu informieren und informiert zu werden, wirksam ausgeübt werden können, umfassend.[28])

Gerade Massenmedien haben eine wichtige Funktion bei demokratischen Prozessen, indem sie über das politische Geschehen informieren und Meinungen in der Gesellschaft Raum geben. Öffentliche Kommunikation ist eine unerlässliche Voraussetzung dafür, dass die Bürger sich selbst eine freie Meinung bilden und von ihrem Recht auf Meinungsäußerung Gebrauch machen können. Der EGMR[29]) bezeichnete daher die Meinungs- und Medienfreiheit als *„Grundpfeiler einer demokratischen Gesellschaft"*.[30]) Ferner erklärt Art I Abs 3 BVG Rundfunk den Rundfunk zu einer öffentlichen Aufgabe.

Damit geht allerdings auch eine gewisse Verpflichtung der Medien einher, die den journalistischen Freiraum begrenzt. Um einen Ausgleich zwischen der Rundfunkfreiheit und den Rechten und Freiheiten anderer zu treffen, ist der Bundesgesetzgeber gem Art I Abs 2 BVG Rundfunk dazu verpflichtet, den Rundfunk und seine Organisation bundesgesetzlich auszugestalten und in diesem Gesetz insb die Unparteilichkeit und Objektivität der Berichterstattung, die Berücksichtigung der Meinungsvielfalt, die Ausgewogenheit der Programme sowie die Unabhängigkeit der Personen und Organe, die mit dem Rundfunk betraut werden, zu gewährleisten.

Der Bundesgesetzgeber hat mit dem ORF-Gesetz den rundfunkpolitischen Ordnungsrahmen begründet und insb die öffentliche Verantwortung des Rundfunks aus-

24) *Berka*, Verfassungsrecht[6] (2016) Rz 1454 f; *Öhlinger/Eberhard*, Verfassungsrecht[11] (2016) Rz 910 ff; siehe ferner *Bezemek*, Grundrechte in der Rechtsprechung der Höchstgerichte (2016) § 16 Rz 3.
25) *Berka*, Verfassungsrecht[6] (2016) Rz 1459; *Öhlinger/Eberhard*, Verfassungsrecht[11] (2016) Rz 915.
26) *Berka*, Verfassungsrecht[6] (2016) Rz 1477; *Öhlinger/Eberhard*, Verfassungsrecht[11] (2016) Rz 922.
27) *Bezemek*, Grundrechte in der Rechtsprechung der Höchstgerichte (2016) § 16 Rz 5.
28) *Berka*, Verfassungsrecht[6] (2016) Rz 1453.
29) EGMR, 7. 12. 1976, 5493/72, *Handyside*.
30) *Berka*, Verfassungsrecht[6] (2016) Rz 1459.

Meine Notizen

geformt. § 4 ORF-G regelt den öffentlich-rechtlichen Kernauftrag. § 10 ORF-G normiert inhaltliche Programmgrundsätze. Konkret verpflichtet § 10 Abs 1 ORF-G den ORF, die Menschenwürde und die Grundrechte zu achten. § 10 Abs 6 ORF-G verpflichtet den Rundfunk zur angemessenen Berücksichtigung der Vielfalt der im öffentlichen Leben vertretenen Meinungen. Auf den Stellenwert des Rundfunks für den demokratischen Diskurs wird in § 10 Abs 4 ORF-G hingewiesen.

Art 10 EMRK und Art 13 StGG schützen beide sowohl die Äußerung von Meinungen als auch die Bildung von Meinungen und gelten für natürliche und juristische Personen. Sowohl die C-Partei als auch der ORF sind daher Grundrechtsträger der Meinungsfreiheit. Die C-Partei hat ein Recht auf freie Äußerung ihrer politischen Ansichten; der ORF hat ein Recht auf freie Verbreitung von Informationen und Meinungen.

b) Eingriff

Die C-Partei behauptet, dass der ORF durch die Nichteinladung ihrem öffentlich-rechtlichen Programmauftrag nicht nachgekommen sei und sie daher in ihrem Recht auf Meinungsäußerungsfreiheit verletzt wurde. Der öffentlich-rechtliche Programmauftrag gebietet es, Informationen objektiv und unter Berücksichtigung der Vielfalt der im öffentlichen Leben vertretenen Meinungen aufzubereiten und zu vermitteln, sowie die Grundrechte anderer – im vorliegenden Fall die Meinungsäußerungsfreiheit der C-Partei – zu wahren.

Daraus kann aber kein Anspruch auf Präsenz einer Partei in einer bestimmten Sendung abgeleitet werden. Es liegt in der von Art 13 Abs 2 StGG und Art 10 EMRK gewährleisteten journalistischen Freiheit, wie die Vielfalt der im öffentlichen Leben vertretenen Meinungen berücksichtigt und den Parteien die Möglichkeit zur Meinungsäußerung eingeräumt wird. Mit der Nichteinladung der C-Partei zu einer bestimmten Sendung wurde daher nicht in ihre Meinungsäußerungsfreiheit eingegriffen, da sie ihre politischen Standpunkte in anderen Diskussionen frei äußern konnte. Aus dem Sachverhalt geht hervor, dass die Partei lediglich zu zwei weiteren Veranstaltungen nicht geladen wurde. Das Recht auf Meinungsäußerungsfreiheit wurde daher nicht beschränkt.

c) Zwischenergebnis

Es liegt kein Eingriff in die Meinungsäußerungsfreiheit der C-Partei vor.

2. Gleichheitssatz (Art 7 Abs 1 B-VG, Art 2 StGG, Art I Abs 2 BVG Rundfunk)

a) Schutzbereich

Die Bindung des Österreichischen Rundfunks an den Gleichheitssatz ergibt sich aus Art I Abs 2 BVG Rundfunk. Diesen hat der ORF daher bei seiner Programmgestaltung zu berücksichtigen und mit Blick auf die Nationalratswahl auch die Chancengleichheit der Parteien zu wahren. Dahingehend bestimmen §§ 4, 10 ORF-G den öffentlich-rechtlichen Rundfunk des Österreichischen Rundfunks als öffentliche Aufgabe (siehe auch Art I Abs 3 BVG Rundfunk). Unter anderem verpflichtet § 10 Abs 1 ORF-G den Österreichischen Rundfunk zur Wahrung der Menschenwürde und Grundrechte anderer. Der Österreichische Rundfunk ist gem § 10 Abs 4 ORF-G verpflichtet, zur freien und öffentlichen Meinungsbildung und damit auch zum demokratischen Diskurs der Allgemeinheit beizutragen. Der Österreichische Rundfunk ist somit zur objektiven, unparteilichen Berichterstattung und zu einer ausgewogenen Ausgestaltung des Programms verpflichtet.

b) Eingriff

Ein Eingriff könnte durch eine subjektive und unparteiliche Berichterstattung erfolgt sein.

c) Schranken

Eine Gleichheitswidrigkeit liegt vor, wenn sich das Erkenntnis auf ein gleichheitswidriges Gesetz stützt, das BVwG dem Gesetz fälschlicherweise einen gleichheitswidrigen Inhalt unterstellt oder Willkür geübt hat. Die C-Partei bemängelt eine objektive und

Meine Notizen

unparteiliche Berichterstattung. Es ist daher näher zu untersuchen, ob die KommAustria sowie auch das BVwG den relevanten Bestimmungen einen gleichheitswidrigen Inhalt unterstellt oder sogar Willkür geübt hat.

Ein willkürliches Verhalten könnte dem BVwG unter anderem dann vorgeworfen werden, wenn es die Beschwerdeführerin aus unsachlichen Gründen benachteiligt hat oder wenn die angefochtene Entscheidung wegen gehäuften Verkennens der Rechtslage in einem besonderen Maße mit den Rechtsvorschriften in Widerspruch steht.[31])

Der ORF ist zwar iSd Art 10 EMRK und Art 13 StGG bei seiner Programmgestaltung frei und darf diese unabhängig von politischen und wirtschaftlichen Einflüssen vornehmen, doch sind der journalistischen Freiheit durch den öffentlich-rechtlichen Programmauftrag Grenzen gesetzt. Der ORF muss in seiner Programmgestaltung die öffentliche Meinungsvielfalt berücksichtigen, um die Bürger umfassend zu informieren und damit zum demokratischen Diskurs beitragen. Aufgrund des hohen Stellenwerts der Rundfunkfreiheit kann ein Anspruch auf Präsenz in einer bestimmten Sendung nicht aus dem Programmauftrag abgeleitet werden. Maßgeblich ist vielmehr, dass alle politischen Parteien gleichbehandelt werden, bzw sofern Differenzierungen erfolgen, müssen diese gerechtfertigt sein. Es liegt im journalistischen Ermessen, wie der ORF seinen öffentlich-rechtlichen Programmauftrag erfüllt, solange er den Parteien unter objektiven Gesichtspunkten Raum für ihre Meinung einräumt.

Der ORF hat mehrere Sendungen zur Nationalratswahl ausgestrahlt. Zu einzelnen Sendungen wurden alle Spitzenkandidatinnen bzw Spitzenkandidaten geladen. Ferner gab es eine Diskussionsrunde mit allen Spitzenkandidatinnen bzw Spitzenkandidaten der Parteien mit Klubstatus, „Sommergespräche" – Einzelgespräche mit den Spitzenkandidatinnen bzw Spitzenkandidaten der drei größten Parteien –, eine Diskussionsrunde mit den Spitzenkandidatinnen und Spitzenkandidaten der Kleinparteien, darunter auch mit einem Vertreter der C-Partei, und die Spitzenkandidaten bzw Spitzenkandidatinnen der bisherigen Koalition hatten in der „Pressestunde" die Gelegenheit, ihr Programm vorzustellen. Als Kleinpartei mit Klubstatus wurde die C-Partei zu allen Diskussionen mit Ausnahme der Sommergespräche und der Gespräche im Rahmen der „Pressestunde" geladen. Alle Parteien hatten die Möglichkeit, ihre politische Meinung kundzutun und ihre Wählerschaft zu informieren. Die Präsenz der Parteien orientierte sich zwar an dem politischen Kräfteverhältnis, sodass große Parteien öfter in Sendungen vertreten waren als kleinere Parteien. Dies liegt aber in der Freiheit des ORF und kann durch Unterschiede im Tatsächlichen gerechtfertigt sein.

Dass lediglich die Regierungsparteien zur Sendung „IM ZENTRUM Spezial – Österreichs Umgang mit den Zuwanderern" geladen wurden, kann damit gerechtfertigt werden, dass diese in der letzten Gesetzgebungsperiode Regierungsverantwortung getragen haben und damit auch die derzeitige Zuwanderungspolitik und den Umgang mit Zuwandern verantworten müssen. Der VfGH kann nicht beurteilen, ob es dem Objektivitätsgebot oder journalistischen Zwecken besser entsprochen hätte, einen Vertreter der C-Partei zur Sendung einzuladen. Bei einer Gesamtbetrachtung der Programmgestaltung kann lediglich festgestellt werden, dass die Partei – auch angesichts ihrer Größe und ihres Status – ausreichende Möglichkeiten hatte, ihre Standpunkte der Wählerschaft zu vermitteln. Die Gebote der Objektivität und Unparteilichkeit der Berichterstattung sowie die Berücksichtigung der Meinungsvielfalt und Ausgewogenheit des Programms wurden nicht verletzt.

d) Zwischenergebnis

Die KommAustria sowie das BVwG haben den §§ 4, 10 ORF-G keinen gleichheitswidrigen Inhalt unterstellt. Ebenso liegt auch kein Fall von Willkür vor.

C. Ergebnis

Der VfGH wird die Erkenntnisbeschwerde in Ermangelung einer Verletzung verfassungsrechtlich geschützter Positionen abweisen.

31) *Öhlinger/Eberhard,* Verfassungsrecht[11] (2016) Rz 791.

Teil 3

Meine Notizen

Was kann die A-Partei gegen diese Wahl unternehmen und wird sie damit Erfolg haben? Erstellen Sie ein Rechtsgutachten und prüfen Sie alle aufgeworfenen Rechtsfragen!

III. Wahlanfechtung gem Art 141 Abs 1 lit a B-VG[32])

A. Zulässigkeit

1. Antragsteller

Antragsteller kann jede wahlwerbende Partei sein, die durch ihren zustellungsbevollmächtigten Vertreter bei der zuständigen Wahlbehörde, im Falle der Nationalratswahl bei der Landeswahl- bzw Bundeswahlbehörde, rechtzeitig einen Wahlvorschlag für die angefochtene Wahl vorgelegt hat (§ 67 Abs 2 VfGG). Es ist davon auszugehen, dass die A-Partei rechtmäßig einen Wahlvorschlag eingebracht hat.

2. Anfechtungsgegenstand

Anfechtungsgegenstand ist eine in Art 141 Abs 1 lit a B-VG genannte Wahl. Im vorliegenden Fall handelt es sich bei der Nationalratswahl um eine Wahl zu einem allgemeinen Vertretungskörper. Ein allgemeiner Vertretungskörper ist ein durch das Gesetz eingerichtetes Kollegialorgan, das die Interessen aller innerhalb eines bestimmten Territoriums lebenden Menschen – und nicht nur die der Angehörigen bestimmter Berufe, Religionen etc – vertritt.[33]) Die Nationalratswahl ist damit eine anfechtbare Wahl iSd Art 141 Abs 1 lit a B-VG und damit tauglicher Antragsgegenstand.

3. Antragslegitimation

Die Antragstellerin muss gem Art 141 Abs 1 Satz 2 B-VG eine Rechtswidrigkeit des Wahlverfahrens behaupten. Im konkreten Fall kann die Partei behaupten, dass die Stimmenauszählung rechtswidrig (entgegen §§ 17 ff und § 90 NRWO und Art 26a B-VG) verlaufen ist und dem Grundsatz der geheimen Wahl (Art 26 Abs 1 B-VG) widersprochen hat. Ferner kann sie behaupten, dass durch die Vorabinformation über das vorläufige Bezirkswahlergebnis der Grundsatz der freien Wahl verletzt wurde (Art 26 Abs 1 B-VG).

4. Frist, Form

Die Wahlanfechtung ist gem § 68 Abs 1 VfGG schriftlich (§ 15 Abs 1 VfGG) binnen 4 Wochen nach Beendigung des Wahlverfahrens einzubringen. Die Erwirkung eines Bescheids nach § 110 NRWO ist nicht erforderlich, da die Partei nicht die ziffernmäßige Ermittlung, sondern die Rechtswidrigkeit des Wahlverfahrens geltend macht. Die Beschwerde hat gem § 67 Abs 1 VfGG den begründeten Antrag auf Nichtigerklärung des Wahlverfahrens oder eines bestimmten Teils desselben zu enthalten.

5. Zwischenergebnis

Unter Einhaltung der Frist- und Formerfordernisse ist die Wahlanfechtung zulässig.

B. Begründetheit

Eine Wahlanfechtung ist begründet, wenn die behauptete Rechtswidrigkeit des Wahlverfahrens erwiesen wurde und auf das Wahlergebnis von Einfluss war (Art 141 Abs 1 Satz 3 B-VG iVm § 70 Abs 1 VfGG). Der VfGH prüft die Rechtmäßigkeit einer Wahl nur im Rahmen der vom Anfechtungswerber geltend gemachten Rechtswidrigkeit.[34])

1. Grundsatz der freien Wahl (Art 3 1. ZP EMRK, Art 26 Abs 1 B-VG)

Mit Art 3 des 1. ZP EMRK haben sich die Vertragsstaaten der EMRK verpflichtet, in angemessenen Zeitabständen freie und geheime Wahlen abzuhalten, um den Willen des Volkes bei der Wahl gesetzgebender Organe zu gewährleisten. Der Nationalrat ist

32) Angelehnt an VfGH 1. 7. 2016, W I 6/2016-125.
33) *Öhlinger/Eberhard*, Verfassungsrecht[11] (2016) Rz 1040.
34) *Öhlinger/Eberhard*, Verfassungsrecht[11] (2016) Rz 1042.

Meine Notizen

ein gesetzgebendes Organ. Die Verpflichtung, auf Grund eines freien, gleichen, unmittelbaren, persönlichen und geheimen Wahlrechts zu wählen, ist auch in Art 26 Abs 1 B-VG verankert. Diese verfassungsrechtlichen Grundsätze werden näher durch die NRWO präzisiert.35)

Die Judikatur hat aus dem Grundsatz der freien Wahl das Postulat der „Reinheit der Wahlen" abgeleitet.36) Im Wahlergebnis soll der wahre Wählerwille zum Ausdruck kommen.37) Dies setzt voraus, dass die demokratische Willensbildung möglichst unbeeinflusst von äußerem Zwang oder unzulässigen Anreizen erfolgt. Deshalb ist es staatlichen Organen untersagt, den Wählerwillen durch staatliche Propaganda oder andere Formen der gezielten Beeinflussung zu manipulieren. Der Grundsatz der freien Wahl wird etwa dann verletzt, wenn staatliche Stellen Informationen über bereits eingelangte Auszählungsergebnisse vor Wahlschluss an den ORF und andere Medien weitergeben und nicht ausgeschlossen werden kann, dass durch die Weitergabe von Informationen Einfluss auf das Wahlverhalten geübt wird.38)

Stimmberechtigte, die ihre Stimme noch abgeben können, könnten durch eine staatliche Information über ein Wahlergebnis in einem Wahlbezirk den Eindruck gewinnen, dass ihre Stimme bedeutungslos sein könnte, weil das Wahlergebnis (wenn auch nur in einem Bezirk) als „so gut wie sicher" dargestellt wurde. Oder Stimmberechtigte könnten sich auch der Wahl enthalten, weil sie einen sicheren Sieg einer bestimmten Partei annehmen. Jedenfalls kann durch eine frühzeitige Information der echte Wählerwille und schließlich auch das Wahlergebnis verfälscht werden.

X hat in seiner Funktion als Bezirkswahlleiter Informationen zum Wahlergebnis vor Schließung der Wahllokale auf der offiziellen Homepage und Facebook-Seite der BH bekannt gegeben. Er hat die Ergebnisse bereits um 14:30 Uhr veröffentlicht und diese wurden sogleich durch Dritte verbreitet. Auch wenn die Wahllokale im Bezirk seit 12:00 Uhr geschlossen waren, ist nicht auszuschließen, dass durch diese Information das Gesamtergebnis der Wahl beeinflusst wurde. Nicht alle Wahllokale im Bundesgebiet schließen wie im Bezirk Bruck-Mürzzuschlag um 12:00 Uhr. § 52 Abs 2 NRWO bestimmt lediglich, dass die Wahllokale spätestens um 17:00 Uhr geschlossen werden müssen. Damit wurde der Grundsatz der freien Wahl verletzt.

Zwischenergebnis

Der Grundsatz der freien Wahl wurde durch die Vorabveröffentlichung von Wahlergebnissen verletzt.

2. Grundsatz der geheimen Wahl (Art 26 Abs 1 B-VG)

Diesem Grundsatz gemäß muss die Stimmabgabe in einer Art und Weise erfolgen, dass sich weder Außenstehende noch staatliche Wahlbehörden Kenntnis von der individuellen Wahlentscheidung verschaffen können. Auch dieser Grundsatz wird durch verschiedene Bestimmungen in der NRWO ausgestaltet.39) Mit Blick auf den Vorgang bei der Wahlkartenauszählung erscheint fraglich, ob der Grundsatz der geheimen Wahl bei der Auszählung durch die Bezirkswahlbehörde gewahrt wurde:

a) Auszählung durch Hilfsorgane unter Aufsicht des Bezirkswahlleiters

Gem Art 26a B-VG obliegt die Durchführung der Wahlen zum Nationalrat den Wahlbehörden. Die Wahlbehörde hat als Kollegium zu handeln. § 90 Abs 1 NRWO präzisiert, dass die Bezirkswahlbehörden, allenfalls unter Heranziehung von Hilfsorganen, ab 9:00 Uhr am Tag nach der Wahl die Wahlkarten auszuzählen haben. Gem § 17 Abs 1 NRWO ist eine Wahlbehörde beschlussfähig, wenn der Vorsitzende oder sein Stellvertreter und wenigstens die Hälfte der gem § 15 NRWO für die jeweilige Wahlbehörde bestellten Beisitzer anwesend sind. Grundsätzlich erfordert § 18 Abs 1 NRWO, dass die Wahlbehörde ordnungsgemäß einberufen wird, am Wahltag in beschlussfähiger Anzahl zusammentritt und auch während der Amtshandlung beschlussfähig bleibt.

35) *Berka*, Verfassungsrecht6 (2016) Rz 513.
36) *Öhlinger/Eberhard*, Verfassungsrecht11 (2016) Rz 371 mNd Rsp.
37) *Mayer/Stöger*, Zur Abgrenzung von Parteienförderung und Wahlkampfkostenerstattung am Beispiel des Kärntner Parteienförderungsgesetzes, JRP 2004, 177 (178).
38) *Berka*, Verfassungsrecht6 (2016) Rz 519; *Öhlinger/Eberhard*, Verfassungsrecht11 (2016) Rz 371; siehe auch Bundespräsidentenwahl 2016: VfGH 1. 7. 2016, W I 6/2016.
39) *Berka*, Verfassungsrecht6 (2016) Rz 517; *Öhlinger/Eberhard*, Verfassungsrecht11 (2016) Rz 369.

Meine Notizen

Im vorliegenden Fall ist die Auszählung durch Hilfsorgane unter Aufsicht des Bezirkswahlleiters – X – erfolgt. Andere Bezirkswahlbeisitzer waren nicht anwesend, weil die Sitzung erst für 13:00 Uhr angesetzt war. Weder die Öffnung der Wahlkarten noch die Stimmauszählung wurde daher von in beschlussfähiger Anzahl anwesenden Beisitzern vorgenommen. Die Bezirkswahlbehörde kann die Wahlkarten nicht mehr als Kollegium überprüfen, wenn diese bereits zuvor durch andere Personen geöffnet wurden. Denn auch die Öffnung der Wahlkarten muss vom Kollegium vorgenommen werden.

Die Wahlbeisitzer haben die Funktion, im Rahmen einer gegenseitigen Kontrolle, die Rechtmäßigkeit des Wahlverfahrens zu gewährleisten. Insb die Regelungen über die (proporzmäßige) Zusammensetzung der Wahlbehörden, deren stimmberechtigte Beisitzer durch die von Wahlen betroffenen politischen Parteien nominiert werden, verbürgen die Objektivität der Behörden. In Hinblick auf Tätigkeiten, die mit der Auszählung der Stimmen in unmittelbarem Zusammenhang stehen, sollen eine transparente Ermittlung des Wahlergebnisses sichergestellt, eine gegenseitige Kontrolle gewährleistet und mögliche Manipulationen verhindert werden.

Die Wahlbehörde darf gem § 90 NRWO auch Hilfsorgane hinzuziehen, allerdings nur soweit dies zur Erfüllung der ihnen wahlgesetzlich übertragenen Aufgaben notwendig ist. Darüber hinaus dürfen auch diese hinzugezogenen Hilfsorgane nur unter den Augen des Kollegiums tätig werden. Im vorliegenden Fall wurde die Auszählung entgegen Art 26a B-VG, §§ 17, 18 NRWO nicht von der Bezirkswahlbehörde als Kollegium vorgenommen und war daher rechtswidrig.

b) Auszählungsbeginn am Wahltag

Ferner haben die Hilfsorgane bereits am Tag der Wahl mit der Auszählung begonnen und nicht, wie § 90 Abs 1 NRWO vorsieht, am Tag nach der Wahl um 9:00 Uhr. Wahlrechtsbestimmungen sind als Formalvorschriften strikt nach ihrem Wortlaut auszulegen.[40]) Die Verfahrensvorschrift hat einen eindeutigen und klaren Wortlaut, sodass eine andere Interpretation ausgeschlossen ist.[41]) Die Auszählung am Abend des Wahltages war somit ebenfalls rechtswidrig.

c) Nichtmischen der Wahlkuverts

Gem § 90 Abs 1 NRWO ist ferner zu prüfen, ob auf den Wahlkarten die eidesstattlichen Erklärungen vorliegen. Wahlkarten, die diese Voraussetzung nicht erfüllen, sind nicht in die Ergebnisermittlung miteinzubeziehen. Sodann sind die in den Wahlkarten enthaltenen Wahlkuverts zu entnehmen und in ein hierfür vorgesehenes Behältnis zu legen. Wahlkarten, bei denen ein Nichtigkeitsgrund vorliegt, dürfen nicht miteinbezogen werden. Nicht miteinzubeziehende Wahlkarten sind dem Wahlakt unter Verschluss beizufügen und die Gründe für das Nicht-Miteinbeziehen in einer Niederschrift festzuhalten. Nach gründlichem Mischen der miteinzubeziehenden Wahlkuverts hat die Bezirkswahlbehörde diese (allenfalls unter Heranziehung von Hilfsorganen) zu öffnen, die amtlichen Stimmzettel zu entnehmen, deren Gültigkeit zu prüfen, die ungültigen amtlichen Stimmzettel mit fortlaufender Nummer zu versehen und für die mittels Briefwahl abgegeben Stimmen festzustellen.

Im vorliegenden Fall wurden die Wahlkuverts geöffnet und sogleich die Stimmen in gültige und nichtgültige Stimmen sortiert, ohne die Kuverts davor nochmals zu mischen. Gerade das nochmalige Mischen der Wahlkuverts soll sicherstellen, dass die Stimmabgabe geheim bleibt.

Das Nichtmischen der Wahlkuverts verstößt somit ebenfalls gegen § 90 Abs 1 NRWO und war rechtswidrig.

d) Zwischenergebnis

Die Vorgangsweise der Wahlbehörde bei der Auszählung der mittels Briefwahl abgegebenen Stimmen war in vieler Hinsicht rechtswidrig: Die Bestimmungen der NRWO dienen unmittelbar der Einhaltung der Wahlgrundsätze und der Vermeidung von Manipulationen und Missbräuchen.

40) VfGH 1. 7. 2016, W I 6/2016-125.
41) Zum Vorrang der Wortlautinterpretation siehe etwa *Kahl/Weber,* Allgemeines Verwaltungsrecht[6] (2017) Rz 55.

Meine Notizen

3. Einfluss auf das Wahlergebnis

Eine Wahlanfechtung ist im Sinne des Art 141 B-VG nur dann begründet, wenn die festgestellten Verletzungen auch von Einfluss auf das Wahlergebnis waren bzw sein konnten (§ 70 Abs 1 VfGG). Im vorliegenden Fall entfielen im Gesamtergebnis 32% der Stimmen auf die B-Partei und 31% auf die A-Partei und die restlichen Stimmen verteilten sich auf andere Parteien (37%).

Im vorliegenden Fall wurde gegen Formalvorschriften verstoßen, deren Zweck es ist, Manipulationen hintanzuhalten. Somit ist die Möglichkeit von Missbräuchen und Manipulationen jedenfalls gegeben. Ein Nachweis, dass es tatsächlich zu Manipulationen gekommen ist, ist daher nicht erforderlich.[42]) Das Abstimmungsverfahren war von Beginn an rechtswidrig und ist zu wiederholen sowie das gesamte Wahlergebnis neu zu ermitteln.[43])

C. Ergebnis

Die Wahlanfechtung ist begründet. Der VfGH wird die Wahl aufgrund der Verletzung von Wahlrechtsgrundsätzen (Recht auf eine freie und geheime Wahl, Art 26 Abs 1 B-VG) aufheben.

42) VfGH 1. 7. 2016, W I 6/2016.
43) Vgl *Öhlinger/Eberhard,* Verfassungsrecht[11] (2016) Rz 1045.

Von Scarlett Löscher und Stefan Storr

Meine Notizen

Fall 5: Das Theater in den Auen

Schwerpunkte: Baurecht; Raumordnungsrecht; Flächenwidmungsplan; Immissionsschutz im Dorfgebiet; Baueinstellungsverfügung

SACHVERHALT[1])

Teil 1: Heinrich Hogler (H), ein berühmter Theaterregisseur, der schon von den großen Theatern der Welt engagiert wurde, möchte einmal „etwas ganz Neues ausprobieren" und in dem steirischen Dorf Lichtenfroh ein Schauspielhaus errichten. Besonders günstig sind die Grundstückspreise unmittelbar in den Auen des Flusses Rieselchen, der durch das Dorf fließt. H kauft ein Grundstück in den Auen für den Theaterbau. Im Flächenwidmungsplan sind die Auen als Freiland ausgewiesen.

H bespricht sich mit der Bürgermeisterin Elsa Ellerich (E), die von der Ansiedlung des Theaters begeistert ist und bereits von großen Festivalveranstaltungen träumt, mit internationalen Stargästen, tausenden Besuchern, einer Steigerung der Hotelnächtigungen und auch von mehr Kommunalsteuereinnahmen.

E verspricht H, den Flächenwidmungsplan zu ändern und die Auen als „Dorfgebiet" umzuwidmen. Das Baubewilligungsverfahren sei dann reine „Formsache" und die Baubewilligung werde selbstverständlich erteilt.

Der nicht weniger begeisterte Gemeinderat beschließt am 26. 6. 2017, den Entwurf für die Änderung des Flächenwidmungsplans vom 26. 6. 2017 bis zum 13. 7. 2017 auszulegen. Der Auslegungsbeschluss enthält den Hinweis, dass der Änderungsentwurf an allen Amtstagen von 8.00 Uhr bis 12.00 Uhr von den Gemeindeeinwohnern eingesehen werden kann. Diese können Einwendungen schriftlich und begründet beim Gemeinderat erheben. Der Beschluss wird an der Amtstafel der Gemeinde kundgemacht.

Außerdem werden unverzüglich das Amt der Steiermärkischen Landesregierung, alle Grundeigentümer der Gemeinde, die benachbarten Gemeinden, die Wirtschaftskammer, die Landwirtschaftskammer, die Arbeiterkammer und die Kammer für Arbeiter und Angestellte in der Land- und Forstwirtschaft per Email benachrichtigt, die aber alle das Vorhaben unterstützen.

Nur die Arbeiterkammer wendet ein, dass die betroffene Fläche in der Gefahrenzone für ein einhundertjähriges Hochwasser liegt. Im Gemeinderat wird darüber diskutiert. Der Stellungnahme der Arbeiterkammer soll dadurch entgegengekommen werden, dass Hochwasserschutzbauten errichtet werden. Sodann wird der Änderungsentwurf vom Gemeinderat beschlossen.

Dem Amt der Steiermärkischen Landesregierung wird der Änderungsbeschluss vorgelegt, das die Initiative von E und H sehr begrüßt. Auch die Hochwasserbauvorhaben seien sehr sinnvoll, es fehle allein ein konkretes Datum für den Bau. Da das Amt der Steiermärkischen Landesregierung aber in den eigenen Wirkungsbereich der Gemeinde nicht eingreifen könne, erteilt es die Genehmigung mit 4. 9. 2017. Der Flächenwidmungsplan wird kundgemacht, die Baubewilligung dem H am 2. 11. 2017 zugestellt. Gleich am darauffolgenden Tag beginnt H mit dem Theaterbau.

Für Lorenz Lohengrin (L), einem der unmittelbaren Nachbarn, geht der Tag nicht gut los, als um 7.00 Uhr morgens die Bagger auffahren. Von einem zur Rede gestellten Baggerfahrer erfährt er, dass H die Baubewilligung erhalten habe. L bringt am 23. 11. 2017 Berufung gegen die Baubewilligung bei der Gemeinde ein. Er führt die überstürzte Änderung des Flächenwidmungsplans an und verweist auf die Hochwasserge-

1) Es handelt sich um die überarbeitete Version des Fachprüfungsfalles Verwaltungsrecht und Verwaltungslehre vom Februar 2014.

Meine Notizen

fährdungen. Die Lärmentwicklung durch den Theaterbetrieb und die Bagger müsse er sich nicht gefallen lassen, H müsse jedenfalls eine Schallschutzmauer errichten. Doch die Berufung wird am 9. 1. 2018 abgewiesen. L bringt deshalb am 16. 1. 2018 eine Beschwerde beim Steiermärkischen Landesverwaltungsgericht ein.

H wendet sich an eine Rechtsanwältin (R) und erbittet eine umfassende Beurteilung, in der auf alle aufgeworfenen Rechtsfragen eingegangen werden soll, ob die Beschwerde des L Erfolg haben könnte.

Teil 2: Am 18. 1. 2018 erklärt die Landesregierung den Berufungsbescheid für nichtig. Für H ist die Rechtslage nun gänzlich verworren, zumal die Sache ja noch beim Verwaltungsgericht anhängig ist und ihm eine Baubewilligung erteilt wurde. Er will aber aus finanziellen Gründen unbedingt während des verwaltungsgerichtlichen Verfahrens weiterbauen.

Erneut wendet er sich an R. Sie soll die Rechtmäßigkeit der Nichtigerklärung prüfen und abklären, ob er während des verwaltungsgerichtlichen Verfahrens weiterbauen kann bzw wie er das erreichen kann. Ungeachtet des Ausgangs des verwaltungsgerichtlichen Verfahrens interessiert ihn auch, ob und aus welchen Gründen ihm andere Stellen die Bauberechtigung entziehen könnten.

Teil 3: Schon eine Woche danach kommt es zwischen H und E zum Streit. Denn H hat begonnen, Lkw-Parkplätze für große Schwertransport-Sattelschlepper anlegen zu lassen. Für diese bestehe aber – so E – überhaupt kein Bedarf. E befürchtet, dass H Lkws anschaffen will, weil er plane, mit seinem Theaterensemble auf Tournee zu gehen. Wenn das Theaterhaus aber nicht genutzt werde, könne der erhoffte wirtschaftliche Aufschwung in Lichtenfroh nicht eintreten.

Bei einem Spaziergang am Sonntagnachmittag in den Auen trifft die Bürgermeisterin E den Theaterregisseur H zufällig und stellt ihn zur Rede. H erläutert E, dass mit Theateraufführungen in dem „Provinzkaff" Lichtenfroh allein kein Gewinn gemacht werden könne, dafür müsse man schon in der ganzen Welt „promoten" und das gehe nur mit Tourneen. Und überhaupt könne E ihm Tourneen nicht verbieten. E interpretiert das als Bruch der Vereinbarung und spricht H gegenüber sofort einen Baustopp für die Lkw-Parkplätze aus.

L ist nun hocherfreut über das Einschreiten der Bürgermeisterin. Als er allerdings bemerkt, dass H schon zwei Tage später an den Parkplätzen weiter baut, zeigt er diesen bei der Bürgermeisterin E an. E will die Situation nicht eskalieren lassen und teilt L mit, dass sie mangels Dienstpersonal die Einhaltung des Baustopps nicht kontrollieren könne. Sie habe nicht einmal Mitarbeiter, die den angeordneten Baustopp und einen Aktenvermerk darüber für den Bauakt anfertigen konnten. Sie werde die Anzeige aber an die Bezirkshauptmannschaft schicken.

L hält das für nicht akzeptabel und wendet sich ebenfalls an einen Rechtsanwalt. Er möchte wissen, ob sich H an den Baustopp halten muss und wie ein Baustopp durchgesetzt werden kann. Außerdem interessiert ihn, was er – L – weiter unternehmen kann und sollte.

Bearbeitungsvermerk:

Die erbetenen Rechtsgutachten für H und L sind unter Berücksichtigung aller aufgeworfenen Rechtsfragen zu erstellen.

LÖSUNGSVORSCHLAG

Für Fristenprobleme beachte die Kalender 2017/18 auf Seite 181/182.

Teil 1: Beschwerde des L an das LVwG

I. Zulässigkeit

L kommt das Recht der Parteibeschwerde an das LVwG Steiermark gem Art 130 Abs 1 Z 1 iVm Art 132 Abs 1 Z 1 B-VG zu.

A. Beschwerdeführer:

L kann gem § 17 VwGVG iVm § 9 AVG als natürliche Person Beschwerdeführer sein.

Meine Notizen

Präklusion
- keine mündl. Verhandl.
- kein Bescheid
- Verlust Parteist. 3 Monaten nach Baubeginn

B. Beschwerdegegenstand

Der Berufungsbescheid des Gemeinderats ist zulässiger Beschwerdegegenstand iSv Art 130 Abs 1 Z 1 B-VG.

C. Beschwerdelegitimation

Fraglich ist die Beschwerdelegitimation. L muss behaupten können, durch den Berufungsbescheid in seinen Rechten verletzt zu sein (Art 132 Abs 1 Z 1 B-VG). Als Nachbar (§ 4 Z 44 Stmk BauG) hat L beschränkte Parteistellung nach Maßgabe von § 26 Abs 1 Stmk BauG. Weil keine mündliche Verhandlung durchgeführt wurde und L kein Bescheid zugestellt wurde, verliert dieser seine Parteistellung gem § 27 Abs 4 Stmk BauG erst 3 Monate nach Baubeginn (am 3. 11. 2017), wenn er bis dahin keine Einwendungen erhoben hat. L hat aber am 23. 11. 2017 Berufung erhoben und darin Einwendungen geltend gemacht.

§ 26 Abs 1 Z 1 Stmk BauG sieht vor, dass ein Nachbar nur bestimmte Einwendungen gegen die Erteilung der Baubewilligung erheben kann, nämlich nur solche, die sich auf Vorschriften beziehen, die nicht nur dem öffentlichen Interesse, sondern auch dem Interesse der Nachbarn dienen.

Nach § 26 Abs 1 Z 1 Stmk BauG sind das Bestimmungen über die Übereinstimmung des Vorhabens mit dem Flächenwidmungsplan, soweit damit ein Immissionsschutz verbunden ist und nach § 26 Abs 1 Z 3 Stmk BauG Bestimmungen über den Schallschutz.

1. Hochwasserschutz

Hochwasserschutzbelange, die beim Flächenwidmungsplan nicht berücksichtigt wurden, kann L nicht geltend machen. § 26 Abs 1 Stmk BauG weist diese nicht als subjektiv-öffentlich-rechtliche Einwendung aus.

Auch die fehlende Bauplatzeignung nach § 5 Abs 1 Z 5 Stmk BauG wegen Gefährdung durch Hochwasser kann von einem Nachbarn nicht angeführt werden. Insofern besteht keine Beschwerdelegitimation.

§ 57 Abs 2 Stmk BauG iVm § 26 Abs 1 Z 5 Stmk BauG ist nicht einschlägig, die Vorschrift betrifft Abwässer, nicht Hochwasser.

2. Lärmentwicklung durch das Theater

Zulässig ist die Beschwerde hinsichtlich der befürchteten Lärmentwicklung. Dahingehend sind die Einwendungen des L zwar unbestimmt, es genügt aber, wenn erkennbar ist, in welchem Nachbarrecht er sich verletzt fühlt.[2]) L befürchtet durch den Theaterbetrieb in seinen Rechten verletzt zu werden.

Den Theaterbetrieb betreffend können Rechtsverletzungen einmal im Hinblick auf die gewidmete Flächenwidmungsplankategorie (§ 26 Abs 1 Z 1 Stmk BauG), zum anderen unter Gesichtspunkten des Schallschutzes (§ 26 Abs 1 Z 3 und § 77 Stmk BauG) geltend gemacht werden.

3. Lärmentwicklung während der Bauausführung

Was die Lärmentwicklung während der Bauausführung betrifft, ist für die Verpflichtung zur Vermeidung von Gefahren und Belästigungen nicht § 77 Stmk BauG, sondern § 35 Abs 2 Stmk BauG relevant. Fraglich ist, ob § 35 Abs 2 Stmk BauG ein subjektives öffentliches Recht für Nachbarn vermittelt. Nach der Schutznormtheorie kommt es darauf an, ob die Vorschrift nicht nur öffentlichen Interessen, sondern auch subjektiven Interessen dient. Gegen die Annahme, dass die Vorschrift subjektiv-öffentliche Rechte vermittelt, spricht zunächst der Wortlaut des § 35 Abs 2 Stmk BauG. Gemäß der Bestimmung kommen der Behörde Befugnisse zur Vermeidung von Gefahren und Belästigungen zu. Nachbarn werden gerade nicht genannt (anders bei § 26 Abs 1 Stmk BauG), sondern es wird auf die Sicherheit von Menschen an sich abgestellt (§ 35 Abs 1 Stmk BauG). Die Sicherheit der Bevölkerung ist ein öffentliches Interesse.

Systematische Erwägungen sprechen aber für die Annahme eines drittschützenden Charakters: Nach § 41 Abs 6 Stmk BauG kommt den Nachbarn ein Anspruch auf Erlassung eines baupolizeilichen Auftrages zu, wenn durch die Bauarbeiten ihre Rechte

2) *Trippl/Schwarzbeck/Freiberger*, Steiermärkisches Baurecht[5] (2013) § 26 Stmk BauG Anm 4.

Meine Notizen

nach § 26 Abs 1 Stmk BauG verletzt werden. Dazu gehört auch der Schallschutz nach § 35 Abs 1 Stmk BauG iVm § 41 Abs 6 und Abs 1 Stmk BauG. § 26 Abs 1 Z 6 Stmk BauG verweist für nachbarrechtliche Einwendungen auf Baueinstellungen und Beseitigungen. Welche Maßnahme dabei von der Behörde gewählt wird – zB ist auch die Erteilung einer Auflage zur Baubewilligung möglich –, liegt in ihrem pflichtgemäßen Ermessen.[3]) Es besteht aber ein Anspruch des Nachbarn auf Einschreiten der Behörde.

Auch unter grundrechtlichen Gesichtspunkten kann ein Drittschutz hergeleitet werden, denn es sind regelmäßig die Nachbarn, die von Lärmimmissionen betroffen sind und die in ihren Grundrechten aus Art 8 Abs 1 EMRK betroffen sein können *(aA vertretbar)*.

D. Form

Für die Formvoraussetzungen ist auf § 9 und § 12 VwGVG zu verweisen. Insb muss die Beschwerde schriftlich eingebracht werden und die Bezeichnung des angefochtenen Bescheids, die Bezeichnung der belangten Behörde, die Gründe, auf die sich die Behauptung der Rechtswidrigkeit stützt, das Begehren und die Angaben, die erforderlich sind, um zu beurteilen, ob die Beschwerde rechtzeitig eingebracht ist, enthalten.

Die Beschwerde ist gem § 12 VwGVG bei der belangten Behörde einzubringen, die zunächst ein Vorverfahren nach § 14 VwGVG durchführen kann. Belangte Behörde ist die Behörde, die den angefochtenen Bescheid erlassen hat (§ 9 Abs 2 Z 1 VwGVG). Das ist der Gemeinderat. L hat die Beschwerde aber nicht beim Gemeinderat, sondern beim LVwG eingebracht. Das LVwG wird die Beschwerde an den Gemeinderat nach § 6 AVG iVm § 17 VwGVG verweisen und den Beschwerdeführer darauf hinzuweisen haben.[4])

E. Frist

Die Beschwerde gegen den Berufungsbescheid ist von L gem § 7 Abs 3 und 4 VwGVG innerhalb von 4 Wochen einzubringen. Die Berufung ist am 9. 1. 2018 abgewiesen worden, iSv § 26 Abs 2 ZustG gilt die Zustellung am dritten Werktag nach der Übergabe an das Zustellorgan als bewirkt. Geht man davon aus, dass der Berufungsbescheid noch am selben Tag an das Zustellorgan übergeben wurde (Sachverhalt ist insofern nicht eindeutig), gilt der Berufungsbescheid am 12. 1. 2018 als zugegangen. Die Frist für die Beschwerde endet daher am 9. 2. 2018 (§ 33 Abs 2 AVG).

F. Zwischenergebnis

Die Beschwerde ist demnach insofern zulässig, als sie mögliche Lärmbelästigungen betrifft.

II. Begründetheit

A. Prüfungsrahmen und Zuständigkeit des LVwG

Die Beschwerde ist begründet, wenn der angefochtene Bescheid rechtswidrig ist. Das LVwG prüft den angefochtenen Bescheid auf Grund der Beschwerde (§ 27 iVm § 9 Abs 1 Z 3 und 4, Abs 3 VwGVG), dh nach Maßgabe des Begehrens des Beschwerdeführers und der Gründe auf die sich die Behauptung der Rechtswidrigkeit stützt.

Fraglich ist, inwieweit das LVwG auch die Gesetzmäßigkeit des Flächenwidmungsplanes prüfen wird. L hat in seiner Beschwerde zwar nur unspezifisch auf die überstürzte Änderung des Flächenwidmungsplanes Bezug genommen. § 27 VwGVG verlangt aber nicht, dass jede mögliche Rechtsverletzung in der Beschwerde angeführt wird, sondern weist den Verwaltungsgerichten eine Prüfung „auf Grund der Beschwerde“ zu. Das schließt eine Prüfung von Vorfragen nicht aus. Wenn das LVwG zur Ansicht kommt, dass die Gesetzmäßigkeit des Flächenwidmungsplans für die Erfolgsaussichten des Falles von Bedeutung ist, wird es diese deshalb nach Art 89 Abs 2 iVm Art 135 Abs 4 und Art 139 Abs 1 Z 1 B-VG dem VfGH zur Prüfung vorlegen.

Die sachliche Zuständigkeit des LVwG folgt aus Art 131 Abs 1 B-VG. Das Bauwesen gehört gem Art 15 Abs 1 B-VG in die Vollzugskompetenz der Länder. Örtlich

3) *Wagner*, Deregulierung im Baurecht und ziviler Rechtsschutz (Teil 1), bbl 1999, 131 (138 f).
4) *Eder/Martschin/Schmid*, Das Verfahrensrecht der Verwaltungsgerichte² (2017) § 12 Anm K 5.

ist das LVwG Steiermark gem § 3 Abs 1 VwGVG auf Grund der Lage des Grundstückes in der Steiermark zuständig.

Meine Notizen

B. Lärmentwicklung durch das Theater

Das LVwG kann das Vorhaben nur hinsichtlich der befürchteten Lärmentwicklung prüfen. Insofern kommen zwei Prüfungsaspekte in Betracht: Zum einen kann die Befürchtung übermäßiger Lärmbelästigung als Einwendung iSv § 26 Abs 1 Z 1 Stmk BauG beurteilt werden, zum anderen kann L Einwendungen hinsichtlich des Schallschutzes iSv § 26 Abs 1 Z 3 Stmk BauG anführen.

1. Zulässige Lärmentwicklung im Dorfgebiet

Dorfgebiet § 30 (1) Z 7 Stmk ROG

a) Widmung als Dorfgebiet und Immissionsschutz

Das LVwG muss prüfen, ob das Theater in einem Dorfgebiet zulässig ist, soweit damit ein Immissionsschutz verbunden ist.

Dorfgebiete sind gem § 30 Abs 1 Z 7 Stmk ROG Flächen, die für Bauten land- und forstwirtschaftlicher Nutzung in verdichteter Anordnung bestimmt sind. Im Dorfgebiet sind auch Wohnbauten und sonstige Nutzungen zulässig, die den wirtschaftlichen sozialen, religiösen und kulturellen Bedürfnissen der Bewohner von Dorfgebieten dienen und sich der Eigenart des Dorfgebiets entsprechend einordnen lassen, soweit sie keine dem Gebietscharakter widersprechende Belästigungen der Bewohner verursachen. Die Widmungskategorie Dorfgebiet ist immissionsschützend, weil diese Widmungskategorie einen Schutz der Wohnbevölkerung vor bestimmten Bauvorhaben gewährleisten soll.[5])

Dorfgebiete sind durch einen „bäuerlichen Charakter" geprägt. In einem Dorfgebiet sind weder Fremdenverkehr noch kulturelle Einrichtungen ausgeschlossen, soweit der dörfliche Charakter nicht beeinträchtigt wird. Insbesondere kulturelle Einrichtungen müssen den Bedürfnissen der Bewohner von Dorfgebieten entsprechen. Das ist bei dem von H geplanten Theater aber gerade nicht der Fall. Das Theater ist als Touristenattraktion konzipiert, es werden tausende Besucher erwartet. Ein solcher Bau ist in einem Dorfgebiet nicht zulässig.

Fraglich ist, ob die Widmung als Dorfgebiet überhaupt rechtswirksam erfolgt ist. Wie ausgeführt, kann das LVwG den Flächenwidmungsplan nicht selbst für unwirksam erklären, sondern muss ggf im Wege der konkreten Normenkontrolle (Art 89 Abs 2 iVm Art 135 Abs 4 und Art 139 Abs 1 Z 1 B-VG) dem VfGH vorlegen.

b) Rechtmäßigkeit des Flächenwidmungsplanes

(1) formelle Rechtmäßigkeit des Flächenwidmungsplanes

- **Zuständigkeit**

Zuständig für den Erlass eines Flächenwidmungsplanes ist die Gemeinde (§ 25 Stmk ROG).

- **Verfahren**

Bedenken bestehen hinsichtlich des Verfahrens: Zunächst muss der Gemeinderat, der nach § 63 Abs 2 Stmk ROG mit Zweidrittelmehrheit beschließt, einen Auslegungsbeschluss fassen (§ 38 Abs 1 Stmk ROG). Doch ist dieser Beschluss nicht ordnungsgemäß erfolgt:

- ○ Der Entwurf hätte zur allgemeinen Einsichtnahme 8 Wochen aufgelegt werden müssen (§ 38 Abs 1 Z 1 Stmk ROG). Das war nicht der Fall, der Entwurf wurde 2 Wochen und 3 Tage aufgelegt.
- ○ Ferner hätte die Behörde bei der Auflegung darauf hinweisen müssen, dass der Entwurf während der Amtsstunden eingesehen werden kann (§ 38 Abs 1 Z 2 Stmk ROG). Das ist nicht der Fall gewesen, der Einsichtnahmezeitraum war auf 8 bis 12 Uhr beschränkt.
- ○ Auch der Ort der Einsichtnahme (§ 38 Abs 1 Z 2 Stmk ROG) war nicht angegeben.
- ○ Das Gesetz sieht nicht vor, dass die Einsichtnahme auf Gemeindeeinwohner beschränkt ist.

5) *Trippl/Schwarzbeck/Freiberger,* Steiermärkisches Baurecht[5] (2013) § 26 Stmk BauG Anm 4.

Meine Notizen

- Im Auslegungsbeschluss war die Möglichkeit, Einwände schriftlich und begründet zu erheben unzulässigerweise auf Gemeindeeinwohner beschränkt (§ 38 Abs 1 Z 3 Stmk ROG).
- Diese Einwendungen müssen beim Gemeindeamt (Magistrat) – nicht beim Gemeinderat – erhoben werden. Auch dieser Hinweis war vorliegend unvollständig.

Der Beschluss ist durch Anschlag an der Amtstafel kundzumachen (§ 38 Abs 2 Stmk ROG).

Ferner hat eine Benachrichtigung der in § 38 Abs 3 Stmk ROG genannten Stellen zu erfolgen. Jedenfalls die in § 38 Abs 3 Z 1 bis 8 Stmk ROG genannten Stellen sind benachrichtigt worden. Eine elektronische Benachrichtigung war aber nur hinsichtlich der in § 38 Abs 3 Z 3 bis 9 Stmk ROG genannten Stellen zulässig. Unzulässig war die elektronische Benachrichtigung des Amts der Landesregierung und der Grundeigentümer. Über weitere Benachrichtigungsadressaten hinsichtlich § 38 Abs 3 Z 8 und 9 Stmk ROG gibt der Sachverhalt keine Hinweise.

Der Gemeinderat hat über alle Einwendungen beraten (§ 38 Abs 6 Stmk ROG).

Eine Genehmigung durch die Landesregierung erfolgte (§ 38 Abs 9 und 10 Stmk ROG), der Flächenwidmungsplan wurde kundgemacht.

Über weitere Verfahrensschritte gibt der Sachverhalt keine Auskunft.

(2) materielle Rechtmäßigkeit des Flächenwidmungsplans

- **Planrechtfertigung**

Der Flächenwidmungsplan ist nach seiner Rechtswirksamkeit nach Maßgabe der räumlichen Entwicklung fortzuführen (§ 42 Abs 1 Stmk ROG). Nach § 42 Abs 9 Stmk ROG ist das Verfahren entweder aus Anlass einer Revision nach Ablauf der Zehnjahresfrist oder nach Eintritt wesentlich geänderter Planungsvoraussetzungen fortzuführen (§ 42 Abs 9 und 8 Z 1 Stmk ROG). Das vorgesehene Bauvorhaben ist im Freiland jedenfalls nicht verwirklichbar, weil Freiland von der Bebauung grundsätzlich frei zu halten ist (§ 33 Stmk ROG).

Für das Dorf Lichtenfroh wurde der Flächenwidmungsplan dahingehend geändert, dass die als Freifläche ausgewiesenen Auen des Flusses Rieselchen in „Dorfgebiet" umgewidmet wurden. Als raumordnungsrechtliche Ziele kommen hierfür die Entwicklung der Wirtschafts- und Sozialstruktur des Landes und seiner Region (vgl § 3 Abs 2 Z 1 Stmk ROG) in Betracht. Hinsichtlich der Ziele besteht somit keine materielle Rechtswidrigkeit.

- **Zwingende Planungsleitsätze**

Fraglich ist, ob zwingende Planungsleitsätze verletzt wurden. Nach § 28 Abs 2 Z 1 Stmk ROG sind Flächen als Bauland nicht geeignet, wenn sie aufgrund der natürlichen Voraussetzungen (Bodenbeschaffenheit, Grundwasserstand, Hochwassergefahr, Klima, Steinschlag, Lawinengengefahr und dergleichen) von einer Verbauung freizuhalten sind. Das kann hier grundsätzlich angenommen werden, weil die betroffene Fläche in der Gefahrenzone für ein einhundertjähriges Hochwasser liegt.

Der Gesetzeswortlaut lässt es nicht zu, eine Schaffung von Bauland durch die Errichtung von Hochwasserschutzbauten zu ermöglichen. Das Gesetz stellt ausdrücklich auf die „natürlichen Voraussetzungen" ab. Dem kann zwar entgegengehalten werden, dass § 5 Abs 1 Z 5 Stmk BauG für eine Bauplatzeignung auf die Gefährdung von Hochwasser abstellt und eine Gefährdung nicht zu erwarten ist, wenn Hochwasserschutzbauten errichtet sind. Letztlich ist die Gefährdung hier aber nicht beseitigt worden, weil der Gemeinderat die Errichtung von Hochwasserschutzbauten nicht innerhalb eines absehbaren Zeitraums festgelegt hat. Durch den Gemeinderatsbeschluss ist gerade nicht gewährleistet, dass Hochwasserschutzbauten errichtet werden. Damit verstößt der Flächenwidmungsplan gegen die Bestimmung des § 8 Abs 2 iVm § 28 Abs 2 Z 1 Stmk ROG.

- **Abwägung**

Abwägungsfehler, die über die Verletzung der Planungsleitsätze hinausgehen, sind nicht ersichtlich. Insb kann ein Abwägungsfehler nicht schon deshalb angenommen werden, weil E und H eine Vereinbarung getroffen haben könnten. Es ist fraglich, ob sie überhaupt eine rechtliche bedeutsame Vereinbarung getroffen haben. Näher liegt, dass H und E nur unverbindliche Gespräche geführt haben. Selbst wenn eine rechtlich verbindliche Vereinbarung abgeschlossen worden sein sollte, liegt ein Abwägungsfeh-

Meine Notizen

ler nur vor, wenn eine hinreichende Grundlagenforschung und eine sachliche Begründung fehlen, und wenn eine Abwägung überhaupt nicht stattgefunden hat, die Abwägung nicht nach sachlichen Maßstäben erfolgt ist, dh nicht alle relevanten öffentlichen und privaten Interessen einbezogen wurden und die Gewichtung der einzelnen Interessen in nicht vertretbarer Weise erfolgte. Hier ist insbesondere nicht erkennbar, dass die subjektiven Interessen des H zu Lasten der Gemeindeinteressen übermäßig berücksichtigt worden sind.

Zusammenfassend ist der geänderte Flächenwidmungsplan somit formell und materiell rechtswidrig.

c) Konsequenzen

Allein eine Aufhebung des Flächenwidmungsplanes durch den VfGH bedeutet noch nicht, dass die Baubewilligung unwirksam geworden ist. Nach VfGH führt die Aufhebung eines Flächenwidmungsplanes dazu, dass für das Grundstück keine Widmung besteht[6]) (sog Theorie des weißen Flecks). Dann hätte die Gemeinde gem § 25 Abs 1 Stmk ROG die Pflicht, einen neuen Flächenwidmungsplan zu erstellen. Um zu verhindern, dass der Eigentümer willkürlich sein Grundstück bebaut, kann der Gemeinderat eine Bausperre nach § 9 Abs 2 Stmk ROG verhängen. Die Bausperre hat aber nur zur Folge, dass (neue) Baubewilligungen, die der Bausperre widersprechen, nicht erlassen werden dürfen.

Es wird aber auch vertreten, dass mit Aufhebung des Flächenwidmungsplanes eine Freilandwidmung iSv § 33 Abs 1 Satz 1 Stmk ROG gilt.[7]) Danach sollen alle als Bauland oder Verkehrsflächen festgelegten Grundflächen zum Freiland gehören. Im Freiland (§ 33 Stmk ROG) wäre der Theaterbau jedenfalls unzulässig. Insb sind die Auen nicht wegen des besonderen Standorts oder als Auffüllgebiete (§ 33 Abs 1 Z 1 und 2 Stmk ROG) ausgewiesen.

Hebt der VfGH den Flächenwidmungsplan auf und folgt man im vorliegenden Fall der Freilandwidmungstheorie, stellt sich die Frage, wie das LVwG nun zu entscheiden hat, denn eine Freilandwidmung gewährt keinen Immissionsschutz iSv § 26 Abs 1 Z 1 Stmk BauG. Dennoch bedeutet das nicht, dass das LVwG die Beschwerde abweisen muss. Nach § 27 LVwG entscheidet das LVwG „auf Grund der Beschwerde"; das heißt nicht, dass nur nach Maßgabe subjektiver Rechte des Beschwerdeführers und anderer Parteien zu entscheiden ist und schließt gerade nicht aus, dass auch objektiver Rechtsschutz gewährt werden kann. Dann aber ist die Bescheidbeschwerde im vorliegenden Fall mangels Vereinbarkeit des Projekts mit der planungsrechtlichen Widmung als Freiland begründet *(aA bei entsprechender Begründung vertretbar).*

2. Weitergehende Einwendungen hinsichtlich des Schallschutzes

Ungeachtet der Widmung kann L Einwendungen hinsichtlich des Schallschutzes an sich anführen. Nach § 77 Stmk BauG müssen Bauwerke so geplant und ausgeführt sein, dass gesunde, normal empfindende Benutzer oder Nachbarn des Bauwerks bei bestimmungsgemäßer Verwendung auftretenden Schall und Erschütterungen nicht in ihrer Gesundheit gefährdet oder unzumutbar belästigt werden. Dabei sind Verwendungszweck und Lage des Bauwerks und seiner Räume zu berücksichtigen.

Für die Beantwortung der Frage, ob eine unzumutbare Lärmemission vorliegt, ist damit – wie ausgeführt – grundsätzlich auf die zulässige Widmungskategorie abzustellen. Das Theater, das primär nicht für die Dorfbewohner bestimmt ist, ist aber weder in einem Dorfgebiet noch im Freiland zulässig. Soweit Immissionen davon ausgehen, muss der Nachbar diese nicht dulden. Wenn der Theorie vom weißen Fleck gefolgt wird, muss konkret auf die Nutzung bezogen beurteilt werden, wann und welche Lärmbelästigung für die Nachbarn zumutbar ist.

Auch wenn die Einwendungen des L zum Lärmschutz erheblich sind, kommt ihm ein Anspruch auf eine Schallschutzmauer nicht zu.

C. Lärmentwicklung während der Bauausführung

Was die eigentliche Baudurchführung betrifft, hat diese auf die Rechtmäßigkeit der Baubewilligung keinen Einfluss. Selbst wenn die Lärmentwicklung der Baumaßnahmen unzumutbar ist und durch Schallschutzmaßnahmen vermieden werden kann, ist die Baubewilligung nicht deshalb rechtswidrig, weil die Behörde die Bau-

6) VfSlg 16.113/2001.
7) Vgl *Herbst,* Raumordnung, in *Poier/Wieser* (Hrsg), Steiermärkisches Landesrecht[3] (2010) 228.

Meine Notizen

bewilligung nicht mit einer entsprechenden Auflage versehen hat. Die Behörde kann Schallschutzmaßnahmen anordnen (§ 35 Abs 2 Stmk BauG) und das Abstellen von weiteren Mängeln durch Bescheid veranlassen (§ 37 Abs 4 Stmk BauG). Eine Baueinstellung kann die Behörde aber nur verlangen, wenn eine einwandfreie weitere Bauführung nicht ausreichend ist (§ 37 Abs 4 Stmk BauG). Für die Zeitdauer der Baudurchführung kommt L jedenfalls ein Anspruch auf eine Schallschutzmauer nicht zu.

III. Ergebnis

Die Beschwerde des L vor dem LVwG ist zulässig und begründet.

Teil 2: Nichtigerklärung durch die Landesregierung

I. Rechtmäßigkeit der Nichtigerklärung der Landesregierung, § 101 Abs 1 Satz 1 Stmk GemO iVm § 68 Abs 4 Z 4 AVG und § 8 Abs 5 Stmk ROG

Denkbar erscheint eine Nichtigerklärung auf der Grundlage von § 68 Abs 4 Z 4 AVG. Danach können Bescheide von Amts wegen in Ausübung des Aufsichtsrechts von der sachlich in Betracht kommenden Oberhörde als nichtig erklärt werden, wenn der Bescheid an einem durch gesetzliche Vorschrift ausdrücklich mit Nichtigkeit bedrohten Fehler leidet.

Zwar ist die Landesregierung gegenüber der Gemeinde keine Oberbehörde iSv § 68 Abs 4 AVG, allerdings bestimmt § 101 Abs 1 Satz 1 Stmk GemO, dass ein rechtskräftiger Bescheid eines Gemeindeorgans in den Angelegenheiten des eigenen Wirkungsbereiches der Gemeinde von der Aufsichtsbehörde aus den Gründen des § 68 Abs 3 und 4 AVG behoben werden kann. Die Landesregierung ist nach § 97 Stmk GemO Aufsichtsbehörde.

Fraglich ist, ob die Voraussetzungen für eine Nichtigerklärung auf der Grundlage von § 8 Abs 5 Stmk ROG iVm § 68 Abs 4 Z 4 AVG vorliegen. Das setzt zunächst voraus, dass für den Berufungsbescheid Rechtskraft iSd § 8 Abs 5 Stmk ROG eingetreten ist.

Allerdings wird zu § 68 Abs 1 iVm Abs 4 AVG diskutiert,[8]) ob eine Nichtigerklärung auch dann möglich ist, wenn der Bescheid noch nicht rechtskräftig ist. Rechtskraft soll Rechtssicherheit herstellen und Vertrauensschutz vermitteln. Vor dieser Überlegung liegt die Argumentation nahe, dass eine Nichtigerklärung erst recht dann zulässig sein muss, wenn Rechtskraft noch nicht eingetreten ist. Auf § 8 Abs 5 Stmk ROG kann diese Diskussion aber nicht übertragen werden. Die Bestimmung sieht ausdrücklich vor, dass Baubewilligungen „innerhalb von drei Jahren nach Eintreten der Rechtskraft mit Nichtigkeit bedroht" sind. Damit ist der Behörde eine bestimmte Zeitspanne eindeutig vorgegeben. Der Bescheid kann nur für nichtig erklärt werden, wenn er rechtskräftig ist.

Fraglich ist, ob Rechtskraft eingetreten ist. Rechtskraft tritt ein, wenn ein Bescheid mit ordentlichen Rechtsmitteln[9]) nicht mehr bekämpft werden kann. Eine klare Begriffsdefinition für ordentliche Rechtsmittel hat sich bisher nicht durchgesetzt.[10]) § 68 Abs 1 AVG selbst stellt darauf ab, ob mit dem Bescheid in der Sache (letztinstanzlich) entschieden wurde und kein Wiederaufnahmeantrag oder Wiedereinsetzungsantrag vorliegt. Nach dem Wortlaut des § 68 Abs 1 AVG kommt es nur darauf an, ob der Bescheid der Berufung nicht oder nicht mehr unterliegt.[11]) Das ist hier der Fall.

Gegen diese Interpretation sprechen aber drei Argumente: Erstens könnte die Bescheidbeschwerde an das LVwG als ein ordentliches Rechtsmittel interpretiert werden, eben weil ein Bescheid bekämpft wird, mit dem in der Sache zwar entschieden wurde, dies aber nicht grundsätzlich abschließend. Mit der Bescheidbeschwerde bleibt der Bescheid weitgehend „um-formbar", dem Verwaltungsgericht kommt Tatsachen-

8) *Hengstschläger/Leeb*, AVG IV (2009) § 68 Rz 53 (Stand 1. 4. 2009, rdb.at).
9) *Walter/Kolonovits/Muzak/Stöger*, Verwaltungsverfahrensrecht[10] (2014) Rz 453.
10) *Schulev-Steindl*, Verwaltungsverfahrensrecht[6] (2018) Rz 281; *Grabenwarter/Fister*, Verwaltungsverfahrensrecht und Verwaltungsgerichtsbarkeit[5] (2016) 122.
11) Vgl dazu *Schulev-Steindl*, Verwaltungverfahrensrecht[6] (2018) 320 ff; VwGH 16. 11. 2015, Ra 2015/12/0029.

Meine Notizen

kognition zu und es soll grundsätzlich in der Sache selbst entscheiden (§ 28 Abs 2 bis 4 VwGVG).[12]) Dann wäre der Berufungsbescheid noch nicht rechtskräftig.

Zweitens kommt es nicht zwingend auf das Eintreten von Rechtskraft iSd § 68 Abs 1 AVG an. Der Begriff „Rechtskraft" wird in § 68 Abs 1 AVG nicht verwendet und § 8 Abs 5 Stmk ROG verweist auch nicht auf § 68 Abs 1 AVG. Worauf es ankommt, ist der Rechtskraftbegriff des § 8 Abs 5 Stmk ROG. Die Vorschrift definiert diesen aber nicht näher. Allerdings bestimmt § 29 Abs 10 Stmk BauG, dass bauliche Anlagen oder Teile derselben schon vor Rechtskraft der Bewilligung errichtet werden dürfen, wenn nur der Antragsteller dagegen ein Rechtsmittel ergriffen hat und die Auflagen der Bewilligung eingehalten werden. Anders als in der bisherigen Fassung wird gerade nicht mehr auf die „Berufung" abgestellt, sondern auf „Rechtsmittel". Damit soll offensichtlich die Beschwerde an das Verwaltungsgericht das fristgerechte Eintreten der Rechtkraft verhindern.

Drittens gehen auch andere gesetzliche Bestimmungen davon aus, dass Rechtskraft erst mit einem Erkenntnis des Verwaltungsgerichts eintritt bzw nach Ablauf der Frist für eine Beschwerde an das Verwaltungsgericht. In § 69 Abs 1 AVG, in dem die Wiederaufnahme des Verfahrens bei Rechtskraftdurchbrechung geregelt ist, wird nicht auf die Berufung, sondern auf die Möglichkeit, „Rechtsmittel" (iwS) einzulegen, abgestellt. Das schließt eine Bescheidbeschwerde offenbar ein. Ein weiteres Argument ist § 52a Abs 1 VStG. Die Vorschrift weist der Behörde die Befugnis zu, Bescheide die der Beschwerde beim Verwaltungsgericht nicht mehr unterliegen und durch die das Gesetz zum Nachteil des Bestraften offenkundig verletzt worden ist, von Amts wegen aufzuheben oder abzuändern.

Folgt man dem, ist Rechtskraft iSd § 8 Abs 5 Stmk ROG nicht eingetreten, weil L Beschwerde beim LVwG eingelegt hat. Dann ist die Nichtigerklärung rechtswidrig.

AA vertretbar:
Dann wäre weiter zu prüfen, ob der Berufungsbescheid an einem durch gesetzliche Vorschrift ausdrücklich mit Nichtigkeit bedrohten Fehler leidet. Dahingehend bestimmt § 8 Abs 5 Stmk ROG, dass Baubewilligungen, die (ua) § 8 Abs 2 Stmk ROG widersprechen, mit Nichtigkeit bedroht sind. Nach § 8 Abs 2 Stmk ROG dürfen Baubewilligungen dem Stmk ROG und Verordnungen aufgrund des Stmk ROG nicht widersprechen.

Wie ausgeführt, ist das schon deshalb der Fall, weil das Theater im Dorfgebiet (und im Freiland) nicht zulässig ist. Deshalb war die Nichtigerklärung rechtmäßig.

II. Möglichkeit des Weiterbauens während des verwaltungsgerichtlichen Verfahrens

H darf das Theater nur errichten, wenn ihm ein Baurecht zukommt. Für den Fall einer Bewilligungspflicht setzt das grundsätzlich eine rechtskräftige Bewilligung voraus. Die Bewilligungspflicht folgt aus § 19 Z 1 Stmk BauG. H will ein Theater bauen. Ein Theater ist eine bauliche Anlage iSv § 4 Z 13 Stmk BauG. Das Theater steht mit dem Boden in Verbindung und zu dessen fachgerechter Herstellung bedarf es bautechnischer Kenntnisse. Ein Neubau liegt vor, weil das Theater neu errichtet wird. Das Vorhaben ist weder baubewilligungsfrei iSv § 21 Abs 1 Stmk BauG noch bloß anzeigepflichtig iSv § 20 Stmk BauG, insb liegt kein Kleinhaus iSv § 20 Z 1 Stmk BauG vor, weil es sich um kein Wohnhaus (§ 4 Z 40 Stmk BauG) handelt. H hat eine Baubewilligung erhalten.

L hat aber Berufung erhoben und Beschwerde eingelegt. Damit kann H schon bis zum Abschluss des verwaltungsgerichtlichen Verfahrens wegen § 29 Abs 10 Stmk BauG nicht weiterbauen. Deshalb führt es auch nicht weiter, eine Beschwerde gegen den Nichtigkeitsbescheid zu erheben. Auch ein Antrag des H beim LVwG auf Ausschluss der aufschiebenden Wirkung der Beschwerde (§ 22 Abs 2 VwGVG) wird keinen Erfolg haben. Obwohl der Wortlaut nicht eindeutig ist, wird man § 29 Abs 10 Stmk BauG so zu verstehen haben, dass eine aufschiebende Wirkung eines Rechtsmittels gegen die Baubewilligung per legem angeordnet ist. Einen Ausschluss der aufschiebenden Wirkung sieht das Gesetz nicht vor und kann deshalb nicht durch das

12) Dahingehend argumentiert *Scharfe,* Klaglosstellung durch die belangte Behörde im Verfahren vor den allgemeinen Verwaltungsgerichten, in *Ehrke-Rabel/Merli* (Hrsg), Die belangten Behörde in der neuen Finanz- und Verwaltungsgerichtsbarkeit (2014) 130.

Meine Notizen

Gericht im Wege des § 22 Abs 2 VwGVG angeordnet werden. Selbst wenn man eine andere Ansicht vertritt, wäre ein Antrag nicht begründet, weil eine Interessenabwägung erforderlich wäre. Dabei ist nicht erkennbar, weshalb der vorzeitige Vollzug des Berufungsbescheids wegen Gefahr in Verzug dringend geboten ist.

III. Entzug der Bauberechtigung durch andere Stellen

Zu prüfen ist, ob eine Aufhebung der Baugenehmigung wegen Gesetzwidrigkeit des Flächenwidmungsplanes durch andere Stellen in Betracht kommt.

A. Aufhebung des Flächenwidmungsplanes

Der Flächenwidmungsplan kann nur von der Gemeinde selbst, der Aufsichtsbehörde oder dem VfGH abgeändert oder aufgehoben werden.

Die Gemeinde ist nach § 42 Abs 8 Z 2 Stmk ROG von Amts wegen verpflichtet, einen Flächenwidmungsplan „zur Behebung von Widersprüchen zu Gesetzen und Verordnungen des Bundes und des Landes" zu ändern.

Nach Art 119a Abs 6 Satz 2 B-VG hat auch die Aufsichtsbehörde gesetzwidrige Verordnungen der Gemeinde – nach Anhördung der Gemeinde – aufzuheben. Zwar stellt § 100 Abs 2 Stmk GemO auf die Prüfung nach der Mitteilung durch die Gemeinde ab (§ 100 Abs 1 Stmk GemO), eine Aufhebungsbefugnis der Aufsichtsbehörde auf der Grundlage von Art 119a Abs 6 Satz 2 B-VG ungeachtet einer Mitteilung durch die Gemeinde kann aber aus einer dahingehend fehlenden Beschränkung der Verfassungsbestimmung sowie aus dem Sinn und Zweck des Aufsichtsrecht hergeleitet werden.[13])

Darüber hinaus kann der VfGH den Flächenwidmungsplan als gesetzwidrig aufheben (Art 139 Abs 1 Z 2 B-VG). Der VfGH kann – wie ausgeführt – im Wege der konkreten Normenkontrolle durch ein Gericht (Art 139 Abs 1 Z 1 B-VG) oder von einer anderen Behörde (zB Art 139 Abs 1 Z 6 B-VG) angerufen werden. Eine individuelle Normenkontrolle (Art 139 Abs 1 Z 3 BVG) ist auch durch andere Grundeigentümer möglich, die durch den Flächenwidmungsplan betroffen sind, nicht aber durch Nachbarn, weil Nachbarn erst aufgrund der Baubewilligung in ihren Rechten verletzt werden können.[14])

B. Nichtigerklärung der Baubewilligung wegen Aufhebung des Flächenwidmungsplanes

Eine Nichtigerklärung ist noch nicht deshalb ausgeschlossen, weil die Landesregierung bereits den Berufungsbescheid für nichtig erklärt hat. Ungeachtet der Rechtmäßigkeit dieser Nichtigerklärung betrifft diese nur den Berufungsbescheid, nicht die Baubewilligung.[15])

Eine Nichtigerklärung nach Rechtskraft des Bescheids auf der Grundlage von § 8 Abs 5 iVm Abs 2 Stmk ROG und § 101 Stmk GemO iVm § 68 Abs 4 Z 4 AVG setzt voraus, dass der Bescheid ursprünglich gegen den Flächenwidmungsplan verstoßen hat. Denn maßgebend für die Beurteilung der Nichtigkeit des Bescheids ist die Rechtslage zum Zeitpunkt der Erlassung des als nichtig zu erklärenden Bescheids.[16]) Das ist hier schon deshalb der Fall, weil das Theater im Dorfgebiet unzulässig ist. Allein der VfGH kann in seinem Erkenntnis aussprechen, dass die Aufhebung der Verordnung auch auf Tatbestände anzuwenden ist, die vor Aufhebung verwirklicht worden sind (Art 139 Abs 6 B-VG). Dann kann eine Nichtigkeit auch wegen Verstoß gegen die Widmung als Freiland ausgesprochen werden.

Möglich ist eine Nichtigerklärung auf der Grundlage von § 68 Abs 3 AVG, wenn wegen der Hochwassergefahr Leben und Gesundheit von Menschen betroffen sein können. Diese Befugnis stellt aber nicht auf die Wirksamkeit des Flächenwidmungsplanes, sondern auf die Hochwassergefahr ab. Die Hochwassergefahr muss tatsächlich bestehen. Die Nichtigerklärung ist binnen 3 Jahren ab Rechtskraft auszusprechen, § 68 Abs 5 AVG.

---

13) *Neuhofer,* Gemeinderecht² (1998) 339.
14) *Herbst,* Raumordnung, in *Poier/Wieser* (Hrsg), Steiermärkisches Landesrecht³ (2010) 227; *Huber,* Raumordnungsrecht, in *Aigner* et al (Hrsg) Besonderes Verwaltungsrecht² (2017) 510 ff.
15) VwGH 17. 12. 2009, 2009/06/0212 und *Pabel,* Der Umfang der Entscheidungsbefugnis der Berufungsbehörde, RFG 2011, 10 f.
16) *Hengstschläger/Leeb,* AVG IV (2009) § 68 Rz 121 (Stand 1. 4. 2009, rdb.at).

Teil 3: Baustopp und Maßnahmen des L

Meine Notizen

I. Einhaltung des Baustopps durch H

A. Baueinstellungsverfügung

Der Baustopp könnte eine Baueinstellungsverfügung iSv § 41 Abs 1 Stmk BauG sein. Die Behörde hat eine Baueinstellung zu verfügen, wenn das Vorhaben gegen Bestimmungen des Stmk BauG verstößt, insb wenn bewilligungspflichtige Vorhaben ohne Bewilligung ausgeführt werden.

1. Bewilligungspflicht

Die Errichtung der Lkw-Abstellflächen ist nach § 19 Z 3 Stmk BauG bewilligungspflichtig. Insb liegt keine bloße Anzeigepflicht nach § 20 Z 2a Stmk BauG vor, weil das Gewicht der Lkws über 3500 kg liegt (Sattelschlepper). Laut Sachverhalt schließt die Baubewilligung für das Theater die Errichtung von Lkw-Parkplätzen nicht ein. Eine geringfügige Abweichung von der Baubewilligung iSv § 35 Abs 6 Stmk BauG liegt nicht vor, weil öffentliche oder nachbarrechtliche Interessen berührt sein können (zB Schallschutz), § 4 Z 4 Stmk BauG.

Weil eine Baubewilligung für die Lkw-Parkplätze nicht vorliegt, ist eine Baueinstellung zu verfügen.

2. Rechtmäßigkeit der Baueinstellungsverfügung

Fraglich ist, ob die Baueinstellungsverfügung formell rechtmäßig ergangen ist. E ist als Bürgermeisterin sachlich und örtlich zuständig (§ 45 Abs 2 lit b Stmk GemO, § 3 Z 1 AVG).

Eine Baueinstellungsverfügung hat durch Bescheid zu ergehen.[17]) Das kann aus § 41 Abs 5 und § 37 Abs 4 Stmk BauG entnommen werden. Ein Bescheid kann auch mündlich ergehen (§ 62 Abs 1 AVG). Das setzt aber voraus, dass die Formvoraussetzungen des schriftlichen Bescheids (§ 58 AVG) eingehalten werden, zumindest die schriftliche Beurkundung des wesentlichen Inhalts des Bescheids sowie der Tatsache der mündlichen Verhandlung (wenn diese stattgefunden hat).[18]) Ferner sind die Parteien über ihr Recht auf eine schriftliche Ausfertigung hinzuweisen. Liegen diese Voraussetzungen – wie hier – nicht vor, kann nicht von einem Bescheid gesprochen werden.

Auch ein Mandatsbescheid iSv § 57 Abs 1 AVG liegt nicht vor, denn auch für den Mandatsbescheid gelten die Formvoraussetzungen wie für einen Bescheid. E hat demnach keinen Bescheid erlassen, als Baueinstellungsverfügung wäre die Anordnung der E rechtswidrig.

B. Sofortmaßnahme

Es könnte eine Sofortmaßnahme vorliegen. E kann Sofortmaßnahmen auf der Grundlage von § 42 Abs 1 Stmk BauG erlassen und ohne weiteres Verfahren die erforderlichen Verfügungen und Sicherungsmaßnahmen auf Gefahr und Kosten des Eigentümers einer baulichen Anlage an Ort und Stelle anordnen. Das setzt aber voraus, dass Gefahr in Verzug vorliegt. Gefahr in Verzug bedeutet, dass ein unmittelbarer Schadenseintritt wahrscheinlich ist. Hier liegt aber kein unmittelbarer Schadenseintritt bevor. § 42 Stmk BauG regelt eine Maßnahme der Notstandspolizei. Eine solche soll zulässig sein, wenn es der Behörde nicht möglich ist, die Verfahrensvorschriften einzuhalten. Das ist hier aber nicht der Fall, insb kann die Bürgermeisterin eine Maßnahme auf der Grundlage von § 41 Stmk BauG erlassen.

C. Ergebnis

Im Ergebnis hat E zwar eine Baueinstellung angeordnet, diese aber nicht als Bescheid, sondern als Sofortmaßnahme nach § 42 Abs 1 Stmk BauG. Diese Maßnahme ist aber rechtswidrig. Gleichwohl muss H sie beachten. Er kann die Sofortmaßnahme nur im Wege der Maßnahmenbeschwerde (Art 130 Abs 1 Z 2 B-VG) an das LVwG bekämpfen. Diese Beschwerde hat aber keine aufschiebende Wirkung (§ 22 Abs 1 VwGVG).

17) *Trippl/Schwarzbeck/Freiberger*, Steiermärkisches Baurecht[5] (2013) § 41 Stmk BauG Anm 3.
18) *Raschauer*, Allgemeines Verwaltungsrecht[5] (2017) Rz 849.

✐ Meine Notizen

Anm: wer einen Bescheid annimmt, muss sehen, dass eine Berufung keine aufschiebende Wirkung auslöst, § 41 Abs 5 Stmk BauG.

II. Durchsetzbarkeit der Baueinstellungsverfügung

Eine Vollstreckung der Baueinstellungsverfügung ist nach VVG möglich. Vollstreckungsbehörde ist die Bezirksverwaltungsbehörde (§ 1 Abs 1 Z 2 lit b VVG). Dafür muss sie von der Gemeinde ersucht werden.

Allerdings muss ein vollstreckbarer Bescheid vorliegen, den die E erst noch auf der Grundlage von § 41 Stmk BauG erlassen muss. Dieser Bescheid wäre sofort vollstreckbar, weil einer Berufung keine aufschiebende Wirkung zukommt (§ 41 Abs 5 Stmk BauG).

Als Vollstreckungsmaßnahme kommt eine Zwangsstrafe nach § 5 VVG in Betracht, weil die Baueinstellung eine unvertretbare Handlung ist. Angeordnet werden können Geldstrafen (bis 726,– Euro) oder Haft (bis 4 Wochen). Zwangsstrafen können mehrfach angeordnet werden.

Ferner möglich ist die Anwendung unmittelbaren Zwangs (§ 7 VVG). Dieses Zwangsmittel gilt aber subsidiär, ist also nur zulässig, wenn die Zwangsstrafe nicht zum Erfolg führt.

Darüber hinaus kann die Baubehörde konkrete Maßnahmen erlassen. Nach § 41 Abs 2 Stmk BauG kann die Baubehörde, wenn unzulässige Bauarbeiten trotz verfügter Baueinstellung fortgesetzt werden, die Baustelle versiegeln oder absperren und die auf der Baustelle vorhandenen Baustoffe, Bauteile, Geräte, Maschinen und Bauhilfsmittel in amtlichen Gewahrsam bringen.

L hat aber keinen Anspruch auf Durchsetzung der genannten Durchführungsmaßnahmen gegen eine Baueinstellungsverfügung. § 41 Abs 6 Stmk BauG bezieht sich ausdrücklich nur auf die „Erlassung eines baupolizeilichen Auftrags".

Ferner in Betracht kommen Verwaltungsstrafen (§ 118 Abs 2 Z 11 Stmk BauG) wegen Nichtumsetzung der Baueinstellungsverfügung. Das ist aber keine Durchsetzungsmaßnahme ieS.

III. Möglichkeiten des L

A. Anspruch des L auf Erlass einer Baueinstellungsverfügung

L hat einen Anspruch auf Erlass einer Baueinstellungsverfügung, wenn die Bauarbeiten, die baulichen Anlagen oder sonstigen Maßnahmen iSd § 41 Abs 1, 3 und 4 Stmk BauG seine Rechte iSd § 26 Abs 1 Stmk BauG verletzen (§ 41 Abs 6 Stmk BauG). Dabei muss eine tatsächliche Verletzung von Ls Rechten vorliegen.

Solange der Flächenwidmungsplan nicht aufgehoben ist und die Widmung als Dorfgebiet gilt, ist ein Anspruch des L gegeben, weil die Nutzung der Lkw-Parkplätze für das Theater in einem Dorfgebiet unzulässig ist (keine forst- und landwirtschaftliche Nutzung, keine Nutzung, die überwiegend den wirtschaftlichen oder kulturellen Bedürfnissen der Bewohner des Dorfes dient). Die Widmungskategorie Dorfgebiet hat – wie ausgeführt – immissionsschutzrechtliche Relevanz. Dabei kommt es nicht darauf an, ob die Immissionen unmittelbar vom Bauwerk ausgehen. Es genügt, wenn sie durch seine bestimmungsgemäße Benutzung entstehen. Damit geht der Anspruch des L auf Erlass einer Baueinstellungsverfügung einher. Diesen Anspruch kann L nur gegenüber der Gemeinde geltend machen. Da das VwGVG keine Leistungsklage kennt, kann L zunächst nach Ablauf der Entscheidungsfrist von 6 Monaten (§ 73 Abs 1 AVG) einen Devolutionsantrag nach § 73 Abs 2 AVG beim Gemeinderat stellen. Bleibt auch der Gemeinderat untätig, kommt eine Säumnisbeschwerde wegen Verletzung der Entscheidungspflicht nach Art 130 Abs 1 Z 3 B-VG an das LVwG in Betracht, bleibt dieses untätig, ein Fristsetzungsantrag nach Art 133 Abs 1 Z 2 B-VG an den VwGH. Ein Anspruch auf Aufhebung des gesetzwidrigen Flächenwidmungsplanes gegenüber der Gemeinde kommt L aber nicht zu.

Anders im Fall der Freilandwidmung: Ist der Flächenwidmungsplan aufgehoben, kommt L schon deshalb kein Anspruch gegenüber der Gemeinde auf Erlass von baupolizeilichen Aufträgen zu, weil die Freilandwidmung keine immissionsschutzrechtliche Wirkung entfaltet. Ebenso besteht kein Anspruch, wenn der „Theorie vom weißen Fleck" gefolgt wird.

B. Weitere Möglichkeiten des L

Meine Notizen

L kommt kein Anspruch auf Tätigwerden der Behörde zur Bestrafung des H zu. Es besteht aber eine amtswegige Pflicht der Bürgermeisterin als zuständige Behörde, die Baueinstellungsverfügung zu erlassen. Als Behörde erster Instanz im Bauverfahren ist die Bürgermeisterin zuständig, die Einhaltung baupolizeilicher Aufträge zu kontrollieren und durch Inanspruchnahme und Kontakt mit der Straf- und Vollstreckungsbehörde (Bezirkshauptmannschaft) sicherzustellen, dass die erforderlichen Bescheide erlassen und diese dann auch eingehalten werden. Der Baubehörde kommt in dieser Frage kein Ermessen zu, denn sie ist aufgrund des Legalitätsprinzips zur Ergreifung der erforderlichen Maßnahmen zwecks Durchsetzung des rechtskonformen Zustands verpflichtet. Die Zuständigkeit der E entfällt nicht wegen Personalmangels. L kann nur eine entsprechende Anregung an die Bezirksverwaltungsbehörde als Strafbehörde (§ 26 VStG) richten.

Möglich ist auch eine Aufsichtsbeschwerde (§ 98a Stmk GemO) an die Landesregierung als Aufsichtsbehörde (§ 97 Stmk GemO). Die Landesregierung kann der Gemeinde nach Maßgabe von § 101a Stmk GemO die Erfüllung der gesetzlichen Verpflichtungen durch Bescheid auftragen, ggf im Wege der Ersatzvornahme den Bescheid selbst erlassen. Einen Anspruch des L auf Tätigwerden der Aufsichtsbehörde sieht das Gesetz nicht vor.

Ferner kann sich L an die Volksanwaltschaft wenden (Art 148a B-VG), die eine entsprechende Empfehlung an die Gemeinde abgeben und Maßnahmen der Dienstaufsicht anregen (Art 148c B-VG) kann.

Denkbar sind außerdem privatrechtliche Ansprüche, zB aus § 364a ABGB.

Von Reinhard Jantscher und Stefan Storr

Meine Notizen

Fall 6: Bedenkliches Bier im Café Conny

Schwerpunkte: Verwaltungsstrafrecht; Verbreitung nationalsozialistischen Gedankenguts; verwaltungsstrafrechtliche Verantwortlichkeit von Organwaltern juristischer Personen; Verwaltungsvollstreckung; absolute Nichtigkeit von Bescheiden; Gewerberecht; Scheingeschäftsführer; Gewerbeentziehung

SACHVERHALT[1])

Conny (C) hat ihr BWL-Studium abgebrochen und führt nun ein kleines Café in ihrer Heimatstadt Leibnitz. Genau genommen ist sie Alleingesellschafterin und Prokuristin der Café Conny GmbH (CC-GmbH). Unternehmens- und gewerberechtliche Geschäftsführerin der CC-GmbH ist ihre Tante Traude (T), die in Graz ein bekanntes Steakrestaurant betreibt. T hat diese Stellung übernommen, da C dafür gewisse Voraussetzungen fehlen. Tatsächlich übt T auf den Betrieb des Cafés keinen Einfluss aus. Nur wenn es Probleme gibt, wird sie von C manchmal telefonisch um Rat gefragt – so wie dieses Mal:

Den letzten Sommerurlaub hat C an der italienischen Adriaküste verbracht. Beim abendlichen Flanieren in einer Einkaufsmeile konnte dort eine ganz spezielle, in Österreich unbekannte Produktkategorie ihre Aufmerksamkeit erregen: „Vini e birre con etichetti storichi" – Wein und Bier mit historischen Etiketten, hauptsächlich mit Abbildungen bekannter Diktatoren samt deren Sprüchen. C war gleich überzeugt, dass sich diese Erzeugnisse auch in ihrem Café gut absetzen lassen. Seitdem importiert C im Namen und auf Rechnung der CC-GmbH monatlich einige Dutzend Kisten Bier mit dem Konterfei Adolf Hitlers und der Aufschrift „Deutschland erwache!" und schenkt es in ihrem Café aus. Ein Plakat mit derselben Abbildung und Aufschrift sowie dem Hinweis „Hier gibt's das Hitlerbier" prangt im Eingangsbereich des Lokals.

Zu Cs Enttäuschung bricht der Absatz des Biers bald wieder ein, nachdem das anfängliche Interesse der Gäste an der Neuheit verflogen ist. Zusätzlich bekommen C und T Schwierigkeiten mit der Behörde: Die Bezirkshauptmannschaft Leibnitz verhängt nach Durchführung formal korrekter Verfahren über beide Damen Geldstrafen wegen Verletzung des Art III Abs 1 Z 4 EGVG (Verbreitung nationalsozialistischen Gedankenguts) durch den Verkauf des Biers und das öffentliche Aufhängen des Plakats. Während C sich nach Belehrung durch T mit der Strafe abfindet, ist T mit ihrer Bestrafung überhaupt nicht einverstanden. T hat vom bedenklichen Treiben der C gar nichts gewusst und möchte sofort gegen den Strafbescheid der Bezirkshauptmannschaft Leibnitz mit Rechtsmitteln vorgehen.

Einige Wochen später geht eine anonyme Anzeige bei der Bezirkshauptmannschaft Leibnitz ein, die darauf hinweist, dass das Plakat im Eingangsbereich des Cafés trotz der verhängten Strafe noch immer nicht entfernt wurde. Unverzüglich und ohne weitere Ermittlungen erlässt die Behörde einen weiteren Bescheid, und zwar mit folgendem Spruch:

„Die CC-GmbH wird verpflichtet, das im Eingangsbereich des ‚Cafe Conny' befindliche Plakat mit dem Bildnis des Adolf Hitler zu beseitigen."

In der Begründung des Bescheids werden die Existenz des Plakats, sein Inhalt und sein Standort festgestellt. Dies alles sei aufgrund der anonymen Anzeige und der amtsbekannten Straftaten der T und der C als erwiesen anzunehmen. Rechtlich wird

1) Es handelt sich um die überarbeitete Version des Fachprüfungsfalles Verwaltungsrecht und Verwaltungslehre vom Februar 2015.

Meine Notizen

schließlich beurteilt, das Plakat enthalte nationalsozialistisches Gedankengut, dessen Verbreitung strafbar sei, daher sei das Plakat zu beseitigen.

Eine gesetzliche Grundlage für den Beseitigungsauftrag wird nicht angegeben; eine solche existiert auch nicht.

Die Frist für ein Rechtsmittel gegen den Bescheid verstreicht allerdings ungenutzt, da T, die ihn als Geschäftsführerin der CC-GmbH zugestellt bekommen hat, mit seinem Inhalt einverstanden ist und nicht dagegen vorgeht. Vielmehr bittet sie ihre Nichte C, das fragliche Plakat abzuhängen, und vernichtet den Bescheid anschließend.

Einige Monate später erhält T allerdings von der Bezirkshauptmannschaft Leibnitz ein Schriftstück mit folgendem Inhalt:

„*Vollstreckungsverfügung:*

Mit rechtskräftigem und vollstreckbarem Bescheid wurde die CC-GmbH zur Beseitigung des Plakats mit dem Bildnis des Adolf Hitler im Eingangsbereich des Café Conny verpflichtet. Dieser Verpflichtung wurde bislang nicht Folge geleistet.

Über die CC-GmbH wird daher folgende Zwangsstrafe verhängt: Geldstrafe in der Höhe von 100,– Euro.

Für die Erfüllung der Verpflichtung wird eine neue Frist von einer Woche ab Zustellung dieses Bescheids gesetzt. Sollte auch diese Frist ergebnislos verstreichen, wird eine weitere Zwangsstrafe verhängt werden, und zwar eine Geldstrafe in der Höhe von 1.000,– Euro (. . .)“

Tatsächlich hängt das Plakat noch immer im Café Conny, freilich nicht mehr im Eingangsbereich, sondern im „Stüberl“.

Zu allem Überdruss wird nun auch noch der zuständige Gewerbereferent auf das Café aufmerksam und will die dort vorhandenen Missstände abstellen. Ihn beschäftigt, dass es im Café Conny zu einer Verwaltungsübertretung gekommen ist, dass es die Inhaberin gern auf die Vollstreckung von Bescheiden ankommen zu lassen scheint, dass im „Stüberl“ noch immer ein bedenkliches Plakat hängt sowie, dass die T offensichtlich nur zum Schein als gewerberechtliche Geschäftsführerin eingesetzt ist.

Frage 1: Wie können T und die CC-GmbH gegen die sie betreffenden behördlichen Akte vorgehen und wie sind jeweils die Erfolgsaussichten der Rechtsmittel?

Frage 2: Prüfen Sie, welche gewerberechtlichen Maßnahmen seitens der Bezirkshauptmannschaft Leibnitz angezeigt sind.

ANLAGE

Unternehmensgesetzbuch (UGB)

dRGBl S 219/1897 idF BGBl I 107/2017

§ 49. (1) Die Prokura ermächtigt zu allen Arten von gerichtlichen und außergerichtlichen Geschäften und Rechtshandlungen, die der Betrieb eines Unternehmens mit sich bringt. Für diese bedarf es keiner besonderen Vollmacht nach § 1008 ABGB.

(2) Zur Veräußerung und Belastung von Grundstücken ist der Prokurist nur ermächtigt, wenn ihm diese Befugnis besonders erteilt ist.

Verbotsgesetz (VerbotsG)

StGBl 13/1945 idF BGBl 148/1992

§ 1. Die NSDAP, ihre Wehrverbände (SS, SA, NSKK, NSFK), ihre Gliederungen und angeschlossenen Verbände sowie alle nationalsozialistischen Organisationen und Einrichtungen überhaupt sind aufgelöst; ihre Neubildung ist verboten.

Ihr Vermögen ist der Republik verfallen.

§ 3. Es ist jedermann untersagt, sich, sei es auch außerhalb dieser Organisationen, für die NSDAP oder ihre Ziele irgendwie zu betätigen.

§ 3 d. Wer öffentlich oder vor mehreren Leuten, in Druckwerken, verbreiteten Schriften oder bildlichen Darstellungen zu einer der nach § 1 oder § 3 verbotenen Handlungen auffordert, aneifert oder zu verleiten sucht, insbesondere zu diesem Zweck die Ziele der NSDAP, ihre Einrichtungen oder Maßnahmen verherrlicht oder anpreist, wird, sofern sich darin nicht ein schwerer verpöntes Verbrechen darstellt, mit Freiheitsstrafe von fünf bis zu zehn Jahren, bei besonderer Gefährlichkeit des Täters oder der Betätigung bis zu zwanzig Jahren, bestraft.

Meine Notizen

§ 3 g. Wer sich auf andere als die in den §§ 3a bis 3f bezeichnete Weise im nationalsozialistischen Sinn betätigt, wird, sofern die Tat nicht nach einer anderen Bestimmung strenger strafbar ist, mit Freiheitsstrafe von einem bis zu zehn Jahren, bei besonderer Gefährlichkeit des Täters oder der Betätigung bis zu 20 Jahren bestraft.

LÖSUNGSVORSCHLAG

Frage 1: Wie können T und die CC-GmbH gegen die sie betreffenden behördlichen Akte vorgehen und wie sind jeweils die Erfolgsaussichten der Rechtsmittel?

I. T gegen den auf Art III Abs 1 Z 4 EGVG gestützten Strafbescheid

Gegen diesen Strafbescheid ist die Bescheidbeschwerde an das Verwaltungsgericht zu prüfen (Art 130 Abs 1 Z 1 B-VG).

A. Zulässigkeit der Bescheidbeschwerde an das LVwG

Beschwerdeführer kann jede partei- und prozessfähige natürliche oder juristische Person sein (§ 17 VwGVG iVm § 9 AVG), also auch T. Beschwerdegegenstand ist der genannte Strafbescheid (Art 130 Abs 1 Z 1 B-VG). Beschwerdelegitimiert – also berechtigt zur Erhebung der Bescheidbeschwerde – ist jedermann, der behauptet, durch den Bescheid in seinen Rechten verletzt zu sein (Art 132 Abs 1 Z 1 B-VG). T ist Adressatin des Bescheids; über sie wurde eine Geldstrafe verhängt. Sie kann behaupten, durch den Strafbescheid in ihren Rechten auf Unterlassung rechtswidriger Bestrafungen sowie auf Unterlassung rechtswidriger Eingriffe in ihr Eigentum durch Verhängung von Geldstrafen verletzt zu sein. Die Beschwerde ist gem § 7 Abs 4 VwGVG innerhalb von 4 Wochen nach Zustellung bzw mündlicher Verkündigung bei der belangten Behörde einzubringen (§ 12 VwGVG). Belangte Behörde ist die Behörde, die den Bescheid erlassen hat (§ 9 Abs 2 Z 1 VwGVG), also die BH Leibnitz. Form und Inhalt der Beschwerde richten sich nach den §§ 9 und 12 VwGVG. Die Beschwerde ist schriftlich einzubringen. Anwaltspflicht besteht nicht.

Die Bescheidbeschwerde an das Landesverwaltungsgericht Steiermark ist zulässig.

B. Begründetheit

1. Zuständigkeit des Verwaltungsgerichtes

Zuständig für die Bescheidbeschwerde gegen den Strafbescheid ist das Landesverwaltungsgericht Steiermark (Art 131 Abs 1 B-VG iVm § 3 Abs 2 Z 1 VwGVG). Unmittelbare Bundesverwaltung liegt nicht vor; es ist gesetzlich auch keine von Art 131 Abs 1 B-VG abweichende Zuständigkeit vorgesehen.

2. Zuständigkeit und Verfahren vor der Behörde

Die BH Leibnitz war örtlich (§ 27 Abs 1 VStG) und sachlich (Art III Abs 1 Satz 1 EGVG) für das erstinstanzliche Strafverfahren zuständig. Dem Sachverhalt zufolge wurde ein formal korrektes Verfahren durchgeführt.

3. Objektiver Tatbestand des Art III Abs 1 Z 4 EGVG

Vorweg ist zu prüfen, ob der Verkauf von Bierflaschen mit dem Konterfei des Adolf Hitler und der Aufschrift „Deutschland erwache" sowie das Aufhängen eines Plakats mit demselben Inhalt in einem öffentlich zugänglichen Lokal durch C den objektiven Tatbestand der Verbreitung nationalsozialistischen Gedankenguts im Sinne des Verbotsgesetzes verwirklichen:

„Deutschland erwache" ist eine bekannte Parole des Nationalsozialismus. Dem Leser der Parole wird die Aufforderung vermittelt, dass Deutschland im nationalsozialistischen Sinn „erwachen" soll, und zwar, indem der deutsche Staat und alle Angehörigen des deutschen Volkes sich die vom Nationalsozialismus propagierten Ziele zu ei-

Meine Notizen

gen machen. Durch die Verbindung mit dem Bildnis des Adolf Hitler werden Missverständnisse hinsichtlich des Inhalts der Aufforderung ausgeschlossen. Es liegt somit nationalsozialistisches Gedankengut vor.

Durch den Verkauf von Bierflaschen, auf deren Etikett der beschriebene Inhalt gedruckt ist, sowie durch das Aufhängen eines entsprechenden Plakats, beides in einem öffentlich zugänglichen Lokal, wird dieses Gedankengut verbreitet. Damit ist der objektive Tatbestand des Art III Abs 1 Z 4 EGVG verwirklicht.

4. Verantwortlichkeit der T

T hat das Tatbild des Art III Abs 1 Z 4 EGVG jedenfalls nicht als unmittelbare Täterin verwirklicht; es war C, die das „Hitlerbier" importierte und verkaufte sowie das Plakat aufhängte. T hat C auch nicht vorsätzlich zur Begehung der Tat veranlasst oder ihr dieselbe vorsätzlich erleichtert (§ 7 VStG); sie hatte vom Treiben der C gar keine Kenntnis.

Näher zu prüfen ist jedoch, ob T als Geschäftsführerin der CC-GmbH gem § 9 VStG verantwortlich für die Verwaltungsübertretung ist.

Gem § 9 VStG ist für die Einhaltung der Verwaltungsvorschriften durch juristische Personen oder eingetragene Personengesellschaften strafrechtlich verantwortlich, wer zur Vertretung nach außen berufen ist, sofern die Verwaltungsvorschriften nicht anderes bestimmen und soweit nicht verantwortliche Beauftragte bestellt sind.

T ist als Geschäftsführerin der CC-GmbH zu deren Vertretung nach außen berufen. Dass sie nur pro forma die Position der Geschäftsführerin innehatte, ändert an ihrer Verantwortlichkeit gem § 9 VStG nichts.[2]) T hat sich auch nicht von ihrer Verantwortlichkeit befreit, indem sie C zur verantwortlichen Beauftragten gem § 9 Abs 2 VStG bestellte. Der Wille der Beteiligten ging zwar in die Richtung, jede Verantwortlichkeit für den Betrieb auf C zu übertragen; eine Bestellung der C zur verantwortlichen Beauftragten hätte jedoch erstens ausdrücklich erfolgen müssen, und zweitens ist es nicht möglich, ein nicht außenvertretungsbefugtes Organ zum verantwortlichen Beauftragten für das gesamte Unternehmen zu bestellen (§ 9 Abs 2 Satz 2 VStG e contrario). Prokuristen zählen aufgrund ihrer eingeschränkten Vertretungsmacht nicht zu den außenvertretungsbefugten Organen iSd § 9 Abs 2 VStG.

§ 39 Abs 1 iVm § 370 Abs 1 GewO, wonach grundsätzlich der gewerberechtliche Geschäftsführer für die Einhaltung der gewerberechtlichen Vorschriften verantwortlich ist, kommt hier nicht zur Anwendung, da Art III Abs 1 EGVG keine gewerberechtliche Vorschrift ist.

Eine Verantwortlichkeit für eine Tat nach § 9 VStG kommt nur in Betracht, wenn die Tat der beteiligten juristischen Person zurechenbar ist.[3]) C schloss die Verträge über den Ein- und Verkauf des Biers in ihrer Eigenschaft als Prokuristin im Namen der CC-GmbH und hängte das Plakat im Rahmen deren Geschäftsbetriebs auf. Die Taten der C sind daher der CC-GmbH zurechenbar.

T muss, um verwaltungsstrafrechtlich zur Verantwortung gezogen werden zu können, auch Verschulden treffen. Gem § 5 Abs 1 Satz 1 VStG genügt für die Strafbarkeit fahrlässiges Verhalten; Art III Abs 1 Z 4 EGVG regelt auch nichts Abweichendes.

T handelte fahrlässig, da sie als Verantwortliche nach § 9 VStG nicht dafür sorgte, dass bei der Geschäftstätigkeit der CC-GmbH Verwaltungsübertretungen unterbleiben. Sie hätte alle Maßnahmen treffen müssen, die unter den vorhersehbaren Verhältnissen die Einhaltung der gesetzlichen Vorschriften mit gutem Grund erwarten lassen.[4]) Dass hinsichtlich der Eigenschaften verkaufter Produkte sowie der Werbung dafür allgemein rechtliche Risiken bestehen, musste T klar sein; trotzdem hat sie die Tätigkeit der CC-GmbH in keiner Hinsicht überwacht.

5. Subsidiarität des Verwaltungsstrafrechts

Nach § 22 Abs 1 VStG ist eine Tat als Verwaltungsübertretung nur dann strafbar, wenn sie nicht den Tatbestand einer in die Zuständigkeit der Gerichte fallenden strafbaren Handlung bildet. Beim Delikt des Art III Abs 1 Z 4 EGVG stellt sich immer die Frage der Abgrenzung zum Verbotsgesetz.

---

2) VwGH 20. 7. 2004, 2004/03/0072.
3) *Hengstschläger/Leeb*, Verwaltungsverfahrensrecht^5 (2014) Rz 709.
4) *Hengstschläger/Leeb*, Verwaltungsverfahrensrecht^5 (2014) Rz 711.

Meine Notizen

Hinsichtlich der Tat der T scheidet eine Strafbarkeit aufgrund des Verbotsgesetzes jedenfalls aus, da dieses nur vorsätzliches Handeln erfasst, während T nur Fahrlässigkeit vorzuwerfen ist. Außerdem existiert im gerichtlichen Strafrecht keine dem § 9 VStG vergleichbare Bestimmung.

Ob die Tat der C gerichtlich strafbar ist, ist unerheblich; T könnte davon nicht profitieren, da die Subsidiaritätsregel des § 22 Abs 1 VStG Beschuldigtenidentität voraussetzt.[5])

T wurde folglich zu Recht wegen Übertretung des Art III Abs 1 Z 4 EGVG bestraft.

C. Ergebnis

Die Bescheidbeschwerde der T gegen den auf Art III Abs 1 Z 4 EGVG gestützten Strafbescheid der BH Leibnitz ist zulässig, aber unbegründet. Das Landesverwaltungsgericht Steiermark hat die Bescheidbeschwerde abzuweisen.

II. CC-GmbH gegen die Vollstreckungsverfügung

Wiederum ist eine Bescheidbeschwerde an das Verwaltungsgericht zu prüfen (Art 130 Abs 1 Z 1 B-VG):

A. Zulässigkeit einer Bescheidbeschwerde an das LVwG

Die CC-GmbH ist als juristische Person im verwaltungsgerichtlichen Verfahren parteifähig. Sie wird durch ihre organschaftliche Vertretung, die Geschäftsführerin T vertreten. Die CC-GmbH ist somit mögliche Beschwerdeführerin.

Die Vollstreckungsverfügung ist ein Bescheid.[6]) Die CC-GmbH ist Adressatin des Bescheids und aufgrund der Behauptung beschwerdelegitimiert, durch den Bescheid in ihrem Recht auf Unterlassung rechtswidriger Eingriffe in ihr Eigentum durch die Verhängung von Zwangsstrafen verletzt zu sein.

Im Übrigen kann auf die Ausführungen zur Bescheidbeschwerde der T verwiesen werden.

Die Bescheidbeschwerde der CC-GmbH an das Landesverwaltungsgericht Steiermark ist zulässig.[7])

Die Androhung einer weiteren Zwangsstrafe gegen die CC-GmbH kann mit dieser Beschwerde nicht angefochten werden (siehe dazu Frage 1: III.A.).

B. Begründetheit

1. Zuständigkeit des Verwaltungsgerichtes

Zuständig für die Bescheidbeschwerde ist das Landesverwaltungsgericht Steiermark (Art 131 Abs 1 B-VG, § 3 Abs 2 Z 1 VwGVG iVm § 3 AVG).

2. Zuständigkeit der Behörde

Die BH Leibnitz ist örtlich (§ 10 Abs 1 VVG iVm § 3 AVG) und sachlich (§ 1 Abs 1 VVG) für das Vollstreckungsverfahren und damit auch für die Erlassung der Vollstreckungsverfügung zuständig.

3. Vollstreckbarkeit des Beseitigungsauftrages

Grundlage der Vollstreckungsverfügung ist der Vollstreckungstitel. Die Vollstreckungsverfügung beruft sich auf den Bescheid, mit dem die CC-GmbH verpflichtet wurde, das im Eingangsbereich des „Cafe Conny" befindliche Plakat mit dem Bildnis des Adolf Hitler zu beseitigen.

Die Frist für ein Rechtsmittel gegen diesen Bescheid ist abgelaufen. Eine Leistungsfrist enthält er nicht. Seine Vollstreckbarkeit ist daher grundsätzlich schon eingetreten.

5) *Lewisch* in *Lewisch/Fister/Weilguni*, VStG² (2017) § 22 Rz 3.
6) *Hengstschläger/Leeb*, Verwaltungsverfahrensrecht⁵ (2014) Rz 997.
7) Gem § 10 Abs 2 VVG kommt einer Beschwerde gegen eine Vollstreckungsverfügung keine aufschiebende Wirkung zu.

Meine Notizen

Eine mögliche inhaltliche Rechtswidrigkeit des Bescheids ändert daran nichts, solange sich die Fehlerhaftigkeit des Bescheids im Rahmen eines noch näher zu bestimmenden Fehlerkalküls hält. Dies ist aus der befristeten Möglichkeit der Anfechtung des Bescheids zu schließen.[8]) Nur wenn sich der Bescheid aufgrund seiner Fehlerhaftigkeit außerhalb dieses Spielraums bewegt, ist er als absolut nichtig anzusehen und scheidet als Vollstreckungstitel aus.

Streng zu unterscheiden von der absoluten Nichtigkeit eines Bescheids sind die Möglichkeiten seiner Nichtigerklärung gem § 68 Abs 4 AVG und seiner Aufhebung gem Abs 2 leg cit. Die Behörde hat von diesen Kompetenzen bislang keinen Gebrauch gemacht. Die genannten Bestimmungen haben daher bislang keinen Einfluss auf den Bestand und die Vollstreckbarkeit des Bescheids, mit dem der Beseitigungsauftrag erlassen wurde. Gem Abs 7 leg cit hat auf die Ausübung der genannten Kompetenzen auch niemand einen Anspruch. Es erübrigt sich daher, auf die Frage einzugehen, ob die Ausübung dieser Kompetenzen angezeigt wäre.

Zur Frage, ob der Bescheid, mit dem der Beseitigungsauftrag erlassen wurde, und auf den nun eine Vollstreckungsverfügung gestützt wird, als absolut nichtig anzusehen ist, ist Folgendes zu erwägen:

Der Bescheid leidet an mehreren Mängeln. Erstens wurde er ohne Ermittlungsverfahren erlassen; die CC-GmbH, die mit dem Bescheid belastet wird, wurde entgegen §§ 37, 45 Abs 3 AVG nicht angehört. Zweitens wurden seine Feststellungen nur auf eine anonyme Anzeige und einen „Generalverdacht" gegen die Geschäftsführerin und die Prokuristin der CC-GmbH, die bereits verwaltungsstrafrechtlich entsprechend in Erscheinung getreten waren, gestützt. Drittens wurden entgegen § 59 Abs 1 AVG im Spruch des Bescheids die angewendeten Gesetzesbestimmungen nicht angegeben. Viertens hätte gem § 59 Abs 2 AVG eine angemessene Frist zur Erfüllung gesetzt werden müssen. Fünftens gab es für die mit dem Bescheid auferlegte Verpflichtung keine gesetzliche Grundlage.

Fraglich ist, ob diese Fehler als derart schwer und offenkundig anzusehen sind, dass der Bescheid als nicht entstanden anzusehen ist.[9])

Die Feststellungen der Behörde entbehren nicht völlig jeder Grundlage; die anonyme Anzeige und die amtsbekannten Straftaten sind nicht unerheblich, und die Feststellungen entsprechen der Wirklichkeit. Dass die CC-GmbH nicht gehört wurde, wiegt insofern nicht schwer, als ihr rechtliches Gehör durch die Erhebung einer Beschwerde nachgeholt werden hätte können. Auch Strafverfügungen können zB ohne vorherige Anhörung des Beschuldigten erlassen werden (§ 47 Abs 1 VStG). Wenn – wie hier – die zuständige Behörde entschieden hat und der Bescheid die Formerfordernisse (weitgehend) erfüllt, liegt eine absolute Nichtigkeit des Bescheids aus sonstigen formellen Gründen regelmäßig nicht vor.[10])

Dass im Spruch des Bescheids entgegen § 59 Abs 1 AVG keine gesetzliche Grundlage angegeben wurde, stellt nur einen leichten Mangel des Bescheids dar. Dies erhellt aus einem Vergleich mit der ZPO, in deren Anwendungsbereich diese Angabe in Sprüchen von Urteilen und Beschlüssen nicht vorgesehen und sogar völlig unüblich ist.[11])

Entgegen § 59 Abs 2 AVG wurde keine Leistungsfrist gesetzt. Auch das ist kein schwerer Mangel des Bescheids, da für die Erfüllung der Verpflichtung kein besonderer Aufwand und keine Vorarbeiten erforderlich sind.

Schwer wiegt, dass für die mit dem Bescheid auferlegte Verpflichtung keine gesetzliche Grundlage existiert.

Eine gröblich gegen Grundrechte verstoßende Pflicht wird freilich nicht vorgeschrieben. Im konkreten Fall erscheint der Auftrag zur Beseitigung vielmehr durchaus angemessen. Die Behörde hätte, da das Plakat für eine strafbare Handlung verwendet wurde, auch den Ausspruch des Verfalls (§ 17 VStG iVm Art III Abs 1 letzter Satz EGVG) desselben in Betracht ziehen können; dies hätte im Vergleich zum Beseitigungsauftrag einen ungleich stärkeren Rechtseingriff bedeutet (Verlust des Eigentums, mögliche sofortige Beschlagnahme durch Sicherheitsorgane). Die mit dem Bescheid vorgeschriebene Pflicht liegt nicht „inhaltlich völlig außerhalb der Rechtsordnung".[12])

8) *Kahl/Weber*, Allgemeines Verwaltungsrecht[6] (2017) Rz 399, 419.
9) Vgl *Hengstschläger/Leeb*, Verwaltungsverfahrensrecht[5] (2014) Rz 572.
10) Vgl die Beispiele bei *Kahl/Weber*, Allgemeines Verwaltungsrecht[6] (2017) Rz 419.
11) Vgl *M. Bydlinski* in *Fasching/Konecny*[2] (2004) § 417 ZPO Rz 6.
12) Vgl *Hengstschläger/Leeb*, Verwaltungsverfahrensrecht[5] (2014) Rz 572.

Meine Notizen

Der fragliche Bescheid ist daher im Ergebnis nicht absolut nichtig. Er ist vielmehr wirksam und aufgrund des Ablaufes der Rechtsmittelfrist rechtskräftig und vollstreckbar.

Zu prüfen ist noch, ob der Spruch des Bescheids bestimmt genug ist, um einer Vollstreckung zugänglich zu sein.[13]) Der Begriff „beseitigen" ist auslegungsbedürftig. Fraglich ist, ob damit das Entfernen des Plakats aus einem bestimmten (ebenso fraglichen) Umfeld oder seine Vernichtung gefordert ist. Kann die Verpflichtung des Schuldners durch Auslegung des Exekutionstitels genau ermittelt werden, ist dem Erfordernis der Bestimmtheit des Exekutionstitels genüge getan.[14]) Da die Auslegung des Begriffs „beseitigen" – wie immer sie ausfällt – jedenfalls zu einer klaren Abgrenzung der Leistungspflicht des Schuldners führt, ist der Spruch des Bescheids als für eine Vollstreckung ausreichend bestimmt anzusehen.

4. Einleitung des Vollstreckungsverfahrens

Der Vollstreckungstitel stammt von der Vollstreckungsbehörde selbst. Niemand hat auf die Erfüllung der Verpflichtung der CC-GmbH einen Anspruch; die Vollstreckung liegt allein im öffentlichen Interesse. Die Behörde leitete daher zu Recht von Amts wegen die Vollstreckung ein (§ 1 a Abs 1 Z 1 VVG).

5. Behördliche Feststellung der Nichterfüllung der Verpflichtung und Androhung des Zwangsmittels

Fraglich ist, in welchem Verfahrensstadium die Behörde zu prüfen hat, ob die vollstreckbare Verpflichtung bereits erfüllt wurde. Dass § 10 Abs 1 VVG nicht auf die Regeln zum Ermittlungsverfahren im AVG verweist, könnte darauf hindeuten, dass einer Vollstreckungsverfügung kein Ermittlungsverfahren voranzugehen hat. Lehre und Rsp gehen trotzdem davon aus, dass die Frage, ob die vollstreckbare Verpflichtung bereits erfüllt wurde, im Vollstreckungsverfahren zu klären ist.[15]) Sobald feststeht, dass die Verpflichtung erfüllt ist oder andere Hindernisse der Vollstreckung entgegenstehen, ist das Vollstreckungsverfahren einzustellen.[16]) Dieser Ansicht ist zu folgen, da für die notwendige Klärung dieser Frage kein anderes Verfahren zur Verfügung steht. Das Fehlen von Regeln zum Ermittlungsverfahren im VVG ist als Lücke anzusehen, die durch sinngemäße Anwendung des AVG zu schließen ist.[17])

Die Behörde hat daher in die Vollstreckungsverfügung zu Recht eine Feststellung über die Nichterfüllung der Verpflichtung aufgenommen.

Die sinngemäße Anwendung der §§ 37, 45 Abs 3 AVG ergibt ein Recht des Verpflichteten, vor der Erlassung der Vollstreckungsverfügung zur Frage, ob die Verpflichtung erfüllt wurde, gehört zu werden. Die Rsp verlangt in diesem Zusammenhang vom Verpflichteten, der Vollstreckungsbehörde von sich aus ein konkretes Vorbringen zu erstatten, wenn er der Meinung ist, die Verpflichtung bereits erfüllt zu haben; die Behörde muss ihm nicht ausdrücklich Gelegenheit zur Stellungnahme geben.[18]) Da ein solches Vorbringen jederzeit erstattet werden kann und die Behörde darauf Rücksicht nehmen muss,[19]) ist das rechtliche Gehör des Verpflichteten gewahrt, freilich unter der Voraussetzung, dass er vom laufenden Vollstreckungsverfahren überhaupt Kenntnis hat.

Diese Kenntnis erlangt der Verpflichtete durch die Androhung des Zwangsmittels, die in § 4 Abs 1 bzw in § 5 Abs 2 Satz 1 VVG gesetzlich vorgeschrieben ist. Die Androhung soll dem Verpflichteten nicht nur verdeutlichen, dass er mit der Durchführung einer Vollstreckungsmaßnahme zu rechnen hat, sondern auch überhaupt darauf hinweisen, dass er sich im Vollstreckungsverfahren befindet und ihm Gelegenheit geben, die Vollstreckung abzuwenden.

Im gegenständlichen Fall unterblieb diese Androhung (unter Setzung einer Nachfrist) jedoch. Die CC-GmbH erlangte erst mit der Zustellung der Vollstreckungsverfügung Kenntnis vom Vollstreckungsverfahren. Die Vollstreckungsbehörde verstieß

13) Vgl *Hengstschläger/Leeb*, Verwaltungsverfahrensrecht[5] (2014) Rz 973.
14) Vgl *Jakusch* in *Angst*[3] (2015) § 7 EO Rz 5, 8/1, 35 ff.
15) *Kolonovits/Muzak/Stöger*, Verwaltungsverfahrensrecht[10] (2014) Rz 1289 mwN.
16) *Hengstschläger/Leeb*, Verwaltungsverfahrensrecht[5] (2014) Rz 999.
17) Vgl *Hengstschläger/Leeb*, Verwaltungsverfahrensrecht[5] (2014) Rz 999; *Kolonovits/Muzak/Stöger*, Verwaltungsverfahrensrecht[10] (2014) Rz 1289.
18) VwGH 23. 2. 2009, 2005/10/0165.
19) VwGH 23. 2. 2009, 2005/10/0165; *Hengstschläger/Leeb*, Verwaltungsverfahrensrecht[5] (2014) Rz 999 (FN 81).

Meine Notizen

damit gegen ihre Verpflichtung zur Androhung und verletzte auch das Recht der CC-GmbH auf rechtliches Gehör.

6. Erfüllung der Verpflichtung

Zu prüfen ist, ob die Vollstreckung nicht wegen der Erfüllung der Verpflichtung durch die CC-GmbH unzulässig war. C hat das bedenkliche Plakat aus dem Eingangsbereich des Cafés entfernt und stattdessen im „Stüberl" aufgehängt. Fraglich ist, ob das Plakat damit im Sinne des Spruches des zu vollstreckenden Bescheids beseitigt wurde. „Beseitigen" kann zweierlei bedeuten: Einerseits die Entfernung eines Gegenstandes von einem bestimmten Ort, andererseits die Vernichtung des Gegenstandes. Die Auslegung eines Exekutionstitels hat sich streng an dessen Wortlaut zu halten; ist dieser jedoch mehrdeutig, kann die Begründung des Exekutionstitels, falls eine solche existiert, als Auslegungshilfe herangezogen werden.[20])

Im konkreten Fall wurde der Beseitigungsauftrag mit der Strafbarkeit der Verbreitung nationalsozialistischen Gedankenguts durch das Plakat begründet. Eine strafbare Handlung liegt nur vor, solange das Plakat in der Öffentlichkeit gezeigt wird. Eine Vernichtung des Plakats ist zur Beendigung der strafbaren Handlung nicht erforderlich. Es ist daher anzunehmen, dass der Spruch des Bescheids nicht die Vernichtung des Plakats fordert.

Fraglich ist, ob der Bescheid die vollständige Entfernung des Plakats aus der Öffentlichkeit, aus dem Café oder nur aus dem Eingangsbereich desselben fordert. Dass der Bescheid vom „im Eingangsbereich des ‚Cafe Conny' befindliche[n] Plakat" spricht, bedeutet nicht, dass nur die Entfernung des Plakats aus dem Eingangsbereich gefordert ist; diese Ortsangabe dient nur zur näheren Bestimmung des gemeinten Plakats. Es ist daher anzunehmen, dass der Bescheid die Beseitigung des Plakats aus seinem bisherigen Umfeld, dem Café, fordert (zu weit ginge hingegen die Auslegung, das Plakat müsste vollständig aus der Öffentlichkeit entfernt werden).

Die CC-GmbH hat ihre Verpflichtung aus dem Bescheid daher noch nicht erfüllt, weshalb die Vollstreckung zulässig ist *(aA vertretbar).*

7. Vollstreckungsmittel

Zu prüfen ist, ob die Behörde das richtige Vollstreckungsmittel gewählt hat. Die Erzwingung von Leistungen, die nicht Geldleistungen sind, ist in den §§ 4 bis 7 VVG geregelt. Dabei wird zwischen der Erzwingung vertretbarer (§ 4 VVG) und unvertretbarer (§ 5 VVG) Leistungen unterschieden.

Die Beseitigung des Plakats ist eine vertretbare Leistung, da sie sich nicht nur von der CC-GmbH und ihren Organen, sondern auch von Dritten ohne weiteres bewerkstelligen lässt. § 4 VVG sieht dafür als Vollstreckungsmittel die Ersatzvornahme vor. Die Behörde hat hingegen zu einer Zwangsstrafe gegriffen. Dieses Vollstreckungsmittel ist der Vollstreckung unvertretbarer Leistungen vorbehalten. Die Verhängung einer Zwangsstrafe war damit rechtswidrig.

C. Ergebnis

Die Beschwerde der CC-GmbH gegen den Bescheid (die Vollstreckungsverfügung) der BH Leibnitz, mit dem über die CC-GmbH eine Zwangsstrafe in der Höhe von 100,– Euro verhängt wurde, ist zulässig und begründet.

Da vor der Androhung der Ersatzvornahme überhaupt kein rechtmäßiger Bescheid erlassen werden kann, hat das Verwaltungsgericht in der Sache selbst zu entscheiden und den Bescheid ersatzlos aufzuheben. Der dafür maßgebliche Sachverhalt – dessen wesentliches Element die bisherige Nichtandrohung irgendeiner Vollstreckungsmaßnahme ist – steht fest (§ 28 Abs 2 Z 1 VwGVG). Da ein Bescheid über ein Zwangsmittel im Rahmen eines Vollstreckungsverfahrens kein verfahrensbeendender ist, sondern solche Bescheide nach jeweiliger Notwendigkeit zu erlassen sind, erfasst die materielle Rechtskraft des Erkenntnisses des Verwaltungsgerichts das laufende Vollstreckungsverfahren im Übrigen nicht. Seine Weiterführung wird durch das Erkenntnis des Verwaltungsgerichts nicht untersagt, sondern nur einer der in seinem Zuge erlassenen Bescheide beseitigt. Die Verwaltungsbehörde hat das anhängige Vollstreckungsverfahren fortzuführen, indem sie die Ersatzvornahme androht und zu einem späteren Zeitpunkt, falls noch notwendig, verfügt.

20) *Jakusch* in *Angst*[3] (2015) § 7 EO Rz 5.

Meine Notizen

III. Sonstige denkbare Rechtsmittel

A. CC-GmbH gegen die Androhung einer weiteren Zwangsstrafe

Bei der Androhung einer weiteren Zwangsstrafe in der Höhe von 1.000,– Euro gegen die CC-GmbH handelt es sich um keinen Bescheid, sondern um eine Verfahrensanordnung, die nur eine von mehreren Voraussetzungen für die rechtmäßige spätere, dann bescheidmäßige Verhängung der angedrohten Zwangsstrafe darstellt.[21]) Die Verfahrensanordnung könnte erst in der Beschwerde gegen diesen Bescheid angefochten werden (§ 7 Abs 1 VwGVG).

Eine Beschwerde der CC-GmbH gegen die Androhung der Zwangsstrafe wäre daher unzulässig und zurückzuweisen.

Die Verhängung einer Zwangsstrafe von 1.000,– Euro wäre angesichts des in § 5 Abs 3 VVG festgesetzten Höchstbetrages von 726,– Euro jedenfalls rechtswidrig.

B. T gegen die Vollstreckungsverfügung

T ist nicht Adressatin des Bescheids; er greift auch nicht in ihre Rechte ein. Ihr wurde der Bescheid nur in ihrer Eigenschaft als Geschäftsführerin der CC-GmbH zugestellt. Eine Beschwerde der T wäre daher unzulässig und zurückzuweisen.

Frage 2: Prüfen Sie, welche gewerberechtlichen Maßnahmen seitens der Bezirkshauptmannschaft Leibnitz angezeigt sind.

I. Zuständigkeit

Gem § 333 GewO ist die Bezirksverwaltungsbehörde für Gewerbesachen in erster Instanz sachlich zuständig, soweit nichts anderes bestimmt ist. Gem § 3 Z 2 AVG bestimmt sich die örtliche Zuständigkeit in Sachen, die sich auf den Betrieb eines Unternehmens oder einer sonstigen dauernden Tätigkeit beziehen, nach dem Ort, an dem das Unternehmen betrieben oder die Tätigkeit ausgeübt wird oder werden soll. Die CC-GmbH betreibt ihr Gewerbe in Leibnitz. Die BH Leibnitz ist daher für die im Folgenden genannten Maßnahmen zuständig.

Maßnahmen gegen die T hinsichtlich ihres Steakrestaurants sind nicht zu prüfen, da nach dem Bearbeitungsvermerk nur Maßnahmen seitens der BH Leibnitz zu prüfen sind. Die T betreibt ihr Gewerbe in Graz; zuständig wäre daher der Bürgermeister der Stadt Graz.

II. Maßnahmen wegen der Scheingeschäftsführertätigkeit der T

A. Die Verpflichtung des Gewerbeinhabers, sich eines Geschäftsführers zu bedienen

Zuerst ist zu prüfen, ob auf die Tätigkeit der CC-GmbH die GewO anwendbar ist:

Gem § 1 Abs 1 GewO gilt dieselbe für alle gewerbsmäßig ausgeübten und nicht gesetzlich verbotenen Tätigkeiten, soweit in den §§ 2–4 GewO nichts anderes bestimmt ist. Die CC-GmbH führt das Café Conny, um damit Einnahmen zu erzielen, sie führt es auf eigene Rechnung und Gefahr, damit selbstständig (§ 1 Abs 3 GewO), weiters regelmäßig, im Ergebnis daher gewerbsmäßig (§ 1 Abs 2 GewO). Ihre Tätigkeit ist weder im Grundsatz verboten (gelegentliche Gesetzwidrigkeiten im Rahmen ihrer Tätigkeit ändern daran nichts) noch in den §§ 2–4 GewO genannt.

Die GewO ist daher auf die Tätigkeit der CC-GmbH anwendbar.

Die CC-GmbH betreibt nach dem Sachverhalt den Ausschank von Getränken, daher übt sie das Gastgewerbe aus (§ 111 Abs 1 Z 2 GewO). Es handelt sich dabei um ein reglementiertes Gewerbe (§ 94 Z 26 GewO). Für die Erlangung der Gewerbeberechtigung ist ein Befähigungsnachweis zu erbringen (§§ 5 Abs 2, 16 GewO). Weiters handelt es sich um ein Anmeldegewerbe (§ 95 Abs 1 GewO e contrario).[22]) Dieses darf bei Erfüllung der allgemeinen und besonderen Voraussetzungen bereits aufgrund der Gewerbeanmeldung ausgeübt werden (§ 5 Abs 1 GewO).

21) *Schulev-Steindl*, Verwaltungsverfahrensrecht[6] (2018) Rz 719.
22) *Feik*, Gewerberecht, in *Bachmann* et al (Hrsg), Besonderes Verwaltungsrecht[10] (2016) 233 (249).

Meine Notizen

Die CC-GmbH ist eine juristische Person und muss gem § 9 GewO stets einen gewerberechtlichen Geschäftsführer bestellt haben, welcher gem § 39 Abs 1 GewO den für die Ausübung des Gewerbes vorgeschriebenen persönlichen Voraussetzungen entsprechen und in der Lage sein muss, sich im Betrieb entsprechend zu betätigen (Abs 2 Satz 1 leg cit).

T übt als Inhaberin eines Steakrestaurants bereits das Gastgewerbe aus. Es ist davon auszugehen, dass sie die entsprechenden Voraussetzungen erfüllt, insb einen Befähigungsnachweis erbracht hat. Aus dem Sachverhalt geht nicht hervor, dass sie nicht in der Lage wäre, sich im Betrieb entsprechend zu betätigen. Ihre Haupttätigkeit, der Betrieb des Steakrestaurants in Graz, nimmt sie nicht zwangsläufig zeitlich so stark in Anspruch, dass sie nicht daneben im nicht allzu weit entfernten Leibnitz noch ein Café führen könnte. Die Bestimmung des § 39 Abs 2 Z 2 GewO, wonach ein zur Hälfte der wöchentlichen Normalarbeitszeit im Betrieb beschäftigter, nach den Bestimmungen des Sozialversicherungsrechtes voll versicherungspflichtiger Arbeitnehmer gewerberechtlicher Geschäftsführer sein kann, lässt erkennen, dass „entsprechende" Betätigung im Betrieb jedenfalls vorliegt, wenn die in Frage stehende Person mit der Hälfte ihrer Arbeitszeit, die wiederum der Hälfte der Betriebszeit eines gewöhnlichen Gewerbes entsprechen dürfte, dem Betrieb zur Verfügung steht. Eine Aufteilung der Arbeitskraft der T auf ihr Steakrestaurant und das Café wäre daher unbedenklich; T ist in der Lage, sich im Gastgewerbebetrieb der CC-GmbH entsprechend zu betätigen.

Da für das Gastgewerbe als reglementiertes Gewerbe die Erbringung eines Befähigungsnachweises vorgeschrieben ist, muss der gewerberechtliche Geschäftsführer dem außenvertretungsbefugten Organ der juristischen Person angehören oder ein mindestens zur Hälfte der wöchentlichen Normalarbeitszeit im Betrieb beschäftigter, nach den Bestimmungen des Sozialversicherungsrechtes voll versicherungspflichtiger Arbeitnehmer sein (Abs 2 Z 1, 2 leg cit). T erfüllt als unternehmensrechtliche Geschäftsführerin der CC-GmbH die erste Alternative.

Gegen die (im Sachverhalt nicht erwähnte) bescheidmäßige Kenntnisnahme der Anzeige der Bestellung der T zur gewerberechtlichen Geschäftsführerin (§ 39 Abs 4, § 345 GewO) bestanden daher keine Bedenken.

Zu unterscheiden von der Frage, ob der gewerberechtliche Geschäftsführer in der Lage ist, sich im Betrieb entsprechend zu betätigen, ist, ob sich der gewerberechtliche Geschäftsführer tatsächlich im Betrieb entsprechend betätigt. Dies kann sich erst nach Aufnahme seiner Tätigkeit zeigen,[23]) während die Prüfung der Gesetzmäßigkeit der Gewerbeanmeldung auf die Sach- und Rechtslage im Zeitpunkt der Anmeldung abstellen muss.[24])

T betätigt sich nach dem Sachverhalt – bis auf einige ausdrücklich von C gewünschte telefonische Auskünfte – im Betrieb überhaupt nicht. Damit verstößt die CC-GmbH gegen die Bestimmung des § 39 Abs 3 GewO, wonach sich der Gewerbeinhaber eines Geschäftsführers bedienen muss, der sich im Betrieb entsprechend betätigt.

B. Verwaltungsstrafrechtliche Folgen

Gem § 367 Z 7 GewO ist zu bestrafen, wer sich für die Ausübung eines Gewerbes eines Geschäftsführers bedient, der sich entgegen § 39 Abs 3 GewO nicht im Betrieb entsprechend betätigt.

Unmittelbare Täterin ist die CC-GmbH als Gewerbeinhaberin; sie übt ein Gewerbe aus und bedient sich dabei einer Geschäftsführerin. Die CC-GmbH ist als juristische Person allerdings nicht verschuldensfähig und kann nach dem VStG nicht bestraft werden.

Zu prüfen ist, ob C und T zu bestrafen sind.

T ist als gewerberechtliche Geschäftsführerin gem §§ 39 iVm 370 GewO für die Einhaltung der gewerberechtlichen Vorschriften durch die CC-GmbH verantwortlich; § 9 VStG wird verdrängt.

T müsste für die Einhaltung des § 39 Abs 3 GewO durch die CC-GmbH sorgen, indem sie sich in deren Betrieb entsprechend betätigt. Sie unterlässt dies aber.

T weiß, dass sie gewerberechtliche Geschäftsführerin der CC-GmbH ist und sich in deren Betrieb nicht betätigt; sie will das auch nicht. T handelt folglich vorsätzlich.

23) *Gruber/Paliege-Barfuß*, GewO[7] § 39 (Stand 1. 10. 2017, rdb.at) Anm 75.
24) VwGH 13. 12. 2000, 2000/04/0172.

Meine Notizen

Für den Fall, dass T die Vorschrift des § 39 Abs 3 GewO unbekannt ist, ist zu prüfen, ob sie wegen Rechtsirrtums gem § 5 Abs 2 VStG straffrei ist, da sie unverschuldet in Unkenntnis der Vorschrift war und das Unerlaubte ihres Verhaltens ohne Kenntnis der Verwaltungsvorschrift nicht einsehen konnte. T hätte sich allerdings, bevor sie die Funktion der gewerberechtlichen Geschäftsführerin annahm, mit den einschlägigen Rechtsvorschriften vertraut machen müssen; außerdem ist die Unerlaubtheit des Einsetzens von Strohmännern allgemein bekannt. Ein möglicher Rechtsirrtum befreit T daher nicht von ihrer verwaltungsstrafrechtlichen Verantwortlichkeit.

T ist daher gem § 367 Z 7 iVm §§ 39, 370 GewO zu bestrafen.

C könnte gem § 7, 1. Fall VStG (Anstiftung) strafbar sein:

C veranlasste T zur Übernahme der Funktion der gewerberechtlichen Geschäftsführerin unter der Abrede, dass nicht diese, sondern C selbst die Geschäfte führen sollte.

C handelte vorsätzlich; sie wollte und will die Geschäfte der CC-GmbH selbst führen und braucht T nur wegen des vorgeschriebenen Befähigungsnachweises.

Hinsichtlich eines möglichen Rechtsirrtums gilt das bei T Ausgeführte sinngemäß.

C ist daher gem § 7, 1. Fall VStG iVm § 367 Z 7 iVm §§ 39, 370 GewO zu bestrafen.

Die BH Leibnitz hat C und T daher Gelegenheit zu geben, sich zu rechtfertigen (§ 40 Abs 1 VStG) und anschließend gegen beide entsprechende Strafbescheide zu erlassen.

C. Sonstige Folgen

Zu prüfen ist, welche sonstigen rechtlichen Folgen – außerhalb der Strafbarkeit – mit dem Verstoß gegen § 39 Abs 3 GewO verbunden sind.

Die Nichtbestellung eines gem § 9 Abs 1 GewO obligatorischen Geschäftsführers würde ein Gewerbeausübungshindernis darstellen.[25]) § 39 Abs 3 GewO enthält allerdings nur eine Ausübungsvorschrift, nicht eine Voraussetzung für die Bestellung eines Geschäftsführers.[26]) Die Bestellung der T zur gewerberechtlichen Geschäftsführerin der CC-GmbH ist weiterhin aufrecht.

Damit ist kein Gewerbeausübungsuntersagungstatbestand (vgl § 340 Abs 3, § 345 Abs 5 GewO) verwirklicht.

Der Verstoß gegen § 39 Abs 3 GewO stellt auch keinen unmittelbaren Grund dar, die Gewerbeberechtigung zu entziehen (§§ 87 ff GewO). Der Verstoß kann jedoch den Entziehungsgrund der mangelnden Zuverlässigkeit (§ 87 Abs 1 Z 3 GewO) bedingen.

III. Entziehung der Gewerbeberechtigung wegen mangelnder Zuverlässigkeit

A. Rechtsgrundlagen

Gem § 87 Abs 1 Z 3 GewO ist die Gewerbeberechtigung von der Behörde zu entziehen, wenn der Gewerbeinhaber infolge schwerwiegender Verstöße gegen die im Zusammenhang mit dem betreffenden Gewerbe zu beachtenden Rechtsvorschriften und Schutzinteressen, insb auch zur Wahrung des Ansehens des Berufsstandes, die für die Ausübung dieses Gewerbes erforderliche Zuverlässigkeit nicht mehr besitzt.

Die Bestimmung wird auch auf Gewerbeinhaber, die juristische Personen sind, angewandt.[27])

Weitere im gegenständlichen Fall relevante Bestimmungen, die an den Entziehungsgrund des § 87 Abs 1 Z 3 GewO anknüpfen, sind in § 91 Abs 1 und Abs 2 GewO enthalten.

Da § 87 Abs 1 Z 3 GewO mit der sofortigen Entziehung der Gewerbeberechtigung die weitergehende Rechtsfolge vorsieht, ist diese Bestimmung vor § 91 Abs 1 und Abs 2 GewO zu prüfen. Es ist also zu prüfen, ob der CC-GmbH ihre Gewerbeberechtigung zur Ausübung des Gastgewerbes zu entziehen ist.

25) *Feik*, Gewerberecht, in *Bachmann* et al (Hrsg), Besonderes Verwaltungsrecht[11] (2016) 233 (257).
26) *Grabler/Stolzlechner/Wendl*, GewO[3] (2011) § 39 Rz 43.
27) Vgl VwGH 15. 9. 2006, 2006/04/0113.

Meine Notizen

B. Verstöße gegen Rechtsvorschriften und Schutzinteressen

Der Entziehungstatbestand des § 87 Abs 1 Z 3 GewO setzt nicht voraus, dass die Verstöße des Gewerbeinhabers gegen Rechtsvorschriften und Schutzinteressen mit einer Verwaltungsstrafe bedroht waren.[28])

Der CC-GmbH sind folgende Verstöße gegen Rechtsvorschriften vorzuwerfen:

C verbreitete – und verbreitet noch immer – nationalsozialistisches Gedankengut. Die Taten der C sind der CC-GmbH zuzurechnen (siehe Frage 1: I.B.4). Der CC-GmbH ist daher die wiederholte Verletzung des Art III Abs 1 Z 4 EGVG anzulasten.

Die Verstöße der CC-GmbH gegen die genannte Rechtsvorschrift wiegen schwer: Die Unterbindung der Verbreitung nationalsozialistischen Gedankenguts ist ein wesentliches Anliegen der österreichischen Rechtsordnung und Gastgewerbebetriebe sind beliebte Stätten politischer Diskussion, weshalb die Verbreitung dieses Gedankenguts dort besonders gefährlich ist. Überdies setzt die CC-GmbH die Verbreitung des Gedankenguts trotz Bestrafung ihrer Organe beharrlich fort.

Die CC-GmbH verstößt auch weiterhin gegen den mit rechtskräftigem Bescheid verhängten Auftrag, das Plakat zu beseitigen. Dass dieser Bescheid inhaltlich rechtswidrig ist, ist irrelevant. Dass sich die CC-GmbH nicht gegen den Bescheid gewehrt hat, es nun aber auf seine Vollstreckung ankommen lässt, obwohl ihr die Erfüllung der Verpflichtung leicht möglich ist, spricht eher dafür, dass sie Rechtsvorschriften und behördlichen Akten keine besondere Bedeutung beimisst. Daher liegt wiederum ein schwerer Verstoß gegen eine Rechtsvorschrift vor.

Schließlich verstößt die CC-GmbH gegen § 39 Abs 3 GewO, indem sie sich eines gewerberechtlichen Geschäftsführers bedient, der sich im Betrieb nicht entsprechend betätigt. Da der Verstoß von Anfang an beabsichtigt und verabredet war, sowie da die Bekämpfung des Scheingeschäftsführerunwesens ein besonderes Anliegen des Gesetzgebers ist, was unter anderem die ausdrückliche Strafbestimmung des § 367 Z 7 GewO zeigt, ist auch hier von einem schwerwiegenden Verstoß gegen eine Rechtsvorschrift auszugehen.

Zu prüfen ist, ob sich die genannten Verstöße gegen im Zusammenhang mit dem Gewerbe der CC-GmbH zu beachtende Rechtsvorschriften richten. Dieses Tatbestandsmerkmal wird weit ausgelegt. Es erfasst alle im Zusammenhang mit einem Gewerbe relevanten Bestimmungen;[29]) das Erfordernis einer „besonderen" Beziehung dieser Rechtsvorschriften zu dem zu entziehenden Gewerbe kennt das Gesetz nicht.[30]) § 39 Abs 3 GewO ist eine allgemeine gewerberechtliche Vorschrift und das Verbot der Verbreitung nationalsozialistischen Gedankenguts sowie die Verpflichtung aus dem Bescheid betreffen direkt den Geschäftsbetrieb der CC-GmbH. Die Verstöße betreffen daher die im Zusammenhang mit ihrem Gewerbe zu beachtenden Rechtsvorschriften.

Dass sich die Verstöße der CC-GmbH nicht gegen Schutzinteressen richteten, die in § 87 Abs 1 letzter Satz GewO aufgezählt sind, ist irrelevant, da es sich um eine nicht abschließende Aufzählung handelt.[31]) Der Gesetzgeber bewertet Verstöße gegen die ausdrücklich genannten Schutzinteressen von vornherein als besonders schwer. Dass Verstöße gegen Rechtsvorschriften, die anderen Schutzinteressen dienen, schwer wiegen, muss besonders begründet werden, ist aber bei den hier vorliegenden – wie gezeigt – nicht zweifelhaft.

Die CC-GmbH hat folglich schwerwiegende Verstöße gegen die im Zusammenhang mit ihrem Gewerbe zu beachtenden Rechtsvorschriften und Schutzinteressen begangen.

C. Entziehung der Gewerberechtigung der CC-GmbH

Nach der Rsp des VwGH enthält § 87 Abs 1 Z 3 GewO eine „zwingende gesetzliche Rechtsvermutung", wonach sich die mangelnde Zuverlässigkeit für die Ausübung des Gewerbes aus den begangenen schwerwiegenden Verstößen ergibt. Eine Beurteilung des Persönlichkeitsbildes des Gewerbeinhabers ist darüber hinaus nicht erforderlich;[32]) sie wäre bei einer juristischen Person auch nicht möglich.

---

28) Vgl VwGH 18. 5. 2005, 2005/04/0029; 15. 9. 2006, 2006/04/0113.
29) *Grabler/Stolzlechner/Wendl*, GewO³ (2011) § 87 Rz 17.
30) VwGH 29. 9. 2000, 2000/04/0129: Verweigerung einer Lenkerauskunft für Firmenfahrzeuge durch Geschäftsführer eines Büros für Innenarchitektur.
31) VwGH 8. 10. 1996, 96/04/0156.
32) VwGH 29. 9. 2000, 2000/04/0129 mwN.

Die CC-GmbH besitzt die für die Ausübung ihres Gewerbes erforderliche Zuverlässigkeit folglich nicht mehr, weshalb ihr die BH Leibnitz die Gewerbeberechtigung zur Ausübung des Gastgewerbes zu entziehen hat.

Meine Notizen

D. Maßnahmen nach § 91 GewO

Maßnahmen nach § 91 GewO sind bei diesem Ergebnis nicht mehr erforderlich, wären aber statthaft:

Der Entziehungsgrund des § 87 Abs 1 Z 3 GewO trifft auch auf C und T zu, da sie die der CC-GmbH angelasteten Verstöße begangen haben.

Die Bestellung der T zur gewerberechtlichen Geschäftsführerin wäre daher von der Behörde gem § 91 Abs 1 GewO mit Bescheid zu widerrufen. Da § 9 Abs 2 GewO in diesem Fall nicht gilt, wäre die Ausübung des Gewerbes durch die CC-GmbH ab Vollstreckbarkeit des Widerrufs der Bestellung der T ex lege unzulässig.

C ist als Alleingesellschafterin der CC-GmbH eine Person mit maßgebendem Einfluss iSd § 91 Abs 2 GewO auf diese. Die Behörde hat daher gem § 91 Abs 2 GewO der CC-GmbH eine Frist bekanntzugeben, innerhalb der sie die C zu entfernen hat; das heißt, C müsste zumindest die Mehrheit der Geschäftsanteile an der CC-GmbH abgeben und ihre Position als faktische Geschäftsführerin derselben aufgeben. Kommt die CC-GmbH dem nicht nach, hat die Behörde ihr die Gewerbeberechtigung mit Bescheid zu entziehen.

Von Scarlett Löscher und Stefan Storr

Meine Notizen

Fall 7: Der Waffenfreund

Schwerpunkte: Gewerberecht; Waffengesetz; Sicherheitspolizeigesetz; AuvBZ; Polizeibefugnis-Entschädigungsgesetz; Revision

SACHVERHALT[1])

Teil 1: Der in Graz wohnhafte 35-jährige griechische Staatsbürger A hatte schon immer ein Faibel für Waffen aller Art. Deshalb will er einen Waffenhandel zum Verkauf und Verleih von Schusswaffen der „Kategorie B" für Sport, insb Faustfeuerwaffen, aufbauen. Seine Verkaufsräume sollen in Graz liegen, an drei Tagen in der Woche will er aber zu (behördlich genehmigten) Schießstätten in der Region fahren, um den dortigen Schützen seine Waffen vor Ort anzubieten und sie zu beraten. Als kleinen Nebenverdienst will er zudem an einem Tag in der Woche für örtliche Sparkassen Bargeld zu einer Filiale der Nationalbank fahren.

A möchte wissen, welche behördlichen Genehmigungen (und sonstige Bewilligungen) er für sein Vorhaben benötigt. Er ist der Meinung, selbst über eine Schusswaffe verfügen zu müssen, zumal er die Kunden an den Schießplätzen ja nicht kenne und nicht wisse, ob diese zuverlässig sind. Insb müsse er gewährleisten, dass sich unzuverlässige Kunden nicht der Waffen und der Munition mit Gewalt bemächtigen. Und dass ein Geldtransport ohne Schusswaffen nicht sicher durchgeführt werden kann, verstehe sich ja wohl von selbst.

Teil 2: Noch während des laufenden behördlichen Verfahrens beginnt A bereits mit dem Aufbau seines Gewerbes. Als er wieder einmal zu einem Schießplatz unterwegs ist, um einen besonders vermögenden Kunden zu treffen, von dem er hofft, dass er ihm mehrere Schusswaffen abkaufen wird, wird er von dem Polizeibeamten P und der Polizeibeamtin O im Rahmen einer allgemeinen Verkehrskontrolle auf der Autobahn A 9 in der Gegend von Übelbach auf einem Parkplatz angehalten und aufgefordert, Führerschein, Zulassungsschein und Identitätsausweis vorzuzeigen sowie den Kofferraum des Fahrzeugs zu öffnen. Im Kofferraum finden P und O die (teilweise geladenen) Waffen. Außerdem finden sie eine schwarze Tasche, die mit arabischen Schriftzeichen und dem Bild zweier sich kreuzender krummer Säbel verziert ist. Weil A keinen Waffenpass vorweisen kann und auch sonst keine Auskunft geben will, stellt P sämtliche Waffen sicher. Auch auf die Frage des P, was sich in der Tasche befindet, antwortet A nicht. Vielmehr gibt er – wütend wegen der Verzögerung und der Beschlagnahme – patzig zur Antwort, dass P und seine Kollegin O sich schon wundern werden, wenn sie hineinsehen. Tatsächlich befindet sich in der Tasche nur schmutzige Wäsche, P vermutet aber aufgrund der Aussage, dass sie eine Bombe enthalten könnte. Deshalb fordert P unverzüglich alle Anwesenden auf, den Autobahnparkplatz zu verlassen, weil Explosionsgefahr bestehen könne. In die Tasche reinsehen traut er sich nicht. Vielmehr befiehlt er der in Sprengungen besonders geschulten O, die Tasche zu sprengen, was diese auch sogleich tut, dabei aber das Fahrzeug des A erheblich beschädigt.

Teil 3: A wurde der Waffenpass von der Landespolizeidirektion Graz versagt, weshalb er Beschwerde erhebt. In der Beschwerdeschrift steht der Satz (in deutscher Sprache): „Antrag auf Aufhebung des Bescheids der Landespolizeidirektion über die Versagung eines Waffenpasses". Der Beschwerdeschrift sind handschriftliche Ausführungen in

1) Es handelt sich um die überarbeitete Version des Fachprüfungsfalles Verwaltungsrecht und Verwaltungslehre vom Februar 2016.

Meine Notizen

griechischer Sprache angeschlossen. Eine Begründung oder ein bestimmtes Begehren in deutscher Sprache enthält die Beschwerde nicht.

Die Behörde legt zwei Tage nach Einlangen der Beschwerde ohne weiteres Verfahren, insb ohne Einholung einer Übersetzung der griechischen Ausführungen und ohne Erlassung einer Beschwerdevorentscheidung, dem zuständigen Verwaltungsgericht die Verwaltungsakten samt Beschwerde vor. Das Verwaltungsgericht hebt den Bescheid der Landespolizeidirektion Graz auf und verweist die Angelegenheit nach § 28 Abs 3 Satz 2 VwGVG zur Erlassung eines neuen Bescheids an die Landespolizeidirektion zurück. Es führt aus, die Landespolizeidirektion habe es unterlassen, sich mit der Möglichkeit auseinanderzusetzen, eine Beschwerdevorentscheidung zu treffen. Die Landespolizeidirektion könne erst mit Kenntnis des Beschwerdeinhalts entscheiden, ob von einer Beschwerdevorentscheidung Gebrauch zu machen sei. Das Verwaltungsgericht erklärt die ordentliche Revision für unzulässig. Die Landespolizeidirektion möchte dagegen vorgehen.

Bearbeitungsvermerk:

Teil 1: Erörtern Sie gutachterlich, welche gesetzlichen Anforderungen A für seine Vorhaben erfüllen muss und ob er erwarten kann, erforderliche Genehmigungen (bzw sonstige Bewilligungen etc) zu erhalten. Gehen Sie davon aus, dass A nur Schusswaffen der „Kategorie B" verwenden will.

Teil 2: Was kann A unternehmen? Überprüfen Sie gutachterlich die Erfolgsaussichten möglicher Rechtsbehelfe des A, wobei Sie auf sämtliche aufgeworfenen Rechtsfragen (ggf hilfsgutachterlich) eingehen. Kann A eine Entschädigung erwarten?

Teil 3: Was kann die Landespolizeidirektion Graz unternehmen? Überprüfen Sie gutachterlich die Erfolgsaussichten eines möglichen Rechtsbehelfs der Stadt Graz, wobei Sie auf sämtliche aufgeworfenen Rechtsfragen (ggf hilfsgutachterlich) eingehen.

ANLAGE

Waffengesetz

§ 6. (1) Als Besitz von Waffen und Munition gilt auch deren Innehabung.

(2) Nicht als Besitz gilt die Innehabung von Waffen anlässlich eines Verkaufsgesprächs im Geschäftslokal eines Gewerbetreibenden gemäß § 47 Abs. 2.

§ 7. (1) Eine Waffe führt, wer sie bei sich hat.

(2) Eine Waffe führt jedoch nicht, wer sie innerhalb von Wohn- oder Betriebsräumen oder eingefriedeten Liegenschaften mit Zustimmung des zu ihrer Benützung Berechtigten bei sich hat.

(3) Eine Waffe führt weiters nicht, wer sie – in den Fällen einer Schußwaffe ungeladen – in einem geschlossenen Behältnis und lediglich zu dem Zweck, sie von einem Ort zu einem anderen zu bringen, bei sich hat (Transport).

§ 8. (1) Ein Mensch ist verlässlich, wenn er voraussichtlich mit Waffen sachgemäß umgehen wird und keine Tatsachen die Annahme rechtfertigen, dass er

1. Waffen missbräuchlich oder leichtfertig verwenden wird;
2. mit Waffen unvorsichtig umgehen oder diese nicht sorgfältig verwahren wird;
3. Waffen Menschen überlassen wird, die zum Besitz solcher Waffen nicht berechtigt sind.

(2) Ein Mensch ist keinesfalls verlässlich, wenn er

1. alkohol- oder suchtkrank ist oder
2. psychisch krank oder geistesschwach ist oder
3. durch ein körperliches Gebrechen nicht in der Lage ist, mit Waffen sachgemäß umzugehen [. . .]

(7) Bei erstmaliger Prüfung der Verlässlichkeit hat sich die Behörde davon zu überzeugen, ob Tatsachen die Annahme mangelnder waffenrechtlicher Verlässlichkeit des Betroffenen aus einem der in Abs. 2 genannten Gründe rechtfertigen. Antragsteller, die nicht Inhaber einer Jagdkarte sind, haben ein Gutachten darüber beizubringen, ob sie dazu neigen, insbesondere unter psychischer Belastung mit Waffen unvorsichtig umzugehen oder sie leichtfertig zu verwenden. Der Bundesminister für Inneres hat durch Verordnung geeignete Personen oder Einrichtungen zu bezeichnen, die in der Lage sind, dem jeweiligen Stand der psychologischen Wissenschaft entsprechende

Meine Notizen

Gutachten zu erstellen, sowie die anzuwendenden Testverfahren und die dabei einzuhaltende Vorgangsweise festzulegen.

§ 9. (1) EWR-Bürger sind Staatsangehörige einer Vertragspartei des Abkommens über den Europäischen Wirtschaftsraum (EWR-Abkommen) [...]

§ 13. (1) Die Organe der öffentlichen Aufsicht sind bei Gefahr im Verzug ermächtigt,

1. Waffen und Munition sowie
2. Urkunden (ausgenommen Jagdkarten), die nach diesem Bundesgesetz zum Erwerb, Besitz, Führen oder zur Einfuhr von Waffen oder Munition berechtigen,

sicherzustellen, wenn sie Grund zur Annahme haben, daß deren Besitzer durch mißbräuchliches Verwenden von Waffen Leben, Gesundheit oder Freiheit von Menschen oder fremdes Eigentum gefährden könnte. Die Organe haben dem Betroffenen über die Sicherstellung sofort eine Bestätigung auszustellen.

(1 a) Soweit die Befugnis gemäß Abs. 1 von Organen des öffentlichen Sicherheitsdienstes wahrgenommen wird, gilt § 50 SPG. Weigert sich ein Betroffener im Falle der Sicherstellung durch ein anderes Organ der öffentlichen Aufsicht Waffen, Munition oder Urkunden dem Organ zu übergeben, hat dieses unverzüglich die nächste Sicherheitsdienststelle zu verständigen.

§ 14. Für die Benützung von Schußwaffen auf behördlich genehmigten Schießstätten sind die Bestimmungen über das Überlassen, den Besitz und das Führen von Schußwaffen sowie die Bestimmungen über das Überlassen und den Erwerb von Munition für Faustfeuerwaffen nicht anzuwenden. Waffenverbote (§§ 12 und 13) gelten auf solchen Schießstätten jedoch.

§ 15. (1) Wer Waffen nur auf Grund der nach diesem Bundesgesetz ausgestellten Urkunden führen oder besitzen darf, hat diese Urkunden bei sich zu tragen, wenn er die Waffe führt (§ 7 Abs. 1) oder [...]

§ 20. (1) Der Erwerb, der Besitz und das Führen von Schusswaffen der Kategorie B ist nur auf Grund einer behördlichen Bewilligung zulässig. Die Bewilligung zum Erwerb, Besitz und zum Führen dieser Waffen ist von der Behörde durch die Ausstellung eines Waffenpasses, die Bewilligung zum Erwerb und zum Besitz dieser Waffen ist von der Behörde durch die Ausstellung einer Waffenbesitzkarte, zu erteilen. [...]

§ 21. (1) Die Behörde hat verlässlichen EWR-Bürgern, die das 21. Lebensjahr vollendet haben und für den Besitz einer Schusswaffe der Kategorie B eine Rechtfertigung anführen können, auf Antrag eine Waffenbesitzkarte auszustellen. Die Ausstellung einer Waffenbesitzkarte an andere verlässliche Menschen, die das 21. Lebensjahr vollendet haben und für den Besitz einer solchen Waffe eine Rechtfertigung anführen können, liegt im Ermessen der Behörde; ebenso die Ausstellung an Menschen, die das 18. Lebensjahr vollendet haben, sofern sie den Nachweis erbringen, dass der Besitz einer solchen Waffe für die Ausübung ihres Berufes erforderlich ist.

(2) Die Behörde hat verlässlichen EWR-Bürgern, die das 21. Lebensjahr vollendet haben und einen Bedarf zum Führen von Schusswaffen der Kategorie B nachweisen, einen Waffenpass auszustellen. Die Ausstellung eines Waffenpasses an andere verlässliche Menschen, die das 21. Lebensjahr vollendet haben, liegt im Ermessen der Behörde.

(3) Die Ausstellung von Waffenpässen an verlässliche Menschen, die das 18. Lebensjahr vollendet haben und den Nachweis erbringen, dass sie entweder beruflichen oder als Inhaber einer Jagdkarte jagdlichen Bedarf zum Führen von Schusswaffen der Kategorie B haben, liegt im Ermessen der Behörde. Bezieht sich der Bedarf nur auf Repetierflinten oder halbautomatische Schusswaffen, kann die Behörde die Befugnis zum Führen durch einen Vermerk im Waffenpass so beschränken, dass der Inhaber bis zur Vollendung des 21. Lebensjahres Faustfeuerwaffen nicht führen darf.

(4) Wird ein Waffenpass nur im Hinblick auf die besonderen Gefahren ausgestellt, die bei der Ausübung einer bestimmten Tätigkeit auftreten, so hat die Behörde die Befugnis zum Führen durch einen Vermerk im Waffenpass so zu beschränken, dass die Befugnis zum Führen erlischt, sobald der Berechtigte diese Tätigkeit künftig nicht mehr ausüben will oder darf. Tritt dies ein, so berechtigt ein solcher Waffenpass

✐ Meine Notizen

nur mehr zum Besitz der Waffen im bisherigen Umfang; einer gesonderten Rechtfertigung bedarf es hierfür nicht. [...]

§ 22. (1) Eine Rechtfertigung im Sinne des § 21 Abs. 1 ist jedenfalls als gegeben anzunehmen, wenn der Betroffene glaubhaft macht, dass er die Schusswaffe der Kategorie B innerhalb von Wohn- oder Betriebsräumen oder seiner eingefriedeten Liegenschaften zur Selbstverteidigung bereithalten will.

(2) Ein Bedarf im Sinne des § 21 Abs. 2 ist jedenfalls als gegeben anzunehmen, wenn der Betroffene glaubhaft macht, dass er außerhalb von Wohn- oder Betriebsräumen oder seiner eingefriedeten Liegenschaften besonderen Gefahren ausgesetzt ist, denen am zweckmäßigsten mit Waffengewalt wirksam begegnet werden kann.

§ 47. (1) [...]

(2) Personen, die nach den gewerberechtlichen Vorschriften befugt sind, im Bundesgebiet Waffen und Munition zu erzeugen, zu bearbeiten, instand zu setzen, zu vermieten oder Handel mit diesen zu treiben sowie die bei diesen beschäftigten Menschen, unterliegen hinsichtlich des Erwerbes, Besitzes, der Einfuhr und der Verwahrung von Waffen und Munition, die den Gegenstand ihrer Geschäftstätigkeit bilden, nicht diesem Bundesgesetz. [...]

§ 48. (1) Behörde im Sinne dieses Bundesgesetzes ist die Bezirksverwaltungsbehörde, im Gebiet einer Gemeinde, für das die Landespolizeidirektion zugleich Sicherheitsbehörde erster Instanz ist, die Landespolizeidirektion.

(2) Die örtliche Zuständigkeit richtet sich, sofern nichts anderes bestimmt ist, nach dem Hauptwohnsitz des Betroffenen, in Ermangelung eines Hauptwohnsitzes nach seinem Wohnsitz.

(3) Die örtliche Zuständigkeit für einschlägige Gewerbetreibende im Rahmen ihrer Geschäftstätigkeit richtet sich nach dem Sitz oder in Ermangelung eines solchen nach dem Standort.

§ 49. (1) Über Beschwerden gegen Bescheide des Bundesministers für Landesverteidigung und Sport nach diesem Bundesgesetz sowie des Bundesministers für Inneres nach § 42b entscheidet das Bundesverwaltungsgericht.

(2) Über alle anderen Beschwerden gegen Bescheide nach diesem Bundesgesetz entscheidet das Landesverwaltungsgericht.

§ 50. (1) Wer, wenn auch nur fahrlässig,

1. unbefugt Schusswaffen der Kategorie B besitzt oder führt;
2. verbotene Waffen oder Munition (§ 17) unbefugt besitzt;
3. Waffen oder Munition besitzt, obwohl ihm dies gemäß § 12 verboten ist [...]

ist vom ordentlichen Gericht [...] mit Freiheitsstrafe bis zu einem Jahr oder mit Geldstrafe bis zu 360 Tagessätzen [...] zu bestrafen.

Straßenverkehrsordnung

§ 97 (1) Die Organe der Straßenaufsicht, insbesondere der Bundespolizei und im Falle des § 94c Abs. 1 auch der Gemeindewachkörper, haben die Verkehrspolizei (§ 94b Abs. 1 lit. a) zu handhaben und bei der Vollziehung dieses Bundesgesetzes durch

a) Vorbeugungsmaßnahmen gegen drohende Verwaltungsübertretung,

b) Maßnahmen, die für die Einleitung von Verwaltungsstrafverfahren erforderlich sind,

c) Anwendung körperlichen Zwangs, soweit er gesetzlich vorgesehen ist

mitzuwirken

(5) Die Organe der Straßenaufsicht sind berechtigt, durch deutlich sichtbare oder hörbare Zeichen Fahrzeuglenker zwecks Lenker- oder Fahrzeugkontrolle, zwecks anderer, den Fahrzeuglenker oder eine beförderte Person betreffende Amtshandlungen oder zwecks Durchführung von Verkehrserhebungen (wie Verkehrszählungen u. dgl.) zum Anhalten aufzufordern. Der Fahrzeuglenker hat der Aufforderung Folge zu leisten. Bei solchen Amtshandlungen sind die Organe der Straßenaufsicht auch berechtigt, die aus Gründen der Verkehrssicherheit allenfalls notwendigen Verkehrsbeschränkungen (zB sogenannte Geschwindigkeitstrichter) anzuordnen und durch Straßenverkehrszeichen kundzumachen sowie eine allenfalls notwendige Regelung

mit Lichtzeichen vorzunehmen. Art, Zeit und Dauer der angeordneten Verkehrsbeschränkungen sind in einem Aktenvermerk (§ 16 AVG) festzuhalten. [. . .]

✐ Meine Notizen

Kraftfahrzeuggesetz

§ 102. (5) Der Lenker hat auf Fahrten mitzuführen und den Organen des öffentlichen Sicherheitsdienstes oder der Straßenaufsicht auf Verlangen zur Überprüfung auszuhändigen

[. . .] b) den Zulassungsschein oder Heereszulassungsschein für das von ihm gelenkte Kraftfahrzeug [. . .]

Führerscheingesetz

§ 14. (1) Jeder Lenker eines Kraftfahrzeuges hat unbeschadet der Bestimmungen des § 102 Abs. 5 KFG 1967 auf Fahrten mitzuführen

1. den für das von ihm gelenkte Kraftfahrzeug vorgeschriebenen Führerschein, Heeresführerschein oder Heeresmopedausweis [. . .]

und auf Verlangen die entsprechenden Dokumente den [. . .] zuständigen Organen zur Überprüfung auszuhändigen.

Polizeibefugnis-Entschädigungsgesetz

§ 1. Der Bund hat nach Maßgabe der folgenden Bestimmungen Ersatz für Schäden zu leisten, die von einem Organ des öffentlichen Sicherheitsdienstes bei der Ausübung von Zwangsbefugnissen durch die im Waffengebrauchsgesetz 1969 genannten Maßnahmen unmittelbar verursacht worden sind, sofern der Zwang im Vollziehungsbereich des Bundes ausgeübt und nicht vom Geschädigten durch rechtswidriges Verhalten ausgelöst wurde.

§ 2. (1) Wer einen Schaden im Sinne des § 1 durch Verletzung am Körper oder durch Beschädigung einer körperlichen Sache erleidet, hat Anspruch auf Schadloshaltung in Geld in dem Umfang, als dieser Schaden nicht durch Versicherung oder durch Hilfeleistung nach dem Bundesgesetz über die Gewährung von Hilfeleistungen an Opfer von Verbrechen, BGBl. Nr. 288/1972, gedeckt ist. Ein Anspruch auf Schmerzengeld besteht nicht.

(2) Trifft den Geschädigten an der Entstehung des Schadens ein Verschulden, so hat er diesen verhältnismäßig zu tragen; lässt sich das Verhältnis nicht bestimmen, so hat er ihn zur Hälfte zu tragen. Lag die Maßnahme (§ 1) im überwiegenden Interesse des Geschädigten, steht bei Sachschäden ein Ersatzanspruch nicht, bei Personenschäden nach Billigkeit zu.

Waffengebrauchsgesetz 1969

§ 1. Dieses Bundesgesetz regelt den Waffengebrauch im Rahmen der polizeilichen Zwangsbefugnisse.

§ 2. Organe der Bundespolizei und der Gemeindewachkörper [. . .] dürfen in Ausübung des Dienstes nach Maßgabe der Bestimmungen dieses Bundesgesetzes von Dienstwaffen Gebrauch machen:

1. im Falle gerechter Notwehr;
2. zur Überwindung eines auf die Vereitlung einer rechtmäßigen Amtshandlung gerichteten Widerstandes;
3. zur Erzwingung einer rechtmäßigen Festnahme;
4. zur Verhinderung des Entkommens einer rechtmäßig festgehaltenen Person;
5. zur Abwehr einer von einer Sache drohenden Gefahr.

§ 3. Dienstwaffen im Sinne dieses Bundesgesetzes sind [. . .]

4. Schusswaffen [. . .],

die den im § 2 bezeichneten Organen zur Erfüllung ihrer Aufgaben von ihrer vorgesetzten Behörde oder Dienststelle zugeteilt sind.

§ 9. Steht eine geeignet scheinende Dienstwaffe nicht zur Verfügung, dürfen unter sinngemäßer Anwendung der Bestimmungen dieses Bundesgesetzes auch andere Waffen gebraucht oder Mittel angewendet werden, deren Wirkung der einer Waffe gleichkommt.

Meine Notizen

LÖSUNGSVORSCHLAG

Für Fristenprobleme beachte die Kalender 2017/18 auf Seite 181/182.

Teil 1: Erörtern Sie gutachterlich, welche gesetzlichen Anforderungen A für seine Vorhaben erfüllen muss und ob er erwarten kann, erforderliche Genehmigungen (bzw sonstige Bewilligungen etc) zu erhalten. Gehen Sie davon aus, dass A nur Schusswaffen der „Kategorie B" verwenden will.

Zu prüfen ist zunächst, ob und ggf welche Zulässigkeitsvoraussetzungen für die Aufnahme der Gewerbe aus der GewO folgen. Der Geltungsbereich der GewO ist für alle Tätigkeiten eröffnet, die gewerbsmäßig ausgeübt werden, also selbstständig, regelmäßig und in der Absicht betrieben werden, einen Ertrag oder sonstige wirtschaftliche Vorteile zu erzielen (§ 1 GewO). Ausgenommen sind gesetzlich verbotene Tätigkeiten sowie jene Tätigkeiten, die unter die §§ 2 bis 4 GewO fallen.

P will das Gewerbe des Waffenhandels betreiben (§ 94 Z 80 iVm § 139 ff GewO) und zusätzlich das Bewachungsgewerbe für Geldtransporte ausüben (§ 94 Z 62 iVm § 129 Abs 5 Z 3 GewO). Es handelt sich um zwei reglementierte Gewerbe, die keine verbundenen Gewerbe nach § 6 GewO darstellen, da sie nicht in § 94 GewO ausdrücklich als solche bezeichnet sind.

I. Das Waffengewerbe

A. Allgemeine gewerberechtliche Anforderungen an die Ausübung des Waffengewerbes

Wer ein Gewerbe ausüben will, hat die Gewerbeanmeldung bei der Bezirksverwaltungsbehörde des Standorts zu erstatten, § 339 Abs 1 GewO. Gemäß § 333 Abs 1 GewO ist, sofern nichts anderes bestimmt ist, Behörde erster Instanz die Bezirksverwaltungsbehörde. § 48 WaffG ist nicht einschlägig: Zwar enthält die Bestimmung Angaben über die zuständige Behörde, allerdings bezieht sich dieses Bundesgesetz ausschließlich auf den Umgang mit Waffen und nicht auch auf die Anmeldung eines Gewerbes zum Waffenhandel.

Die Verkaufsräume des A sollen in Graz liegen. Da Graz eine Stadt mit eigenem Statut ist, ist die zuständige Behörde erster Instanz gem Art 119 Abs 2 B-VG iVm § 60 Statut Graz der Bürgermeister von Graz.

Gewerbe sind nach dem Verfahren gem §§ 339 ff GewO anzumelden. Vorzulegen sind sämtliche Unterlagen, die in § 339 Abs 3 Z 1 und 2 GewO angeführt sind. Dabei handelt es sich um einen Nachweis über den Namen, die Wohnung, das Alter und die Staatszugehörigkeit der Person, die den Gewerbeschein beantragt.

Allgemeine Voraussetzungen zur Erlangung eines Gewerbescheins für natürliche Personen sind in § 8 Abs 1 bis 5 GewO angeführt. Der Gewerbewerber muss eigenberechtigt sein, dh das 24. Lebensjahr muss erreicht sein.

Bei reglementierten Gewerben, wie es nach § 94 Z 80 für das Waffengewerbe der Fall ist, ist zusätzlich ein Befähigungsnachweis erforderlich, §§ 16 ff GewO. Kann ein Befähigungsnachweis vom Gewerbetreibenden nicht erbracht werden, besteht die Möglichkeit zur Bestellung eines Geschäftsführers. Der Befähigungsweis ist ein Nachweis, dass der Gewerbewerber die fachlichen, einschließlich die kaufmännischen Kenntnisse, Fähigkeiten und Erfahrungen besitzt, um die eigentümlichen Tätigkeiten des betreffenden Gewerbes selbstständig ausführen zu können, § 16 Abs 2 GewO. Hierfür können verschiedene Belege nach § 18 Abs 2 GewO zum Beweis der vorhandenen Befähigung beigebracht werden. Besondere Anforderungen, die an das Waffengewerbe gestellt werden, sind in einer eigenen Verordnung auf der Grundlage von § 18 Abs 1 GewO geregelt (sog Waffengewerbe-Verordnung – *in der Angabe nicht wiedergegeben*).

Ferner ist die Überprüfung der Zuverlässigkeit notwendig (§ 95 Abs 1 GewO). Eine Person gilt als unzuverlässig, wenn sie schwerwiegende Verstöße gegen die im Zusammenhang mit dem betreffenden Gewerbe zu beachtenden Rechtsvorschriften (hier zB WaffG) und Schutzinteressen begeht. Insb muss mit der Zuverlässigkeit auch die Wahrung des Ansehens des jeweiligen Berufstandes gewährleistet sein (§ 87 Abs 1 Z 3 GewO). In Gebieten von Gemeinden, für die die Landespolizeidirektion zugleich Sicherheitsbehörde erster Instanz ist, hat diese gem § 336 a GewO zur Überprüfung

Meine Notizen

der Zuverlässigkeit bei Gewerben, die in § 95 GewO genannt sind, mitzuwirken. Nach § 8 Z 2 SPG ist die Landespolizeidirektion Graz für Graz und Leoben Sicherheitsbehörde erster Instanz und hat demnach bei der Gewerbeprüfung mitzuwirken.

§ 141 Abs 1 Z 1 lit a GewO bestimmt für die Ausübung des Waffengewerbes das Erfordernis der Staatsangehörigkeit einer EU- oder EWR-Vertragspartei oder der Schweizerischen Eidgenossenschaft und ihren Wohnsitz dort oder gem § 141 Abs 1 Z 1 lit b GewO einen Aufenthaltstitel mit einem Recht auf Niederlassung gem § 45 oder § 49 Abs 2 und 4 des Niederlassungs- und Aufenthaltsgesetzes (NAG).[2]) A ist griechischer Staatsbürger und erfüllt diese Voraussetzung.

Als besondere Voraussetzung bestimmt § 141 Abs 1 Z 3 GewO, dass die Ausübung des Gewerbes des Waffenhandels keine Bedenken gegenüber der Aufrechterhaltung der öffentlichen Ruhe, Ordnung und Sicherheit auslösen darf. Hierzu ist im Anmeldungsverfahren die örtlich zuständige Landespolizeidirektion zu hören.

Nach § 340 Abs 2 GewO dürfen Gewerbe, die in § 95 GewO genannt sind, nicht bereits mit Einreichung aller notwendigen Unterlagen ausgeübt werden. Vielmehr hat die Behörde längstens binnen 3 Monaten nach Einreichung sämtlicher Unterlagen einen Bescheid über die Gewerbeberechtigung zu erlassen. Bei fehlenden Voraussetzungen hat die Behörde dies mit Bescheid festzustellen (§ 340 Abs 3 GewO).

B. Das Anbieten von Waffen und Beratung an Schießstätten vor Ort

Nach § 139 Abs 3 GewO ist das Feilbieten und der Verkauf von Waffen und Munition außerhalb der Geschäftslokale unzulässig. Gem § 142 Abs 4 GewO kommt aber dem Gewerbebetreibenden, der ua zum Handel mit Waffen oder Munition berechtigt ist, auch das Recht zur Vermittlung des Kaufes und des Verkaufes dieser Gegenstände zu. P könnte bei aufrechter Gewerbeberechtigung zwar nicht vor Ort seine Waffen verkaufen, allerdings Informationen anbieten, Werbung verteilen und auf sein Verkaufslokal aufmerksam machen. Auf besondere Ausübungsvoraussetzungen nach der gem § 143 GewO zu erlassenden Verordnung ist hier nur hinzuweisen.

II. Bewachungsgewerbe für Geldtransport

Was die allgemeinen Voraussetzungen betrifft, gilt entsprechendes für das Bewachungsgewerbe für Geldtransport. Auch hierbei handelt es sich um ein reglementiertes Gewerbe gem § 94 Z 62 iVm § 129 Abs 5 Z 3 GewO. Deshalb ist auch hierfür eine Zuverlässigkeitsprüfung vorgesehen (§ 95 GewO). Besondere Anforderungen, die an das Bewachungsgewerbe gestellt werden, sind in einer eigenen Verordnung auf der Grundlage von § 18 Abs 1 GewO geregelt (sog Sicherheitsgewerbe-Verordnung – *in der Angabe nicht wiedergegeben*).

III. Waffenpass als Notwendigkeit/Voraussetzung für den Betrieb des Waffenhandels sowie für das Bewachungsgewerbe für Geldtransporte

A. Der Waffenpass als Voraussetzung für das Führen von Waffen

Fraglich ist, ob A für den Waffenhandel und für den Bewachungsdienst von Geldtransporten eine Schusswaffe führen muss und dafür eine waffenrechtliche Bewilligung benötigt. Behörde erster Instanz ist gem § 48 Abs 1 WaffG die Landespolizeidirektion Graz, da in Graz Sicherheitsbehörde erster Instanz die Landespolizeidirektion ist, § 8 Z 2 SPG.

Nach § 20 WaffG sind Erwerb, Besitz und Führen von Schusswaffen der Kategorie B nur auf Grund einer behördlichen Bewilligung zulässig. Die Bewilligung zum Erwerb, Besitz und zum Führen dieser Waffen ist durch einen Waffenpass, die Bewilligung zum Erwerb und zum Besitz dieser Waffen durch eine Waffenbesitzkarte nachzuweisen.

Allerdings unterliegt eine Person nach § 47 Abs 2 WaffG, die befugt ist, mit Waffen und Munition Handel zu betreiben, hinsichtlich des Erwerbs, des Besitzes, der Einfuhr und der Verwahrung von Waffen und Munition, die den Gegenstand ihrer

2) VwGH 24. 11. 2014, 2014/04/0002.

Meine Notizen

Geschäftstätigkeit bilden, nicht dem WaffG. Daraus folgt, dass A für den rechtmäßigen Betrieb eines Waffenhandels keine besondere waffenrechtliche Bewilligung benötigt.

Das ist aber dann nicht der Fall, wenn A Waffen transportieren möchte. Dann kommt es darauf an, ob A eine Waffe „führt". Das richtet sich nach § 7 WaffG. Eine Waffe führt, wer sie bei sich hat (§ 7 Abs 1 WaffG). Eine Waffe führt jedoch nicht, wer sie innerhalb von Wohn- oder Betriebsräumen oder eingefriedeten Liegenschaften mit Zustimmung des zu ihrer Benützung Berechtigten bei sich hat (§ 7 Abs 2 WaffG). Ebenso handelt es sich nicht um das Führen einer Waffe, wenn sie in einem geschlossenen Behältnis zu dem Zweck, sie von einem Ort zu einem anderen zu bringen, transportiert wird. Dabei muss die Schusswaffe ungeladen sein (§ 7 Abs 3 WaffG).

Die Voraussetzung für den Erhalt eines Waffenpasses ist in § 21 f WaffG geregelt. Demnach muss es sich um einen EWR-Bürger handeln, der das 21. Lebensjahr bereits vollendet hat. Die Behörde prüft zudem die Verlässlichkeit iSd § 8 WaffG und es muss eine Rechtfertigung für den Besitz einer Schusswaffe angeführt werden können. Für den Erwerb eines Waffenpasses muss zusätzlich gem § 21 Abs 2 WaffG ein Bedarf zum Führen von Schusswaffen der Kategorie B nachweislich erbracht werden können. Daher ist im Folgenden zu unterscheiden:

B. Schusswaffe für das Waffengewerbe (Transport und auf Schießstätte)

Für den bloßen Transport der Waffen vom Gewerbetrieb zu den Schießstätten ist ein Waffenpass nicht erforderlich. Das Führen einer Waffe liegt nicht vor, wenn diese in einem geschlossenen Behältnis lediglich zu dem Zweck transportiert wird, um sie von einem Ort zu einem anderen zu bringen. Die Schusswaffe muss außerdem ungeladen sein (§ 7 Abs 3 WaffG).

Soweit diese Voraussetzungen aber nicht vorliegen – und A eine Waffe führt – muss er einen Bedarf nachweisen.

§ 22 Abs 1 WaffG, der einen Rechtfertigungsgrund vorsieht, ist jedenfalls nicht einschlägig, weil A die Schusswaffe nicht innerhalb von Wohn- oder Betriebsräumen oder seiner eingefriedeten Liegenschaften zur Selbstverteidigung bereithalten will.

A ist der Meinung, dass er eine Waffe benötigt, wenn er sich mit Unbekannten und demnach möglicherweise unzuverlässigen Kunden trifft. Für eine Rechtfertigung nach § 22 Abs 2 WaffG müsste A glaubhaft machen können, dass er außerhalb von Wohn- oder Betriebsräumen oder seiner eingefriedeten Liegenschaften besonderen Gefahren ausgesetzt ist, denen am zweckmäßigsten mit Waffengewalt begegnet werden kann. Besondere Gefahren sind aber nicht erkennbar. Nach § 139 Abs 3 GewO ist das Vermieten von nichtmilitärischen Waffen außerhalb der Betriebsstätte (Werkstätten oder Verkaufslokale) durch eine Person, die eine Gewerbeberechtigung für das Waffengewerbe verfügt, ohnehin verboten. Daher kann insofern auch kein Bedarf für die Ausstellung eines Waffenpasses iSd § 22 Abs 2 WaffG für diese gewerblichen Tätigkeiten außerhalb der gewerblichen Betriebsstätte bestehen. Allein das Vermieten und Instandsetzen von Schusswaffen auf zugelassenen Schießplätzen ist zulässig (§ 139 Abs 4 GewO). Das aber hat A nicht vor, denn er will die Waffen seinen Kunden vorführen und sie beraten.

Was den Transport der Waffen betrifft, ist es Aufgabe des A, für die Verwahrung von Waffen und Munition während des Transportes zu sorgen. Dadurch entsteht aber keine besondere Gefahrensituation. Das gilt auch dann, wenn A die Kunden nicht kennt. Er ist zudem verpflichtet, das Entstehen einer Gefahrenlage dadurch hintanzuhalten, dass er von der Kontaktnahme mit Kunden Abstand nimmt, bei denen er auf Grund der ihm schon zur Verfügung stehenden Anhaltspunkte und erforderlichenfalls einzuholenden Informationen nicht ausschließen kann, dass eine Gefahrenlage entstehen könnte. Es kann von ihm verlangt werden, ggf die Sicherheitsbehörden zu verständigen, zumal die Abwehr einer allgemeinen Gefahr, wie der rechtswidrigen Verwirklichung des Tatbestands einer gerichtlich strafbaren Handlung nach dem StGB, gemäß dem Sicherheitspolizeigesetz den Sicherheitsbehörden und den Organen des öffentlichen Sicherheitsdienstes obliegt.[3]) Schließlich kann die Bekämpfung einer etwaigen Gefahrensituation durch Waffengewalt zu einer erheblichen Gefährdung

3) VwGH 19. 12. 2013, 2013/03/0017.

Meine Notizen

Unbeteiligter führen und der Versuch, Gefahrensituationen mit Waffengewalt hintanzuhalten, kann eine Erhöhung der Gefährlichkeit solcher Situationen mit sich bringen.[4])

Auch zur Erlangung einer Waffenbesitzkarte muss der Besitz einer Schusswaffe gerechtfertigt werden. Der gewerbliche Handel mit Schusswaffen und die Innehabung von Schusswaffen in einem Geschäftslokal eines Gewerbetreibenden gilt gem § 6 WaffG nicht als Besitz einer Schusswaffe. Demnach ist für den Betrieb eines Waffenhandels eine Waffenbesitzkarte nicht notwendig.

C. Schusswaffe für den Geldtransport

Wenn eine Schusswaffe für die Bewachung des Geldtransports geführt werden soll, ist ein Waffenpass schon deshalb erforderlich, weil die Waffe nicht nur transportiert werden soll, sondern zweckorientiert zur Abwehr von gefährlichen Angriffen, ggf zur Abschreckung und auch zur Selbstverteidigung, dienen soll. Es ist davon auszugehen, dass die Schusswaffe dafür nicht nur in einem geschlossenen Behältnis verwahrt werden und dass sie geladen sein soll.

Doch ist auch hier ein Bedarf iSv § 22 Abs 2 WaffG zu verneinen: Die Durchführung von Geldtransporten und selbst das Mitführen sehr hoher Geldbeträge stellt nicht schon an sich eine Gefahr dar, die einen Bedarf zum Führen genehmigungspflichtiger Schusswaffen begründet. Allein der Transport von Geldbeträgen im Allgemeinen bedeutet noch kein deutlich erhöhtes Sicherheitsrisiko. Insofern ist das Risiko eines Raubüberfalls bei Geldtransporten nicht höher als die für jedermann bestehende Gefahr, auch zur Tageszeit und in Gebieten mit günstigen Sicherheitsverhältnissen Opfer eines räuberischen Überfalls zu werden.[5]) Zudem ist weder in der GewO noch in einem anderen Gesetz das Führen von Schusswaffen für die Ausübung des Gewerbes des Bewachungsdienstes von Geldtransporten erforderlich oder vorgesehen. Demnach kann dieses Gewerbe auch ohne den Besitz eines Waffenpasses rechtmäßig ausgeübt werden. Daraus ist zu schließen, dass die Ausübung dieser Gewerbe nicht den erforderlichen Bedarf zum Führen einer Schusswaffe der Kategorie B darstellt.

IV. Ergebnis

Um rechtmäßig das Gewerbe als Waffenhändler sowie das Bewachungsgewerbe ausüben zu können, muss P für beide gemäß dem Anmeldungsverfahren nach § 339 Abs 3 Z 1 und 2 GewO sämtliche Dokumente zum Nachweis seines Namens, Alters, Wohnsitzes und seiner Staatsbürgerschaft vorlegen. Zusätzlich muss er einen Befähigungsnachweis gemäß § 16 ff GewO erbringen.

Anschließend wird von der Behörde die notwendige Befähigung und zusätzlich die notwendige Zuverlässigkeit iSd § 87 Abs 1 Z 3 GewO (§ 95 GewO) überprüft. Sollte die Behörde feststellen, dass alle erforderlichen Voraussetzungen vorliegen, so erstellt sie binnen 3 Monaten einen Genehmigungsbescheid. Erwächst dieser in Rechtskraft, so ist der Gewerbeberechtigte unverzüglich in das GISA einzutragen.

Der Besitz eines Waffenpasses ist für die Ausübung eines Waffengewerbes und eines Sicherheitsgewerbes für Geldtransporte nicht notwendig, weshalb der Bedarf anders nachgewiesen werden müsste.

Teil 2: Was kann A unternehmen? Überprüfen Sie gutachterlich die Erfolgsaussichten möglicher Rechtsbehelfe des A, wobei Sie auf sämtliche aufgeworfenen Rechtsfragen (ggf hilfsgutachterlich) eingehen. Kann A eine Entschädigung erwarten?

Vorliegend sind 6 Maßnahmen der Sicherheitspolizei näher zu untersuchen: Das Anhalten des Fahrzeugs auf der Autobahn; die Aufforderung, sich auszuweisen; die Aufforderung, den Kofferraum zu öffnen; die Beschlagnahme der Waffen; die Sprengung der Tasche; und der Platzverweis.

4) VwGH 29. 1. 2015, 2014/03/0061.
5) VwGH 29. 1. 2015, 2014/03/0061.

Meine Notizen

I. Zulässigkeit einer Maßnahmenbeschwerde gem Art 130 Abs 1 Z 2 B-VG, §§ 7 ff VwGVG

A. Beschwerdeführer

A ist tauglicher Beschwerdeführer iSv § 88 Abs 1 SPG, Art 130 Abs 1 Z 2 B-VG.

B. Beschwerdegegenstand

Eine Maßnahmenbeschwerde kommt nach Art 130 Abs 1 Z 2 B-VG iVm § 88 Abs 1 SPG in Betracht, wenn sich die Beschwerde gegen die rechtswidrige Ausübung sicherheits-/bzw verwaltungsbehördlicher Befehls- und Zwangsgewalt richten soll. Eine Maßnahme ist dabei entweder ein Befehl oder die Ausübung eines Zwangs gegen einen individuellen Adressaten. Folgende Akte können mit einer Maßnahmenbeschwerde bekämpft werden:

1. Die Anhaltung des A könnte im Rahmen einer allgemeinen Verkehrskontrolle auf § 97 Abs 5 StVO gestützt sein. Hierbei handelt es sich um eine Angelegenheit der Verwaltungspolizei. Die Anhaltung ist eine Ausübung unmittelbarer Befehls- und Zwangsgewalt.

2. Das gilt auch für die Aufforderung sich auszuweisen, wobei hier noch dahingestellt bleiben kann, ob es sich um eine Maßnahme nach § 102 Abs 5 KFG, § 14 Abs 1 FSG oder § 35 SPG handelt.

3. Die Aufforderung, den Kofferraum zu öffnen sowie die Beschlagnahme der Waffen und die Sprengung der Tasche sind Ausübungen unmittelbarer Befehls- und Zwangsgewalt, die auf das SPG gestützt werden können.

4. Fraglich ist, auf welcher Grundlage die Aufforderung des P an die Personen auf dem Parkplatz ergangen ist, den Parkplatz zu verlassen. In Betracht kommt ein Platzverbot nach § 36 SPG oder eine Wegweisung nach § 38 Abs 2 SPG. Ein Platzverbot iSv § 36 SPG ergeht durch Verordnung und ist von der Sicherheitsbehörde zu erlassen. Sicherheitsbehörde ist im Raum Übelbach die Bezirksverwaltungsbehörde nach § 4 Abs 2 SPG, für die die Organe des öffentlichen Sicherheitsdienstes den Exekutivdienst ausüben. Insofern waren die Organe des öffentlichen Sicherheitsdienstes nicht zuständig für den Erlass eines Platzverbotes nach §§ 36 Abs 1 SPG. Anderes gilt für eine Wegweisung nach § 38 Abs 2 SPG. Zuständig ist hier ein Organ des öffentlichen Sicherheitsdienstes. Dieses Organ kann die Wegweisung als Ausübung unmittelbarer Befehls- und Zwangsgewalt vornehmen. Nur diese Maßnahme kann mit einer Maßnahmenbeschwerde bekämpft werden.

C. Beschwerdelegitimation

A muss behaupten, durch die Ausübung unmittelbarer sicherheits- bzw verwaltungsbehördlicher Befehls- und Zwangsgewalt in seinen subjektiven (einfachgesetzlich und verfassungsgesetzlich gewährleisteten) Rechten verletzt zu sein, wobei es ausreicht, dass die behauptete Verletzung möglich ist (Art 132 Abs 2 B-VG). Hinsichtlich der sicherheitspolizeilichen Maßnahmen kann sich A auf § 87 SPG berufen, wonach jedermann einen Anspruch darauf hat, dass ihm gegenüber sicherheitspolizeiliche Maßnahmen nur in den Fällen und in der Art ausgeübt werden, wie sie das SPG vorsieht. Soweit es sich um Maßnahmen nach der StVO, nach KFG oder FSG handelt, kann A geltend machen, dass er als Adressat eingreifenden Rechtsmaßnahmen ausgesetzt ist und insofern in seinen Rechten verletzt sein könnte.

D. Beschwerdefrist

Die Beschwerdefrist richtet sich nach § 88 Abs 4 SPG und § 7 Abs 4 Z 3 VwGVG und beträgt 6 Wochen ab der Ausübung des AuvBZ bzw dessen Kenntnisnahme.

E. Form und Zuständigkeit

Die Beschwerde muss beim zuständigen Verwaltungsgericht eingereicht werden.[6] Gemäß Art 131 Abs 1 B-VG ist, soweit sich aus Art 131 Abs 2 und 3 B-VG nichts an-

6) Sonst ist sie zurückzuweisen (VwSlg 19.274 A/2016); eine Weiterleitungspflicht gem § 6 AVG iVm § 17 VwGVG befürworten ua *Kristoferitsch*, Die Maßnahmenbeschwerde an die Verwaltungsgerichte, in *Holoubeck/Lang* (Hrsg), Das Verfahren vor dem Bundesverwaltungsgericht und dem Bundesfinanzgericht (2014) 53 sowie *Ennöckl*, Die Maßnahmenbeschwerde – Verfahrensrechtlicher Teil, in *Eisenberger* ua (Hrsg), Die Maßnahmenbeschwerde (2016) 44 f.

Meine Notizen

deres ergibt, das LVwG zuständig. Damit ist für die straßenverkehrsrechtlichen Angelegenheiten sowie nach § 88 Abs 1 SPG für die sicherheitspolizeilichen Angelegenheiten das LVwG zuständig. Die örtliche Zuständigkeit richtet sich nach § 3 Abs 2 Z 2 VwGVG. Sachlich und örtlich zuständig ist das LVwG Steiermark. A muss die Maßnahmenbeschwerde schriftlich beim LVwG gemäß § 88 Abs 4 SPG iVm §§ 9, 12, 20 VwGVG, einbringen.

F. Ergebnis

Bei Vorliegen sämtlicher Frist- und Formerfordernisse ist die Maßnahmenbeschwerde gegen die Maßnahmen Anhalten des Fahrzeugs auf der Autobahn, Aufforderung zur Ausweisung, Aufforderung, den Kofferraum zu öffnen, die Beschlagnahme der Waffen, die Sprengung der Tasche sowie die Wegweisung der Personen auf dem Parkplatz zulässig.

II. Begründetheit

Die Maßnahmenbeschwerde ist begründet, wenn die Ausübung unmittelbarer verwaltungsbehördlicher bzw sicherheitspolizeilicher Befehls- und Zwangsgewalt verfassungsgesetzlich oder einfachgesetzlich gewährleistete subjektive Rechte des A verletzt.

A. Anhaltung

Die Anhaltung erfolgt als allgemeine Verkehrskontrolle und ist damit eine Maßnahme der Verwaltungspolizei. Gem § 97 Abs 5 StVO dürfen Organe der Straßenaufsicht Fahrzeuglenker zum Anhalten auffordern und im Rahmen dieser Kontrolle auch die Identität durch Vorzeigen des Führerscheins und der Zulassung erfragen. Mangels weiterer Hinweise im Sachverhalt wurde diese Maßnahme rechtmäßig durchgeführt. Besondere Anforderungen gibt es nicht.

B. Identitätskontrolle

Was die Anordnung zur Vorlage von Zulassungsschein, Lenkerberechtigung und Identitätsausweis betrifft, ist zu unterscheiden: § 102 Abs 5 KFG und § 14 Abs 1 FSG ermächtigen die Behörde, Fahrzeugführer zum Vorzeigen von Führerschein und Zulassungsschein zu verpflichten. Weder KFG noch FSG geben aber eine Befugnis zur Herausgabe des Reisepasses.

Allerdings könnte A nach § 35 Abs 1 Z 7 SPG verpflichtet sein, einen Identitätsausweis nach Aufforderung vorzuzeigen. Dann müsste A entlang eines vom internationalen Durchzugsverkehr benützten Verkehrsweges unter Umständen angetroffen worden sein, die für grenzüberschreitend begangene gerichtlich strafbare Handlungen typisch sind. Solche Umstände sind aber nicht erkennbar.

Möglich erscheint allenfalls die Befugnis nach § 35 Abs 1 Z 6 SPG. Dann müsste nach den Umständen anzunehmen sein, der Betroffene habe im Zuge einer noch andauernden Reisebewegung die Binnengrenze überschritten oder werde sie überschreiten. Zwar bestehen polizeiliche Befugnisse grundsätzlich nur, sofern polizeiliche Aufgaben zu erfüllen sind, vorliegend ist eine Aufgabe aber nicht eröffnet. Zu beachten ist dennoch, dass im Bereich des § 35 SPG ausnahmsweise eine in §§ 20 ff vorgegebene Aufgabe auch nicht vorliegen muss.[7]) Hier könnte jedenfalls angenommen werden, A habe im Zuge einer noch andauernden Reisebewegung die Binnengrenze überschritten oder werde sie überschreiten. Das gilt unabhängig davon, dass die Gemeinde Übelbach von der Staatsgrenze weit entfernt ist.

Anmerkung: Eine Grenzkontrolle liegt nicht vor und daher ist das Grenzkontrollgesetz nicht einschlägig (Befugnisse zur gefahrenabhängigen Ausweisleistung nach § 12a GrekoG). Allerdings besteht aufgrund des Überschreitens einer Binnengrenze grds keine Grenzkontrollpflicht, § 11 Abs GrekoG.

C. Durchsuchung des Fahrzeuges

Grundsätzlich darf ein Rechtseingriff im Anwendungsbereich des SPG nur erfolgen, wenn er der Erfüllung einer im SPG vorgesehenen Aufgabe (§§ 19 ff SPG) dient und

7) *Hauer/Keplinger*, Sicherheitspolizeigesetz[4] (2011) § 35 Anm 5.

Meine Notizen

durch eine dafür vorgesehene Handlungsbefugnis (§§ 28 ff SPG) erfolgt (strikte Akzessorietät von Aufgabe und Befugnis).

Zunächst muss mindestens eine der vier Aufgaben der Sicherheitspolizei eröffnet sein: Aufrechterhaltung der öffentlichen Sicherheit (§§ 20 ff SPG), Aufrechterhaltung der öffentlichen Ordnung (§ 27 SPG), Besonderer Überwachungsdienst (§ 27 a SPG) oder Erste allgemeine Hilfeleistungspflicht (§ 19 SPG).

Hier kommt die Aufgabe der Aufrechterhaltung der öffentlichen Sicherheit gem §§ 20 ff SPG in Frage. Die „öffentliche Sicherheit" des SPG meint einen Zustand, der durch das Nichtvorhandensein allgemeiner Gefahren iSd § 16 SPG gekennzeichnet ist. Die Aufrechterhaltung der öffentlichen Sicherheit unterteilt sich in fünf Aufgabenbereiche: die Gefahrenabwehr (§ 21 SPG), den vorbeugenden Schutz von Rechtsgütern (§ 22 SPG), die Fahndung (§ 24 SPG), die sicherheitspolizeiliche Beratung (§ 25 SPG) und die Streitschlichtung (§ 26 SPG).

§ 21 SPG trägt den Sicherheitsbehörden die Pflicht zur Gefahrenabwehr auf, worunter gem Abs 2 leg cit die unmittelbare Beendigung eines gefährlichen Angriffs (§ 16 Abs 2 SPG) fällt. Ein gefährlicher Angriff iSd § 16 Abs 2 SPG ist die rechtswidrige Verwirklichung des Tatbestandes einer gerichtlich strafbaren Handlung, sofern es sich um einen Straftatbestand nach dem StGB, dem Verbotsgesetz, dem FPG, dem SMG, dem ADBG oder nach dem NPSG handelt.[8])

Keiner dieser Aufgabenbereiche war eröffnet, weshalb P nicht berechtigt war, Befugnisse iSd SPG auszuüben. Dessen ungeachtet war auch keine Befugnisgrundlage gegeben. Nach § 39 Abs 1 SPG dürfen Organe des öffentlichen Sicherheitsdienstes Fahrzeuge betreten, sofern dies zur Erfüllung der ersten allgemeinen Hilfeleistungspflicht oder zur Abwehr eines gefährlichen Angriffs erforderlich ist. Insb ein gefährlicher Angriff lag aber nicht vor. Ferner scheidet § 39 Abs 4 SPG aus, wonach die Organe des öffentlichen Sicherheitsdienstes ermächtigt sind, entlang der vom internationalen Durchzugsverkehr benützten Verkehrswege oder in unmittelbarer Umgebung eines Flughafens Transportmittel zu durchsuchen, wenn auf Grund bestimmter Tatsachen anzunehmen ist, dass mit derartigen Transportmitteln grenzüberschreitend gerichtlich strafbare Handlungen begangen werden. Diese „bestimmten Tatsachen" liegen ebenfalls nicht vor. Die Durchsuchung des Fahrzeugs war somit rechtswidrig.

D. Sicherstellung der Waffen

1. Nach SPG

Zunächst müsste eine Aufgabe eröffnet sein. Vorliegend könnte die Abwehr einer allgemeinen Gefahr erfolgt sein (§ 21 Abs 1 SPG). Der Begriff der allgemeinen Gefahr ist in § 16 SPG legaldefiniert. Voraussetzungen für das Vorliegen einer allgemeinen Gefahr ist das Bestehen eines gefährlichen Angriffs gem § 16 Abs 2 und 3 SPG oder einer kriminellen Verbindung nach § 16 Abs 1 Z 2 SPG. Letzteres ist gegenständlich auszuschließen. Ein gefährlicher Angriff gem § 16 Abs 2 SPG liegt dann vor, wenn ein Rechtsgut durch die rechtswidrige Verwirklichung eines Tatbestands einer gerichtlich strafbaren Handlung nach dem StGB, dem VerbotsG, dem FPG, dem SMG, dem ADBG oder dem NPSG gefährdet wird. Nach § 16 Abs 3 SPG liegt ein gefährlicher Angriff ebenso vor, wenn ein Verhalten darauf abzielt und geeignet ist, eine solche Bedrohung nach § 16 Abs 2 SPG vorzubereiten, sofern dieses Verhalten eng in einem zeitlichen Zusammenhang mit der angestrebten Tatbestandsverwirklichung gesetzt wird.

Der illegale Besitz von Schusswaffen der Kategorie B ist gem § 50 Abs 1 Z 1 WaffG gerichtlich unter Strafe gestellt. Dem Wortlaut des § 16 Abs 2 und 3 SPG nach liegt allerdings nur dann ein gefährlichen Angriff vor, wenn es sich um einen Verstoß gegen das StGB, das VerbotsG, das FPG, das SMG, das ADBG oder das NPSG handelt, nicht aber bei gerichtlich strafbaren Verstößen gegen das WaffG. Insofern scheidet ein gefährlicher Angriffe iSd § 16 SPG aus.

2. Nach § 13 WaffG

Es könnte aber die polizeiliche Befugnis nach § 13 Abs 1 Z 1 WaffG gegeben sein. Danach haben die Organe der öffentlichen Aufsicht bei Gefahr in Verzug Waffen und Munition sicherzustellen, wenn sie Grund zur Annahme haben, dass deren Besitzer

8) *Giese* in *Thanner/Vogl* (Hrsg), Sicherheitspolizeigesetz^2 (2013) 175 (178).

✎ Meine Notizen

durch missbräuchliches Verwenden von Waffen Leben, Gesundheit oder Freiheit von Menschen oder fremdes Eigentum gefährden könnte.

Gefahr in Verzug liegt schon deshalb vor, weil die sachlich zuständige Waffenbehörde nicht vor Ort ist und daher nicht einschreiten kann.

Fraglich ist, ob die vorliegenden Tatsachen die Annahme rechtfertigen, dass A durch missbräuchliches Verwenden von Waffen Leben, Gesundheit oder Freiheit von Menschen oder fremdes Eigentum gefährden könnte. Das kann hier schon deshalb angenommen werden, weil A die Waffen im Kofferraum mit sich führt, ohne einen Waffenpass oder eine Gewerbeberechtigung vorweisen zu können. Einige Waffen waren geladen. Bereits damit verwendet er die Waffen rechtswidrig, also missbräuchlich (§ 7 Abs 3 WaffG). Schon durch den Besitz der geladenen Waffen kann gerade nicht ausgeschlossen werden, dass A Leben, Gesundheit oder Freiheit von Menschen oder fremdes Eigentum nicht gefährdet. Zudem befindet sich in As Fahrzeug bzw Kofferraum außer Waffen eine verdächtige Tasche, über deren Inhalt A keine Angaben machen will. Im Zusammenhang mit der fehlenden Auskunftsbereitschaft des A kann P durchaus annehmen – diesbezüglich hat P eine Prognose vorzunehmen – dass eine Gefährdung von Leben, Gesundheit oder Freiheit von Menschen oder fremdes Eigentum vorliegt.

Zu prüfen bleibt, ob die Organe des Sicherheitsdienstes die Waffen sicherstellen können, obwohl die Durchsuchung des Kofferraums rechtswidrig war. Insofern stellt sich die Frage der Rechtmäßigkeit weiterer Maßnahmen, wenn die Anlasshandlung bereits rechtswidrig war. Im Verwaltungsverfahrensrecht herrscht der Grundsatz der Unbeschränktheit der Beweismittel.[9]) Demnach hat eine Behörde aufgrund des Grundsatzes der Amtswegigkeit des Verfahrens sämtliche ihr zugänglichen Informationen zu verwerten.[10]) Deswegen ist anerkannt, dass Beweismittel auch in Verwaltungsverfahren zulässig sind, die zB in rechtswidrig durchgeführten Hausdurchsuchungen gefunden wurden.[11]) Insofern kann davon ausgegangen werden, dass Organe des öffentlichen Sicherheitsdienstes Informationen, die sie aufgrund einer rechtswidrigen Maßnahme erlangen, nicht ignorieren dürfen.[12])

Jedenfalls müssen die Organe dem Betroffenen über die Sicherstellung sofort eine Bestätigung ausstellen. Daran fehlt es dem Sachverhalt nach. Dadurch wird aber nicht die Sicherstellung der Waffen an sich rechtswidrig.

E. Sprengung der Tasche

1. Aufgabe

Fraglich ist, ob eine allgemeine Gefahr iSv § 21 Abs 1 iVm § 16 SPG vorliegt. Tatsächlich enthält die Tasche keine Bombe, weshalb eine Gefahr und damit auch ein gefährlicher Angriff nicht angenommen werden können. Allerdings weiß P nicht, was Inhalt der Tasche ist und ob ein gefährlicher Angriff vorliegt. Er muss eine Prognoseentscheidung treffen. P ist nicht bereit, die Tasche zu öffnen, weil er eine Bombe befürchtet. A ist nicht auskunftsbereit.

Auch das tatsächliche Nichtvorliegen einer Gefahr kann als eine solche zu werten sein, wenn sich eine Situation nach objektiven Umständen als eine Gefahr darstellt. Insofern sind Anscheins- und Putativgefahr zu unterscheiden. In beiden Konstellationen liegt eine Gefahr tatsächlich nicht vor, bei einer Putativgefahr wäre aufgrund objektiver Wahrnehmung allerdings zu erkennen gewesen, dass es sich hierbei tatsächlich um keine Gefahr handelt. Im Gegensatz dazu ist bei einer Anscheinsgefahr aufgrund objektiver Wahrnehmung nicht erkennbar, dass eine Gefahr tatsächlich nicht vorliegt. Maßnahmen, die aufgrund von Putativgefahren ausgeübt werden, sind somit rechtswidrig, nicht hingegen beim Vorliegen einer Anscheinsgefahr.

Im vorliegenden Fall gibt es für P guten Grund anzunehmen, dass eine (Anscheins-)Gefahr vorliegt. A transportiert unerlaubt Waffen und kann weder einen Waffenpass noch eine Gewerbeberechtigung vorweisen. Auf der Tasche sind arabische Schriftzeichen und sich kreuzende Säbel abgebildet, was den Verdacht eines terroristischen Zusammenhangs nahelegen kann. A ist außerdem nicht auskunftsbereit. Zwar muss P eine Gefahrenerforschung vornehmen (§ 28a Abs 1 SPG), aller-

9) *Hengstschläger/Leeb*, AVG § 46 Rz 1 (Stand 1. 7. 2005, rdb.at).
10) VwGH 24. 5. 1996, 92/17/0126 und 23. 3. 1998, 97/17/0283; Berufungskommission 197, 198/28-BK/06.
11) Disziplinarverfahren Berufungskommission vom 19. 7. 2012, GZ 54/21-BK/12.
12) Sogenannte Zufallsfunde gibt es dementgegen nur im Strafprozessrecht, § 140 Abs 2 StPO und unterliegen einer gesonderten Prüfung ihre Anwendbarkeit.

Meine Notizen

dings kann von ihm weder eine Selbstgefährdung noch eine Gefährdung Unbeteiligter verlangt werden (§ 28a Abs 2, § 29 Abs 2 Z 2 und 3 SPG). Folglich kann das Vorliegen einer Anscheinsgefahr angenommen werden und somit das Vorliegen eines gefährlichen Angriffs *(aA vertretbar)*.

2. Befugnis

Bei der Ausübung der Befugnisse sind allgemeine Grundsätze zu befolgen, wie der Vorrang nicht eingreifender Mittel (§ 28a Abs 3 SPG), die gesetzliche Grundlage bei eingreifenden Maßnahmen (§ 28a Abs 3 SPG), das Verhältnismäßigkeitsprinzip (§ 29 SPG), der Vorrang bestimmter Schutzgüter (§ 28 SPG), die Verfahrensbindung bei der Befugnisausübung und der Schutz des Betroffenen (§ 30 SPG) sowie sonstige Ausübungsbefugnisse (§ 31 SPG, RLV).

Da es keine konkrete Befugnis zur Beseitigung von gefährlichen Gegenständen gibt, kommt die allgemeine Befugnis zur Beendigung gefährlicher Angriffe gem § 33 SPG in Frage. Da ein gefährlicher Angriff iS einer Anscheinsgefahr vorliegt, ist P ermächtigt und verpflichtet, diesem ein Ende zu setzen.

§ 28 SPG regelt den Vorrang der Sicherheit von Menschen. Gegenständlich handelt es sich um eine Tasche mit einer vermeintlichen Bombe. Das Leben und die Gesundheit gehen somit gegenüber der Unversehrtheit der Tasche vor.

§ 28a Abs 3 SPG beinhaltet das sogenannte „Ultima-Ratio-Prinzip" für Eingriffe in die Rechte der Menschen. Die Eigentumsgarantie ist ein Grundrecht, in das nur eingegriffen werden darf, wenn andere Mittel zur Erfüllung der Aufgabe nicht ausreichen oder wenn der Einsatz anderer Mittel außer Verhältnis zum sonst gebotenen Eingriff steht. Zwar hätte P in die Tasche hineinsehen können, allerdings geht der Schutz des Lebens und der Gesundheit von Menschen immer vor.

3. Ergebnis

Da gefährlichen Angriffen als Aufgabe der Gefahrenabwehr des § 21 Abs 2 SPG unverzüglich ein Ende zu setzen ist, hat P im Rahmen des „Ultima-Ratio-Prinzips" unter Berücksichtigung der restlichen allgemeinen Grundsätze rechtmäßig gehandelt. Die Maßnahme von P war rechtmäßig.

F. Aufforderung zum Verlassen des Parkplatzes

1. Aufgabe

Es kann auf die bisherigen Ausführungen verwiesen werden. Hier liegt eine Anscheinsgefahr vor.

2. Befugnis

Ein Platzverbot nach § 36 SPG konnte schon deshalb nicht angeordnet werden, weil dafür die Sicherheitsbehörde zuständig war. Möglich war aber eine Wegweisung nach § 38 Abs 2 SPG. Danach ist ein Organ des öffentlichen Sicherheitsdienstes ermächtigt, jedermann aus dem Gefahrenbereich zu weisen, wenn an einem bestimmten Ort eine allgemeine Gefahr für Leben oder Gesundheit mehrerer Menschen oder für Eigentum oder Umwelt in großem Ausmaß besteht. Das gilt solange, bis die Sicherheitsbehörde nicht selbst gem § 36 Abs 2 SPG einschreitet. Vorliegend besteht die Anscheinsgefahr einer Bombe, die in der Tasche sein könnte. Diese stellt eine allgemeine Gefahr (§ 16 Abs 1 SPG) für Leben oder Gesundheit mehrerer Menschen dar.[13]) Die Maßnahme ist auch verhältnismäßig (§ 28a Abs 3 SPG). Mithin hat P rechtmäßig gehandelt, indem er die Anwesenden vom Autobahnparkplatz verwiesen hat.

III. Anspruch auf Entschädigung für die gesprengte Tasche und den beschädigten PKW

Zu prüfen ist, ob A ein Recht auf Entschädigung hat, weil bei der Sprengung der Tasche As Fahrzeug erheblich beschädigt wurde.

Gem § 92 SPG haftet der Bund für Schäden, die durch Sicherheitsbehörden verursacht wurden, in drei Fällen: (Z 1) wenn eine Sicherheitsbehörde das Einschreiten aufgeschoben hat und dadurch ein Schaden entstanden ist, (Z 2) wenn im Rahmen der

13) Ausdrücklich diesen Fall anführend: *Hauer/Keplinger*, Sicherheitspolizeigesetz[4] (2011) § 38 Anm 8.

Meine Notizen

ersten allgemeinen Hilfeleistungspflicht Sachen in Anspruch genommen wurden oder wenn zur Abwehr eines gefährlichen Angriffs an in Anspruch genommenen Sachen Schäden entstanden sind, oder (Z 3), wenn Urkunden, die über die Identität eines Menschen täuschen, iSd § 54a SPG im Rechtsverkehr verwendet werden. Gegenständlich sind alle drei Möglichkeiten ausgeschlossen, denn auch Z 2 bezieht sich ausschließlich auf „in Anspruch genommene Sachen". P hat allerdings die Tasche gesprengt und nicht „in Anspruch genommen".

Das Polizeibefugnis-Entschädigungsgesetz sieht in § 1 vor, dass der Bund Ersatz für Schäden zu leisten hat, die von einem Organ des öffentlichen Sicherheitsdienstes bei der Ausübung von Zwangsbefugnissen unmittelbar verursacht worden sind, sofern der Zwang im Vollziehungsbereich des Bundes ausgeübt wurde. Darunter fallen nur jene Maßnahmen, die mit Dienstwaffen und iSd Waffengebrauchsgesetzes vorgesehen sind. Die Maßnahme des P entspricht der in § 2 Z 5 Waffengebrauchsgesetz enthaltenen „Abwehr einer von einer Sache drohenden Gefahr".

Unter Dienstwaffen iSd § 3 dieses Gesetzes fallen allerdings keine Sprengstoffe. Dementgegen sieht § 9 Waffengebrauchsgesetz die Möglichkeit vor, unter sinngemäßer Anwendung der Bestimmungen dieses Bundesgesetzes auch andere Waffen zu gebrauchen oder Mittel anzuwenden, deren Wirkung der einer Waffe gleichkommt. Darunter sind Sprengmittel jedenfalls zu subsumieren. Das Polizeibefugnis-Entschädigungsgesetz kommt zur Anwendung.

Demnach würde A grds ein Anspruch auf Ersatz zustehen, ihn trifft allerdings aufgrund seines unkooperativen Verhaltens ein Verschulden an den Handlungen von P und O. Gem § 2 Abs 2 Polizeibefugnis-Entschädigungsgesetz hat ein Geschädigter einen Schaden verhältnismäßig zu tragen, sofern diesen an der Entstehung des Schadens ein Verschulden trifft. Da A die Sprengung der Tasche verhindern hätte können, trifft ihn ein überwiegendes Verschulden. Folglich kommt ihm ein Schadensersatz an der Zerstörung der Tasche nicht zu. Was den Schaden am Fahrzeug betrifft, hat er diesen anteilig mitzutragen.

Die Bestimmungen des AHG kommen gegenständlich nicht zur Anwendung, da P rechtmäßig gehandelt hat.

Teil 3: Was kann die Landespolizeidirektion Graz unternehmen? Überprüfen Sie gutachterlich die Erfolgsaussichten eines möglichen Rechtsbehelfs der Stadt Graz, wobei Sie auf sämtliche aufgeworfenen Rechtsfragen (ggf hilfsgutachterlich) eingehen.

I. Zulässigkeit der Revision

A. Revisionswerber

Die belangte Behörde (Landespolizeidirektion Graz) kann Revisionswerberin sein; Art 133 Abs 6 Z 2 B-VG (sog Amtsrevision).

B. Revisionsgegenstand

Revisionsgegenstand ist der Beschluss des VwG gemäß Art 133 Abs 9 B-VG iVm VwGG.

C. Revisionslegitimation

Die belangte Behörde ist zwecks Wahrung der objektiven Rechtmäßigkeit zur Erhebung der Revision befugt (Art 133 Abs 6 Z 2 B-VG).

D. Revisionsgrund

Die Zulässigkeit einer Revision gegen Beschlüsse ergibt sich aus den Voraussetzungen des Art 133 Abs 4 iVm Abs 9 B-VG. Dabei muss es sich um eine Rechtsfrage von grundsätzlicher Bedeutung handeln, dh der Beschluss weicht von der Rsp des VwGH ab oder eine solche Rsp fehlt oder eine derartige Rechtsfrage wurde in der bisherigen Rsp des VwGH nicht einheitlich beantwortet. Die Entscheidung darüber, ob es sich um eine Rechtsfrage von grundsätzlicher Bedeutung handelt, entscheidet gem § 25a Abs 1 VwGG das VwG, hier das LVwG Steiermark.

Meine Notizen

Das VwG hat die Revision für unzulässig erklärt. Daher ist die ordentliche Revision nicht zulässig. Möglich ist aber eine außerordentliche Revision nach § 28 Abs 3 VwGG, wenn die betreffenden Rechtsfragen von grundlegender Bedeutung iSd Art 133 Abs 4 B-VG sind. Über die Zulässigkeit einer außerordentlichen Revision hat der VwGH im Rahmen der dafür vorgebrachten Gründe gem § 28 Abs 3 VwGG zu befinden.

Im vorliegenden Fall könnte der Revisionswerber die Zulässigkeit der Revision damit begründen, dass gemäß der Rsp zu § 28 Abs 3 VwGVG nur krasse oder besonders gravierende Ermittlungsmängel zur Behebung und Zurückverweisung berechtigen.[14]) Solche Ermittlungsmängel können zwangsläufig nur den Bescheid und das zugrunde liegende Verwaltungsverfahren betreffen, nicht aber bereits die Beschwerdeschrift selbst.

Zudem habe eine Partei kein subjektives Recht auf eine Beschwerdevorentscheidung, wodurch deren Unterlassung nicht zur Bescheidbehebung und Zurückverweisung des Verfahrens berechtige. Der Beschluss des VwG weicht insofern von der Rsp des VwGH ab und stellt somit eine Rechtsfrage von grundsätzlicher Bedeutung dar. Demnach ist die Revision zulässig.[15])

E. Form und Frist

Die Formvoraussetzungen ergeben sich aus den §§ 24, 28 Abs 1 VwGG. Die Revisionsfrist beträgt 6 Wochen, § 26 VwGG.

II. Begründetheit der Revision

Fraglich ist, ob das VwG die Beschwerde nach § 28 Abs 3 Satz 2 VwGVG zurückverweisen konnte, weil die Behörde notwendige Ermittlungen des Sachverhalts unterlassen hat. Schließlich konnte die Behörde aufgrund der Ausführungen des A in nichtdeutscher Sprache ein Beschwerdevorverfahren mangels Kenntnis des Beschwerdevorbringens gar nicht effektiv durchführen.

Bei einer Kassation nach § 28 Abs 3 Satz 2 VwGVG handelt es sich um eine Ausnahme von der grundsätzlichen meritorischen Entscheidungszuständigkeit der VwG: Nach § 28 Abs 1 VwGVG hat das Verwaltungsgericht die Rechtssache durch Erkenntnis zu erledigen, sofern die Beschwerde nicht zurückzuweisen oder das Verfahren einzustellen ist. § 28 VwGVG dient der Verfahrensbeschleunigung bzw der Berücksichtigung einer angemessenen Verfahrensdauer, weshalb von der Möglichkeit der Zurückverweisung nur in Ausnahmefällen, eben nur bei krassen bzw besonders gravierenden Ermittlungslücken Gebrauch gemacht werden darf.[16])

Eine solche Ermittlungslücke liegt aber noch nicht darin, dass die Behörde ein Beschwerdevorverfahren nicht durchgeführt hat. Nach § 14 VwGVG steht es der belangten Behörde frei, eine Beschwerdevorentscheidung zu erlassen; eine dahingehende Verpflichtung besteht nicht.[17]) Auch die Parteien haben keinen Rechtsanspruch auf Erlassung einer Beschwerdevorentscheidung.[18])

Folglich kann eine Ermittlungslücke hier nicht schon deshalb vorliegen, weil sich die Landespolizeidirektion als belangte Behörde keine umfassende Kenntnis vom Inhalt der Beschwerde verschafft hat. § 28 Abs 3 Satz 2 VwGVG bietet keine Rechtsgrundlage für eine Bescheidaufhebung und Zurückverweisung der Angelegenheit an die Verwaltungsbehörde zur Erlassung eines neuen Bescheids, wenn die Verwaltungsbehörde, die von einer Beschwerdevorentscheidung keinen Gebrauch macht, die fremdsprachige Beschwerde (oder Teile davon) ohne Veranlassung einer Übersetzung dem Verwaltungsgericht vorlegt. Die Landespolizeidirektion war mangels sonstiger

14) VwGH 26. 3. 2015, Ra 2014/07/0077; 26. 6. 2014, Ro 2014/03/0063; 14. 9. 2016, Ro 2015/08/0023; 26. 6. 2014, Ro 2014, Ro 2014/03/0063.

15) VwGH 29. 4. 2015, 2015/20/0038.

16) VwGH 29. 4. 2015, 2015/20/0038; VwGH 26. 06. 2014, 2014/03/0063.

17) *Gruber* in *Götzl/Gruber/Reisner/Winkler* (Hrsg), Das neue Verfahrensrecht der Verwaltungsgerichte² (2017) § 14 Rz 8.

18) Vgl *Martschin/Schmid* in *Eder/Martschin/Schmid,* Das Verfahren der Verwaltungsgerichte² (2017) § 14 VwGVG K 11; *Pabel,* Das Verfahren vor den Verwaltungsgerichten, in *Fischer/Pabel/Raschauer* (Hrsg) Handbuch der Verwaltungsgerichtsbarkeit (2014) Rz 37 (Stand 1. 2. 2014, rdb.at); *Müllner,* Beschwerdevorentscheidung und Vorlageantrag, ZfV 6/2013, 881 (883); *Grabenwarter/Fister,* Verwaltungsverfahrensrecht und Verwaltungsgerichtsbarkeit⁵ (2015) 233; *Fister/Fuchs/Sachs,* Das neue Verwaltungsgerichtsverfahren (2013) § 14 VwGVG Anm 5 und das hg Erkenntnis VwGH 7. 9. 2007, 2007/02/0180, zur insofern vergleichbaren Berufungsvorentscheidung.

gesetzlicher Grundlage auch sonst nicht verpflichtet, die mit Mängeln behaftete Beschwerde vor deren Vorlage an das Landesverwaltungsgericht verbessern zu lassen.

✐ Meine Notizen

III. Ergebnis

Aus den dargelegten Erwägungen ist der angefochtene Beschluss gem § 42 Abs 2 Z 1 VwGG wegen inhaltlicher Rechtswidrigkeit aufzuheben. Das LVwG Steiermark hat dann in der Sache selbst zu entscheiden.

Von Daniela Bereiter und Stefan Storr

✐ Meine Notizen

Fall 8: Internationales Wohnen und Stadtsport

Schwerpunkte: baupolizeiliche Maßnahme; Säumnisbeschwerde; Bescheidbeschwerde; Quasi-Wiedereinsetzung; Flächenwidmungsplanänderung; Immissionsschutz; Baubewilligung; Nachbarrechte

SACHVERHALT[1])

Teil 1: In Absprache mit dem Bund und der Stadt Graz möchte das Land Steiermark die Integration junger Asylberechtigter[2]) (minderjährige und nicht-minderjährige bis 24 Jahre) in die Gesellschaft fördern. Das Land will hierfür eine Einrichtung für betreutes Wohnen errichten, in der die jungen Asylberechtigten mit jungen Österreicherinnen und Österreichern gemeinsam in kleinen Wohneinheiten günstig leben sollen. Betreuer und Betreuerinnen, die mit ihnen dort wohnen, sollen bei der Integration helfen. Den jungen Asylberechtigten soll so der Anschluss an gleichaltrige Österreicherinnen und Österreicher erleichtert und Unterstützung zur Lebenshilfe gegeben werden, indem sie zB hauswirtschaftlich versorgt werden und ihnen durch eine persönliche Beratung Perspektiven hinsichtlich der Ausbildungs- und der Berufswahl sowie ihrer persönlichen Entwicklung aufgezeigt werden. Das Land favorisiert für die Realisierung dieses Integrationsprojekts ein viergeschossiges, leerstehendes Gebäude (ca 1200 m² Fläche) im Grazer Bezirk Lend. Um in 15 kleineren Wohngemeinschaften insgesamt rund 60 junge Menschen unterbringen und betreuen zu können, sollen innen Trennwände eingezogen und die Fenster verkleinert werden. Das Grundstück ist im Flächenwidmungsplan als allgemeines Wohngebiet ausgewiesen und steht, wie das Gebäude, im Eigentum des Landes. Nach einer ausführlichen Prüfung kommt die Immobilienabteilung des Landes zu dem Ergebnis, dass eine Baubewilligung nicht erforderlich ist, weshalb auch sehr bald ein Unternehmen mit den Bauarbeiten beauftragt wird.

Nadine Nervig (N) bewohnt eine Eigentumswohnung in einer Wohnanlage, die im Süden an das Grundstück des Landes grenzt. Als sie die Fahrzeuge des Bauunternehmens vorfahren sieht, verfasst sie sogleich ein Schreiben an die zuständige Behörde der Stadt Graz, um ihren Unmut über die neue Nachbarschaft kundzutun und schreibt:

„Wie man täglich in der Zeitung lesen kann, sollen diese „Asylanten" häufig kriminell und verwahrlost sein, sodass dieses Bauvorhaben in hygienischer und sicherheitspolizeilicher Hinsicht negative Auswirkungen auf die Nachbarschaft haben wird. Das kann in einem allgemeinen Wohngebiet sicher nicht zulässig sein. Ich fordere Sie daher auf, das zu unterbinden!"

Bearbeitungsvermerk:

N fürchtet, dass sich die Stadt Graz nicht mit ihrem Begehren auseinandersetzen wird und will wissen, ob und ggf was sie unternehmen kann, um Erfolg zu haben.

Teil 2: Auch der gemeinnützige Verein „Miteinander in Graz" will einen Beitrag zur Integrationsförderung leisten und auf dem im Osten an das viergeschossige Gebäude

1) Es handelt sich um die überarbeitete und gekürzte Version des Fachprüfungsfalles Verwaltungsrecht und Verwaltungslehre vom Februar 2017.

2) Anerkannte Asylwerber oder Asylberechtigte sind Personen, deren Asylverfahren mit einem positiven Bescheid beendet wurde und die daher vier Monate nach Beendigung des Verfahrens keinen Anspruch auf Grundversorgung mehr haben. Bei der Falllösung ist davon auszugehen, dass diese Personen nicht mehr zur Zielgruppe der für eine Grundversorgung Anspruchsberechtigten gehören.

Meine Notizen

angrenzenden, unbebauten Grundstück eine Sport- und Freizeitanlage errichten. Das 1 ha große Grundstück steht im Eigentum des Vereins, grenzt auch im Norden, Westen und Süden an bestehende Wohnanlagen und ist im Flächenwidmungsplan, wie alle angrenzenden Grundstücke, als allgemeines Wohngebiet ausgewiesen.

Das Gemeinderatsmitglied Richard Reich (R) ist mit der Wahl des Standorts für dieses Vorhaben sehr zufrieden. Die Gemeinde hatte nämlich sowieso für 2017 beabsichtigt, das im Hinblick auf die Besiedlungsdichte magere Angebot an Sport- und Freizeitanlagen in den Bezirken der Innenstadt auszubauen. Auch im örtlichen Entwicklungskonzept der Stadt Graz ist die Entwicklung des Freizeitangebots in Innenstadtlagen vorgesehen. Mit der Wahl dieses Standorts sei zu erwarten, dass zumindest in den nächsten Jahren in Rs Nachbarschaft im Bezirk Geidorf kein vergleichbares Projekt realisiert werde und somit auch weniger Ausländer und Familien in seine Nachbarschaft zuziehen werden. Er werde daher „alles in seiner Macht stehende unternehmen“, damit das Projekt rasch verwirklicht werden kann.

Nach einer gründlichen Erforschung des Sachverhalts und der Abwägung aller ihm bekannten privaten und öffentlichen Interessen sowie möglicher Alternativen hat der Gemeinderat einen Entwurf zur Änderung des Flächenwidmungsplanes schnell erarbeitet. In diesem wird das für den Bau der Sport- und Freizeitanlage vorgesehene Grundstück von allgemeinem Wohngebiet in Freiland, Sondernutzungsfläche für Sportzwecke, umgewidmet. Der Gemeinderat beschließt sodann die Auflage des Änderungsentwurfs, der auch im Amtsblatt und durch Anschlag an der Amtstafel bekannt gemacht wird. In der Kundmachung heißt es:

„Der Änderungsentwurf liegt vom 9. 10. 2017 bis 27. 11. 2017 beim Magistrat zur allgemeinen Einsichtnahme montags und freitags von 9:30 bis 13:00 (Amtsstunden von Montag bis Freitag von 9:00 bis 15:00) auf und wird darüber hinaus für den gleichen Zeitraum auf der Homepage des Magistrats Graz veröffentlicht. Innerhalb der Auflagedauer kann jeder schriftlich begründete Einwendungen beim Magistrat erheben.“

Einwendungen werden nicht erhoben. Am 12. 12. 2017 wird die Änderung des Flächenwidmungsplanes vom Gemeinderat beschlossen. Bei der Abstimmung sind 42 Mitglieder des Gemeinderates anwesend. Das Gemeinderatsmitglied R und 27 weitere Mitglieder stimmen für eine Änderung des Flächenwidmungsplans, 10 stimmen dagegen, 4 enthalten sich der Stimme. Nach erfolgter Beschlussfassung wird die Flächenwidmungsplanänderung ordnungsgemäß kundgemacht und der Landesregierung eine Ausfertigung der Kundmachung übermittelt. Der Bürgermeister verfügt die Auflage und informiert die Gemeinderatsmitglieder.

Sodann reicht der Verein die Planungsunterlagen für die Sport- und Freizeitanlage bei der zuständigen Behörde ein. Aus diesen geht folgendes hervor: Die Sport- und Freizeitanlage soll Ballspiele jeglicher Art wie Fußball, Handball, Tennis und Basketball in der Innenstadt ermöglichen und aufgrund ihrer Größe auch als Veranstaltungsstätte für die Ausrichtung kleinerer Sportveranstaltungen iSd § 2 Z 9 Steiermärkisches Veranstaltungsgesetz 2012 dienen. Daher soll im Norden des Grundstückes ein Tennisplatz errichtet werden, an den im Westen ein Kinderspielplatz mit einer Sandkiste, einem Gerüst mit drei Schaukeln und einer Rutsche, einem Karussell sowie einem Klettergerüst angrenzt. Ferner soll die Anlage im Süden des Platzes über eine 230 m^2 große Spielfläche verfügen, an der am westlichen und östlichen Ende jeweils ein Fußballtor errichtet wird. Seitlich der Fußballtore sollen zwei Prallwände mit einer Höhe von ca 4 m und zwei Basketballkörbe installiert werden.

Den Planungsunterlagen liegen zwei Sachverständigengutachten bei, ein bautechnisches und ein medizinisches. Im bautechnischen Gutachten wird ausgeführt, dass die nachbarschaftlichen Wohnanlagen für ein innerstädtisches Siedlungsgebiet äußerst ruhig und idyllisch seien und die tatsächlichen, ortsüblichen Lärmemissionen in diesem Wohngebiet durchschnittlich 6 dB unter den Planungsrichtwerten der einschlägigen ÖNORM liegen. Durch diese spezielle Sport- und Freizeitanlage für Einzel- und Mannschaftsballsportarten sei an den Grundgrenzen zu den Wohnanlagen ein durchschnittlicher Lärmpegel am Tag von 65 dB, am Abend und in der Nacht von 60 dB zu erwarten. Hinzukommt, dass die Art des zu erwartenden Lärms, wie etwa Schüsse an die Banden, lautes Rufen, Klatschen und Kindergeschrei, impulsartig und nicht vorhersehbar sei und daher von Menschen als äußerst lästig empfunden werden kann. Um die Lautstärke des Lärms zu reduzieren, empfiehlt der bautechnische Gutachter, eine zumindest 3 m hohe Schalldämmung an den Prallwänden zu errichten, die den Lärmpegel an den Grundgrenzen um durchschnittlich 5 dB verringert. Der lärmmedizinische Amtssachverständige führt in seinem Gutachten aus, dass die Art des zu erwartenden Lärms (impulsartig) im Vergleich zu gleichmäßiger Beschallung,

Meine Notizen

etwa durch Straßenverkehr, von den Nachbarn nicht nur als störender wahrgenommen werden, sondern tatsächlich auch, zusammen mit einer gewissen Lautstärke, für die Gesundheit äußerst schädlich sein kann. Konkret könne der von der Anlage ausgehende nächtliche Lärm die Gesundheit der Anrainer gefährden.

Die zuständige Behörde beraumt sodann für den 29. 12. 2017 eine Bauverhandlung an. Die Bewohner der angrenzenden Wohnsiedlungen, darunter auch Kurt Krank (K), der in der südlich an die geplante Sport- und Freizeitanlage angrenzenden Wohnsiedlung eine Eigentumswohnung bewohnt, werden persönlich zur Bauverhandlung geladen. Darüber hinaus wird die Verhandlung durch Anschlag an der Amtstafel und in allen Hausfluren der angrenzenden Wohnsiedlungen kundgemacht.

K ist Rentner und leidet an leichter altersbedingter Demenz. Er reagiert daher äußerst sensibel auf Lärm, sodass zusätzlicher Lärm, vor allem in den Abend- und Nachtstunden, seinen Gesundheitszustand negativ beeinflussen kann. In der Bauverhandlung bringt er daher vor, dass die mit der Sport- und Freizeitanlage einhergehenden Lärmimmissionen für ihn unzumutbar und gesundheitsschädlich seien. Ferner meint er aufgrund des zu erwartenden Lärms, dass dieses Vorhaben nicht in eine Wohngegend gehöre und mit dem Flächenwidmungsplan wohl auch nicht übereinstimme.

Auch Sandra Sorglos (S), die in derselben Wohnsiedlung wie K wohnt und Eigentümerin der dortigen Wohnung ist, ist mit diesem Bauvorhaben nicht einverstanden. Sie wurde zwar nicht persönlich geladen, hat aber eine Stunde vor Beginn der Bauverhandlung durch Zufall von einer Nachbarin von der Anberaumung derselben erfahren. Auf dem Weg zur Bauverhandlung gerät sie allerdings mit dem Rad in die Straßenbahnschienen und stürzt. Um etwaige Verletzungen auszuschließen, wird sie sofort mit der Rettung ins Krankenhaus gebracht. Da sie bereits vermutet, nicht mehr rechtzeitig zur Bauverhandlung kommen zu können, ruft sie noch schnell K an und bittet ihn, für sie in der Bauverhandlung anzubringen, dass die Sport- und Freizeitanlage nicht ins Ortsbild passe und dass ihr Grundstück wohl erheblich an Wert verlieren werde. Dieser Bitte kommt K auch nach. Da S lediglich einige Prellungen und Schürfwunden davongetragen hat, kann sie noch am selben Tag das Krankenhaus wieder verlassen, aber nicht mehr an der mündlichen Verhandlung teilnehmen.

Die Behörde erteilt schließlich die Baubewilligung unter den Auflagen, den Betrieb der Sport- und Freizeitanlage auf den Zeitraum von 8:00 bis 21:30 zu beschränken und die Prallwände mit einer 3 m hohen Schalldämmung auszustatten, um die Lärmimmissionen auf den Nachbargrundstücken zu verringern. Der Bewilligungsbescheid wird K am 9. 1. 2018 zugestellt.

Bearbeitungsvermerk:

Prüfen Sie rechtsgutachterlich, indem Sie auf alle aufgeworfenen Rechtsfragen eingehen, die Erfolgsaussichten möglicher Beschwerden von K und S.

ANLAGE

Auszug aus dem Stmk Veranstaltungsgesetz 2012 (StVAG) idF LGBl 2015/119

§ 1 Anwendungsbereich

(1) Dieses Landesgesetz gilt für die Durchführung öffentlicher Veranstaltungen, sofern Abs 2 nichts anderes bestimmt.

(2) Dieses Landesgesetz gilt nicht für [. . .]

14. ortsfeste Veranstaltungsbetriebe für Aktivitäten, . . .

c) die im Freien zwischen 8 und 22 Uhr oder in geschlossenen Stätten stattfinden, wie z. B. der Betrieb von Schipisten, Golfplätzen, Langlaufloipen, Natureislaufplätzen, Naturrodelbahnen, Tennisplätzen oder Fußballplätzen;

15. Kleinveranstaltungen im Rahmen eines Veranstaltungsbetriebes nach Z 14 auf Rechnung und Gefahr der Verfügungsberechtigten/des Verfügungsberechtigten.

§ 2 Begriffsbestimmungen

Im Sinn dieses Gesetzes bedeuten:

1. Veranstaltungen: Unternehmungen, Ereignisse oder Zusammenkünfte, die der Unterhaltung, Belustigung oder Ertüchtigung der Teilnehmerinnen/Teilnehmer dienen;

Meine Notizen

2. ortsfester Veranstaltungsbetrieb: regelmäßige oder dauernde Veranstaltung, bei der Veranstaltungsstätten zur eigenen Belustigung oder Ertüchtigung der Teilnehmerinnen/Teilnehmer bereitgestellt werden;

[...]

9. Kleinveranstaltungen: Veranstaltungen, zu denen während der Veranstaltungsdauer nicht mehr als 300 Personen erwartet werden oder die an einem Veranstaltungstag gleichzeitig von nicht mehr als 300 Personen besucht werden können und bei denen

a) keine Gefährdung im Sinn des § 4 Abs. 2 Z 1 zu erwarten ist,

b) die Veranstaltungszeit zwischen 8 und 23 Uhr oder in Gastgewerbebetrieben innerhalb der gewerberechtlich zulässigen Betriebszeiten liegt und

c) die Veranstaltungsdauer nicht mehr als drei Veranstaltungstage beträgt;

[...]

Auszug aus der einschlägigen ÖNORM (fiktiv)

Kat.	Standplatz	Beurteilungspegel in dB		
		Tag (6 – 19 Uhr)	Abend (19 – 22 Uhr)	Nacht (22 – 6 Uhr)
1	Ruhegebiet, Kurgebiet	45	40	35
2	Wohngebiet in Vororten, Wochenendhausgebiet, ländliches Wohngebiet	50	45	40
3	Städtisches Wohngebiet, Gebiet für Bauten land- und forstwirtschaftlicher Betriebe mit Wohnungen	55	50	45
4	Kerngebiet (Büros, Geschäfte, Handel, Verwaltungsgebäude ohne wesentlicher störender Schallemission, Wohnungen, Krankenhäuser)	60	55	50
5	Gebiet für Betriebe mit geringer Schallemission (Verteilung, Erzeugung, Dienstleistung, Verwaltung)	55	65	45

LÖSUNGSVORSCHLAG

Für Fristenprobleme beachte die Kalender 2017/18 auf Seite 181/182.

Teil 1

I. Anspruch der N auf ein Einschreiten der Gemeinde (§ 41 Abs 6 Stmk BauG)

Zu prüfen ist, ob N ein Anspruch auf Erlassung eines baupolizeilichen Auftrags zusteht. Grundsätzlich kommt niemandem ein Anspruch auf aufsichtsbehördliches Einschreiten zu. § 68 Abs 7 AVG bestimmt das ausdrücklich für rechtskräftige Bescheide. Etwas anderes gilt im Baupolizeirecht. § 41 Abs 6 Stmk BauG gibt den Nachbarn einen Rechtsanspruch auf Erlassung eines baupolizeilichen Auftrags, wenn die Bauarbeiten, die baulichen Anlagen oder sonstigen Maßnahmen im Sinne des § 41 Abs 1, 3 und 4 Stmk BauG ihre Rechte (§ 26 Abs 1 Stmk BauG) verletzen.

A. Zuständigkeit

Der Erlass baupolizeilicher Maßnahmen, wie die Verfügung einer Baueinstellung wegen der konsenslosen Errichtung von Bauten, gehört zur örtlichen Baupolizei und ist gem Art 118 Abs 3 Z 9 B-VG im eigenen Wirkungsbereich der Gemeinde zu vollziehen (vgl auch § 41 Abs 2 Z 9 Statut der Stadt Graz). In der Statutarstadt Graz obliegt gem § 61 Abs 2 Statut der Stadt Graz dem Stadtsenat die Besorgung aller Angelegenheiten des eigenen Wirkungsbereichs. Daher ist der Stadtsenat für die Verfügung einer Baueinstellung nach § 41 Abs 1 Z 1 Stmk BauG zuständig.

B. Nachbareigenschaft von N

Meine Notizen

Einen Anspruch auf baubehördliches Einschreiten hat nur der Nachbar. ISd § 4 Z 44 Stmk BauG sind Nachbarn Eigentümer (oder Inhaber eines Baurechtes) der an den Bauplatz angrenzenden Grundflächen (Anrainernachbar). Ferner fallen unter den Nachbarbegriff auch Eigentümer jener Grundflächen, die zum vorgesehenen Bauplatz in einem solchen räumlichen Naheverhältnis stehen, dass vom geplanten Bau oder dessen konsensgemäßer Benützung Einwirkungen auf diese Grundflächen ausgehen können, gegen welche die Bestimmungen dieses Gesetzes Schutz gewähren (Betroffenheitsnachbar). N ist Eigentümerin einer Wohnung in einer Siedlung, die an das Grundstück, auf dem der geplante Umbau stattfinden soll, grenzt. Sie ist somit Nachbarin iSd § 4 Z 44 Stmk BauG.

C. Bauliche Anlage

Das im Bezirk Lend gelegene Gebäude stellt eine bauliche Anlage dar. Eine bauliche Anlage (Bauwerk) iSd § 4 Z 13 Stmk BauG ist eine Anlage, die mit dem Boden in Verbindung steht und zu deren fachgerechter Herstellung bautechnische Kenntnisse erforderlich sind. Eine Verbindung mit dem Boden besteht bereits dann, wenn die Anlage durch ihr eigenes Gewicht am Boden ruht oder auf ortsfesten Bahnen begrenzt beweglich ist oder nach ihrem Verwendungszweck dazu bestimmt ist, überwiegend ortsfest benutzt zu werden.

§ 3 Z 9 Stmk BauG ist nicht einschlägig. Es handelt sich bei der baulichen Anlage weder um einen Neu- oder Zubau in Leichtbauweise noch wird die bauliche Anlage zur vorübergehenden Unterbringung einer größeren Anzahl von Personen aus humanitären Gründen, ausschließlich für die Dauer des Bestehens des Erfordernisses der vorübergehenden Unterbringung, genützt. Im vorliegenden Fall geht es um eine Integration junger Asylberechtigter und Österreicher, nicht um eine nur vorübergehende Unterbringung aus humanitären Gründen. Der Anwendungsbereich des Stmk BauG ist daher eröffnet.

D. Bewilligungspflicht

Gem § 19 Z 1 BauG sind Neu-, Zu- und Umbauten von baulichen Anlagen grundsätzlich bewilligungspflichtig. Die gegenständlichen Bauarbeiten, die Einziehung von Trennwänden und die Verkleinerung der Fenster sind Umbaumaßnahmen. Ein Umbau ist gem § 4 Z 58 Stmk BauG die Umgestaltung des Inneren und Äußeren einer bestehenden baulichen Anlage, die die äußeren Abmessungen nicht vergrößert oder nur unwesentlich verkleinert, jedoch geeignet ist, die öffentlichen Interessen zu berühren (zB Brandschutz, Standsicherheit, äußeres Erscheinungsbild), bei überwiegender Erhaltung der Bausubstanz.

Der Umbau ist nicht nach § 21 Abs 2 Z 1 Stmk BauG bewilligungsfrei, weil er eine Änderung der äußeren Gestaltung zur Folge hat. Insb sollen kleinere Fenster eingebaut werden.

Aufgrund der Größe des Gebäudes (1200 m², vier Geschoße) handelt es sich nicht um einen anzeigepflichtigen Umbau eines Kleinhauses nach § 20 Z 1 Stmk BauG. Gem § 4 Z 40 Stmk BauG ist ein Kleinhaus ein Haus, das ausschließlich dem Wohnen dient und eine Gesamtwohnnutzfläche unter 600 m² sowie höchstens drei oberirdische Geschoße (einschließlich Dachgeschoß) hat.

Das Land hätte daher gem § 19 Z 1 Stmk BauG für den Umbau um eine Baubewilligung ansuchen müssen.

E. Nachbarrechtliche Einwendungen iSd § 26 Abs 1 Stmk BauG

N kommt nur dann ein Anspruch auf aufsichtsbehördliches Einschreiten zu, wenn sie durch die Bauarbeiten oder die baulichen Anlagen in ihren subjektiv-öffentlichen Rechten verletzt wird. N macht geltend, dass mit der geplanten Betreuungseinrichtung Immissionen einhergehen, die mit einem allgemeinen Wohngebiet unvereinbar sind. Dieses Vorbringen ist eine Geltendmachung von Immissionen, die nicht mit dem Flächenwidmungsplan übereinstimmen (§ 26 Abs 1 Satz 2 Z 1 Stmk BauG).

Einem Nachbarn kommt ein subjektiv-öffentliches Recht auf Einhaltung des Flächenwidmungsplanes gem § 26 Abs 1 Satz 2 Z 1 Stmk BauG nur insoweit zu, als damit ein Immissionsschutz verbunden ist. Das Gemeindegrundstück ist im Flächenwidmungsplan als allgemeines Wohngebiet iSd § 30 Abs 1 Z 2 Stmk ROG ausgewiesen.

Meine Notizen

Allgemeine Wohngebiete sind Flächen, die vornehmlich für Wohnzwecke bestimmt sind, wobei auch Nutzungen zulässig sind, die den wirtschaftlichen, sozialen, religiösen und kulturellen Bedürfnissen der Bewohner von Wohngebieten dienen. Diese Nutzungen dürfen allerdings keine dem Wohncharakter des Gebietes widersprechenden Belästigungen der Bewohnerschaft verursachen.

Nur sofern im allgemeinen Wohngebiet Gebäude für sonstige Zwecke genutzt werden und diese Nutzung dem Wohncharakter widersprechende Belästigungen verursacht, steht den Nachbarn ein Recht auf Immissionsschutz und damit auf Einhaltung des Flächenwidmungsplanes zu. Einen Schutz vor Immissionen, die von einem zu Wohnzwecken genutzten Gebäude ausgehen, sieht das Gesetz nicht vor. Diese Immissionen sind nämlich in einem allgemeinen Wohngebiet üblich und daher von den Nachbarn hinzunehmen.

Fraglich ist daher zunächst, ob die Einrichtung ein Gebäude ist, das vornehmlich zu Wohnzwecken genutzt wird.[3]) Hierfür könnte sprechen, dass die Jugendlichen für eine Zeit in der Einrichtung „untergebracht" werden und darin wohnen sollen. Doch müsste diese Zweckwidmung des „Wohnens" an sich auch tatsächlich im Vordergrund stehen und dürfte nicht durch eine andere Zielsetzung überlagert werden. Deshalb hat der VwGH zB Pflegeheime oder Seniorenheime wegen ihrer vordringlichen Betreuungsfunktion nicht als „Wohnbauten" iSd – insofern vergleichbaren – Raumordnungsgesetze der Länder qualifiziert.[4]) Die jugendlichen Asylberechtigten und Österreicher sollen nicht nur in der Einrichtung wohnen; sie sollen auch in die Gesellschaft integriert werden. Die Einrichtung soll jungen Asylberechtigten die Möglichkeit geben, Anschluss an gleichaltrige, ebenfalls in der Einrichtung wohnhafte Österreicher zu finden. Darüber hinaus werden den Bewohnern hauswirtschaftliche Sorgen abgenommen und Betreuungsleistungen zur Unterstützung ihrer persönlichen Entwicklung und hinsichtlich ihrer Ausbildungs- und Berufswahl zur Verfügung gestellt. Wegen dieser Betreuungsleistungen wird das Gebäude nicht vornehmlich nur für Wohnzwecke genutzt.

Zwar sind in einem allgemeinen Wohngebiet iSd § 30 Abs 1 Z 2 Stmk ROG auch andere Nutzungen zulässig, diese müssen aber überwiegend der Deckung der wirtschaftlichen, kulturellen, sozialen und religiösen Bedürfnisse der Bewohner von Wohngebieten dienen und dürfen keine dem Wohncharakter des Gebietes widersprechende Belästigungen hervorrufen. Das ist bei der hier in Frage stehenden Wohnanlage mit Betreuung gerade nicht der Fall. Denn soweit die Betreuungseinrichtung der Deckung der wirtschaftlichen, kulturellen, sozialen und religiösen Bedürfnisse der Bewohner von Wohngebieten dient, wird die Immissionsbelastung, die von den Bewohnern der Betreuungseinrichtung ausgeht, bei deren rechtskonformen Verhalten – von dem auszugehen ist – jener Belastung eines größeren Gebäudes, das vornehmlich dem Wohnen dient, entsprechen.[5]) Daher kommt N insofern kein subjektives öffentliches Recht auf Einhaltung der Widmung zu.

Soweit N anführt, die neue Nachbarschaft wäre in „hygienischer und sicherheitspolizeilicher Hinsicht" bedenklich, ist dies in immissionsschutzrechtlicher Hinsicht nicht relevant. Ferner ist auch die Einwendung, die meisten „Asylanten" seien kriminell und verwahrlost, rechtlich unbeachtlich, zumal aufgrund der Unschuldsvermutung (Art 6 Abs 2 EMRK) von einem rechtskonformen Verhalten aller Menschen auszugehen ist.

§ 26 Abs 1 Satz 1 Z 5 Stmk BauG ist ebenfalls nicht einschlägig, da sich dieser ausdrücklich nur auf Gefährdungen oder unzumutbare Belästigungen bzw Beeinträchtigungen iSd § 57 Abs 2 (Abwasser), § 58 (Sonstige Abflüsse), § 60 Abs 1 (Abgase von Feuerstätten), § 66 Satz 2 (Belüftung und Beheizung) und § 88 Stmk BauG (Veränderungen des Geländes, aus denen Änderungen der Abflussverhältnisse resultieren, die mit einer unzumutbaren Beeinträchtigung oder Gefährdung einhergehen) bezieht.

F. Ergebnis

Ns Antrag auf Verfügung einer Baueinstellung nach § 41 Abs 6 Stmk BauG ist unbegründet.

3) Offenlassend: VwSlg 16.233 A/2003.
4) VwSlg 14.031 A/1994; VwGH 30. 4. 1998, 97/06/0271.
5) Zu den Immissionen eines Asylhotels VwSlg 16.233 A/2003.

II. Säumnisbeschwerde nach Art 130 Abs 1 Z 3 B-VG

Meine Notizen

Die Zulässigkeit eines Rechtsmittels ist daher hilfsweise zu prüfen.

A. Zulässigkeit einer Säumnisbeschwerde

Bei Untätigkeit des Stadtsenats kann N eine Säumnisbeschwerde nach Art 130 Abs 1 Z 3 B-VG an das LVwG erheben. Nachfolgend ist zu prüfen, ob diese zulässig und begründet wäre.

1. Beschwerdeführerin

N ist sowohl partei- als auch prozessfähig und kann daher Beschwerdeführerin sein (vgl § 17 VwGVG iVm § 9 AVG).

2. Beschwerdegegenstand

Beschwerdegegenstand ist die Verletzung der Entscheidungspflicht durch eine Verwaltungsbehörde (Art 130 Abs 1 Z 3 B-VG). Die Behörde hat bisher nicht über den Antrag der N auf Baueinstellung entschieden.

3. Beschwerdelegitimation

N ist zur Erhebung einer Säumnisbeschwerde legitimiert, wenn sie behaupten kann, im Verwaltungsverfahren als Partei zur Geltendmachung der Entscheidungspflicht berechtigt gewesen zu sein (vgl Art 132 Abs 3 B-VG). N ist Nachbarin iSd § 4 Z 44 Stmk BauG (siehe unter I.B.) und behauptet, dass mit der geplanten Betreuungseinrichtung Immissionen einhergehen, die mit einem allgemeinen Wohngebiet unvereinbar sind. Dies kann als Geltendmachung von Immissionen, die nicht mit dem Flächenwidmungsplan übereinstimmen (§ 26 Abs 1 Satz 2 Z 1 Stmk BauG), interpretiert werden. Die behauptete Rechtsverletzung ist möglich und daher ist N zur Erhebung der Beschwerde legitimiert.

4. Rechtswegerschöpfung

In Angelegenheiten des eigenen Wirkungsbereichs der Gemeinde ist eine Säumnisbeschwerde nur bei Untätigkeit der zweitinstanzlichen Behörde zulässig (Art 132 Abs 6 iVm Art 118 Abs 4 B-VG, § 36 VwGVG). Im vorliegenden Fall ist ein Devolutionsantrag nach § 73 Abs 2 AVG jedoch nicht zulässig, weil ein administrativer Instanzenzug durch § 100 Abs 1 Statut der Stadt Graz ausgeschlossen ist. Eine Berufung gegen den Bescheid der säumigen erstinstanzlichen Behörde kommt somit nicht in Betracht. Der Rechtsweg ist erschöpft.

5. Abgelaufene Entscheidungsfrist

Eine Säumnisbeschwerde kann erst erhoben werden, wenn der Stadtsenat die Sache nicht innerhalb von 6 Monaten entschieden hat. Die Frist beginnt in dem Zeitpunkt, in dem der Antrag auf Sachentscheidung beim Stadtsenat eingelangt ist (vgl § 8 VwGVG).

6. Form und Inhalt

Die Säumnisbeschwerde ist schriftlich bei der belangten Behörde einzubringen (§§ 12, 20 VwGVG). Belangte Behörde ist gem § 9 Abs 2 Z 3 VwGVG jene Behörde, die den Bescheid nicht erlassen hat und somit säumig ist. Belangte Behörde ist der Stadtsenat (siehe unter I.A.). Der Inhalt der Beschwerde richtet sich nach § 9 Abs 5 VwGVG (§ 9 Abs 1 Z 1 – 3 und Z 5 VwGVG sind nicht anzuwenden) und hat das Begehren auf Entscheidung in der Sache durch das LVwG zu enthalten sowie die belangte Behörde zu bezeichnen, deren Entscheidung begehrt wird und glaubhaft zu machen, dass die Frist zur Erhebung der Säumnisbeschwerde gem § 8 Abs 1 VwGVG abgelaufen ist.

7. Ergebnis

Bei Einhaltung aller Form- und Inhaltserfordernisse ist die Säumnisbeschwerde zulässig.

B. Begründetheit

Die Beschwerde ist begründet, wenn die belangte Behörde ihre Entscheidungspflicht verletzt hat. Die Verzögerung muss auf ein überwiegendes Verschulden der Behörde

Meine Notizen

zurückzuführen sein (Art 132 Abs 3 B-VG, § 8 VwGVG). Wie unter I. festgestellt, ist N nicht in ihrem subjektiv-öffentlichen Recht iSd § 26 Abs 1 Satz 2 Z 1 Stmk BauG verletzt und hat folglich auch keinen Anspruch auf Erlass einer bescheidmäßigen Baueinstellung. Es besteht somit keine Entscheidungspflicht; folglich liegt auch keine Säumigkeit der Behörde vor.

Beim Bau- und Raumordnungsrecht handelt es sich um eine Landesmaterie. Daher ist das LVwG aufgrund der Generalklausel nach Art 131 Abs 1 B-VG iVm § 3 Abs 1 VwGVG zuständig. Örtlich ist gem § 3 Abs 2 Z 1 VwGVG iVm § 3 Z 1 AVG das LVwG Stmk zuständig.

C. Ergebnis

Die Säumnisbeschwerde wird vom LVwG Stmk als unbegründet abzuweisen sein.

Teil 2

I. Ks Rechtsschutzmöglichkeiten

K könnte gegen die bescheidmäßige Erteilung der Baubewilligung eine Bescheidbeschwerde gem Art 130 Abs 1 Z 1 iVm Art 132 Abs 1 Z 1 B-VG erheben.

A. Zulässigkeit

1. Beschwerdeführer

K ist sowohl partei- als auch prozessfähig und kann daher Beschwerdeführer sein (vgl § 17 VwGVG iVm § 9 AVG).

2. Beschwerdegegenstand

Der Bewilligungsbescheid kann tauglicher Beschwerdegegenstand sein (Art 130 Abs 1 Z 1 bzw Art 132 Abs 1 B-VG).

3. Beschwerdelegitimation

K ist beschwerdelegitimiert, wenn er behaupten kann, durch den Bescheid in seinen Rechten verletzt worden zu sein (Art 132 Abs 1 Z 1 B-VG). Diese Rechtsverletzung muss jedenfalls möglich sein und setzt voraus, dass der Beschwerdeführer im erstinstanzlichen Verfahren Partei war und diese Stellung nicht verloren hat.

a) Ks Nachbareigenschaft: K ist Eigentümer einer Wohnung innerhalb des Wohngebäudes, das unmittelbar an das Baugrundstück angrenzt, und damit zugleich Nachbar iSd § 4 Z 44 Stmk BauG. Als Anrainernachbar hat er in einer Bauverhandlung Parteistellung, die er auch beibehält, da er rechtzeitig mündlich während der Bauverhandlung Einwendungen erhoben hat (vgl § 27 Abs 1 Stmk BauG). Die Bauverhandlung wurde im erforderlichen Maße kundgemacht (§ 27 Abs 1 iVm § 25 Abs 1 Stmk BauG), jedenfalls wurde K persönlich informiert (§ 27 Abs 2 Stmk BauG).

b) Einwendungen iSd § 26 Abs 1 Stmk BauG: K macht geltend, dass die mit der geplanten Sport- und Freizeitanlage einhergehenden Lärmimmissionen mit dem Flächenwidmungsplan unvereinbar seien. Diese Einwendungen können iSd § 26 Abs 1 Satz 2 Z 1 Stmk BauG als Geltendmachung von immissionsschutzrelevanten Widersprüchen des Vorhabens mit dem Flächenwidmungsplan gedeutet werden. Die Einwendung der mangelnden Übereinstimmung des Bauvorhabens mit dem Flächenwidmungsplan ist nur dann zulässig, wenn mit der jeweiligen Widmungskategorie des zu bebauenden Grundstückes ein Immissionsschutz verbunden ist.[6]) Die hier vorliegende Widmungskategorie Freiland (§ 33 Abs 3 Z 1 Stmk ROG) sieht einen derartigen Immissionsschutz allerdings nicht vor. Folglich ist die Einwendung als unzulässig zurückzuweisen.[7])

In Betracht kommt, Ks Einwendungen iSd § 26 Abs 1 Satz 2 Z 3 iVm § 77 Stmk BauG als Einhaltung der Bestimmungen über den Schallschutz zu interpretieren. Dieses subjektive Recht auf Einhaltung der Schallschutzbestimmungen kommt den Nachbarn unabhängig davon zu, ob die jeweilige Widmungskategorie einen Immissi-

6) VwGH 25. 10. 2000, 99/06/0063; 29. 7. 2016, Ro 2014/05/0065-17 mwN.
7) *Lindermuth*, Baurecht, in *Poier/Wieser* (Hrsg), Steiermärkisches Landesrecht III (2011) 255 (287).

Meine Notizen

onsschutz vorsieht oder nicht.[8]) Die behauptete Rechtsverletzung ist möglich und daher ist K zur Erhebung einer Bescheidbeschwerde legitimiert.

4. Rechtswegerschöpfung

In Angelegenheiten des eigenen Wirkungsbereichs der Gemeinde ist eine Bescheidbeschwerde nur zulässig, wenn der zweigliedrige Instanzenzug ausgeschlossen ist (Art 132 Abs 6 iVm Art 118 Abs 4 B-VG). Gem § 100 Abs 1 Statut der Stadt Graz ist dieser ausgeschlossen. Eine Berufung gegen den Bescheid kommt somit nicht in Betracht. Der Rechtsweg ist erschöpft.

5. Frist

Die Bescheidbeschwerde ist gem § 7 Abs 4 Z 1 VwGVG innerhalb von 4 Wochen, gerechnet von dem Tag, an dem der Bescheid dem Beschwerdeführer mündlich verkündet oder zugestellt wurde, zu erheben. K wurde der Bescheid am 9. 1. 2018 zugestellt und daher kann er seine Beschwerde bis zum 6. 2. 2018 beim Stadtsenat einbringen (vgl § 12 VwGVG).

6. Form

Die Beschwerde ist schriftlich bei der belangten Behörde einzubringen (§§ 12, 20 VwGVG). Gem § 9 Abs 2 Z 1 ist die belangte Behörde jene Behörde, die den angefochtenen Bescheid erlassen hat (Stadtsenat). Der Beschwerdeinhalt ergibt sich aus § 9 VwGVG. Die Beschwerde hat die Bezeichnung des angefochtenen Bescheids (§ 9 Abs 1 Z 1 VwGVG), die Bezeichnung der belangten Behörde (§ 9 Abs 1 Z 2 VwGVG), Gründe, auf die sich die behauptete Rechtsverletzung stützt (§ 9 Abs 1 Z 3 VwGVG), ein Begehren (§ 9 Abs 1 Z 4 VwGVG) und Angaben, die für die Beurteilung der Rechtzeitigkeit der Beschwerde erforderlich sind (§ 9 Abs 1 Z 5 VwGVG), zu enthalten.

7. Ergebnis

Bei Einhaltung der Frist- und Formerfordernisse ist die Bescheidbeschwerde zulässig.

B. Begründetheit

Die Bescheidbeschwerde ist begründet, wenn der Bescheid des Stadtsenats rechtswidrig ergangen ist und K dadurch in seinen Rechten verletzt wurde. Gem § 27 VwGVG prüft das LVwG die Rechtswidrigkeit des Bescheids mit Ausnahme der Rechtswidrigkeit wegen Unzuständigkeit der Behörde nur im Umfang der geltend gemachten Beschwerdepunkte.

Das Bauwesen ist gem Art 15 Abs 1 B-VG in Gesetzgebung und Vollziehung Landessache und daher ist sachlich, aufgrund der subsidiären Allzuständigkeit nach Art 131 Abs 1 B-VG iVm § 3 Abs 1 VwGVG das LVwG zuständig. Örtlich ist gem § 3 Abs 2 Z 1 VwGVG iVm § 3 Z 1 AVG das LVwG Steiermark zuständig, da der Baugrund in der Steiermark gelegen ist.

1. Formelle Rechtmäßigkeit

Gem Art 118 Abs 3 Z 9 B-VG ist die örtliche Baupolizei im eigenen Wirkungsbereich der Gemeinde zu vollziehen (vgl auch § 41 Abs 2 Z 9 Statut der Stadt Graz). Gem § 61 Abs 2 Statut der Stadt Graz obliegt die Besorgung aller Angelegenheiten des eigenen Wirkungsbereichs dem Stadtsenat, der örtlich (§ 3 Z 1 AVG) und sachlich (§ 100 Statut der Stadt Graz iVm § 93 Abs 1 Stmk GemO) für die Durchführung des Bewilligungsverfahrens zuständig war. In Ermangelung anderer Anhaltspunkte im Sachverhalt ist das Ansuchen (§ 22 Stmk BauG), die Vorlage der Projektunterlagen (§ 23 Stmk BauG) sowie die Durchführung der Bauverhandlung (§ 24 Stmk BauG) grds ordnungsgemäß erfolgt.

2. Materielle Rechtmäßigkeit

a) Bewilligungspflichtige Sport- und Freizeitanlage nach Stmk BauG

Fraglich ist, ob für die Errichtung einer Sport- und Freizeitanlage eine Baubewilligung erforderlich ist. Das könnte sich aus § 19 Z 1 Stmk BauG ergeben.

8) VwGH 8. 9. 2014, 2013/06/0054.

Meine Notizen

Das Erfordernis, eine Baubewilligung einholen zu müssen, entfällt noch nicht deshalb, weil Veranstaltungen angeboten werden sollen. Denn vorliegend geht es nicht um die Durchführung einer Veranstaltung (§ 1 Abs 1 StVAG), sondern um die Errichtung einer baulichen Anlage.

Die Sport- und Freizeitanlage ist eine bauliche Anlage nach § 4 Z 13 Stmk BauG. Als ortsfester Veranstaltungsbetrieb ist die Sportanlage keine bauliche Anlage vorübergehenden Bestandes, die dem StVAG unterliegt und somit nicht nach § 3 Z 8 Stmk BauG vom Anwendungsbereich des Stmk BauG ausgenommen. Die Herstellung einer neuen baulichen Anlage auf einem unbebauten Grundstück stellt einen Neubau iSd § 4 Z 48 Stmk BauG dar. Der Neubau dieser baulichen Anlage ist gem § 19 Z 1 Stmk BauG bewilligungspflichtig, da keiner der in §§ 20, 21 Stmk BauG aufgezählten Vorhaben vorliegt.

Gem § 33 Abs 5 Z 1 lit a Stmk ROG dürfen Neubauten auf Sondernutzungsflächen im Freiland errichtet werden, sofern vor Erteilung der Baubewilligung ein entsprechendes Gutachten hinsichtlich der Erforderlichkeit eingeholt wurde (§ 33 Abs 7 Z 4 Stmk ROG).

Der Stadtsenat hat von Amts wegen zu überprüfen, ob das Bauvorhaben mit dem Flächenwidmungsplan übereinstimmt, da Baubewilligungen und Genehmigungen gem § 8 Abs 2 Stmk ROG nur dann erteilt werden dürfen, wenn diese nicht im Widerspruch zu raumordnungsrechtlichen Vorschriften stehen. Zu prüfen ist daher zunächst, ob der Flächenwidmungsplan rechtmäßig geändert wurde.

b) Änderung des Flächenwidmungsplanes

(1) Formelle Rechtmäßigkeit der Änderung

- **Änderung des Flächenwidmungsplanes**

Hinsichtlich einer Änderung des Flächenwidmungsplanes unterscheidet das Stmk ROG zwischen einer Revision der örtlichen Raumplanung nach § 42 und § 38 Stmk ROG, die der Bürgermeister spätestens alle zehn Jahre nach Inkrafttreten des Flächenwidmungsplanes einzuleiten hat, sowie einer sonstigen Änderung im vereinfachten Änderungsverfahren nach § 39 Abs 1 iVm § 38 Stmk ROG. Das vereinfachte Änderungsverfahren kommt nur für Änderungen außerhalb der 10-jährigen Revision in Betracht, die im Rahmen eines von der Landesregierung genehmigten örtlichen Entwicklungskonzeptes erfolgen (§ 39 Abs 1 Satz 1 Z 1 Stmk ROG) oder ausschließlich Änderungen der Bebauungsplanzonierung (§ 39 Abs 1 Satz 1 Z 2 Stmk ROG) beinhalten. Im vorliegenden Fall kann der Flächenwidmungsplan gem § 39 Abs 1 Z 1 Stmk ROG im vereinfachen Verfahren geändert werden, da dies im Rahmen eines örtlichen Entwicklungskonzeptes erfolgt.

Das vereinfachte Änderungsverfahren ist als Auflageverfahren in § 39 Abs 1 Satz 2 Z 1 und 2 iVm § 38 Stmk ROG geregelt. Ein besonderer Fall des vereinfachten Verfahrens ist das Anhörungsverfahren nach § 39 Abs 1 Satz 2 Z 3 Stmk ROG. Es kann dahin gestellt bleiben, ob ein Anhörungsverfahren nach § 39 Abs 1 Satz 2 Z 3 Stmk ROG in Betracht gekommen wäre, weil der Bürgermeister das Anhörungsverfahren nicht gewählt hat. Das Anhörungsverfahren ist nur eine Option, keine Verpflichtung. Daher ist nachfolgend das Auflageverfahren auf seine rechtmäßige Durchführung zu prüfen.

Der Gemeinderat hat zunächst (§ 38 Abs 1 Stmk ROG) die Auflage des Entwurfs zur Erstellung oder Änderung des Flächenwidmungsplanes zu beschließen. Der Beschluss hat die Auflage in der Dauer von mindestens 8 Wochen, den Hinweis, wo in den Entwurf während der Amtsstunden Einsicht genommen werden kann, den Hinweis, dass jedermann innerhalb der Auflagedauer Einwendungen schriftlich und begründet beim Gemeindeamt (Magistrat) bekannt geben kann sowie allenfalls den Termin und den Ort für die öffentliche Versammlung zu enthalten. Sodann wird die Auflage iSd § 38 Abs 2 Satz 1 Stmk ROG durch Anschlag an der Amtstafel und zusätzlich durch einmalige Verlautbarung im Amtsblatt kundgemacht.

Diese Vorgaben wurden nicht eingehalten: Der Entwurf zur Änderung des Flächenwidmungsplanes hätte iSd § 38 Abs 1 Z 1 und Z 2 Stmk ROG zur allgemeinen Einsichtnahme mindestens 8 Wochen, konkret bis zum 4. 12. 2017 aufgelegt werden müssen. Die Auflagedauer bis zum 27. 11. 2017 war somit zu kurz. Ferner hätte der Entwurf während der gesamten Auflagedauer im Magistrat während der Amtsstunden zur allgemeinen Einsicht aufgelegt und nach Maßgabe der technischen Möglichkeiten auch in allgemein zugänglicher elektronischer Form (zB im Internet) veröffentlicht werden müssen (§ 38 Abs 4 Stmk ROG). Der Entwurf wurde zwar im Magistrat

Meine Notizen

aufgelegt und im Internet veröffentlicht, allerdings konnte nicht während der (gesamten) Amtsstunden Einsicht genommen werden, sondern nur montags und freitags zwischen 9:30 und 13:00 Uhr.

Ob die Benachrichtigung der in § 38 Abs 3 Stmk ROG genannten Stellen und des Grundeigentümers erfolgt ist, ist nicht ersichtlich.

Es ist auch nicht erkennbar, ob der Bürgermeister den Entwurf zur Änderung des Flächenwidmungsplanes dem Gemeinderat rechtmäßig vorgelegt hat (§ 38 Abs 6 Stmk ROG).

Fraglich ist auch die Rechtmäßigkeit der Beschlussfassung im Gemeinderat. Die Beschlussfähigkeit setzt die ordnungsgemäße Ladung aller Gemeinderatsmitglieder und die Anwesenheit von mehr als der Hälfte der Mitglieder voraus (§ 51 Abs 1 Statut der Stadt Graz). In Ermangelung anderer Anhaltspunkte im Sachverhalt ist davon auszugehen, dass alle Mitglieder des Gemeinderats ordnungsgemäß geladen wurden. Von 48 Gemeinderatsmitgliedern (§ 15 Abs 1 Statut der Stadt Graz) waren 42 und somit mehr als die Hälfte der Mitglieder anwesend. Der Gemeinderat war daher beschlussfähig.

Für eine Beschlussfassung des Gemeinderats über die Änderung des Flächenwidmungsplanes ist eine 2/3-Mehrheit erforderlich (§ 38 Abs 1 iVm § 63 Abs 2 Stmk ROG). Da die Beschlussfähigkeit nicht die Anwesenheit aller Gemeinderatsmitglieder voraussetzt, ist davon auszugehen, dass die 2/3-Mehrheit auf die anwesenden Mitglieder bezogen ist (vgl auch § 51 Abs 2 Statut der Stadt Graz). Deshalb setzt eine 2/3-Mehrheit eine Zustimmung von 28 Mitgliedern voraus. Von den anwesenden 42 Mitgliedern haben mit dem Gemeinderatsmitglied R insgesamt 28 Mitglieder für eine Änderung des Flächenwidmungsplanes gestimmt, 10 waren dagegen und 4 haben sich der Stimme enthalten. Die 4 sich enthaltenden Stimmen gelten ebenfalls als Ablehnung (§ 51 Abs 3 Statut der Stadt Graz).

Es stellt sich die Frage, ob R befangen war und deshalb nicht mitabstimmen durfte. Die Befangenheit ist in § 68 Statut der Stadt Graz geregelt. Liegt Befangenheit vor, darf das betreffende Mitglied im Gemeinderat nicht mitstimmen; tut es das doch, ist der Beschluss ungültig, wenn die Mitwirkung des befangenen Mitglieds potentielle Auswirkungen auf die Beschlussfassung hatte, weil etwa die erforderliche Stimmenmehrheit bei Abwesenheit des betreffenden Mitglieds nicht erreicht worden wäre (§ 68 Abs 2 Statut der Stadt Graz). Dies wäre hier der Fall.

Nach § 68 Abs 1 lit a Statut der Stadt Graz ist ein Mitglied eines Kollegialorgans befangen, wenn er an der Sache selbst beteiligt ist. R ist aber nicht schon deswegen an einer Sache selbst iSd § 8 AVG beteiligt, weil er ein Interesse daran hat, dass das Projekt nicht in seiner Nachbarschaft (Bezirk Geidorf) realisiert wird. Es liegt auch kein wichtiger Grund für eine Befangenheit iSd § 68 Abs 1 lit d Statut der Stadt Graz vor, weshalb seine volle Unbefangenheit in Zweifel gezogen werden könnte. Dafür müsste bei vernünftiger Würdigung aller konkreten Umstände ein Anlass vorliegen, um seine Unvoreingenommenheit und seine objektive Einstellung zu bezweifeln.[9]) Ein Interesse eines Mitglieds des Gemeinderats an der Änderung des Flächenwidmungsplanes allein ist noch nicht geeignet, die Unvoreingenommenheit und Objektivität des Gemeinderatsmitgliedes in Zweifel zu ziehen. Da der Flächenwidmungsplan das gesamte Gemeindegebiet betrifft, wird es immer vorkommen, dass ein Gemeinderatsmitglied eine bestimmte Planung aus eigenen Motiven einer anderen vorzieht. Deshalb kann allein der Umstand, dass R in der Stadt Graz wohnt, entsprechende Zweifel noch nicht begründen. Im Ergebnis war R nicht befangen und durfte rechtmäßig an der Abstimmung teilnehmen.

Da keine Einwendungen erhoben wurden, war eine Benachrichtigung nach § 38 Abs 8 Stmk ROG der Betroffenen über die Beschlussfassung nicht erforderlich.

Die Flächenwidmungsplanänderung wurde kundgemacht und eine Ausfertigung an die Landesregierung übermittelt (§ 39 Abs 1 Satz 2 Z 1 Stmk ROG). Der Bürgermeister hat die Auflage verfügt und die Gemeinderatsmitglieder hierüber informiert (§ 39 Abs 1 Satz 2 Z 2 Stmk ROG).

- **Zwischenergebnis**

Die Änderung des Flächenwidmungsplanes war formell rechtswidrig.

9) VwGH 13. 12. 2007, 2005/09/0130; 26. 2. 2010, 2009/02/0297.

Meine Notizen

(2) Materielle Rechtmäßigkeit der Änderung

- **Planrechtfertigung**

Ein beschlossener Flächenwidmungsplan ist – ungeachtet der Revisionsfrist von 10 Jahren nach § 42 Abs 8 Z 1 Stmk ROG zur Fortführung der örtlichen Raumordnung – jedenfalls zu ändern, wenn dies (ua) aufgrund einer wesentlichen Änderung der Planungsvoraussetzungen erforderlich ist. Darüber hinaus kann eine Änderung der Planung nur erfolgen, wenn dafür ein sachlich rechtfertigender Grund vorliegt. Das kann der Fall sein, wenn der Gemeinde angesichts bestimmter Bauansuchen die Notwendigkeit zur Änderung des Flächenwidmungsplanes bewusst wird.[10]) Vorliegend wird der Flächenwidmungsplan geändert, um das Bauvorhaben zu ermöglichen. Die Umwidmung darf nicht auf privaten Interessen beruhen und damit den Verein „Miteinander in Graz" bevorzugen. Die Auswahl des Grundstückes zur Deckung dieses Bedarfs hat nach sachlichen Kriterien zu erfolgen.[11]) Die Gemeinde muss sich vor der Umwidmung ersichtlich bemühen, alternative Standorte zur Deckung des Bedarfs zu finden. Kommt sie nach einer Standortprüfung zu dem Schluss, dass dieses Grundstück, etwa aufgrund finanzieller verkehrs- und geländetechnischer Gründe sowie aufgrund des bestehenden Einklangs mit dem örtlichen Entwicklungskonzepts, die bestmögliche Option darstellt, kann die Umwidmung gerechtfertigt sein.[12]) Die Änderung des Flächenwidmungsplanes ist daher gerechtfertigt.

- **Zwingende Planungsleit(grund)sätze**

Ferner müssten zwingende Planungsleitsätze eingehalten worden sein. Das sind höherrangige Bundesgesetze und Landesgesetze sowie höherrangige Planungen (§ 8 Abs 1 Satz 1 Stmk ROG/§ 19 Z 2 Stmk ROG). Außerdem dürfen die in § 3 Abs 1 Stmk ROG genannten Raumordnungsgrundsätze nicht verletzt werden. Entsprechende Rechtsverletzungen liegen nicht vor.

- **Abwägung**

Nach Rsp des VfGH[13]) setzt eine ordnungsgemäße Abwägung voraus, dass eine hinreichende Grundlagenforschung stattgefunden hat und dass die Interessenabwägung gehörig gewesen ist. Dafür muss eine Abwägung überhaupt stattgefunden haben und die Abwägung muss nach sachlichen Maßstäben erfolgt sein, dh es müssen alle relevanten öffentlichen und privaten Interessen einbezogen worden sein und die Gewichtung der einzelnen Interessen darf nicht unvertretbar erfolgt sein. Schließlich muss die Abwägung begründet werden, damit der VfGH die Abwägung nachvollziehen kann. Die maßgeblichen öffentlichen Interessen sind insb die in § 3 Abs 2 Stmk ROG angeführten Ziele. Ein raumordnungsrechtliches Ziel ist gem § 3 Abs 2 Z 1 Stmk ROG die Entwicklung der Sozialstruktur des Landes und seiner Regionen unter Bedachtnahme auf die jeweiligen räumlichen und strukturellen Gegebenheiten. Zudem sind nach § 3 Abs 2 Z 6 lit c Stmk ROG Gebiete mit besonderen Standortansprüchen freizuhalten, insb für Erholung. Durch die Umwidmung von allgemeinem Wohngebiet in Freiland, Sondernutzungsfläche für Sportzwecke soll der bestehende Bedarf an Möglichkeiten zur Ausübung diverser Freizeitaktivitäten in der Innenstadt gedeckt werden. Vorliegend hat eine Grundlagenforschung stattgefunden und darauf folgend eine umfassende Interessenabwägung sowie eine Begründung. Abwägungsfehler sind nicht erkennbar *(aA vertretbar)*.

- **Zwischenergebnis**

Die Änderung des Flächenwidmungsplanes ist materiell rechtmäßig.

(3) Ergebnis

Die Baubewilligung beruht auf einem formell rechtswidrigen Flächenwidmungsplan.

Obwohl ein Kundmachungsfehler im Verfahren vorliegt (verkürzte Auflagedauer), wurde dennoch ein Mindestmaß an Publizität erreicht, sodass die VO vom Stadtsenat anzuwenden war.[14]) Er musste somit die rechtswidrige VO seiner Entscheidung über die Baubewilligung zugrunde legen. Nach den geänderten Vorgaben ist das zu bebauende Grundstück als Freiland Sondernutzungsfläche für Sportzwecke iSd § 33

10) VwGH 26. 4. 1988, 88/05/0063.
11) *Trippl/Schwarzbeck/Freiberger,* Steiermärkisches Baurecht[5] (2013) § 25 Stmk ROG Anm 8.
12) VfGH 13. 10. 1998, B 2065/97.
13) VfSlg 13.282/1992.
14) *Kahl/Weber,* Allgemeines Verwaltungsrecht[6] (2017) Rz 399.

Meine Notizen

Abs 3 Z 1 Stmk ROG ausgewiesen. Der Bau einer Sport- und Freizeitanlage ist in dieser Widmungskategorie zulässig.

(Die Rechtswidrigkeit des Flächenwidmungsplanes ist vor dem VfGH im Rahmen eines Verordnungsprüfungsverfahrens nach Art 139 B-VG bekämpfbar. Hegt das LVwG Bedenken gegen die Rechtskonformität, kann es das anhängige Verfahren unterbrechen und nach Art 139 Abs 1 Z 1 B-VG einen Antrag an den VfGH stellen. Bestätigt das LVwG den Bescheid, kann K eine Erkenntnisbeschwerde nach Art 144 Abs 1 zweiter Fall B-VG an den VfGH wegen Anwendung einer rechtswidrigen generellen Norm erheben. Teilt dieser die Bedenken, kann er von Amts wegen ein Verordnungsprüfungsverfahren einleiten (vgl Art 139 Abs 1 Z 2 B-VG).

c) Einwendungen iSd § 26 Abs 1 Satz 2 Z 3 Stmk BauG

Gem § 77 Abs 1 Stmk BauG müssen Bauwerke so geplant und ausgeführt sein, dass gesunde, normal empfindende Benutzer oder Nachbarn dieses Bauwerks nicht durch bei bestimmungsgemäßer Verwendung auftretenden Schall und Erschütterungen in ihrer Gesundheit gefährdet oder unzumutbar belästigt werden. Dabei sind der Verwendungszweck sowie die Lage des Bauwerks und seiner Räume zu berücksichtigen.

(1) Vorliegen einer unzumutbaren Belästigung

Eine unzumutbare Belästigung liegt vor, wenn die durch das Bauvorhaben hervorgerufenen Belästigungen das ortsübliche Ausmaß erheblich übersteigen. Die einschlägige ÖNORM legt Planungsrichtwerte für zulässige Lärmimmissionen in bestimmten Widmungskategorien fest. Zwar handelt es sich dabei nicht um eine gesetzliche Regelung, die ÖNORM kann jedoch als abstrakter Beurteilungsmaßstab für ortsübliche Immissionen herangezogen werden. Konkret sind in städtischen Wohngebieten durchschnittlich 55 dB am Tag, 50 dB am Abend und 45 dB in der Nacht zulässig. Die Planungsrichtwerte können nur dann für die Beurteilung der Ortsüblichkeit herangezogen werden, wenn diese das Ist-Maß an Lärmimmissionen in einem bestimmten Gebiet widerspiegeln. Die Ortsüblichkeit ist nämlich nicht abstrakt, sondern stets dahingehend zu beurteilen, wie sich die durch das Bauvorhaben bedingten Veränderungen auf die tatsächlichen örtlichen Verhältnisse auswirken.[15]) Fügt sich die Sport- und Freizeitanlage nicht in den nachbarschaftlichen Raum ein, sondern stört vielmehr seinen Charakter, so sind die von ihr ausgehenden Lärmimmissionen nicht ortsüblich.[16])

Aus dem technischen Sachverständigengutachten geht hervor, dass es sich bei der Nachbarschaft um ein äußerst ruhiges und idyllisches Wohngebiet handelt und die tatsächlichen Lärmimmissionen daher durchschnittlich 6 dB unter den Planungsrichtwerten der ÖNORM für städtische Wohngebiete liegen. Der nachbarschaftliche Raum, in den die Sport- und Freizeitanlage gebaut werden soll, ist somit ein sehr ruhiges Wohngebiet. Das Ist-Maß ortsüblicher Immissionen, die am Tag durchschnittlich 49 dB, am Abend durchschnittlich 44 dB und in der Nacht 39 dB betragen, würde durch die Sport- und Freizeitanlage am Tag und am Abend je um 16 dB und in der Nacht um 21 dB und somit erheblich überschritten werden. Durch die 3 m hohe Schalldämmung an den Prallwänden kann die Lärmbelastung zwar um 5 dB reduziert werden. Die objektiv messbare Lautstärke überschreitet dennoch das Ist-Maß der Lärmimmissionen auf den Nachbargrundstücken erheblich und kann somit nicht mehr als ortsübliche Lautstärke angesehen werden.

Hinsichtlich der subjektiven Lästigkeit des Lärms ist iSd § 77 Abs 1 Stmk BauG auf einen gesunden, normal empfindenden Durchschnittsmenschen abzustellen.[17]) K, der an leichter altersbedingter Demenz leidet und besonders empfindlich auf Lärm reagiert, ist aber nicht als Maßstab heranzuziehen. Der bautechnische Sachverständige hat in seinem Gutachten festgestellt, dass Klatschen, Kindergeschrei und das Prallen von Bällen an die Banden eine Art des Lärms darstellen, die impulsartig und nicht vorhersehbar sei und daher als lästig empfunden werden kann. Auch der lärmmedizinische Sachverständige hat in seinem Gutachten ausgeführt, dass die Art des zu erwartenden Lärms im Vergleich zu gleichmäßiger Beschallung als störender wahrgenommen werden kann. Es kann daher davon ausgegangen werden, dass dieser Lärm auch für einen normal empfindenden Durchschnittsmenschen lästig ist. Gemessen an den tatsächlich bestehenden Lärmbelästigungen in der Wohnsiedlung kann daher die

15) VwGH 28. 4. 2006, 2005/05/0169 mwN; vgl auch VwGH 29. 6. 2016, Ro 2014/05/0065-17.
16) Vgl zu § 364 ABGB OGH 6 Ob 668/81 SZ 54/158.
17) Vgl zu § 364 ABGB RS0010557.

Meine Notizen

Eigenart des Lärms gekoppelt mit der hohen Lautstärke als besonders lästig und damit nicht mehr als ortsüblich eingestuft werden.

Ferner ist zu berücksichtigen, dass die Sport- und Freizeitanlage auch als Veranstaltungsstätte für Kleinveranstaltungen genutzt werden soll und in dieser Zeit mit einer weitaus größeren Lärmbelastung zu rechnen ist.

Das Bauvorhaben fügt sich somit nicht in das ruhige Wohngebiet, sondern stört vielmehr dessen Charakter. Die von der zukünftigen baulichen Anlage ausgehenden Lärmimmissionen können daher für die Anrainer eine unzumutbare Belastung darstellen.

(2) Vorliegen einer Gesundheitsgefährdung

Der erhöhte Lärmpegel am Tag und am Abend sowie die Eigenart des Lärms (impulsartig und unvorhersehbar) können für K eine Gesundheitsgefährdung darstellen. Die Tatsache, dass K aufgrund seiner altersbedingten Demenz äußerst lärmempfindlich ist und zusätzliche Schalleinwirkungen seinen Gesundheitszustand negativ beeinflussen können, kann für sich alleine noch nicht zur Untersagung der vom geplanten Bauprojekt ausgehenden Lärmimmissionen führen. Auch hier ist erneut darauf abzustellen, ob die zu erwartenden Immissionen auch für normal empfindsame Menschen gesundheitsgefährdend sein können.[18]) Eine Gesundheitsgefährdung für die Anrainer kann laut lärmmedizinischem Gutachten nur aufgrund der nächtlichen Lärmimmission bestehen. Die Behörde hat jedoch die Betriebszeit der Anlage von 8:00 bis 21:30 eingeschränkt und somit einer etwaigen Gefährdung der Anrainer entgegenzuwirken versucht. Die erhöhte Lärmbelastung am Tag und am Abend mag zwar lästig sein, allerdings stellt sie keine Gesundheitsgefährdung dar.

C. Ergebnis

Der Lärm, der von der zukünftigen Sport- und Freizeitanlage ausgehen wird, kann den Charakter des Wohngebiets stören und somit für die Anrainer zwar keine Gesundheitsgefährdung, allerdings eine unzumutbare Belastung darstellen. Die Beschwerde ist daher begründet und kann die Erteilung von Auflagen (vgl § 29 Abs 5 Stmk BauG) zur Folge haben. Diese Auflagen müssen erforderlich, geeignet, hinreichend bestimmt und behördlich erzwingbar sein. Kann eine unzumutbare Belästigung nicht durch Auflagen auf das ortsübliche Maß reduziert werden, ist die Baubewilligung zu versagen *(aA vertretbar).*

II. Rechtsschutzmöglichkeiten der S

A. Zulässigkeit einer Bescheidbeschwerde an das LVwG Steiermark

S kann gegen die bescheidmäßige Erteilung der Baubewilligung eine Bescheidbeschwerde gem Art 130 Abs 1 Z 1 iVm Art 132 Abs 1 Z 1 B-VG erheben.

1. Beschwerdeführerin

In Ermangelung gegenteiliger Anhaltspunkte im Sachverhalt ist S sowohl partei- als auch prozessfähig (vgl § 17 VwGVG iVm § 9 AVG).

2. Beschwerdegegenstand

Der Baubewilligungsbescheid kann Gegenstand einer Bescheidbeschwerde sein. S wurde der Bescheid zwar nicht zugestellt, allerdings kann sie gem § 7 Abs 3 VwGVG bereits ab dem Zeitpunkt eine Bescheidbeschwerde erheben, in dem sie von dem Bescheid, der einer anderen Partei zugestellt wurde, Kenntnis erlangt. Erlangt sie von dem Bescheid keine Kenntnis, gilt gem § 27 Abs 5 Stmk BauG die Einwendung als Antrag auf Zustellung des Genehmigungsbescheids. Gegen den Genehmigungsbescheid oder gegen den Antrag auf Zustellung nicht stattgebenden Bescheid kann sie eine Bescheidbeschwerde erheben.

18) Vgl zu § 364 ABGB 6 Ob 166/13z Zak 2013, 417.

Meine Notizen

3. Beschwerdelegitimation

S ist beschwerdelegitimiert, wenn sie behaupten kann, durch den Bescheid in einem subjektiven Recht verletzt worden zu sein (Art 132 Abs 1 Z 1 B-VG). Diese Rechtsverletzung muss jedenfalls möglich sein und setzt voraus, dass die Beschwerdeführerin im erstinstanzlichen Verfahren Partei war und diese Stellung nicht verloren hat.

a) S als Partei

S ist Eigentümerin einer Wohnung innerhalb einer an die Sport- und Freizeitanlage angrenzenden Wohnsiedlung und damit Nachbarin iSd § 4 Z 44 Stmk BauG. Als Anrainernachbarin hat sie in einer Bauverhandlung Parteistellung, die sie jedoch gem § 27 Abs 1 iVm Abs 2 Stmk BauG verliert, wenn sie rechtzeitig von der Bauverhandlung verständigt wurde und sie nicht spätestens am Tag vor Beginn der Verhandlung bei der Behörde oder während der Verhandlung Einwendungen iSd § 26 Abs 1 Stmk BauG erhoben hat.

Als Anrainernachbarin wäre sie als bekannte Beteiligte iSd § 25 Abs 1 Z 5 Stmk BauG persönlich zu laden gewesen. Aufgrund eines Fehlers wurde S allerdings nicht persönlich von der Bauverhandlung verständigt, sondern hat erst eine Stunde vor der Verhandlung durch Zufall von dieser erfahren. Sie wurde somit nicht rechtzeitig iSd § 27 Abs 2 Stmk BauG verständigt, denn dafür wäre es erforderlich gewesen, dass ihr ausreichende Reaktions- und Vorbereitungszeit zur Verfügung steht. Sie kann aber gem § 27 Abs 1 Stmk BauG ihre Parteistellung verlieren, wenn die Bauverhandlung gem § 25 Abs 1 letzter Satz Stmk BauG und zusätzlich in geeigneter Form kundgemacht wurde. Die Bauverhandlung wurde iSd § 25 Abs 1 letzter Satz Stmk BauG durch Anschlag an der Gemeindetafel und darüber hinaus in allen Hausfluren der angrenzenden Wohnsiedlungen kundgemacht. Die Hausflurkundmachung ist eine Möglichkeit, um alle Beteiligten von der mündlichen Verhandlung zu verständigen und daher eine „geeignete", zweite Kundmachungsform iSd § 42 AVG. Es ist somit eine doppelte Kundmachung erfolgt; Präklusionsfolgen können somit ausgelöst werden. S hat weder vor noch während der Verhandlung und damit nicht rechtzeitig Einwendungen erhoben.

Aufgrund der Verknüpfung der Beschwerdelegitimation mit der Parteistellung des Beschwerdeführers hat S somit auch das Recht zur Einbringung einer Bescheidbeschwerde verloren. Die telefonische Bitte von S stellt keine wirksame Vollmacht dar, da sich K durch eine schriftliche, auf seinen Namen lautende Vollmacht vor der Behörde ausweisen hätte müssen (vgl § 10 Abs 1 Satz 2 AVG). S ist somit für das weitere Verfahren präkludiert.

b) Quasi-Wiedereinsetzung nach § 27 Abs 3 Stmk BauG

Fraglich ist, ob S im Rahmen einer Quasi-Wiedereinsetzung nach § 27 Abs 3 Stmk BauG Einwendungen erheben kann. Hierzu muss sie glaubhaft machen, durch ein unvorhergesehenes oder unabwendbares Ereignis verhindert gewesen zu sein, rechtzeitig Einwendungen iSd § 26 Abs 1 Stmk BauG zu erheben. Es darf sie kein Verschulden oder nur ein minderer Grad des Versehens treffen. Sie hat ihre Einwendungen binnen 2 Wochen nach Wegfall des Hindernisses, höchstens 8 Wochen nach Baubeginn, zu erheben. Die Einbringung der Einwendung gilt als Antrag auf Zustellung des Bewilligungsbescheids (vgl § 27 Abs 5 Stmk BauG).

(1) Wiedereinsetzungsgrund

Der Fahrradunfall stellt ein unvorhersehbares Ereignis dar, das von S nicht einberechnet werden konnte und dessen Eintritt auch bei zumutbarer Aufmerksamkeit und Vorsicht nicht zu verhindern gewesen wäre.

(2) Verschulden

S trifft an dem Unfall kein Verschulden, höchstens ein minderer Grad des Versehens.

(3) Frist

Ab dem Tag der Entlassung aus dem Krankenhaus (29. 12. 2017) hat S zwei Wochen Zeit, dh bis zum 12. 1. 2018, einen Antrag auf Quasi-Widereinsetzung zu stellen. Dieser Antrag ist bei jener Behörde einzubringen, bei der das Verfahren gerade anhängig ist, somit beim Stadtsenat (vgl § 42 Abs 3 AVG).

Meine Notizen

(4) Zulässige Einwendungen nach § 26 Abs 1 Stmk BauG:

Fraglich ist aber, ob S überhaupt zulässige Einwendungen geltend machen kann. Sie bringt vor, dass die Sport- und Freizeitanlage nicht in das Ortsbild der Nachbarschaft passe. Die Wahrung des Orts- und Landschaftsbildes ist gem § 43 Abs 4 Stmk BauG von der Behörde von Amts wegen zu berücksichtigen und stellt kein subjektives öffentliches Recht iSd § 26 Abs 1 Stmk BauG dar.

Ferner ist auch ihre Einwendung, die Sport- und Freizeitanlage mindere den Wert der Eigentumswohnung, privatwirtschaftlicher Natur und nicht rechtserheblich iSd § 26 Abs 1 Stmk BauG (vgl § 26 Abs 3 Stmk BauG).

(5) Zwischenergebnis

Mangels zulässiger Einwendungen erlangt S ihre Parteistellung nicht wieder.

B. Ergebnis

Das LVwG Stmk wird die Bescheidbeschwerde der S mangels Beschwerdelegitimation als unzulässig zurückweisen.

Von Christoph Bezemek und Renate Pirstner-Ebner

Meine Notizen

Fall 9: Sonnenwirtbetrieb mit Schattenseiten

Schwerpunkte: Bescheidbeschwerde; Feststellungsbescheid; Fristsetzungsantrag; Gewerberecht; gewerberechtlicher Geschäftsführer

SACHVERHALT[1])

Teil 1: Alex und seine Mutter Berta betreiben das Hotel-Restaurant „Sonnenwirt" als GmbH in Leibnitz (Südsteiermark). Berta ist handelsrechtliche Geschäftsführerin (nach dem GmbH-G) der Sonnenwirt-GmbH und hält 25% der Geschäftsanteile (Stammeinlage: 8.750,– Euro), besitzt aber keinen gewerberechtlichen Befähigungsnachweis. Alex, der in Wien eine Höhere Bundeslehranstalt für wirtschaftliche Berufe absolviert und in weiterer Folge über mehrere Jahre verschiedene Funktionen in Hotels und Restaurants im In- und im Ausland ausgeübt hat, ist Inhaber des Befähigungsnachweises für das Gastgewerbe und fungiert als gewerberechtlicher Geschäftsführer.

Das Jahr 2017 war für die Sonnenwirt-GmbH von mehreren Ereignissen geprägt, die Alex und Berta zunächst noch denkbar erfreut zur Kenntnis genommen haben. Alex erwarb mit Jahresbeginn – mittels Abtretungsvertrag – von seinen Großeltern Clemens und Doris 75% der Geschäftsanteile (Stammeinlage: 26.250,– Euro) an der Sonnenwirt-GmbH. Im März konnte der Restaurantbetrieb um einen schon längere Zeit geplanten Gastgarten mit 75 Verabreichungsplätzen erweitert werden.

Dieser Gastgarten wurde der Behörde gem § 76a GewO angezeigt, die am 31. 3. 2017 mitteilte, dass keine Untersagungsgründe vorliegen. Im März 2017 wurde zudem das Massageangebot, das zunächst ausschließlich für Hotelgäste gedacht war, sich aber als äußerst lukrativ erwiesen hat, auch außerhalb des Hotels beworben und von Nichthotelgästen sofort gut angenommen, wodurch bis März 2018 eine Steigerung des Gesamtumsatzes um mehr als 15% erzielt werden konnte.

Die so erfreuliche ökonomische Entwicklung sollte freilich rechtliche Probleme zeitigen, die jedenfalls zum Teil rein zufällig aufzutreten schienen; etwa, weil der VfGH am 30. 11. 2017[2]) in § 76a Abs 1 Z 4 GewO die Wortfolge *„eine Gesundheitsgefährdung oder unzumutbare Belästigung durch Lärm ist jedenfalls nicht zu erwarten, wenn die in Z 1 bis Z 3 genannten Voraussetzungen erfüllt sind"* mit Ablauf des 31. 3. 2018 aufhob und Julius, der Mieter eines neben dem Sonnenwirt-Hotel befindlichen Hauses, davon erfährt. Ihm ist der Gastgarten schon seit seiner Eröffnung ein Dorn im Auge und er sieht nun in dieser Entscheidung eine Chance, gegen den Gastgarten vorzugehen, zumal er im Rahmen des bisherigen Verfahrens keine Möglichkeit der Beteiligung gehabt hatte.

Julius konsultiert daraufhin seinen Freund, den Rechtsanwalt Rechtfix, der ihm rät, einen Feststellungsantrag einzubringen. Am 26. 4. 2018 beantragt er bei der zuständigen Behörde die Feststellung, dass der Gastgarten ohne die erforderliche betriebsanlagenrechtliche Genehmigung betrieben werde könne. Dieser Antrag wurde mangels Parteistellung des Julius zurückgewiesen und die entsprechende Entscheidung am 3. 5. 2018 zugestellt. Julius will nun unbedingt gegen diese Entscheidung vorgehen.

Berta und Alex sind ob dieser behördlichen Entscheidung zunächst erleichtert; im Gefolge des Erwerbs der Geschäftsanteile an der Sonnenwirt-GmbH durch Alex treten

1) Es handelt sich um die überarbeitete Version des Fachprüfungsfalles Verwaltungsrecht und Verwaltungslehre vom Mai 2017.
2) Entscheidungsdatum fingiert.

Meine Notizen

aber bei dessen Geschäftsführerfunktion Probleme auf, obgleich seit dem Anteilserwerb keine weiteren gesellschaftsrechtlichen Handlungen gesetzt wurden:

Nachdem vom zuständigen Sozialversicherungsträger das Ende der Pflichtversicherung von Alex nach den Bestimmungen des Allgemeinen Sozialversicherungsgesetzes der BH Leibnitz angezeigt wurde, stellte diese in einem am 15. 9. 2017 zugestellten Bescheid fest, dass die gesetzlichen Voraussetzungen für die Tätigkeit des Alex als gewerberechtlicher Geschäftsführer der Sonnenwirt-GmbH infolge seiner nunmehr fehlenden Arbeitnehmereigenschaft nicht länger vorlägen. Eine dagegen am 13. 10. 2017 von der Sonnenwirt-GmbH erhobene Beschwerde wurde mit 12. 12. 2017 zugestelltem Bescheid von der BH Leibnitz abgewiesen.

Alex kann diese Entscheidung nicht nachvollziehen, da er zwar nicht mehr als Arbeitnehmer in der Sonnenwirt-GmbH tätig ist, aber dennoch mehr als 50 Stunden wöchentlich im Unternehmen arbeitet und überall dort mitanpackt, wo er es als notwendig ansieht, sei es von zu Hause aus über Computer und Telefon, sei es direkt im Betrieb; dafür leistet ihm die GmbH wiederum auch ein Entgelt, das Berta anweist. Am 27. 12. 2017 stellt die Sonnenwirt-GmbH den Antrag auf eine Entscheidung über die Beschwerde durch das Verwaltungsgericht, der auch umgehend dem zuständigen Verwaltungsgericht vorgelegt wird. Am 3. 5. 2018 liegt indes die so dringend und lange erwartete Entscheidung des Verwaltungsgerichtes der Sonnenwirt-GmbH noch immer nicht vor.

Dennoch erhält Berta Post, wenn auch nicht vom Verwaltungsgericht, sondern von der Bezirkshauptmannschaft. Am 3. 5. 2018 wird ihr ein Strafbescheid zugestellt, mit der Begründung, dass die Massagetätigkeiten im Hotel ohne die notwendige Gewerbeberechtigung ausgeübt werden. Berta meint, dass Massagetätigkeiten im Rahmen eines Hotelbetriebes wohl zulässig sein müssen und sie außerdem nicht gewerberechtliche Geschäftsführerin der Sonnenwirt-GmbH und daher auch nicht verwaltungsstrafrechtlich verantwortlich sei.

Frage 1: Was können Julius bzw die Sonnenwirt-GmbH am 3. 5. 2018 unternehmen, um ihre Anliegen durchzusetzen? Überlegen Sie jeweils, welcher Rechtsbehelf zulässig ist und prüfen Sie, inwieweit ihre jeweiligen Anliegen inhaltlich berechtigt sind.

Teil 2: Beachten Sie auch, dass die im Fall der Sonnenwirt-GmbH einschlägige gewerberechtliche Vorschrift das Ziel hat, eine starke Einbindung des gewerberechtlichen Geschäftsführers ins Unternehmen sicherzustellen und Scheingeschäftsführer zu vermeiden. Sie soll dem gewerberechtlichen Geschäftsführer eine Position im Unternehmen einräumen, die ihm eine ausreichende Übersicht im Unternehmen und die Kompetenz gewähren, unerwünschte Entwicklungen im Unternehmen abzustellen.

Frage 2: Überlegen Sie in diesem Zusammenhang, inwieweit dieses Ziel durch die angesprochene gewerberechtliche Vorschrift überhaupt erreicht wird.

Frage 3: Ist der Strafbescheid, der Berta zugestellt wurde, rechtmäßig?

ANLAGE

§ 76 a GewO BGBl I 2010/66 (alte Fassung):

(1) Für Gastgärten, die sich auf öffentlichem Grund befinden oder an öffentliche Verkehrsflächen angrenzen, ist für die Zeit von 8 bis 23 Uhr keine Genehmigung erforderlich, wenn

1. sie ausschließlich der Verabreichung von Speisen und dem Ausschank von Getränken dienen,

2. sie über nicht mehr als 75 Verabreichungsplätze verfügen,

3. in ihnen lauteres Sprechen als der übliche Gesprächston der Gäste, Singen und Musizieren vom Gastgewerbetreibenden untersagt ist und auf dieses Verbot hinweisende Anschläge dauerhaft und von allen Zugängen zum Gastgarten deutlich erkennbar angebracht sind, und

4. auf Grund der geplanten Ausführung zu erwarten ist, dass die gemäß § 74 Abs. 2 wahrzunehmenden Interessen hinreichend geschützt sind und Belastungen der Umwelt (§ 69 a) vermieden werden; eine Gesundheitsgefährdung oder unzumutbare

Meine Notizen

Belästigung durch Lärm ist jedenfalls nicht zu erwarten, wenn die im Einleitungssatz und in Z 1 bis Z 3 genannten Voraussetzungen erfüllt sind; eine wesentliche Beeinträchtigung des Verkehrs im Sinne des § 74 Abs. 2 Z 4 ist jedenfalls nicht zu erwarten, wenn der Gastgarten gemäß § 82 Straßenverkehrsordnung 1960 – StVO 1960, BGBl. Nr. 159/1960, in der jeweils geltenden Fassung, bewilligt ist.

...

GmbH-Gesetz

§ 15.

(1) Die Gesellschaft muß einen oder mehrere Geschäftsführer haben. Zu Geschäftsführern können nur physische, handlungsfähige Personen bestellt werden. Die Bestellung erfolgt durch Beschluß der Gesellschafter. Werden Gesellschafter zu Geschäftsführern bestellt, so kann dies auch im Gesellschaftsvertrage geschehen, jedoch nur für die Dauer ihres Gesellschaftsverhältnisses.

(2) Wenn im Gesellschaftsvertrage sämtliche Gesellschafter zu Geschäftsführern bestellt sind, so gelten nur die der Gesellschaft bei Festsetzung dieser Bestimmung angehörenden Personen als die bestellten Geschäftsführer.

(3) Im Gesellschaftsvertrag kann die Bestellung von Geschäftsführern durch den Bund, ein Land oder durch eine andere öffentlichrechtliche Körperschaft vorbehalten werden.

§ 16.

(1) Die Bestellung zum Geschäftsführer kann unbeschadet der Entschädigungsansprüche aus bestehenden Verträgen durch Beschluß der Gesellschafter jederzeit widerrufen werden.

(2) Ein Geschäftsführer kann aus einem wichtigen Grund durch gerichtliche Entscheidung abberufen werden. Ist er zugleich Gesellschafter, so sind die § 117 Abs. 1 und § 127 UGB sinngemäß anzuwenden. Sonst können jene Gesellschafter, die nicht für die Abberufung des Geschäftsführers gestimmt haben, auf Zustimmung geklagt werden. Dem Geschäftsführer ist gerichtlich der Streit zu verkünden. Das Gericht kann zur Sicherung des Anspruchs auf Abberufung aus wichtigem Grund dem Geschäftsführer die weitere Geschäftsführung und Vertretung der Gesellschaft durch einstweilige Verfügung untersagen, wenn ein der Gesellschaft drohender unwiederbringlicher Nachteil glaubhaft gemacht wird.

...

§ 18.

(1) Die Gesellschaft wird durch die Geschäftsführer gerichtlich und außergerichtlich vertreten.

(2) Zu Willenserklärungen, insbesondere zur Zeichnung der Geschäftsführer für die Gesellschaft bedarf es der Mitwirkung sämtlicher Geschäftsführer, wenn im Gesellschaftsvertrage nicht etwas anderes bestimmt ist. Die Zeichnung geschieht in der Weise, daß die Zeichnenden zu der Firma der Gesellschaft ihre Unterschrift hinzufügen.

(3) Der Gesellschaftsvertrag kann, wenn mehrere Geschäftsführer vorhanden sind, zur Vertretung der Gesellschaft auch einen Geschäftsführer in Gemeinschaft mit einem Prokuristen, der zur Mitzeichnung der Firma berechtigt ist (§ 48 Abs. 2 UGB), berufen.

...

§ 20.

(1) Die Geschäftsführer sind der Gesellschaft gegenüber verpflichtet, alle Beschränkungen einzuhalten, die in dem Gesellschaftsvertrage, durch Beschluß der Gesellschafter oder in einer für die Geschäftsführer verbindlichen Anordnung des Aufsichtsrates für den Umfang ihrer Befugnis, die Gesellschaft zu vertreten, festgesetzt sind.

...

§ 39.

(1) Die Beschlußfassung der Gesellschafter erfolgt, soweit das Gesetz oder der Gesellschaftsvertrag nichts anderes bestimmt, durch einfache Mehrheit der abgegebenen Stimmen.

✐ Meine Notizen

(2) Je zehn Euro einer übernommenen Stammeinlage gewähren eine Stimme, wobei Bruchteile unter zehn Euro nicht gezählt werden. Im Gesellschaftsvertrage können andere Bestimmungen getroffen werden; jedem Gesellschafter muß aber mindestens eine Stimme zustehen.

...

LÖSUNGSVORCHLAG

Für Fristenprobleme beachte die Kalender 2017/18 auf Seite 181/182.

Teil 1

Frage 1: Was können Julius bzw die Sonnenwirt-GmbH am 3. 5. 2018 unternehmen, um ihre Anliegen durchzusetzen? Überlegen Sie jeweils, welcher Rechtsbehelf zulässig ist und prüfen Sie, inwieweit ihre jeweiligen Anliegen inhaltlich berechtigt sind.

I. Julius – Zurückweisung des Feststellungsantrages

Gegen den zurückweisenden Bescheid hinsichtlich des Feststellungsantrages kann Bescheidbeschwerde gem Art 130 Abs 1 Z 1 B-VG beim Verwaltungsgericht erhoben werden.

A. Zulässigkeit

1. Beschwerdeführer

Beschwerdeführer kann jede partei- und prozessfähige natürliche oder juristische Person sein (§ 17 VwGVG iVm § 9 AVG). Julius ist als natürliche Person und Adressat des Bescheids zulässiger Beschwerdeführer.

2. Beschwerdegegenstand

Gegenstand einer Bescheidbeschwerde ist der zurückweisende Bescheid, der gegenüber Julius ergangen ist (Art 130 Abs 1 Z 1 B-VG).

3. Beschwerdelegitimation

Julius kann behaupten, durch den Bescheid in einem subjektiven öffentlichen Recht auf Teilnahme am gewerberechtlichen Anzeigeverfahren (beschränkt auf die Feststellung, ob die Voraussetzungen für ein Anzeigeverfahren überhaupt vorliegen) verletzt zu sein (Art 132 Abs 1 Z 1 B-VG).

4. Beschwerdefrist

Die Beschwerdefrist beträgt 4 Wochen nach Bescheidzustellung (§ 7 Abs 4 VwGVG). Sie endet gem § 32 Abs 2 AVG mit Ablauf des Tages der vierten Woche, der durch seine Benennung dem Tag entspricht, an dem der Fristenlauf begonnen hat. Fristbeginn ist Donnerstag, der 3. 5. 2018, da der Bescheid an diesem Tag zugestellt wurde. Der letzte Tag der 4-Wochen-Frist wäre Donnerstag, der 31. 5. 2018. Da es sich bei diesem Tag um einen Feiertag handelt, endet die Frist gem § 33 Abs 2 AVG am Freitag, den 1. 6. 2018.

5. Form

Die Beschwerde ist schriftlich (§ 12 VwGVG) bei der belangten Behörde – konkret der BH Leibnitz (§ 12 iVm § 9 Abs 2 Z 1 VwGVG) – einzubringen. Sie hat die Bezeichnung des angefochtenen Bescheids (§ 9 Abs 1 Z 1 VwGVG), der belangten Behörde (§ 9 Abs 1 Z 2 VwGVG) und die Gründe, auf die sich die Rechtswidrigkeit stützt (§ 9 Abs 1 Z 3 VwGVG), zu enthalten.

Begehrt wird die Feststellung der Parteieigenschaft des Julius im Anzeigeverfahren und, dass der Gastgarten ohne die erforderliche gewerberechtliche Genehmigung betrieben wird (§ 9 Abs 1 Z 4 VwGVG). Sie hat zudem die erforderliche Angaben für Beurteilung der Rechtzeitigkeit der Beschwerde zu enthalten (§ 9 Abs 1 Z 5 VwGVG).

B. Begründetheit

✐ Meine Notizen

Die Beschwerde ist begründet, wenn der Bescheid rechtswidrig ist und Julius dadurch in seinen Rechten verletzt wurde.

Im gegenständlichen Fall handelt es sich um eine gewerberechtliche Angelegenheit, die gem Art 10 Abs 1 Z 8 B-VG in Gesetzgebung und Vollziehung Bundessache ist, jedoch gem Art 102 Abs 2 B-VG in mittelbarer Bundesverwaltung vollzogen wird. Daher vollziehen Landesbehörden (der Landeshauptmann und die ihm unterstellten Landesbehörden) die gegenständlichen gewerberechtlichen Vorschriften. Somit ist gem Art 131 Abs 1 B-VG das LVwG sachlich zuständig.[3]) Örtlich zuständig ist, da das Unternehmen in Leibnitz in der Steiermark liegt, gem § 3 VwGVG iVm § 3 Z 1 AVG[4]) das LVwG Steiermark.

1. Formelle Rechtmäßigkeit

a) Zuständigkeit der Behörde zur Erlassung des Feststellungsbescheids

In gewerberechtlichen Angelegenheiten (Gastgartenanzeigeverfahren bzw Genehmigungsverfahren) ist gem § 333 GewO die Bezirksverwaltungsbehörde sachlich zuständig. Da der Gastgarten in Leibnitz eröffnet wurde, ist gem § 3 Z 1 AVG die Bezirkshauptmannschaft Leibnitz örtlich zuständig.

b) Feststellungsantrag

Der Feststellungsantrag ist im behördlichen Verfahren zurückgewiesen worden, weil es sich in diesem Fall um ein Anzeigeverfahren nach § 76a Abs 3 GewO handelt, in dem Julius, auch wenn bei ihm eine Nachbareigenschaft iSv § 75 Abs 2 GewO anzunehmen wäre (im Unterschied zum Genehmigungsverfahren nach § 74 GewO), keine Parteistellung zukommt.

Julius vertritt die Ansicht, dass der Gastgarten genehmigungspflichtig ist und daher ohne die erforderliche Genehmigung betrieben wird. Sein diesbezüglicher Antrag auf Feststellung bezweckt die Erlassung eines Feststellungsbescheids. Dieser ist jedenfalls zulässig, wenn ein solcher ausdrücklich im Gesetz vorgesehen ist.

§§ 348 und 358 GewO sehen die Möglichkeit vor, Feststellungsbescheide iZm der Genehmigungspflicht einer Betriebsanlage zu erlassen. § 348 GewO ist nicht einschlägig, da nach dieser Vorschrift ein Verfahren auf Feststellung der Genehmigungspflicht nach § 74 GewO nur von Amts wegen durchzuführen ist und kein Antragsrecht von beteiligten Personen besteht.[5]) Auch § 358 GewO ist nicht anzuwenden, weil nach dieser Bestimmung das Recht auf Feststellung der Genehmigungspflicht einer Betriebsanlage nur dem Inhaber der Anlage, nicht aber dem Nachbarn zukommt.[6])

Neben den im Gesetz bestimmten Fällen kann auch ohne gesetzliche Grundlage ein Feststellungbescheid erlassen werden und zwar dann, wenn dies im öffentlichen Interesse oder im Interesse einer Partei gelegen ist. Letzteres ist der Fall, wenn die Erlassung des Feststellungsbescheids ein notwendiges Mittel zur zweckentsprechenden Rechtsverfolgung darstellt. Der Feststellungsbescheid muss eine Klarstellung des Rechts oder des Rechtsverhältnisses für die Zukunft treffen und die zukünftige Rechtsgefährdung des Antragstellers beseitigen. Zudem darf die offene Rechtsfrage nicht in einem anderen gesetzlich vorgesehenen Verwaltungsverfahren zu entscheiden sein.[7])

Im gegenständlichen Fall geht es zunächst um die Frage, ob die Voraussetzungen für ein Anzeigeverfahren – in dem Julius keine Parteistellung zukommt – überhaupt vorliegen. Wird das verneint, müsste bei einer Beeinträchtigung der in § 74 Abs 2 GewO geregelten Interessen ein Änderungsgenehmigungsverfahren gemäß § 81 GewO durchgeführt werden, in dem Nachbarn Parteistellung haben.

---

3) Vgl *Grabenwarter/Fister,* Verwaltungsverfahren und Verwaltungsgerichtsbarkeit^5 (2016) 211.

4) Obgleich es um den Betrieb einer Anlage geht, ist § 3 Z 1 AVG anzuwenden – vgl *Hengstschläger/Leeb,* AVG § 3 Rz 3 (Stand 1. 1. 2014, rdb.at) und *Erlacher/Forster,* Gewerbeordnung in *Aigner* ua (Hrsg), Besonders Verwaltungsrecht^2 (2017) 433.

5) Vgl VwGH 14. 10. 2015, 2013/04/0118; VwGH 25. 1. 2011, 2007/04/0005; VwGH 17. 9. 2010, 2008/04/0165.

6) Vgl *Grabler/Stolzlechner/Wendl,* GewO^3 (2011) § 358 Rz 5.

7) Zu alldem näher *Hengstschläger,* Verwaltungsverfahrensrecht^5 (2014) Rz 425; VwGH 23. 11. 2016 Ra 2014/04/005 Rz 18.

Meine Notizen

c) Nachbareigenschaft des Julius

Nachbarn sind gem § 75 Abs 2 GewO Personen, die durch den Betrieb einer Betriebsanlage gefährdet oder belästigt werden könnten. Sie fallen in den Schutzbereich des § 74 Abs 2 Z 1 und Z 2 GewO. Durch den Gastgartenbetrieb könnte infolge der damit verbundenen Lärmemissionen eine Belästigung bzw auch eine Gefährdung der Gesundheit des Julius vorliegen. Zudem sind nur jene Personen Nachbarn, die sich nicht nur vorübergehend in der Nähe der Betriebsanlage aufhalten (§ 75 Abs 2 Satz 2 GewO). Als Mieter erfüllt Julius diese Voraussetzung. Beim Vorliegen einer Gesundheitsgefährdung oder Belästigung ist die Nachbareigenschaft des Julius daher anzunehmen.

In dieser Situation bewirkt die Nichtanerkennung der Parteistellung im Anzeigeverfahren, dass für Julius keine Überprüfung möglich ist, ob die Voraussetzungen für das Anzeigeverfahren überhaupt gegeben sind. Das bedeutet eine Minderung seiner Nachbarrechte, denn im Betriebsanlagenänderungsverfahren würden ihm derartige Rechte im Falle einer Gefährdung oder Belästigung zustehen. Daher hat Julius ein rechtliches Interesse zur Klärung der Frage, ob die Voraussetzungen für ein Anzeigeverfahren überhaupt vorliegen.

Ein Ausschluss der Nachbarn von der Frage, ob die Voraussetzungen für die Anwendung des Anzeigeverfahrens gem § 76a Abs 3 GewO überhaupt anzunehmen sind, stellt eine sachlich nicht gerechtfertigte Ungleichbehandlung der Nachbarn dar. Diese liegt darin, dass Nachbarn, denen im Rahmen eines Änderungsgenehmigungsverfahrens gem § 81 Abs 1 GewO Parteistellung zukommt, gegenüber jenen, bei welchen die Behörde zu Unrecht das Vorliegen der Voraussetzungen eines Anzeigeverfahrens gem § 76a Abs 3 GewO angenommen hat, benachteiligt werden.[8]) Den Nachbarn kommt daher ein rechtliches Interesse an der Überprüfung des Vorliegens der Voraussetzungen für das Anzeigeverfahren gem § 76a GewO zu.

Für das Anzeigeverfahren gem § 76a Abs 3 GewO ist im Unterschied zum Untersagungsverfahren gem § 76a Abs 4 GewO keine Erlassung eines Bescheids vorgesehen (konkret erfolgte nur eine Mitteilung, dass keine Untersagungsgründe vorliegen). Da Julius in dieser Situation kein anderer Rechtsbehelf zur Rechtsverfolgung zur Verfügung steht, ist der Feststellungsantrag des Julius zur Überprüfung der Frage, ob die Voraussetzungen eines Anzeigeverfahrens gem § 76a GewO überhaupt vorliegen, als notwendiges Mittel zur zweckentsprechenden Rechtsverfolgung anzusehen. Julius kommt daher diesbezüglich eine auf diese Rechtsfrage beschränkte Parteistellung zu. Insoweit besteht ein Recht auf Stellung eines Feststellungsantrages.

d) Ergebnis

Die Zurückweisung des Feststellungsantrages mangels Parteistellung ist auf Grund des Rechts des Julius zur Klärung der Frage, ob die Voraussetzungen eines Anzeigeverfahrens gem § 76a GewO überhaupt vorliegen, rechtswidrig.

2. Materielle Rechtmäßigkeit

Sodann ist der Inhalt des neuen – durch die Aufhebung der Wortfolge (ab 1. 4. 2018) veränderten – § 76a GewO zu klären, sowie weiters, ob der neue § 76a GewO auch für Gastgärten, die vor dem 31. 3. 2018 rechtmäßig angezeigt wurden, anzuwenden ist.

a) Genehmigungsfreistellung

Nach der alten Rechtslage waren Gastgärten, die die Voraussetzungen gem § 76a Abs 1 Z 1 bis 3 GewO erfüllten, von der Genehmigungspflicht nach § 74 GewO ausgenommen. Es lag daher insofern eine Genehmigungsfreistellung vor.[9])

Nach dem neuen § 76a Abs 1 Z 4 GewO schließt die Tatsache, dass im Gastgarten nur Speisen und Getränke serviert werden (Z 1), nicht mehr als 75 Verabreichungsplätze vorhanden sind (Z 2), lautes Sprechen, Singen und Musizieren mittels Hinweisschilder an den Zugängen untersagt wird (Z 3) nicht aus, dass gemäß § 74 Abs 2 GewO wahrzunehmende Nachbarinteressen beeinträchtigt werden.[10]) Wenn nun die Interessen der Nachbarn beeinträchtigt werden, sind die Voraussetzungen für eine Genehmigungsfreistellung nicht mehr gegeben.

8) VwGH 12. 9. 2016, Ro 2015/04/0018 Rz 16, 17; VfGH 1. 3. 2012, B 606/11.
9) Zur Genehmigungsfreistellung: VfGH 23. 11. 2016, Ra 2014/04/0005-11 Rz 3; auch *Merli*, Unzumutbare Gesetzgebung: Die neue Gastgartenregelung der Gewerbeordnung, JRP 2011, 195 (197).
10) Vgl dazu VfGH 7. 12. 2011, G 17/11, 14 (pdf).

Meine Notizen

b) Zeitliche Geltung der Aufhebung

In zeitlicher Hinsicht ist fraglich, ob diese Rechtsänderung auch für die vor dem 31. 3. 2018 rechtmäßig angezeigten Gastgärten oder nur für die Zeit danach gilt. Ist ersteres der Fall, müssten die bereits genehmigten Gastgärten neuerlich angezeigt und nach der geänderten Rechtslage des § 76a GewO beurteilt werden.

Gem § 76a Abs 4 GewO ist die Nichteinhaltung der rechtlichen Voraussetzungen durch einen Gastgarten von der Behörde binnen 3 Monaten nach dem Einlangen der Anzeige zu beurteilen. Diese gesetzliche Vorschrift stellt daher hinsichtlich der Einhaltung der Voraussetzungen für eine Genehmigungsfreistellung auf den Zeitpunkt der Anzeige des Gastgartens ab. Folglich ist die Sach- und Rechtslage zu diesem Zeitpunkt maßgeblich.

Auch sprechen Erwägungen auf Grund des verfassungsrechtlich über den Gleichheitssatz (Art 7 B-VG) und die Eigentumsfreiheit (Art 5 StGG) gewährleisteten Vertrauensschutz dafür, den geänderten Wortlaut des § 76a GewO nur auf künftig in Betrieb zu nehmende Gastgärten anzuwenden.

Der Gastgarten der Sonnenwirt-GmbH wird daher auch nach der Aufhebung der Wortfolge des § 76a GewO durch den VfGH rechtmäßig betrieben.

c) Ergebnis

Die Bescheidbeschwerde des Julius ist auf Grund des rechtmäßigen Gastgartenbetriebes nicht begründet.

C. Gesamtergebnis

Die Bescheidbeschwerde ist bis 1. 6. 2018 zulässig, aber nicht begründet und ist daher abzuweisen. Gegen dieses Erkenntnis des LVwG Steiermark kann von Julius gem Art 133 B-VG (außerordentliche) Revision beim VwGH bzw Erkenntnisbeschwerde gem Art 144 B-VG beim VfGH erhoben werden.

II. Sonnenwirt-GmbH

A. Beschwerde vom 13. 10. 2017 und die Entscheidung der Bezirkshauptmannschaft Leibnitz vom 12. 12. 2017

Die Beschwerde gegen den Erstbescheid vom 15. 9. 2017 der Bezirkshauptmannschaft Leibnitz wurde am letzten Tag der der 4-Wochen-Frist (13. 10. 2017) gem § 7 Abs 4 VwGVG erhoben und war daher rechtzeitig (§ 32 AVG). Die Bezirkshauptmannschaft Leibnitz hat mit dem am 12. 12. 2017 zugestellten Bescheid über ihren Erstbescheid mittels Beschwerdevorentscheidung gem § 14 Abs 1 VwGVG entschieden. Die Beschwerdevorentscheidung ist zulässig. Die in § 14 VwGVG vorgesehene Entscheidungsfrist von 2 Monaten wurde eingehalten. Sodann wurde am 27. 12. 2017 innerhalb der gesetzlichen 2-Wochen-Frist der Antrag gestellt (Fristwahrung gem § 33 Abs 2 AVG), die Beschwerde dem VwG zur Entscheidung vorzulegen (Vorlageantrag, § 15 Abs 1 VwGVG). Die Bezirkshauptmannschaft Leibnitz ist zur Vorlage an das VwG verpflichtet und hat den Parteien die Vorlage des Antrages mitzuteilen (§ 15 Abs 2 VwGVG). Laut Sachverhalt ist diese Vorlage durch die Bezirkshauptmannschaft Leibnitz auch umgehend erfolgt.

Da es sich um eine gewerberechtliche Angelegenheit (Verlust der gewerberechtlichen Geschäftsführereigenschaft) handelt, die in mittelbarer Bundesverwaltung vollzogen wird, ist zur Entscheidung über den Vorlageantrag gem Art 131 Abs 1 B-VG das LVwG sachlich zuständig. Örtlich zuständig ist gem § 3 Abs 2 Z 1 VwGVG iVm § 3 Z 2 AVG[11]) das LVwG Steiermark.

B. Zur Frage der Säumnis des Landesverwaltungsgerichtes

Infolge der vermuteten Untätigkeit des LVwG Steiermark kann die Sonnenwirt-GmbH gem Art 133 Abs 1 Z 2 B-VG einen Fristsetzungsantrag an den VwGH in Aussicht nehmen.

---

11) *Hengstschläger/Leeb*, AVG § 3 Rz 4 (Stand 1. 1. 2004, rdb.at) – so etwa zum vergleichbaren Fall des Entzuges einer Gewerbeberechtigung VwGH 26. 6. 2001, 2000/04/0202.

Meine Notizen

1. Zulässigkeit

a) Antragsteller und Antragslegitimation

Die Sonnenwirt-GmbH kann als Beschwerdeführerin im von der Säumnis betroffenen Bescheidbeschwerdeverfahren (Beschwerde am 13. 10. 2017 und Vorlageantrag am 27. 12. 2017, keine Entscheidung am 3. 5. 2018) behaupten, im Fristsetzungsverfahren vor dem VwGH als Partei zur Geltendmachung der Entscheidungspflicht berechtigt zu sein (Art 133 Abs 7 B-VG iVm § 21 Abs 3 VwGG). Da sie als juristische Person partei-, aber nicht prozessfähig ist, bedarf sie einer organschaftlichen Vertretung, nämlich durch die handelsrechtliche Geschäftsführerin Berta.

b) Form und Inhalt

Der Antrag hat gem § 38 Abs 3 VwGG das LVwG Steiermark als Gericht anzugeben, dessen Entscheidung in der gegenständlichen Rechtssache begehrt wird. Ebenso hat er den Sachverhalt sowie das Begehren, dem LVwG Steiermark für die Entscheidung eine Frist zu setzen (§ 38 Abs 4 VwGG, § 42a VwGG), und Angaben zu enthalten, die erforderlich sind, um glaubhaft zu machen, dass die Entscheidungsfrist gem § 38 Abs 1 VwGG abgelaufen ist.

Der Fristsetzungsantrag erfordert Schriftlichkeit und ist beim LVwG Steiermark einzubringen (§ 24 Abs 1 VwGG, § 30a Abs 8 VwGG). Gem § 24 Abs 2 VwGG besteht Anwaltspflicht.

c) Prüfungsgegenstand, Fristablauf

Prüfungsgegenstand ist die Säumnis des LVwG Steiermark (Art 133 Abs 1 Z 2 B-VG, § 38 VwGG). Begründend ist vorzubringen, dass gem § 38 Abs 1 VwGG iVm § 34 Abs 1 VwGVG das LVwG nicht binnen 6 Monaten entschieden hat.

2. Entscheidung

Der Fristsetzungsantrag ist durch das VwG im Vorverfahren (§ 30a Abs 8 iVm Abs 1 VwGG) oder durch den VwGH (§ 38 Abs 4 iVm § 34 Abs 1 VwGG) zurückzuweisen, wenn er vor Fristablauf eingebracht wurde (§ 38 Abs 1 VwGG). Daher stellt sich die Frage, ob die 6-Monats-Frist bereits abgelaufen ist. Dafür ist zunächst der Beginn der Frist festzustellen.

Grundsätzlich wird gem § 38 Abs 2 VwGG die Zeit, während der das Verfahren bis zur rechtskräftigen Entscheidung einer Vorfrage ausgesetzt ist, nicht in diese Frist eingerechnet. Fraglich ist, ob für Zeiten, die im Rahmen einer behördlichen Beschwerdevorentscheidung anfallen, anderes gilt, sprich, ob für die Fristberechnung der 13. 10. 2017 (Bescheidbeschwerde) und nicht der 27. 12. 2017 (Vorlageantrag) bzw die tatsächliche Vorlage an das LVwG Steiermark maßgeblich ist, und ob daher die 6-Monats-Frist zur Entscheidung gem § 34 Abs 1 VwGVG das gesamte Beschwerdeverfahren oder bloß das Verfahren vor dem Verwaltungsgericht umfasst. Ausgehend vom Wortlaut des § 38 Abs 1 VwGG (und des § 34 Abs 1 VwGVG) und von der Zielsetzung des Fristsetzungsverfahrens kann mit der Rechtsprechung des VwGH der Zeitpunkt der „Stellung“ des Fristsetzungsantrages gem § 38 Abs 1 VwGG nur so verstanden werden, dass es auf den Zeitpunkt seines Einlangens beim Verwaltungsgericht – und damit nicht auf den Zeitpunkt des Einlangens der Beschwerde bei der Verwaltungsbehörde – ankommen soll.[12]) Fristbeginn ist – da der Vorlageantrag vom 27. 12. 2017 „umgehend“ dem VwG vorgelegt wird – frühestens am 27. 12. 2017. Die 6-Monats-Frist ist damit am 3. 5. 2018 noch nicht abgelaufen. Eine Säumnis des LVwG Steiermark und eine Verletzung der Entscheidungspflicht liegt noch nicht vor. Der Fristsetzungsantrag wäre daher vom VwG im Vorverfahren (§ 30a Abs 8 iVm Abs 1 VwGG) oder vom VwGH (§ 38 Abs 1 und 4 iVm § 34 Abs 1 VwGG) wegen mangelnder Zulässigkeit zurückzuweisen.[13])

Alternative Lösung:

Beruhend auf einer Argumentation, die die Parallelen zur Berufungsvorentscheidung (§ 64a AVG) hervorhebt, in deren Rahmen durch die Inanspruchnahme der Ent-

12) VwGH 10. 9. 2014, Fr 2014/20/0022; *Ziniel,* Säumnisschutz und Fristsetzungsantrag, in *Holoubek/Lang* (Hrsg), Das Verfahren vor dem Verwaltungsgerichtshof (2015) 275.

13) *Kolonovits/Muzak/Stöger,* Verwaltungsverfahrensrecht[10] (2014) Rz 1418, 1419; *Ziniel,* Säumnisschutz und Fristsetzungsantrag, in *Holoubek/Lang* (Hrsg), Das Verfahren vor dem Verwaltungsgerichtshof (2015) 274.

Meine Notizen

scheidungskompetenz der ersten Instanz der Entscheidungszeitraum der Berufungsbehörde entsprechend verringert wird.[14]) In diesem Fall: Dem LVwG Steiermark ist daher aufzutragen, das Erkenntnis innerhalb einer Frist von bis zu 3 Monaten zu erlassen (§ 38 Abs 4 VwGG). Ist das LVwG Steiermark diesem Auftrag nach § 38 Abs 4 VwGG nicht nachgekommen, so hat ihm der VwGH gem § 42a VwGG aufzutragen, das Erkenntnis innerhalb einer von ihm festzusetzenden angemessenen Frist nachzuholen (unbedingter Erledigungsauftrag).

3. Inhaltliche Rechtmäßigkeit des Anliegens

Die Sonnenwirt-GmbH ist als juristische Person gem § 9 Abs 1 GewO verpflichtet, einen gewerberechtlichen Geschäftsführer zu bestellen (obligatorischer Geschäftsführer). Da es sich bei einem Hotelbetrieb (Gastgewerbe gem § 94 Z 26 GewO) nicht um ein in § 95 Abs 1 GewO angeführtes, sogenanntes „sensibles Gewerbe" handelt, muss die Geschäftsführerbestellung nicht gem § 95 Abs 2 iVm § 341 GewO von der Behörde genehmigt werden. Die Geschäftsführerbestellung ist daher anzeigepflichtig (§ 39 Abs 4 iVm § 345 GewO). Aufgrund der Anzeige der ASVG-Abmeldung wurde mittels am 15. 9. 2017 zugestellten Bescheid bekannt gegeben, dass die Voraussetzungen für die Tätigkeit als gewerberechtlicher Geschäftsführer nicht mehr vorliegen.

Rechtsgrundlage für diese Entscheidung ist § 39 Abs 2 Satz 3 GewO, der verlangt, dass der Geschäftsführer entweder dem zur gesetzlichen Vertretung berufenen Organ der juristischen Person angehört (Z 1) oder als Arbeitnehmer (nach ASVG) vollversichert und zumindest zur Hälfte der wöchentlichen Normalarbeitszeit beschäftigt sein muss (Z 2).

Alex ist zwar seit 1. 1. 2017 Mehrheitsgesellschafter der GmbH, aber nicht deren handelsrechtlicher Geschäftsführer – der gem § 18 Abs 1 GmbH zur gerichtlichen und außergerichtlichen Vertretung berechtigt wäre – weil laut Sachverhalt keine weiteren anderen gesellschaftsrechtlichen Änderungen erfolgten. Ein Beschluss der Gesellschafter (Alex und Berta) gem § 15 GmbH-G zur Bestellung Alex zum handelsrechtlichen Geschäftsführer wurde daher nicht gefasst. Daraus folgt, dass Alex nicht dem zur vertretungsbefugten Organ der Sonnenwirt-GmbH iSd § 39 Abs 2 Satz 3 Z 1 GewO angehört.

Des Weiteren ist zu prüfen, ob § 39 Abs 2 Satz 3 Z 2 GewO hinsichtlich der Geschäftsführerbestellung von Alex herangezogen werden kann. Dies wäre dann der Fall, wenn Alex als ein mindestens zur Hälfte der wöchentlichen Normalarbeitszeit im Betrieb beschäftigter, vollversicherungspflichtiger Arbeitnehmer iSd § 39 Abs 2 Satz 3 Z 2 GewO zu qualifizieren ist. Dies ist schon deshalb zu verneinen, weil in diesem Fall die Arbeitsleistung in Abhängigkeit gegenüber dem Betriebsinhaber – also als Arbeitnehmer – geleistet werden muss.[15]) Dies liegt bei Alex, der laut Sachverhalt nicht mehr Arbeitnehmer der Sonnenwirt-GmbH ist, nicht unselbstständig tätig wird und offenbar Arbeitszeit und Arbeitsort selbst bestimmt (er arbeitet von zu Hause aus oder auch direkt im Betrieb), nicht vor.

Alex ist somit nicht als Arbeitnehmer iSd § 39 Abs 2 Satz 3 Z 2 GewO anzusehen. Da auch die Ausnahmebestimmung für Industriebetriebe des § 39 Abs 2 Satz 4 iVm § 7 Abs 5 GewO nicht greift, hat die Bezirkshauptmannschaft Leibnitz nach dem Wortlaut des § 39 Abs 2 GewO richtig entschieden.

Die Nichtakzeptanz von Alex als gewerberechtlicher Geschäftsführer steht aber mit dem Ziel des § 39 Abs 2 Satz 3 Z 2 GewO in einem Spannungsverhältnis, weil Alex auf Grund seiner Mehrheitsanteile eine starke Position im Unternehmen innehat und keinesfalls als Scheingeschäftsführer anzusehen ist. Dies könnte aus grundrechtlicher Sicht relevant sein (Grundrecht Freiheit der Erwerbsbetätigung und Gleichheitssatz – insb in der Ausformung des allgemeinen Sachlichkeitsgebotes).

Die Sonnenwirt-GmbH könnte daher ein Gesetzprüfungsverfahren anregen und das VwG bzw der VwGH[16]) könnte von Amts wegen einen Antrag auf Gesetzesprüfung gem Art 140 Abs 1 Satz 1 Z 1 lit a iVm Art 89 Abs 2 und Art 135 Abs 4 B-VG einleiten.

---

14) *Kolonovits/Muzak/Stöger*, Verwaltungsverfahrensrecht[10] (2014) Rz 572.

15) VwGH 9. 10. 1984, 84/04/0091.

16) VwGH 18. 8. 2017 Ro 2016/04/0006 (der Antrag des VwGH vom 4. 7. 2016 Ro 2016/04/0006 wurde vom VfGH mittels Beschluss zurückgewiesen, weil die Aufhebung im beantragten Umfang die Verfassungswidrigkeit nicht beseitigt hätte – VfGH 21. 6. 2017, G 266/2016).

Meine Notizen

Teil 2

Frage 2: Überlegen Sie in diesem Zusammenhang, inwieweit dieses Ziel durch die angesprochene gewerberechtliche Vorschrift überhaupt erreicht wird.

§ 39 Abs 2 Satz 3 GewO hat das Ziel, dem gewerberechtlichen Geschäftsführer eine starke Position zu vermitteln, um bei unerwünschten Entwicklungen im Unternehmen eingreifen zu können und Scheingeschäftsführer zu vermeiden. Dieses Ziel wird aber Alex gegenüber nicht erreicht:

Dieser hat eine denkbar starke Position im Unternehmen und ist nicht als Scheingeschäftsführer zu qualifizieren, weil er 75% der Geschäftsanteile hält und über eine Stammeinlage von 26.250,– Euro verfügt. Gem § 39 Abs 2 GmbH-G stehen ihm damit auch 2.625 Stimmen in der Gesellschaft zu. Da Beschlüsse der GmbH nach § 39 Abs 1 GmbH-G mit Stimmenmehrheit getroffen werden, kann Alex entsprechende Beschlüsse auch gegen den Willen von Berta, die nur über 875 Stimmen verfügt, fassen. Diese ist gem § 20 Abs 1 GmbH-G als handelsrechtliche Geschäftsführerin verpflichtet, den Beschlüssen Folge zu leisten (Weisungsrecht).[17]) Gem § 16 Abs 1 iVm § 39 Abs 1 GmbH-G kann er auch ihre Bestellung als handelsrechtliche Geschäftsführerin mittels Stimmenmehrheit jederzeit widerrufen.

Wäre nun die Bestellung des Alex als gewerberechtlicher Geschäftsführer der Sonnenwirt-GmbH unzulässig, dann müsste diese eine unternehmensfremde fachlich geeignete Person, die den entsprechenden Befähigungsnachweis besitzt, bestellen.[18]) Diese wäre als Arbeitnehmer bzw Arbeitnehmerin tendenziell in geringerem Umfang in das Unternehmen eingebunden als Alex.

§ 39 Abs 2 Satz 3 GewO ist daher im hier diskutierten Kontext nicht geeignet, das Ziel, eine starke Position des Geschäftsführers im Unternehmen sicherzustellen, zu erreichen, und auch nicht notwendig, zumal sich die Sonnenwirt-GmbH gem § 39 Abs 3 GewO ohnehin eines Geschäftsführers bedienen muss, der sich im Betrieb auch tatsächlich entsprechend betätigt. Wird diese Bestimmung nicht eingehalten, stellt dies eine nach § 367 Z 7 GewO[19]) zu ahndende Verwaltungsübertretung dar.[20]) Vor diesem Hintergrund ist die Vorschrift des § 39 Abs 2 Satz 3 GewO daher mit Blick auf die vorliegende Konstellation als wenig zweckmäßig zu erachten.

Mit Blick auf den vorliegenden Fall ist eine Verletzung des Grundrechts der freien Erwerbsbetätigung (Art 6 StGG) zu diskutieren. Beschränkende Regelungen sind in Hinblick auf dieses Grundrecht nur dann zulässig, wenn sie im öffentlichen Interesse geboten, zur Zielerreichung geeignet, erforderlich und als adäquat anzusehen sind.[21]) Im konkreten Fall scheint die Regelung aus den oben genannten Gründen nicht geeignet, das Ziel des § 39 Abs 3 Satz 3 GewO (starke Position des Geschäftsführers, Verhinderung des Scheingeschäftsführers) zu erreichen. Auch eine Verletzung des Gleichheitssatzes – allgemeines Sachlichkeitsgebot – ist denkbar.[22])

Frage 3: Ist der Strafbescheid, der Berta zugestellt wurde, rechtmäßig?

I. Zur fehlenden Gewerbeberechtigung auf Grund des Massagebetriebes

Das Anbieten von Massageleistungen ist ein reglementiertes Gewerbe nach § 94 Z 48 GewO und bedarf daher eines Befähigungsnachweises. Weder Berta noch Alex besitzen einen derartigen Nachweis. Nach § 366 Abs 1 Z 1 GewO sind Gewerbeausübungen ohne erforderliche Berechtigung mit einer Verwaltungsstrafe zu ahnden.

17) VwGH 18. 8. 2017 Ro 2016/04/0006 Rz 18, 54; vgl *Enzinger* in *Straube* (Hrsg), WK GmbHG § 20 Rz 30 (Stand 1. 8. 2013, rdb.at).
18) VwGH 18. 8. 2017, Ro 2016/04/0006 Rz 19, 63.
19) Vgl auch § 367 Z 5 GewO.
20) Nach der Rechtsprechung des OGH ist zudem eine Vereinbarung, eine Gewerbeberechtigung auf Grund eines vorgetäuschten Angestelltenverhältnisses zur Verfügung zu stellen, (Scheingeschäft) nichtig – vgl OGH 30. 6. 2003, 7 Ob 135/03h, 8,9 – vgl auch *Ennöckl/Raschauer/Wessely,* Kommentar zur GewO I (2015) § 39 Rz 30.
21) VwGH 18. 8. 2017, Ro 2016/04/0006 Rz 36, 49; VfGH 14. 3. 2018, G 227/2017 Rz 55; *Öhlinger/Eberhard,* Verfassungsrecht[11] (2016) Rz 889–892.
22) Vgl auch VfGH 14. 3. 2018, G 227/2017 Rz 62, wonach in Hinblick auf die Erwerbsausübungsfreiheit durch den Gesetzgeber der rechtspolitischen Gestaltungsspielraum nicht überschritten wurde und deshalb eine verhältnismäßige Regelung vorlag.

Meine Notizen

Auf Grund von § 32 Abs 1a GewO (Nebenrechte) ist es allerdings zulässig, Leistungen anderer Gewerbe zu erbringen, wenn diese die eigenen Leistungen wirtschaftlich sinnvoll ergänzen und 30% des im Wirtschaftsjahr erzielten Gesamtumsatzes – 15% davon können dabei im Bereich reglementierter Gewerbe erbracht werden – nicht übersteigen. Freilich sind dabei gem § 32 Abs 2 GewO aus Gründen des Gesundheitsschutzes entsprechend ausgebildete und erfahrene Fachkräfte heranzuziehen (andernfalls eine Verwaltungsübertretung begangen wird, die gem § 367 Z 33 GewO zu ahnden ist).

Massageleistungen für Hotelgäste, also für Gäste, die einen Beherbergungsvertrag abgeschlossen haben, sind als wirtschaftlich sinnvolle Ergänzungen des Beherbergungsvertrages anzusehen. Damit § 32 Abs 1a GewO Genüge getan wird, dürfen derartige Leistungen (reglementiertes Gewerbe) aber nur im Umfang von 15% des Gesamtumsatzes erbracht werden. Zudem müssen gem § 32 Abs 2 GewO der wirtschaftliche Schwerpunkt und die Eigenart des Betriebes erhalten bleiben. Durch die Ausweitung des Massageangebotes auf hotelfremde Personen und der damit verbundenen Umsatzsteigerung auf mehr als 15% für 12 Monate ist von einer Überschreitung der 15%-Grenze auszugehen. Ein Nebenrecht kann daher diesbezüglich nicht angenommen werden.

Die Massageleistungen der Sonnenwirt-GmbH werden daher nicht von den Nebenrechten erfasst. Diesbezüglich ist der Strafbescheid daher als rechtmäßig zu beurteilen.

II. Zur verwaltungsstrafrechtlichen Verantwortlichkeit der Berta

Der gewerberechtliche Geschäftsführer ist der Behörde gegenüber zur Einhaltung der gewerberechtlichen Vorschriften verantwortlich (§ 39 Abs 1 GewO). Grundsätzlich sind im gewerberechtlichen Strafverfahren Verwaltungsstrafen gem § 370 Abs 1 GewO gegen ihn zu verhängen. Alex ist zum gewerberechtlichen Geschäftsführer bestellt worden. Seine Verantwortlichkeit beginnt mit der Bestellungsanzeige (§ 39 Abs 4 iVm § 345 GewO).[23])

Die Tatsache, dass die Massagetätigkeiten nicht vom Befähigungsnachweis des Alex erfasst sind, schadet der verwaltungsstrafrechtlichen Verantwortlichkeit dann nicht, wenn diese Tätigkeiten im sachlichen Zusammenhang mit einer vorhandenen Gewerbeberechtigung des gewerberechtlichen Geschäftsführers stehen.[24])

Allerdings wurde die Bestellung des Alex zum Geschäftsführer von der Behörde als rechtswidrig festgestellt. Scheidet ein Geschäftsführer einer juristischen Person aus, dann kann gem § 9 Abs 2 GewO das Gewerbe bis zur Bestellung des neuen Geschäftsführers, jedoch maximal 6 Monate lang weiter ausgeübt werden. Die Gewerbeausübung der Sonnenwirt-GmbH war daher bis Ende Juni 2017 rechtmäßig.[25])

Ab Juli 2017 ist, da weder eine rechtmäßige Bestellung noch eine rechtmäßige Anzeige der Bestellung des gewerberechtlichen Geschäftsführers vorliegt, bezüglich der Verantwortlichkeit § 9 Abs 1 VStG als subsidiäre Vorschrift heranzuziehen. Nach dieser Bestimmung ist für juristische Personen jene Person strafrechtlich verantwortlich, die zur Vertretung der juristischen Person nach außen befugt ist. Gem § 18 Abs 1 GmbH-G wird die Sonnenwirt-GmbH vom (handelsrechtlichen) Geschäftsführer gerichtlich und außergerichtlich vertreten. Da Berta diese Funktion bekleidet, wurde die Verwaltungsstrafe ihr gegenüber auch zu Recht verhängt.

Der gegenüber Berta erlassene Strafbescheid ist daher insgesamt rechtmäßig.

23) *Erlacher/Forster*, Gewerbeordnung in *Aigner* ua (Hrsg), Besonders Verwaltungsrecht^2 (2017) 411.
24) VwGH 12. 9. 2016, Ra 2016/04/0055 Rz 11.
25) VfGH 20. 10. 1992, 90/04/0266.

Von Stefan Storr und Bukurije Zenuni

Meine Notizen

Fall 10: Die vielen Versprechungen des Bürgermeisters

Schwerpunkte: Bescheidbeschwerde; Flächenwidmungsplanänderung; heranrückende Wohnbebauung; Amtshaftung; Sicherheitspolizeirecht; Einspruch

SACHVERHALT[1])

Teil 1: Die steirische Gemeinde Bauhausen (B) verzeichnet seit Jahren ein stetiges Bevölkerungswachstum, allein im Vorjahr wurde ein Zuzug von 450 Personen registriert. Der Bürgermeister der Gemeinde B bemüht sich schon seit längerem darum, den Wohnbedarf durch die Errichtung von neuen Wohnungen in seiner Gemeinde zu decken.

Im Zentrum der Gemeinde B befindet sich ein ca 3 ha großes unbebautes Grundstück. Es ist das größte unbebaute Grundstück in der Gemeinde. Das Grundstück steht im Eigentum der ehemaligen Brauerei Trinkviel (T). Dieses Betriebsgelände ist im Flächenwidmungsplan als Freiland ausgewiesen. Im Norden und Osten angrenzend an das unbebaute Gebiet befinden sich Kerngebiete, Gewerbe- und Industriegebiete, im Süden und Westen Wohngebiete. Das Grundstück grenzt nördlich an ein seit Jahrzehnten betriebenes Stahlwerk der S-GmbH (S) an.

Anfang 2015 hört Investor I von den Plänen der Gemeinde und will in der Gemeinde investieren. I beabsichtigt, das unbebaute Grundstück zu kaufen und eine Wohnanlage mit 50 Wohnungen zu bauen. Der Bürgermeister ist von den Plänen des I begeistert und vereinbart sofort einen Termin mit ihm. Bei einem persönlichen Treffen im Büro des Bürgermeisters verspricht ihm dieser, dass er alle notwendigen rechtlichen Schritte einleiten werde, um den Bau der Wohnanlage zu ermöglichen. Gleich nach der Umwidmung des Grundstückes werde er ihm die Baubewilligung erteilen.

I und der Bürgermeister der Gemeinde B schließen kurz darauf einen städtebaulichen Vertrag, in dem unter anderem schriftlich festgehalten wird, dass die Gemeinde den bestehenden Flächenwidmungsplan für das Grundstück ändert, um die Voraussetzungen für den Bau der von I geplanten Wohnanlage zu schaffen. Daraufhin kauft I im Juni 2015 im Vertrauen auf die Versprechungen des Bürgermeisters das 3 ha große Grundstück und will schon im Frühjahr 2016 mit dem Bau der Wohnanlage beginnen.

Als die Betreiberin und Eigentümerin des Stahlwerks S, das nördlich direkt an das Grundstück angrenzt, von dem Verkauf und den beabsichtigten Bauplänen an ihrer Grundstücksgrenze hört, wendet sie sich an die Gemeinde. S verfasst noch im Juli 2015 einen Brief an den Bürgermeister und macht ihn auf die Schall- und Geruchsimmissionen des Stahlwerks aufmerksam, die zulässig seien, aber mit einer Wohnbebauung in unmittelbarer Nachbarschaft nicht vereinbar seien. S stellt klar, dass ihre Betriebsanlage rechtmäßig errichtet und geführt wird und dass sie sich wegen des Neubaus der Wohnanlage nicht zur Errichtung zusätzlicher Schutzvorkehrungen verpflichten lassen werde.

Der Bürgermeister hält diese Vorhalte für belanglos, schließlich habe sich die Gemeinde vertraglich verpflichtet, den Flächenwidmungsplan zu ändern. Da bleibe kein Abwägungsspielraum mehr, wolle sie sich nicht vertragswidrig verhalten. Der Entwurf zur Änderung des Flächenwidmungsplanes sieht für den Bau der Wohnanlage die Umwidmung des 3 ha großen Grundstückes von Freiland in allgemeines Wohngebiet

1) Es handelt sich um die überarbeitete Version des Fachprüfungsfalles Verwaltungsrecht und Verwaltungslehre vom Februar 2018.

✐ Meine Notizen

vor. Schon im November 2015 wird der neue Flächenwidmungsplan, der den Bau der Wohnanlage ermöglichen soll, im Gemeinderat beschlossen und kundgemacht. Das Grundstück wird von Freiland in allgemeines Wohngebiet umgewidmet.

Im Februar 2016 sucht I um eine Baubewilligung an. Er trifft sich ein weiteres Mal persönlich mit dem Bürgermeister in dessen Büro. Der Bürgermeister sagt I die Baubewilligung ausdrücklich zu, schließlich sei er ja der „Chef der Baubehörde". In der ordnungsgemäß kundgemachten mündlichen Verhandlung bringt S vor, dass die vom Stahlwerk ausgehenden Schall- und Geruchsimmissionen auf das geplante Bauvorhaben einwirken. Im Zuge des Bauverfahrens belegt ein Sachverständigengutachten, dass die Schall- und Geruchsimmissionen des Stahlwerks die zukünftigen Bewohner erheblich negativ beeinträchtigen werden, da die Belästigungen das ortsübliche Ausmaß deutlich übersteigen. Die technische Umrüstung des Stahlwerks würde mehrere Millionen Euro kosten, denn es wären Schallschutzmaßnahmen und eine neue Filteranlage notwendig. Das Baubewilligungsverfahren wird ausgesetzt. Weder die Gemeinde noch der Investor will für die Kosten der Umrüstung aufkommen.

Weil sich das Bauverfahren hinzieht, überlegt I, die Gemeinde auf Schadenersatz zu klagen. I hat die Investition im Vertrauen auf die Versprechungen und Vereinbarungen mit dem Bürgermeister getätigt. Er ist der Meinung, dass ihm niemand etwas vorwerfen könne, da er – im Gegensatz zum Bürgermeister – nichts von den bestehenden Schall- und Geruchsimmissionen des Stahlwerks wusste. Wenn I von den Problemen mit dem Stahlwerk gewusst hätte, hätte er das Grundstück nicht gekauft. Sollte die Gemeinde die Baubewilligung versagen, will I gegen das „rechtsmissbräuchliche Verhalten der Gemeinde" – so I – vorgehen und den dadurch entstandenen Investitionsschaden, den er auf 1,1 Mio Euro schätzt, einklagen. Um diesen Betrag ist der Preis des Grundstückes nämlich gefallen, seitdem sich herausgestellt hat, dass eine Baubewilligung erst nach Umrüstung des Stahlwerks erteilt werden soll.

Die Gemeinde wendet ein, dass I davon ausgehen musste, dass auch der Bürgermeister an das gesetzlich geregelte Baubewilligungsverfahren gebunden sei, weshalb der Gemeinde nichts vorzuwerfen sei und falls doch, dann treffe den I ein Mitverschulden.

S droht der Gemeinde, dass, falls eine Baubewilligung erteilt werde, sie weiterhin dagegen vorgehen werde. Nach Errichtung der Wohnanlage wäre jedenfalls mit nachträglichen Einwendungen der zuziehenden Bevölkerung gegen die Betriebsanlage zu rechnen und das will S verhindern. S ist auch davon überzeugt, dass die Änderung des Flächenwidmungsplanes nicht rechtmäßig erfolgt ist, da die Gemeinde bei einem ordnungsgemäßen Vorgehen aufgrund der Einhaltung zwingender Planungsgrundsätze und der Sachlichkeitsprüfung zu einem anderen Ergebnis hätte kommen müssen.

Bearbeitungsvermerk:

Prüfen Sie rechtsgutachterlich, indem Sie auf alle aufgeworfenen Rechtsfragen eingehen, die Erfolgsaussichten

a) einer möglichen Beschwerde der S im Fall der Erteilung einer Baubewilligung.

b) eines amtshaftungsrechtlichen Anspruchs des I auf Erstattung des Investitionsschadens im Fall der Versagung der Baubewilligung und nach Erschöpfung aller Rechtsmittel (Lassen Sie organhaftungsrechtliche Ansprüche außer Betracht).

Gehen Sie davon aus, dass der administrative Instanzenzug für die Gemeinde B durch Gesetz abgeschafft wurde!

Teil 2: I ist sehr enttäuscht vom Bürgermeister der Gemeinde B und will seinen Unmut zeigen. Er ist davon überzeugt, dass er als österreichischer Staatsbürger seine Meinung auch vor dem Gemeindeamt kundtun dürfe. Daher besorgt er sich ein 2 x 1 Meter großes Transparent und beschriftet es mit den Worten: *„Versprochen und dann gebrochen! Rücktritt des Bürgermeisters sofort!"*.

Schon am nächsten Tag rollt er das Transparent am Parkplatz des Gemeindeamtes aus und setzt sich in sein Auto. Ein Polizeibeamter, der den I mit seinem Transparent sieht, fordert diesen mit harschen Worten auf, sich auszuweisen. I weigert sich, seinen Ausweis zu zeigen und erzählt den Polizisten von seinen Problemen beim Bau der Wohnanlage. Die Polizisten weisen I darauf hin, dass seine Aktion Folgen haben werde. I ist irritiert, weil er nicht der Meinung ist, dass er jemanden störe. I will den Polizisten die Versprechungen des Bürgermeisters schildern, aber die Polizisten wollen davon nichts wissen.

I schreit nun die Polizisten mit den Worten *„Ihr steckt doch alle unter einer Decke! Euch zeig ich noch, wer im Recht ist!"* an. Sichtlich verärgert greift I schnell in Richtung

Meine Notizen

Handschuhfach und wird daraufhin sofort von den Polizisten aufgefordert, seine Hände auf das Lenkrad zu geben. Doch I versucht weiter mit zittrigen Händen, das Handschuhfach zu öffnen. Die Polizisten befürchten, dass I eine Waffe aus dem Handschuhfach ziehen könnte, weshalb sie ihn, noch bevor er das Handschuhfach öffnen kann, aus dem Auto ziehen. I ist verängstigt und weist die Polizisten darauf hin, dass er ihnen nur den Vertrag zeigen wollte. Anschließend öffnet ein Polizist mit den Worten *„Ich schaue jetzt in Ihr Handschuhfach"* sein Handschuhfach und findet darin nur eine Mappe mit Unterlagen. Die Polizisten entschuldigen sich bei I und fragen ihn, ob er noch mit zur Polizeidienststelle kommen könne, um den Sachverhalt zu klären. I willigt ein und folgt den Polizisten.

Am 5. 2. 2018 erhält I eine Strafverfügung in Höhe von 200,– Euro wegen des Ausrollens des Transparents. I will gegen die polizeilichen Maßnahmen und die Strafverfügung vorgehen.

Bearbeitungsvermerk:

Prüfen Sie rechtsgutachterlich, indem Sie auf alle aufgeworfenen Rechtsfragen eingehen, die Erfolgsaussichten

a) einer möglichen Beschwerde des I gegen das Vorgehen der Polizei und
b) gegen die Strafe.

ANLAGE

Auszug aus dem Allgemeinen bürgerlichen Gesetzbuch (ABGB) idF BGBl I 2017/161

§ 1304. Wenn bey einer Beschädigung zugleich ein Verschulden von Seite des Beschädigten eintritt; so trägt er mit dem Beschädiger den Schaden verhältnißmäßig; und, wenn sich das Verhältniß nicht bestimmen läßt, zu gleichen Theilen.

LÖSUNGSVORSCHLAG

Teil 1

I. Rechtsschutzmöglichkeit der S im Fall der Erteilung einer Baubewilligung

S könnte gegen die bescheidmäßige Erteilung der Baubewilligung eine Bescheidbeschwerde gem Art 130 Abs 1 Z 1 iVm Art 132 Abs 1 Z 1 B-VG erheben.

A. Zulässigkeit

1. Beschwerdeführer

S ist eine inländische juristische Person und kann daher Beschwerdeführerin sein (§ 17 VwGVG iVm § 9 AVG, §§ 1 ff ZPO). S ist partei-, aber nicht prozessfähig und muss sich durch eine natürliche Person organschaftlich vertreten lassen.

2. Beschwerdegegenstand

Der Bewilligungsbescheid kann tauglicher Beschwerdegegenstand sein (Art 130 Abs 1 Z 1 bzw Art 132 Abs 1 B-VG). Dieser ist noch nicht erteilt.

3. Beschwerdelegitimation

S ist beschwerdelegitimiert, wenn sie behaupten kann, durch den Bescheid in ihren Rechten verletzt worden zu sein (Art 132 Abs 1 Z 1 B-VG). Diese Rechtsverletzung muss jedenfalls möglich sein und setzt voraus, dass der Beschwerdeführer im verwaltungsbehördlichen Verfahren Partei war und diese Stellung nicht verloren hat.

a) Nachbareigenschaft der S

S ist Eigentümerin des Grundstückes, auf dem das Stahlwerk errichtet ist, das unmittelbar an das Baugrundstück angrenzt, und ist damit zugleich Nachbar iSd § 4 Z 44 Stmk BauG. Als Anrainernachbar hat S in der Bauverhandlung Parteistellung, die sie

Meine Notizen

auch beibehält, da sie laut Sachverhalt rechtzeitig mündlich während der Bauverhandlung Einwendungen erhoben hat (§ 27 Abs 1 Stmk BauG).

b) Einwendungen iSd § 26 Abs 1 Stmk BauG

S macht geltend, dass von ihrer Liegenschaft, die an das behördlich bewilligte Bauvorhaben angrenzt, rechtmäßige Emissionen ausgehen und sich auf das geplante Bauvorhaben als Immission auswirken können. Es ist nicht ausgeschlossen, dass diese Einwendungen als Einwendungen wegen heranrückender Wohnbebauung nach § 26 Abs 4 Stmk BauG eingebracht werden können. S ist daher zur Erhebung einer Bescheidbeschwerde legitimiert.

4. Beschwerdefrist

Die Bescheidbeschwerde ist gem § 7 Abs 4 Z 1 VwGVG innerhalb von 4 Wochen, gerechnet von dem Tag, an dem der Bescheid dem Beschwerdeführer mündlich verkündet oder zugestellt wurde, zu erheben.

5. Form

Die Beschwerde ist schriftlich bei der belangten Behörde einzubringen (§§ 9, 12 VwGVG). Gem § 9 Abs 2 Z 1 ist die belangte Behörde jene Behörde, die den angefochtenen Bescheid erlassen hat (Bürgermeister von B). Der Beschwerdeinhalt ergibt sich aus § 9 VwGVG. Die Beschwerde hat die Bezeichnung des angefochtenen Bescheids (§ 9 Abs 1 Z 1 VwGVG), die Bezeichnung der belangten Behörde (§ 9 Abs 1 Z 2 VwGVG), Gründe, auf die sich die behauptete Rechtsverletzung stützt (§ 9 Abs 1 Z 3 VwGVG), ein Begehren (§ 9 Abs 1 Z 4 VwGVG) und Angaben, die für die Beurteilung der Rechtzeitigkeit der Beschwerde erforderlich sind (§ 9 Abs 1 Z 5 VwGVG), zu enthalten.

6. Ergebnis

Bei Einhaltung der Frist- und Formerfordernisse und bei Erteilung der Baubewilligung an I ist die Bescheidbeschwerde zulässig.

B. Begründetheit

Die Bescheidbeschwerde ist begründet, wenn der Bescheid rechtswidrig ergangen ist und S dadurch in ihren Rechten verletzt wurde. Gem § 27 VwGVG prüft das LVwG die Rechtswidrigkeit des Bescheids mit Ausnahme der Rechtswidrigkeit wegen Unzuständigkeit der Behörde nur im Umfang der geltend gemachten Beschwerdepunkte.

Das Bauwesen ist gem Art 15 Abs 1 B-VG in Gesetzgebung und Vollziehung Landessache. Da der innergemeindliche Instanzenzug in der Gemeinde B ausgeschlossen wurde, kann eine Beschwerde gegen den erstinstanzlichen Bescheid an das VwG ergehen. Aufgrund der subsidiären Allzuständigkeit nach Art 131 Abs 1 B-VG iVm § 3 Abs 1 VwGVG ist das LVwG sachlich zuständig. Örtlich ist gem § 3 Abs 2 Z 1 VwGVG iVm § 3 Z 1 AVG das LVwG Steiermark zuständig, da der Baugrund in der Steiermark gelegen ist.

1. Formelle Rechtmäßigkeit

Gem Art 118 Abs 3 Z 9 B-VG ist die örtliche Baupolizei im eigenen Wirkungsbereich der Gemeinde zu vollziehen (vgl auch § 1 Stmk BauG). Sachlich zuständig für den Erlass des Bescheids ist gem § 45 Abs 2 lit b Stmk GemO der Bürgermeister. Die örtliche Zuständigkeit ergibt sich aus § 3 Z 1 AVG. Der Bürgermeister von B war für die Erlassung des Baubewilligungsbescheids zuständig.

2. Materielle Rechtmäßigkeit

a) Bewilligungspflichtige Wohnanlage nach Stmk BauG

Fraglich ist, ob für die Errichtung eines Wohnkomplexes eine Baubewilligung erforderlich ist. Das könnte sich aus § 19 Z 1 Stmk BauG ergeben. Die Wohnanlage ist eine bauliche Anlage nach § 4 Z 13 Stmk BauG. Die Herstellung einer neuen baulichen Anlage auf einem unbebauten Grundstück stellt einen Neubau iSd § 4 Z 48 Stmk BauG dar. Eine Ausnahme iSd § 3 Stmk BauG liegt nicht vor. Der Neubau dieser baulichen Anlage ist gem § 19 Z 1 Stmk BauG bewilligungspflichtig, da keiner der in §§ 20, 21 Stmk BauG aufgezählten Vorhaben vorliegt.

Meine Notizen

Der Bauplatz muss für die vorgesehene Bebauung geeignet sein, dh insb muss eine Bebauung nach dem Stmk ROG zulässig sein (§ 5 Abs 1 Z 1 Stmk BauG). Das Baugrundstück liegt im allgemeinen Wohngebiet. Gem § 30 Abs 1 Z 2 Stmk ROG sind das Flächen, die vornehmlich für Wohnzwecke bestimmt sind, wobei auch Nutzungen zulässig sind, die den wirtschaftlichen, sozialen, religiösen und kulturellen Bedürfnissen der Bewohner von Wohngebieten dienen, soweit sie keine dem Wohncharakter des Gebietes widersprechenden Belästigungen der Bewohnerschaft verursachen. Der Bau einer Wohnanlage ist daher zulässig.

Der Bürgermeister hat von Amts wegen zu überprüfen, ob das Bauvorhaben mit dem Flächenwidmungsplan übereinstimmt, da Baubewilligungen und Genehmigungen gem § 8 Abs 2 Stmk ROG nur dann erteilt werden dürfen, wenn diese nicht im Widerspruch zu raumordnungsrechtlichen Vorschriften stehen. Zu prüfen ist daher zunächst, ob der Flächenwidmungsplan rechtmäßig geändert wurde.

b) Änderung des Flächenwidmungsplanes

(1) Formelle Rechtmäßigkeit der Änderung

Zuständig zur Änderung eines Flächenwidmungsplanes ist die Gemeinde (§ 25 Stmk ROG). Das Verfahren zur Änderung des Flächenwidmungsplanes wurde eingehalten, da der Flächenwidmungsplan laut Sachverhalt ordnungsgemäß erlassen wurde. Die Änderung des Flächenwidmungsplanes war formell rechtmäßig.

(2) Materielle Rechtmäßigkeit der Änderung

- **Planrechtfertigung**

Aus dem vorliegenden Vertrag zwischen B und I kann eine Verpflichtung zur Änderung des Flächenwidmungsplanes nicht entnommen werden. Die Verpflichtung zur Setzung von Hoheitsakten kann durch eine privatrechtliche Maßnahme nicht begründet werden (sog Koppelungsverbot).

Zwar kann die Gemeinde als Trägerin von Privatrechten iSv Art 116 Abs 2 B-VG mit den Grundeigentümern zivilrechtliche Verträge abschließen. Inhalt solcher Baulandsicherungsverträge ist insb die widmungsgemäße Verwendung von Bauland (§ 35 Stmk ROG). Der Grundeigentümer muss sich aber verpflichten, sein Grundstück innerhalb einer bestimmten Frist zu bebauen, falls die Gemeinde die Fläche in Bauland umwidmet. Im konkreten Fall liegt ein privatwirtschaftlicher Vertrag nach § 35 Abs 1 Stmk ROG jedoch nicht vor, weil I sich nicht verpflichtet, das Grundstück innerhalb einer bestimmten Frist zu bebauen.

Ein beschlossener Flächenwidmungsplan ist – ungeachtet der Revisionsfrist von 10 Jahren nach § 42 Abs 8 Z 1 Stmk ROG zur Fortführung der örtlichen Raumordnung – jedenfalls zu ändern, wenn dies (ua) aufgrund einer wesentlichen Änderung der Planungsvoraussetzungen erforderlich ist. Darüber hinaus kann eine Änderung der Planung nur erfolgen, wenn dafür ein sachlich rechtfertigender Grund vorliegt. Die Notwendigkeit zur Änderung des Flächenwidmungsplanes kann sich auch aus bestimmten Bauansuchen ergeben. Vorliegend wird der Flächenwidmungsplan geändert, um den Bau einer Wohnanlage zu ermöglichen. Die Änderung eines Flächenwidmungsplanes zur Realisierung eines geplanten Bauvorhabens ist, für sich genommen, noch nicht rechtswidrig, wenn darin nicht eine unsachliche Begünstigung oder Benachteiligung einer Person liegt, sondern sachliche Gründe maßgeblich sind.[2]) Anlass- und projektbezogene Änderungen dürfen nicht auf privaten Interessen beruhen, sondern müssen stets im öffentlichen Interesse liegen.

Laut Sachverhalt handelt es sich bei dem unbebauten Grundstück um das größte Grundstück im Zentrum der Gemeinde. Durch das stetige Bevölkerungswachstum besteht in der Gemeinde ein großer Bedarf nach Wohnungen. Der Flächenwidmungsplan wird laut Sachverhalt geändert, um den Bau der Wohnanlage zu ermöglichen und den dadurch entstehenden Wohnbedarf zu decken. Die Änderung des Flächenwidmungsplanes liegt im öffentlichen Interesse und ist daher sachlich gerechtfertigt.

- **Zwingende Planungsgrundsätze**

Ferner sind die zwingenden Planungsleitsätze einzuhalten. Der Flächenwidmungsplan darf nicht gegen höherrangige Bundesgesetze und Landesgesetze sowie höherrangige

2) VfSlg 8163/1977, 13.825/1994.

Meine Notizen

Planungen (§ 8 Abs 1 und 6 Stmk ROG/§ 19 Z 2 Stmk ROG) verstoßen. Die in § 3 Abs 1 Stmk ROG genannten Raumordnungsgrundsätze dürfen nicht verletzt werden. Die zwingenden Grundsätze enthalten keine Rangordnung und können zu Zielkonflikten führen.[3]) Gem § 3 Abs 1 Z 1 sowie Z 2 Stmk ROG hat eine sparsame Nutzung von Grundflächen unter weitgehender Vermeidung gegenseitiger nachteiliger Beeinträchtigungen zu erfolgen. Auf bereits bestehende Immissionslagen ist Bedacht zu nehmen.[4]) Lärm, Luftverunreinigungen oder Erschütterungen sind so weit wie möglich zu vermeiden. Im konkreten Fall wusste die Gemeinde aufgrund des Schreibens und der Tatsache, dass das Stahlwerk schon seit Jahrzehnten dort betrieben wird, von den bestehenden Immissionen. Folglich hat die Gemeinde mit der Änderung des Flächenwidmungsplanes dem Gebot der weitgehenden Vermeidung gegenseitiger nachteiliger Beeinträchtigungen (§ 3 Abs 1 Z 2 Stmk ROG) nicht Rechnung getragen. Die Gemeinde schafft sogar einen Konflikt zwischen I und S. Aufgrund der entsprechenden Rechtsverletzung liegt ein rechtswidriger Flächenwidmungsplan vor *(aA vertretbar)*.

- **Abwägung**

Schließlich ist eine ordnungsgemäße Abwägung aller Interessen vorzunehmen (§ 3 Abs 2 Stmk ROG). Das setzt eine hinreichende Grundlagenforschung und eine sachliche Begründung voraus. Dafür muss eine Abwägung überhaupt stattgefunden haben und die Abwägung muss nach sachlichen Maßstäben erfolgt sein, dh es müssen alle relevanten öffentlichen und privaten Interessen einbezogen worden sein und die Gewichtung der einzelnen Interessen darf nicht unvertretbar erfolgt sein. Die maßgeblichen öffentlichen Interessen sind insb die in § 3 Abs 2 Stmk ROG angeführten Ziele.

Vorliegend hat gar keine Grundlagenforschung stattgefunden und darauf folgend auch keine umfassende Interessenabwägung sowie Begründung. Die Gemeinde hat den Flächenwidmungsplan nur aufgrund ihrer vermeintlich bestehenden Verpflichtung aus dem Vertrag geändert, ohne eine Grundlagenforschung oder eine Abwägung aller relevanten Belange durchzuführen sowie ohne eine hinreichend sachliche Begründung. Damit liegt der Fehler des Abwägungsausfalls vor.

- **Zwischenergebnis**

Die Änderung des Flächenwidmungsplanes ist materiell rechtswidrig.

(3) Ergebnis

Die Baubewilligung beruht auf einem materiell rechtswidrigen Flächenwidmungsplan.

Der Bürgermeister muss die rechtswidrige VO (materiell rechtswidriger Flächenwidmungsplan) seiner Entscheidung über die Baubewilligung zugrunde legen. Nach Herstellung der Bebaubarkeit für Wohnzwecke ist der Bau einer Wohnanlage auf dem Grundstück zulässig.

Die Rechtswidrigkeit des Flächenwidmungsplanes ist vor dem VfGH im Rahmen eines Verordnungsprüfungsverfahrens nach Art 139 B-VG bekämpfbar. Hegt das LVwG Bedenken gegen die Rechtskonformität, kann es das anhängige Verfahren unterbrechen und nach Art 139 Abs 1 Z 1 B-VG einen Antrag an den VfGH stellen. Bestätigt das LVwG den Bescheid, kann S eine Erkenntnisbeschwerde nach Art 144 Abs 1 zweiter Fall B-VG an den VfGH wegen Anwendung einer rechtswidrigen generellen Norm erheben. Teilt dieser die Bedenken, kann er von Amts wegen ein Verordnungsprüfungsverfahren einleiten (vgl Art 139 Abs 1 Z 2 B-VG).[5])

c) Einwendungen iSd § 26 Abs 4 Stmk BauG

Darüber hinaus stellt sich die Frage, ob die Einwendung des S im Baubewilligungsverfahren zulässig war. S macht geltend, dass von ihrer Liegenschaft, welche an das Grundstück mit dem behördlich bewilligten Bauvorhaben angrenzt, rechtmäßige Emissionen ausgehen und sich auf das geplante Bauvorhaben als Immission auswirken können.

3) *Lienbacher*, Raumordnungsrecht, in *Bachmann/Baumgartner/Feik* ua (Hrsg), Besonderes Verwaltungsrecht[11] (2016) 483 (500).
4) VfSlg 10.703/1985.
5) *Lienbacher*, Raumordnungsrecht, in *Bachmann/Baumgartner/Feik* ua (Hrsg), Besonderes Verwaltungsrecht[11] (2016) 483 (515); *Huber*, Raumordnungsrecht, in *Aigner/Erlacher/Forster* ua (Hrsg), Besonderes Verwaltungsrecht (2016) 477 (510 ff).

Meine Notizen

Die Einwendung der heranrückenden Wohnbebauung ist von Inhabern[6]) einer gewerblichen, landwirtschaftlichen oder forstwirtschaftlichen Betriebsanlage in Bezug auf rechtmäßige Emissionen, deren Zulässigkeit vom Nachbarn zu belegen ist, zulässig. Denn der Betreiber einer rechtmäßigen Betriebsanlage muss im Fall der heranrückenden Wohnbebauung damit rechnen, dass ihm auf der Grundlage von § 79 GewO nachträglich Auflagen vorgeschrieben werden.

(1) Errichtung von Neu- oder Zubauten, die dem Wohnen dienen

Beim Bau der Wohnanlage handelt es sich um einen Neubau, der dem Wohnen dienen soll.

(2) genehmigte benachbarte Betriebsanlage

S ist Anrainernachbar iSd § 4 Z 44 Stmk BauG, da das Stahlwerk unmittelbar an das Baugrundstück angrenzt. Gewerbliche, landwirtschaftliche und forstwirtschaftliche Betriebsanlagen können gem § 26 Abs 4 Stmk BauG Einwendungen bezüglich der heranrückenden Wohnbebauung erheben. Beim Stahlwerk handelt es sich um eine genehmigte benachbarte gewerbliche Betriebsanlage iSv § 26 Abs 4 Stmk BauG, die zur Erhebung der Einwendung legitimiert ist.

(3) rechtmäßige Emissionen

S muss den Nachweis der rechtmäßig zugelassenen Emissionen erbringen. Relevant sind die tatsächlich verursachten Emissionen.[7]) Von der Betriebsanlage gehen laut Sachverhalt sowohl Geruchs- als auch Schallimmissionen aus.

(4) Immissionen

Es gilt darzustellen, wie sich die rechtmäßigen Emissionen als Immissionen auf das geplante Bauvorhaben auswirken können. Grundlage dafür ist die Grundstücksgrenze des zu bebauenden Grundstückes.[8]) Von dem Stahlwerk gehen sowohl Geruchs- als auch Schallimmissionen aus. Das im Zuge des Bauverfahrens in Auftrag gegebene Gutachten belegt, dass die Immissionen die zukünftigen Bewohner negativ beeinträchtigen wird.

(5) Widmung des Baugrundstückes gewährt einen Immissionsschutz iSv § 26 Abs 1 Z 1 Stmk BauG

Die Einwendung der heranrückenden Wohnbebauung kann nur ein Nachbar erheben, der auf dem benachbarten Grundstück eine gewerblich genehmigte Betriebsanlage unterhält, von der auf das Baugrundstück derartige Immissionen einwirken, dass das Bauvorhaben auf Grund der Flächenwidmung des Baugrundstückes mit dem gesetzlichen Immissionsschutz nicht vereinbar ist. Nach § 26 Abs 4 Stmk BauG ist zu prüfen, ob an der Grundgrenze des benachbarten Baugrundstückes Immissionen einwirken, die der Flächenwidmung des Baugrundstückes widersprechen. Sind diese Immissionen unter Bedachtnahme auf die Flächenwidmung zu hoch und kann dem nicht ausreichend durch Vorschreibung von wirksamen Auflagen (iSd § 29 Abs 5 Stmk BauG) bei den zur Bewilligung beantragten Wohnbauten begegnet werden, hat dies zur Abweisung des Baubewilligungsbescheids zu führen.[9])

Es ist zu prüfen, ob durch den Betrieb des Stahlwerks mit Immissionen, die auf die zu errichtenden Wohnbauten einwirken, zu rechnen ist, die dem Wohncharakter des Gebietes widersprechende Belästigungen der Bewohnerschaft verursachen. Der Immissionsschutz ergibt sich aus den jeweiligen Baulandkategorien des § 30 Stmk ROG. Das Grundstück, auf welchem die Wohnanlage errichtet werden soll, ist als allgemeines Wohngebiet ausgewiesen. Gem § 30 Abs 1 Z 2 Stmk ROG sind das Flächen, die vornehmlich für Wohnzwecke bestimmt sind, wobei auch Nutzungen zulässig sind, die den wirtschaftlichen, sozialen, religiösen und kulturellen Bedürfnissen der Bewohner von Wohngebieten dienen, soweit sie keine dem Wohncharakter des Gebietes widersprechenden Belästigungen der Bewohnerschaft verursachen. Die Baulandkategorie allgemeines Wohngebiet gewährt jedenfalls einen Immissionsschutz iSv § 26

6) VfSlg 12.468/1990, 13.210/1992, 14.943/1997, 15.188/1998.
7) *Neger/Spiegel/Neger*, Heranrückende Wohnbebauung, bbl 2016, 136 (143).
8) *Neger/Spiegel/Neger*, Heranrückende Wohnbebauung, bbl 2016, 136 (143).
9) VwGH 8. 6. 2011, 2011/06/0048.

Meine Notizen

Abs 1 Z 1 Stmk BauG.[10]) Das in Auftrag gegebene Gutachten belegt, dass die Schall- und Geruchsimmissionen des Stahlwerks die zukünftigen Bewohner negativ betreffen, weil die Belästigungen das ortsübliche Ausmaß deutlich übersteigen. Die vom Stahlwerk rechtmäßig ausgehenden Immissionen wirken sich auf den Neubau der Wohnanlage aus und sind aufgrund der Flächenwidmung des Baugrundstückes mit dem gesetzlichen Immissionsschutz nicht vereinbar.

C. Ergebnis

Die Schall- und Geruchsimmissionen des Stahlwerks betreffen die zukünftigen Bewohner negativ, weshalb die Beschwerde begründet und die Baubewilligung zu versagen ist.

II. Is Rechtsschutzmöglichkeit bei Versagung der Baubewilligung

I könnte gegen die Versagung der Baubewilligung und den dadurch entstandenen Schaden eine Amtshaftungsklage gem Art 23 Abs 1 B-VG iVm AHG vor den ordentlichen Gerichten (§ 9 AHG) erheben.

A. Zulässigkeit

Ein Amtshaftungsanspruch gem Art 23 Abs 1 B-VG iVm AHG steht gegenüber einem Rechtsträger zu, dessen Organ einem Dritten im Rahmen des Gesetzesvollzuges durch rechtswidriges Handeln schuldhaft einen Schaden zufügt. Der Amtshaftungsanspruch ist durch Klage gegen den Rechtsträger geltend zu machen. Die Zuständigkeit richtet sich nach § 9 Abs 1 AHG (Landesgericht). Vor Einbringung der Klage muss eine schriftliche Aufforderung an den Rechtsträger gerichtet werden (sonst Kostenfolge des § 45 ZPO iVm § 8 Abs 2 AHG, sollte der den Anspruch innerhalb von 3 Monaten ab Geltendmachung anerkennen oder erfüllen). Laut Sachverhalt hat I alle Rechtsmittel ausgeschöpft (§ 2 Abs 2 AHG: „Primärrechtsschutz vor Sekundärrechtsschutz"[11]).

B. Materieller Anspruch

1. Schaden (§ 1 Abs 1 AHG).

I hat einen Vermögensschaden dadurch erlitten, dass er im Vertrauen auf das Versprechen, den städtebaulichen Vertrag und die Zusage des Bürgermeisters das Grundstück gekauft und in das Bauprojekt Geld investiert hat. Laut Sachverhalt hat sich das Verfahren jahrelang hingezogen und I hat 1,1 Mio Euro in das Projekt investiert. Ersatz gebührt sowohl für Schäden, die unmittelbar durch gesetzwidrige Verordnungen[12]) entstanden sind, als auch für solche, die durch fehlerhafte Auskünfte und Zusagen entstehen.[13]) Wie sich der Schaden konkret zusammensetzt, lässt der Sachverhalt offen.

2. Handlung (Art 23 Abs 1 B-VG, § 1 Abs 1 AHG)

Es muss eine hoheitliche Maßnahme als schadensbegründendes Ereignis vorliegen. Der Bürgermeister verspricht I bei ihrem ersten persönlichen Treffen in seinem Büro, dass er alle notwendigen rechtlichen Schritte einleiten werde, um den Bau der Wohnanlage zu ermöglichen. Im Anschluss daran wird der städtebauliche Vertrag geschlossen, in dem unter anderem die Umwidmung des Grundstückes schriftlich festgehalten wird. Beim zweiten persönlichen Treffen im Büro des Bürgermeisters sagt ihm der Bürgermeister die Baubewilligung als „Chef der Baubehörde" zu.

Der Bürgermeister vertritt als Organ der Gemeinde (§ 14 Abs 1 Stmk GemO) die Gemeinde nach außen (§ 45 Abs 1 Stmk GemO). Fraglich erscheint im konkreten Fall, ob der Bürgermeister hoheitlich tätig wird. Alle drei Handlungen des Bürgermeisters sind getrennt voneinander zu prüfen.

10) Siehe VwGH 8. 6. 2011, 2011/06/0048.
11) *Mayer/Kucsko-Stadlmayer/Stöger*, Bundesverfassungsrecht[11] (2015) Rz 1294.
12) OGH 15. 12. 1982, 1 Ob 34, 35/82; 26. 4. 1989, 1 Ob 1/89.
13) Siehe *Kleewein*, Amtshaftung in der Raumplanung, bbl 2008, 1 (12).

Meine Notizen

a) Versprechen des Bürgermeisters

Der Bürgermeister verspricht dem I bei einem persönlichen Treffen, gleich nach der Umwidmung die Baubewilligung zu erteilen. Er werde alle notwendigen rechtlichen Schritte einleiten, um den Bau der Wohnanlage zu ermöglichen. Die Handlung stellt ein Versprechen und keine Auskunft über rechtliche Grundlagen der Bebaubarkeit des Grundstückes (§ 17 Abs 1 Stmk BauG) oder über Bauangelegenheit (§ 17 Abs 2 Stmk BauG) dar. Die Auskunftserteilung über die rechtlichen Grundlagen der Bebaubarkeit eines Grundstückes bezweckt insb, dass ein Bauwilliger im Vorfeld eines Projektgenehmigungsverfahrens jene Information erhält, die sich aus Planungsinstrumenten nach dem Stmk ROG und/oder aus allfälligen anderen Rechtsgrundlagen ergeben.[14]) Aus Auskünften iSv § 17 Stmk BauG erwachsen keine Rechte oder Pflichten. Die Zusage des Bürgermeisters enthielt keinerlei inhaltliche Aussage über die rechtlichen Grundlagen der Bebaubarkeit des Grundstückes, sondern das Versprechen, einen bestimmten Rechtsakt zu erlassen. Eine Auskunft iSv § 17 Stmk BauG liegt daher nicht vor.

Der Bürgermeister versprach I die Baubewilligung noch vor dem Kauf des Grundstückes, weshalb es zu diesem Zeitpunkt noch kein konkretes Ansuchen um Baubewilligung gab. Das spricht dafür, dass die Äußerung des Bürgermeisters nur eine (korrigierbare) Absichtserklärung ist und nicht als Organhandlung zu werten ist, für die der Bürgermeister einzustehen hat.[15]) Zudem wurde ja erst nach der Absichtserklärung des Bürgermeisters ein städtebaulicher Vertrag geschlossen, der Bindungswirkung entfalten könnte.

b) städtebaulicher Vertrag

Im Anschluss an die Absichtserklärung schließen I und der Bürgermeister einen städtebaulichen Vertrag. Im konkreten Fall handelt es sich bei dem städtebaulichen Vertrag um ein in der Raumordnung eingesetztes privatrechtliches Instrument (Vertragsraumordnung). Privatrechtliche Instrumente sind nicht der Hoheitsverwaltung zuzurechnen.[16]) Im Bereich der Privatwirtschaftsverwaltung kann sich eine Haftung des Staates auf allgemein-zivilrechtlicher Grundlage ergeben (§§ 1293 ff ABGB).[17]) Der städtebauliche Vertrag stellt jedenfalls keine hoheitliche Handlung dar.

c) Zusage des Bürgermeisters

Nach dem Ansuchen um Baubewilligung treffen sich I und der Bürgermeister ein weiteres Mal persönlich im Büro des Bürgermeisters, wobei der Bürgermeister I die Baubewilligung als „Chef der Baubehörde" zusagt. Der Begriff der Hoheitsverwaltung wird weit verstanden und umfasst danach auch solche Verhaltensweisen, die zwar selbst nicht hoheitlichen Charakter haben, aber mit einer hoheitlichen Tätigkeit in hinreichend engem inneren und äußeren Zusammenhang stehen.[18]) Amtshaftungsansprüche können auch wegen fehlerhafter Auskünfte und Zusagen entstehen.[19]) Auskünfte und Zusagen müssen nicht in einem förmlichen Verwaltungsverfahren erteilt bzw abgegeben werden. Es genügt, wenn sie auf andere Weise mit der hoheitlichen Tätigkeit verknüpft sind („schlichte Hoheitsverwaltung").[20])

Die Zusage stellt keine Auskunft iSv § 17 Stmk BauG dar, da sie keinerlei inhaltliche Aussage über die rechtlichen Grundlagen der Bebaubarkeit des Grundstückes enthielt. Bei diesem Treffen sicherte der Bürgermeister dem I die Baubewilligung für ein konkretes Projekt zu, da I schon um Baubewilligung angesucht hat. Auch I hat die Äußerung des Bürgermeisters als eine verbindliche Zusage über die beabsichtigte Vorgangsweise verstanden. Die Zusage des Bürgermeisters stellt im konkreten Fall eine hoheitliche Tätigkeit dar. Dies ergibt sich schon daraus, dass dem Bürgermeister im Zeitpunkt des zweiten Treffens ein Antrag auf Erteilung der Baubewilligung vorlag.[21]) Die Zusage des Bürgermeisters stellt eine schadensauslösende Handlung dar.

---

14) *Trippl/Schwarzbeck/Freiberger*, Steiermärkisches Baurecht[5] (2013) § 17 Stmk BauG, 220.
15) OGH 15. 7. 1999, 1 Ob 77/97 y, 9.
16) Siehe *Kleewein*, Amtshaftung in der Raumplanung, bbl 2008, 1 (1).
17) *Kahl/Weber*, Allgemeines Verwaltungsrecht[6] (2017) Rz 568.
18) OGH SZ 48/17, 64/85.
19) Siehe *Kleewein*, Amtshaftung in der Raumplanung, bbl 2008, 1 (12 f).
20) OGH 15. 7. 1999, 1 Ob 77/97 y; OGH 30. 5. 2000, 1 Ob 48/00 s.
21) OGH 15. 7. 1997, 1 Ob 77/97 y, 9.

Meine Notizen

3. Rechtswidrigkeit und Rechtswidrigkeitszusammenhang

Der Bürgermeister der Gemeinde B hat I zugesagt, dass dieser die Wohnanlage werde bauen können. Zu prüfen ist, ob die schadensauslösende Zusage des Bürgermeisters rechtswidrig ist. Rechtswidrigkeit liegt dann vor, wenn die Handlung eine Übertretung einer gesetzlichen Verpflichtung dargestellt hat. Der Bürgermeister weiß, dass auch er als „Chef der Baubehörde" an das förmliche Verfahren bei der Erteilung der Baubewilligung gebunden ist. Der Bürgermeister hat durch die Erteilung der Zusage rechtswidrig gehandelt.

Zu prüfen ist, ob der Schaden des I im Rechtswidrigkeitszusammenhang der vom Bürgermeister zugesicherten Erteilung der Baubewilligung liegt. Aufgrund eines rechtswidrigen Verhaltens ist nur für jenen verursachten Schaden zu haften, der vom Schutzzweck der Norm erfasst wird.

Die Baubehörde hat öffentliche Interessen zu wahren. I hätte nicht im Glauben daran gelassen werden dürfen, dass er jedenfalls eine Baubewilligung erhält. Ein Vertrauensschutz ist aber dann nicht gegeben, wenn der Bauherr die tatsächliche Situation und Rechtslage kannte. Davon kann hier aber nicht ausgegangen werden: I wusste, im Gegenteil zum Bürgermeister, nicht von den bestehenden Immissionen und vertraute auf die Zusage des Bürgermeisters. Der Rechtswidrigkeitszusammenhang ist gegeben.

4. Kausalität (Art 23 Abs 1 B-VG, § 1 Abs 1 AHG)

Der Bürgermeister erteilte I nach dem Ansuchen um Baubewilligung die Zusage. Als der Bürgermeister die Zusage erteilte, hatte I das Grundstück bereits gekauft. I hat nicht im Vertrauen auf die Zusage das Grundstück gekauft. Die Zusage war nicht kausal für den Eintritt des Schadens, da I das Grundstück zu diesem Zeitpunkt bereits erworben hatte.

Obgleich die Kausalität nicht gegeben ist, läge ein Verschulden vor: Unter Verschulden ist – unter Beachtung des allgemeinen Hinweises auf das bürgerliche Recht (§ 1 Abs 1 AHG) – nach § 1294 ABGB entweder Absicht (Vorsatz), wenn der Schaden mit Wissen oder Willen, oder ein Versehen, wenn der Schaden aus schuldhafter Unwissenheit oder aus Mangel an der gehörigen Aufmerksamkeit oder des gehörigen Fleißes verursacht worden ist (Fahrlässigkeit) zu verstehen.[22]*) Für einen Amtshaftungsanspruch genügt das Vorliegen leichter Fahrlässigkeit (Art 23 Abs 1 B-VG, § 1 Abs 1 AHG). Der Bürgermeister hat der Erteilung der Baubewilligung zugesagt, obgleich er das ohne Prüfung nicht durfte. Der Bürgermeister hat durch die Zusage schuldhaft gehandelt.*

Ein Mitverschulden wäre dem I anzurechnen: Die Berücksichtigung des Mitverschuldens des Geschädigten führt zu einer Schadensteilung, die nach der Schwere der jeweiligen Zurechnungsgründe zu erfolgen hat. Die Haftung des Schädigers kann auch ganz entfallen, wenn dem Geschädigten ein weitaus überwiegendes Verschulden zuzurechnen ist (§ 1304 ABGB). Im konkreten Fall wusste I, dass in der Gemeinde ein Wohnbedarf besteht und er rechnet, im Vertrauen auf die Zusage, mit einer Baubewilligung. I wusste nicht von den bestehenden Immissionen und Konflikten mit S, jedoch hätte ein durchschnittlich sorgfältiger Bauwerber nicht auf die Zusage des Bürgermeisters vertrauen dürfen, sondern sich nach den Grundlagen des behördlichen Verfahrens und der Entscheidung erkundigen müssen. I wusste, dass auch der Bürgermeister als Baubehörde erster Instanz an das förmliche Bauverfahren gebunden ist. Angesichts des für die Behördenorgane geltenden erhöhten Sorgfaltsmaßstabes würde das Verschulden des Bürgermeisters schwerere als die Sorglosigkeit des rechtsunkundigen Bürgers in eigenen Angelegenheiten wiegen.[23]*) I wäre Mitverschulden zuzurechnen (§ 1304 ABGB).*

C. Ergebnis

Die Amtshaftungsklage des I gegen den Bürgermeister ist zulässig, aber unbegründet; I hat keinen Anspruch auf Zahlung der 1,1 Mio Euro aus der Amtshaftung.

22) *Mayer/Kucsko-Stadlmayer/Stöger*, Bundesverfassungsrecht[11] (2015) Rz 1290.
23) Siehe *Kleewein*, Amtshaftung in der Raumplanung, bbl 2008, 1 (13).

Teil 2

Meine Notizen

I. Is Rechtsschutzmöglichkeit gegen das sicherheitspolizeiliche Handeln

I könnte eine Maßnahmenbeschwerde gem § 88 Abs 1 SPG, Art 130 Abs 1 Z 2 B-VG wegen der Ausübung unmittelbarer verwaltungsbehördlicher Befehls- und Zwangsgewalt durch die Organe der Bundespolizei erheben.

A. Zulässigkeit

1. Beschwerdeführer

I ist der von der Maßnahme Betroffene und sowohl partei- als auch prozessfähig (vgl § 17 VwGVG iVm § 9 AVG).

2. Beschwerdegegenstand

Zu prüfen ist, ob es sich bei den angefochtenen Akten um Akte unmittelbarer verwaltungsbehördlicher Befehls- und Zwangsgewalt, um schlichte Hoheitsakte oder um nicht-eingreifende Akte (§ 28a Abs 2 iVm § 88 Abs 2 SPG) handelt.

a) Aufforderung, sich auszuweisen

I wurde laut Sachverhalt mit harschen Worten aufgefordert, sich auszuweisen. Die behördliche Anordnung, sich auszuweisen, stellt einen Befehlsakt dar.

b) Aufforderung, Hände auf das Lenkrad zu geben

Bei der Aufforderung handelt es sich um einen Befehlsakt, der aufgrund der Weigerung der Befolgung mittels Zwang durchgesetzt wird.

c) aus dem Auto ziehen

I wurde gegen seinen Willen mit Gewalt aus dem Auto gezogen. Bei dieser Maßnahme handelt es sich um unmittelbare sicherheitsbehördliche Zwangsgewalt.

d) Durchsuchung des Autos

Die Durchsuchung des Autos stellt ebenfalls eine unmittelbare sicherheitsbehördliche Zwangsgewalt dar, da I dieser nicht zustimmte.

e) Mitkommen zur Polizeidienststelle

Aus Sicht des Adressaten lässt sich kein Befolgungsanspruch erkennen, dem bei Zuwiderhandeln unmittelbarer Zwang folgt. I wurden auch keine Sanktionen angedroht. Es handelt sich bei der Maßnahme um keine Festnahme iSv § 35 VStG, da I der Einladung der Polzisten, zur Polizeidienststelle mitzukommen, freiwillig folgt. Es handelt sich um einen nicht eingreifende Akt iSd § 28a Abs 2 SPG. Dementsprechend bedarf es keiner weiteren (Rechtsmäßigkeits-)Prüfung dieses Aktes. Im Fall einer Anfechtung (Beschwerde gem § 88 Abs 2 SPG, da schlicht-hoheitliches Handeln) ist die Beschwerde in diesem Punkt als unzulässig zurückzuweisen.

3. Beschwerdelegitimation

I muss die Verletzung vom subjektiv-öffentlichen Recht auf gesetzmäßige Ausübung sicherheitspolizeilicher Maßnahmen (§ 87 SPG) oder von Grund- und Menschenrechten (Art 132 Abs 2 B-VG) behaupten.

4. Beschwerdefrist

Sie beträgt 6 Wochen ab dem Zeitpunkt, in dem der Betroffene von den AuvBZ Kenntnis erlangt (§ 88 Abs 4 SPG iVm § 7 Abs 4 VwGVG).

5. Beschwerdeform und -inhalt

§ 9 Abs 1 VwGVG: Bezeichnung der AuvBZ, gegen die sich die Beschwerde richtet (Z 1), soweit zumutbar: Bezeichnung des Organs, das die AuvBZ gesetzt hat, also die Polizistinnen (Abs 4), Begehren, die angefochtene AuvBZ für rechtswidrig zu erklären

Meine Notizen

(Z 4), erforderliche Angaben für die Beurteilung der Rechtzeitigkeit der Beschwerde (Z 5). Die Beschwerde ist schriftlich beim LVwG einzubringen (§§ 12, 20 VwGVG).

6. Zuständigkeit

Aufgrund Art 131 Abs 1 B-VG ist das LVwG sachlich zuständig. Die örtliche Zuständigkeit richtet sich nach dem Ort, an dem die AuvBZ begonnen wurde (§ 3 Abs 2 Z 2 VwGVG). Das LVwG Stmk ist sachlich und örtlich zuständig.[24])

7. Ergebnis

Bei Einhaltung der Frist- und Formerfordernisse ist die Maßnahmenbeschwerde zulässig.

B. Begründetheit

Die Maßnahmenbeschwerde ist begründet, wenn die Ausübung unmittelbarer sicherheitsbehördlicher Befehls- und Zwangsgewalt rechtswidrig war. Im Anwendungsbereich des SPG darf ein Rechtseingriff nur dann erfolgen, wenn er der Erfüllung einer im SPG vorgesehenen Aufgabe (§§ 19 ff SPG) dient und durch eine dafür vorgesehene Handlungsbefugnis (§§ 28 ff SPG) erfolgt (strikte Akzessorietät von Aufgabe und Befugnis).

1. Aufforderung, sich auszuweisen

a) Formelle Rechtmäßigkeit

Die Sicherheitsverwaltung obliegt gem § 9 Abs 1 SPG grundsätzlich den Bezirksverwaltungsbehörden, außer in jenen Gemeinden, in denen die Landespolizeidirektionen zugleich Sicherheitsbehörde 1. Instanz sind. Das Handeln der Polizisten ist der Bezirksverwaltungsbehörde, die für die Gemeinde B zuständig ist, zuzurechnen.

b) Materielle Rechtmäßigkeit

(1) <u>Aufgabe</u>: Aufrechterhaltung der öffentlichen Sicherheit §§ 20 ff SPG

Die Aufrechterhaltung der öffentlichen Sicherheit umfasst die Gefahrenabwehr, den vorbeugenden Schutz von Rechtsgütern, die Fahndung, die sicherheitspolizeiliche Beratung und die Streitschlichtung. Die Aufgabe der Aufrechterhaltung der öffentlichen Sicherheit ist nicht eröffnet, da keiner der fünf Teilbereiche im konkreten Fall einschlägig ist.

(2) <u>Aufgabe</u>: Aufrechterhaltung der öffentlichen Ordnung § 27 SPG

Vorliegend kann die Aufgabe der Aufrechterhaltung der öffentlichen Ordnung (§ 27 SPG) einschlägig sein. Den Sicherheitsbehörden obliegt die Aufrechterhaltung der Ordnung an öffentlichen Orten. Eine ungerechtfertigte Störung der öffentlichen Ordnung durch besonders rücksichtsloses Verhalten kann nach § 81 SPG als Verwaltungsübertretung strafbar sein. Im konkreten Fall ist die Aufgabe der Aufrechterhaltung der öffentlichen Ordnung nicht eröffnet, da keine ungeschriebenen Regeln verletzt wurden.

c) Ergebnis

Die Aufgabe der Aufrechterhaltung der öffentlichen Sicherheit sowie der öffentlichen Ordnung ist nicht eröffnet und eine andere Aufgabenerfüllung ist nicht ersichtlich. Der Befehl, sich auszuweisen (§ 35 SPG Identitätsfeststellung) ist daher – mangels entsprechender Aufgabe – rechtswidrig. Das LVwG wird die Maßnahme für rechtswidrig erklären (§ 28 Abs 6 VwGVG).

---

24) Bei Unzuständigkeit ist die Maßnahmenbeschwerde zurückzuweisen (VwSlg 19.274 A/2016); eine Weiterleitungspflicht gem § 6 AVG iVm § 17 VwGVG befürworten ua *Kristoferitsch*, Die Maßnahmenbeschwerde an die Verwaltungsgerichte, in *Holoubeck/Lang* (Hrsg), Das Verfahren vor dem Bundesverwaltungsgericht und dem Bundesfinanzgericht (2014) sowie *Ennöckl*, Die Maßnahmenbeschwerde – Verfahrensrechtlicher Teil, in *Eisenberger* ua (Hrsg), Die Maßnahmenbeschwerde (2016) 44 f.

Meine Notizen

2. Aufforderung, Hände auf das Lenkrad zu geben

a) Formelle Rechtmäßigkeit

Siehe oben unter 1.a).

b) Materielle Rechtmäßigkeit

(1) Aufgabe: Aufrechterhaltung der öffentlichen Sicherheit §§ 20 ff SPG

Sicherheitspolizeiliche Aufgabe ist die Gefahrenabwehr (§ 21 Abs 2 iVm § 16 Abs 2 SPG). Im Fall einer unmittelbaren Begehung einer gerichtlichen Straftat (gefährlicher Angriff iSv § 16 Abs 2 SPG) sind die Sicherheitsbehörden unverzüglich zur Beendigung der Tat verpflichtet. Ein gefährlicher Angriff ist die Bedrohung eines Rechtsguts durch die vorsätzliche Begehung einer gerichtlich strafbaren Handlung nach dem StGB (§ 16 Abs 2 Z 1 SPG).[25])

Die Polizisten beobachten I aus nächster Nähe und befürchten einen unmittelbar bevorstehenden gefährlichen Angriff gegen ihr Leib und Leben, da I im konkreten Fall in Rage ist und schnell in Richtung Handschuhfach greift. Tatsächlich lag keine Gefahr vor. Ex ante und aus der Sicht der Polizisten betrachtet jedoch scheint es nicht ausgeschlossen, dass I einen gefährlichen Angriff verübt. Die Polizisten befürchten, dass I eine Waffe aus dem Handschuhfach ziehen könnte. Die Aussage des I, dass alle unter einer Decke stecken würden, bestärkt die Polizisten in der Annahme, dass I sie verletzen oder töten wolle. Insofern kann das Vorliegen einer Anscheinsgefahr angenommen werden. Denn eine ggf bestehende Gefahr kann nur dann wirksam abgewehrt werden, wenn die Polizei dem Eintritt des Schadens zuvorkommt. Die Polizisten haben ein Verhalten wahrgenommen, das von ihnen in zumindest vertretbarer Weise als den Tatbestand eines gefährlichen Angriffes erfüllend qualifiziert werden kann.[26]) Sollte sich, wie im konkreten Fall, herausstellen, dass objektiv keine Gefahr bestanden hat, wird die polizeiliche Maßnahme dadurch nicht rechtswidrig (im Gegensatz dazu ist die Maßnahme bei der Putativgefahr rechtswidrig). Die Aufgabe der Gefahrenabwehr ist eröffnet.

(2) Befugnis:

Zur Aufrechterhaltung der öffentlichen Sicherheit sind den Sicherheitsbehörden und Organen des öffentlichen Sicherheitsdienstes allgemeine und besondere Befugnisse eingeräumt. Bei den allgemeinen Befugnissen wird lediglich das Ziel des Einschreitens vorgegeben.[27])

Gem § 33 SPG kann zur Beendigung eines gefährlichen Angriffes Befehls- und Zwangsgewalt ausgeübt werden. Unter der Voraussetzung der Einhaltung des Verhältnismäßigkeitsgrundsatzes wird den einschreitenden Organen die Wahl überlassen, ob sie mit Befehl oder Zwang vorgehen wollen. Im konkreten Fall geht der Befehl, die Hände auf das Lenkrad zu geben, dem Zwangsakt vor. Ein weniger eingreifendes Mittel, durch welches das Ziel ebenfalls erreicht werden könnte (§ 29 SPG), ist nicht ersichtlich.

c) Ergebnis

Der Befehl, die Hände auf das Lenkrad zu geben, ist rechtmäßig erfolgt. Es liegt keine Verletzung von Is Rechten vor. Die Maßnahmenbeschwerde ist insofern als unbegründet abzuweisen (§ 28 Abs 1 VwGVG).

3. aus dem Auto ziehen

a) Formelle Rechtmäßigkeit

Siehe oben unter 1.a).

b) Materielle Rechtmäßigkeit

(1) Aufgabe: Aufrechterhaltung der öffentlichen Sicherheit §§ 20 ff SPG

Siehe oben. Die Aufgabe der Aufrechterhaltung der öffentlichen Sicherheit (§§ 20 ff SPG) ist eröffnet. Sicherheitspolizeiliche Aufgabe ist die Gefahrenabwehr (§ 21 Abs 2 iVm § 16 Abs 2 SPG).

---

25) § 75 StGB schützt das Rechtsgut Leben.
26) Vgl VwGH 8. 3. 1999, 98/01/0096.
27) *Giese*, SPG, in *Bachmann/Baumgartner/Feik* ua (Hrsg), Besonderes Verwaltungsrecht[11] (2016) 41 (63).

Meine Notizen

(2) Befugnis:

Gem § 33 SPG kann zur Beendigung eines gefährlichen Angriffes Befehls- und Zwangsgewalt ausgeübt werden. Die Ausübung von Zwangsgewalt ist nur unter den Voraussetzungen des § 50 SPG zulässig. I wird aufgrund der bestehenden Anscheinsgefahr mittels Zwang aus dem Auto gezogen. Dies ist im konkreten Fall nicht unverhältnismäßig, da die Polizisten mit einem Angriff auf ihr Leib und Leben rechneten (I hätte eine Waffe aus dem Handschuhfach ziehen können) und ihn zuerst aufforderten, seine Hände auf das Lenkrad zu geben. Ein weniger eingreifendes Mittel, durch welches das Ziel ebenfalls erreicht werden könnte, ist nicht ersichtlich (§ 29 SPG).

Gem § 50 Abs 2 SPG ist eine Zwangsmaßnahme zuerst anzudrohen, dann anzukündigen und im Anschluss daran bei beharrlicher Weigerung des Betroffenen unmittelbar umzusetzen. Im Einzelfall können jene Schritte unterbleiben, die nicht ergriffen werden konnten, ohne die Verteidigung des bedrohten Rechtsguts zu gefährden.[28]) Im konkreten Fall rechneten die Polizisten mit einem Angriff gegen ihr Leib und Leben und handelten sofort. Die mit Zwang durchgesetzte Herausziehung aus dem Auto war rechtmäßig, obwohl sie nicht angedroht und angekündigt wurde.

c) Ergebnis

Die mit Zwang durchgesetzte Herausziehung aus dem Auto ist rechtmäßig erfolgt. Es liegt keine Verletzung von Is Rechten vor. Die Maßnahmenbeschwerde ist insofern als unbegründet abzuweisen (§ 28 Abs 1 VwGVG).

4. Durchsuchung des Autos

a) Formelle Rechtmäßigkeit

Siehe oben unter 1.a).

b) Materielle Rechtmäßigkeit

(1) Aufgabe:

Siehe oben. Die Aufgabe der Aufrechterhaltung der öffentlichen Sicherheit (§§ 20 ff SPG) ist eröffnet. Sicherheitspolizeiliche Aufgabe ist die Gefahrenabwehr (§ 21 Abs 2 iVm § 16 Abs 2 SPG).

(2) Befugnis:

Ein Polizist durchsucht Is Auto. § 39 Abs 3 Z 3 SPG ermächtigt Organe des öffentlichen Sicherheitsdienstes, Fahrzeuge zu durchsuchen, soweit dies der Suche nach einer Sache dient, die für einen gefährlichen Angriff bestimmt ist. Die Norm ermächtigt zur Suche nach Gegenständen, die jemand einem gefährlichen Angriff gewidmet hat.[29]) Im konkreten Fall vermuten die Polizisten aufgrund einer Anscheinsgefahr eine Waffe im Handschuhfach. Durch das schnelle Handeln des I und der Missachtung der Aufforderung, seine Hände auf das Lenkrad zu geben, nehmen die Polizisten an, dass I sie mit der Waffe verletzen oder gar töten wolle. Die Durchsuchung war verhältnismäßig iSv § 29 SPG, da sie zur Suche nach einem gefährlichen Gegenstand tauglich und erforderlich war. Auch die Voraussetzungen des § 50 Abs 2 SPG wurden eingehalten, da die Durchsuchung angekündigt wurde. Eine Androhung konnte den Umständen nach unterbleiben, weil I sich den Befehlen der Polizeibeamten nicht gefügt hat und eine Öffnung des Handschuhfachs durch I nicht in Betracht kam.

c) Ergebnis

Die mit Zwang durchgeführte Durchsuchung des Autos ist rechtmäßig erfolgt. Es liegt keine Verletzung von Is Rechten vor. Die Maßnahmenbeschwerde ist als unbegründet abzuweisen (§ 28 Abs 1 VwGVG).

C. Ergebnis

Der Befehl, die Hände auf das Lenkrad zu geben, die zwangsweise Beförderung aus dem Auto sowie die Durchsuchung des Autos sind rechtmäßig erfolgt. Bei diesen Maßnahmen liegt keine Verletzung von Is Rechten vor. Die Maßnahmenbeschwerde

28) *Hauer/Keplinger*, Sicherheitspolizeigesetz^4 (2011) § 50 Rz 3.
29) *Hauer/Keplinger*, Sicherheitspolizeigesetz^4 (2011) § 39 Rz 15.

ist abzuweisen (§ 28 Abs 1 VwGVG). Der Befehl, sich auszuweisen, ist jedoch mangels entsprechender Aufgabe rechtswidrig, weshalb das LVwG diese Maßnahme für rechtswidrig erklären wird (§ 28 Abs 6 VwGVG).

Meine Notizen

II. Is Rechtsschutzmöglichkeit gegen die Strafe[30])

Bei der Strafe handelt es sich um eine Strafverfügung gem § 81 Abs 1 SPG, da die Polizisten laut SV dem I eine Störung der öffentlichen Ordnung vorwerfen. I könnte einen Einspruch gegen die Strafverfügung erheben (§ 49 VStG).

A. Zulässigkeit

1. **Einspruchswerber** ist der Beschuldigte I. I ist tauglicher Einspruchswerber (§ 49 Abs 1 VStG iVm § 9 AVG).

2. **Einspruchsgegenstand** ist die Strafverfügung gegen I.

3. **Einspruchslegitimiert** ist, wer durch die Strafverfügung in seinen Rechten verletzt zu sein behauptet und die Einleitung eines ordentlichen Verfahrens begehrt oder wer nur die Strafhöhe bekämpfen möchte.

4. Einspruchsfrist

Der Einspruch ist innerhalb von 2 Wochen ab deren Zustellung einzubringen (§ 49 Abs 1 VStG).

5. Form und Inhalt

Der Einspruch ist entweder schriftlich (§ 13 Abs 1 AVG) oder mündlich bei der Behörde, die die Strafverfügung erlassen hat, einzubringen (§ 49 Abs 1 VStG). Wird kein Einspruch erhoben oder die Frist nicht eingehalten, ist die Strafverfügung zu vollstrecken (§ 49 Abs 3 VStG). Der Einspruch muss die Strafverfügung, gegen die er sich richtet, bezeichnen, den Grund, gegen den er sich richtet (Ausmaß bzw Art der Strafe) anführen und allenfalls eine Begründung samt der Beweise und die Teile der Strafverfügung, die angefochten werden, wenn die Verfügung mehrere Strafen jeweils wegen verschiedener Verwaltungsübertretungen verhängt wurden, enthalten (§ 49 VStG).

Durch den rechtzeitig eingebrachten Einspruch tritt die Strafverfügung außer Kraft und die Behörde hat das ordentliche Verfahren einzuleiten, das mit der Erlassung eines Straferkenntnisses endet. Es gilt das Verbot der reformatio in peius (§ 49 Abs 2 VStG).

6. Ergebnis

Bei Einhaltung der Frist- und Formerfordernisse ist der Einspruch zulässig.

B. Begründetheit

Der Einspruch ist begründet, wenn die Strafverfügung nach Maßgabe der geltend gemachten Beschwerdepunkte rechtswidrig war und I dadurch in seinen Rechten verletzt wurde.

1. Formelle Rechtmäßigkeit

Verwaltungsstrafbehörde erster Instanz und für die Erlassung der Strafe sachlich und örtlich zuständig war die BVB der Gemeinde B (§ 86 Abs 1 SPG, § 27 Abs 1 VStG). Gegen die formelle Rechtmäßigkeit der Strafverfügung ergeben sich aus dem Sachverhalt keine Bedenken.

2. Materielle Rechtmäßigkeit

Gem § 81 Abs 1 SPG begeht eine Verwaltungsübertretung, wer durch eine Verhalten, das geeignet ist, berechtigtes Ärgernis zu erregen, die öffentliche Ordnung stört, es sei denn, das Verhalten sei gerechtfertigt, insb durch die Inanspruchnahme eines verfassungsgesetzlich gewährleisteten Rechts. Das Verhalten muss besonders rücksichtslos

30) angelehnt an LVwG 1. 3. 2017, 405-10/2018/1/5-2017.

Meine Notizen

sein und es muss die öffentliche Ordnung ungerechtfertigt stören. Rücksichtslos ist ein Verhalten, wenn es gegen ungeschriebene Regeln für das Verhalten des Einzelnen in der Öffentlichkeit verstößt, deren Befolgung als unentbehrliche Voraussetzung für ein gedeihliches Miteinander angesehen wird.[31]) Ob ein Verhalten „besonders" rücksichtslos ist, ist einer Einzelfallprüfung zu unterziehen.

Ungerechtfertigt ist das Verhalten erst, wenn es nicht aus besonders berücksichtigungswürdigen Gründen, wie zB der Ausübung von Grund- und Freiheitsrechten, in bestimmtem Ausmaß zu tolerieren ist. Das Ausrollen eines Transparents ist vom Grundrecht der Meinungsäußerungsfreiheit (Art 13 StGG, Art 10 EMRK) umfasst. Art 13 StGG bezeichnet als grundrechtsgeschütztes Mittel der Meinungsäußerung die Äußerung durch Wort, Schrift, Druck oder bildliche Darstellung. I darf das Transparent in Ausübung seines Grundrechts auf Meinungsäußerungsfreiheit ausrollen. Der Tatbestand des § 81 Abs 1 SPG ist nicht erfüllt.

Anmerkung: Die Geldstrafe darf pro Verwaltungsübertretung 500,- Euro nicht überschreiten (im konkreten Fall wurde der Strafrahmen nicht überschritten), wobei die Behörde bei der Strafbemessung die in § 19 Abs 1 VStG festgelegten Kriterien zu beachten hat.

C. Ergebnis

Das Ausrollen eines Transparents vor dem Gemeindeamt stellt keine Störung der öffentlichen Ordnung iSv § 81 Abs 1 SPG dar, sondern ist vom Grundrecht der Meinungsäußerungsfreiheit umfasst. Der Einspruch des I ist zulässig und begründet.

31) VwSlg 543 A/1948, VwGH 9. 7. 1984, 84/10/0080; 23. 9. 1985, 83/10/0286.

Meine Notizen

Prüfungsschemata Verfassungsrecht

Die grau hinterlegten Ausführungen sind zusätzliche Hinweise für die Fallbearbeiter und Fallbearbeiterinnen.

I. Erkenntnisbeschwerde (bzw Entscheidungsbeschwerde): Art 144 B-VG, §§ 82 ff VfGG

A. Zulässigkeit

1. Beschwerdeführer (Art 144 Abs 1 B-VG)
„Beschwerdeführer", also Personen im Rechtssinne, dh Träger subjektiver Rechte und Pflichten

- natürliche Person
- juristische Person

Partei- und Prozessfähigkeit nach §§ 1 ff ZPO, § 35 VfGG

2. Beschwerdegegenstand (Art 144 Abs 1 und 4 B-VG, § 88 a VfGG)

- Erkenntnis eines VwG gem Art 144 Abs 1 B-VG
- Beschluss eines VwG gem Art 144 Abs 4 B-VG iVm § 88 a VfGG

Beachte: Gegen verfahrensleitende Beschlüsse ist eine abgesonderte Beschwerde nicht zulässig (§ 88 a Abs 3 VfGG).

3. Beschwerdelegitimation (Art 144 Abs 1 B-VG)
Behauptung des Bf, durch das Erkenntnis oder des Beschlusses des VwG

- in einem verfassungsgesetzlich gewährleisteten Recht *und/oder*
- in einem subjektiven öffentlichen Recht wegen Anwendung einer rechtswidrigen generellen Norm (verfassungswidriges Gesetz/gesetzwidrige VO, gesetzwidrige Wiederverlautbarung, rechtswidriger Staatsvertrag) verletzt zu sein.
  Möglichkeit der Rechtsverletzung: Verletzung darf nicht offenkundig unmöglich sein.

4. Beschwerdefrist (§ 82 Abs 1 VfGG)
6 Wochen nach Zustellung des Erkenntnisses/Beschlusses bzw nach dessen Verkündung

5. Form (§ 15 VfGG und § 82 VfGG)

- schriftlich (§ 15 Abs 1 VfGG)
- Berufung auf Art 144 B-VG (§ 15 Abs 2 VfGG)
- Bezeichnung des angefochtenen Erkenntnisses (§ 82 Abs 4 Z 1 VfGG)
- Bezeichnung des erkenntniserlassenden VwG (§ 82 Abs 4 Z 1 VfGG)
- Sachverhaltsdarstellung (§ 15 Abs 2 VfGG, § 82 Abs 4 Z 2 VfGG)
- Darlegung der behaupteten Verletzung in einem verfassungsgesetzlich gewährleisteten Recht oder wegen Anwendung einer gesetzwidrigen generellen Norm (§ 82 Abs 4 Z 3 VfGG)
- Begehren (auf Aufhebung oder Feststellung der Rechtswidrigkeit) § 15 Abs 2 VfGG, § 82 Abs 4 Z 4 VfGG
- erforderliche Angaben für die Beurteilung der Rechtzeitigkeit der Beschwerde (§ 82 Abs 4 Z 5 VfGG)

Meine Notizen

ggf:
- Antrag auf Abtretung der Beschwerde an den VwGH (Art 144 Abs 3 B-VG, § 87 Abs 3 VfGG)
- Antrag auf Zuerkennung aufschiebender Wirkung (§ 85 Abs 2 VfGG)
- Antrag auf Kostenzuspruch (§ 27 und § 88 VfGG)

ferner:
- Anwaltspflicht (§ 17 Abs 2 VfGG)
- Eingabegebühr (§ 17 a VfGG)

B. Begründetheit

1. Die Beschwerde ist begründet, wenn der Beschwerdeführer durch das Erkenntnis oder den Beschluss in einem verfassungsgesetzlich gewährleisteten Recht verletzt ist (Art 144 Abs 1 1. Fall B-VG).

> **Beachte:** Tatsächlich nimmt der VfGH eine umfassende Prüfung der Verfassungsmäßigkeit vor, die nicht auf die Geltendmachung der möglichen Beschwer beschränkt ist.

oder:

2. Die Beschwerde ist begründet, wenn der Beschwerdeführer durch Anwendung einer gesetzwidrigen Verordnung, einer gesetzwidrigen Kundmachung über die Wiederverlautbarung eines Gesetzes (Staatsvertrages), eines verfassungswidrigen Gesetzes oder eines rechtswidrigen Staatsvertrages in seinen Rechten verletzt ist (Art 144 Abs 1 2. Fall B-VG).

> **Beachte:** Tatsächlich ist die Prüfung des VfGH darauf beschränkt, ob die geltendgemachte Norm verfassungs- bzw gesetzmäßig ist.
> Der VfGH hebt das rechtswidrige Erkenntnis auf (kassatorische Wirkung).

> **Beachte** zur **inzidenten Normenkontrolle:** Schließt sich der VfGH den Bedenken des Bf an, kann er von Amts wegen das Beschwerdeverfahren unterbrechen und ein Normenkontrollverfahren (inzidente Normenkontrolle) einleiten.
> Die Prüfung beschränkt sich auf präjudizielle Normen. Nach Abschluss des Gesetzes- oder Verordnungsprüfungsverfahrens nimmt der VfGH das Erkenntnisbeschwerdeverfahren wieder auf und entscheidet unter Berücksichtigung des Ergebnisses im Normenprüfungsverfahren (§ 32 GO-VfGH iVm § 61 bzw § 65 VfGG).

II. Gesetzesprüfung – abstrakt: Art 140 Abs 1 Satz 1 Z 2 und Z 3 B-VG, §§ 62 ff VfGG

Bei einer **abstrakten Normenkontrolle** prüft der VfGH die gesetzliche Norm auf ihre Verfassungsmäßigkeit, losgelöst von einem zur Entscheidung anstehenden Einzelfall, in dem sie anzuwenden wäre.

A. Zulässigkeit

1. Antragsteller (Art 140 Abs 1 Satz 1 Z 2 und Z 3 B-VG)
Bundesgesetze:
- LReg
- 1/3 der Mitglieder des NR oder des BR („Fraktions- oder Drittelantrag")

Landesgesetze:
- BReg
- 1/3 Mitglieder eines LT, wenn es die Landesverfassung vorsieht („Fraktions- oder Drittelantrag")

Meine Notizen

2. Prüfungsgegenstand (Art 140 Abs 1 Satz 1 Z 2 und Z 3 B-VG)
Gesetze im formellen Sinn
- Bundesgesetze (einfache und auf Verfassungsebene)
- Landesgesetze (einfache und auf Verfassungsebene)

Anfechtbar sind nur **Gesetze, die noch in Kraft** stehen.

3. Antragslegitimation (Art 62 Abs 1 Satz 2 VfGG)
Bedenken hinsichtlich der Verfassungsmäßigkeit des Gesetzes

4. Form (§ 15 VfGG und § 62 VfGG)
- Schriftlichkeit (§ 15 VfGG)
- genaue Bezeichnung der angefochtenen Regelung
- Berufung auf Art 140 B-VG
- Darstellung des Sachverhaltes
- Begehren auf Aufhebung der angefochtenen Norm (§ 62 Abs 1 Satz 1 VfGG)
- genaue Darlegung der Bedenken (§ 62 Abs 1 Satz 2 VfGG)

B. Begründetheit

Der Antrag der abstrakten Normenkontrolle ist begründet, wenn das Gesetz mit höherrangigen staatlichen Rechtsvorschriften (mit der Verfassung) unvereinbar ist.

Beachte: Der VfGH prüft die Vereinbarkeit des Gesetzes nach Maßgabe des Verfassungsrechtes (Art 140 B-VG):
- Übereinstimmung mit den Grundprinzipien der Bundesverfassung
- Übereinstimmung mit dem Verfassungsrecht im Übrigen
- Übereinstimmung mit sonstigen höherrangigen staatlichen Rechtsvorschriften
  - Bundesgrundsatzgesetz (bezüglich Ausführungsgesetz des Landes)
  - GONR, BGBlG
- Übereinstimmung mit der EU-GRC, soweit die EU-GRC-Bestimmung in Formulierung und Bestimmtheit verfassungsgesetzlich gewährleisteten Rechten der österreichischen Bundesverfassung gleicht.

Es kommt dabei auf die Verfassungsrechtslage im Zeitpunkt der Entscheidung des VfGH an. Ausnahme: Verletzung von Erzeugungsbedingungen, hier gilt die Verfassungsrechtslage im Zeitpunkt der Erlassung des Gesetzes.

III. Gesetzesprüfung – konkret: Art 140 Abs 1 Satz 1 Z 1 lit a und b B-VG, §§ 62 ff VfGG

Bei der **konkreten Normenkontrolle** ist Prüfungsvoraussetzung, dass die fragliche Norm in einem konkreten Rechtsstreit anzuwenden wäre (Präjudizialität).

A. Zulässigkeit

1. Antragsteller (Art 140 Abs 1 Satz 1 Z 1 lit a und b B-VG)
- alle ordentlichen Gerichte (wie zB OGH)
- VwG, VwGH
- VfGH (ist kein Antragsteller, sondern berechtigt, einen Prüfungsbeschluss von Amts wegen zu fassen)

Beachte: Antragsberechtigt bzw berechtigt, einen Prüfungsbeschluss zu fassen, ist der jeweilige Spruchkörper bzw Einzelrichter eines Gerichts bzw VwG, der die fragliche Norm bei der Entscheidung in der Sache anzuwenden hat.

2. Prüfungsgegenstand (Art 140 Abs 1 B-VG)
Gesetze im formellen Sinn
- Bundesgesetze (einfache und auf Verfassungsebene)
- Landesgesetze (einfache und auf Verfassungsebene)

Meine Notizen

Anfechtbar können auch **Gesetze** sein, **die bereits außer Kraft** getreten, aber im Anlassverfahren noch anwendbar sind.

3. Antragslegitimation (Art 89 Abs 2 B-VG, Art 135 Abs 4 B-VG, § 62 Abs 1 VfGG)
Bedenken hinsichtlich der Verfassungsmäßigkeit des Gesetzes.

4. Präjudizialität (Art 140 Abs 1 Satz 1 Z 1 lit b B-VG, Art 89 Abs 2 B-VG, Art 135 Abs 4 B-VG)
Präjudizialität ist gegeben, wenn der VfGH oder ein Gericht das Gesetz zur Lösung einer Rechtsfrage anwenden müssten.

Beachte: Gemäß der ständigen Rechtsprechung des Verfassungsgerichtshofes darf daher ein Antrag iSd Art 140 B-VG bzw des Art 139 B-VG nur dann wegen mangelnder Präjudizialität zurückgewiesen werden, wenn es offenkundig unrichtig (denkunmöglich) ist, daß die – angefochtene – generelle Norm eine Voraussetzung der Entscheidung des antragstellenden Gerichtes im Anlaßfall bildet (VfSlg 14.322/1995).

5. Form (§ 15 VfGG und § 62 VfGG)
- Schriftlichkeit (§ 15 VfGG)
- genaue Bezeichnung der angefochtenen Regelung
- Berufung auf Art 140 B-VG
- Darstellung des Sachverhaltes
- Begehren auf Aufhebung der angefochtenen Norm oder auf Feststellung der Rechtswidrigkeit außer Kraft getretener Gesetze (§ 62 Abs 1 Satz 1 VfGG, Art 89 Abs 3 B-VG, Art 135 Abs 4 B-VG, Art 140 Abs 4 B-VG)
- genaue Darlegung der Bedenken (§ 62 Abs 1 Satz 2 VfGG)

B. Begründetheit

Der Antrag auf konkrete Normenkontrolle ist begründet, wenn das Gesetz mit höherrangigen staatlichen Rechtsvorschriften (mit Verfassungsrecht) unvereinbar ist.

Beachte: Der VfGH prüft die Vereinbarkeit des Gesetzes nach Maßgabe des Verfassungsrechtes (Art 140 B-VG):
- Übereinstimmung mit den Grundprinzipien der Bundesverfassung
- Übereinstimmung mit dem Verfassungsrecht im Übrigen
- Übereinstimmung mit sonstigen höherrangigen staatlichen Rechtsvorschriften
  - Bundesgrundsatzgesetz (bezüglich Ausführungsgesetz des Landes)
  - GONR, BGBlG
- Übereinstimmung mit der EU-GRC, soweit die EU-GRC-Bestimmung in Formulierung und Bestimmtheit verfassungsgesetzlich gewährleisteten Rechten der österreichischen Bundesverfassung gleicht

Es kommt dabei auf die Verfassungsrechtslage im Zeitpunkt der Entscheidung des VfGH an.

Ausnahme: Verletzung von Erzeugungsbedingungen, hier gilt die Verfassungsrechtslage im Zeitpunkt der Erlassung des Gesetzes.

IV. Gesetzesprüfung – Individualantrag: Art 140 Abs 1 Satz 1 Z 1 lit c B-VG, §§ 62 ff VfGG

Beim **Individualantrag** tritt die unmittelbare und aktuelle Betroffenheit des Antragstellers in einer Rechtsposition an die Stelle der Präjudizialität.

A. Zulässigkeit

1. Antragsteller (Art 140 Abs 1 Satz 1 Z 1 lit c B-VG): natürliche oder juristische Person

Meine Notizen

2. Prüfungsgegenstand (Art 140 Abs 1 Satz 1 Z 1 B-VG)
Gesetze im formellen Sinn
- Bundesgesetze (einfache und auf Verfassungsebene)
- Landesgesetze (einfache und auf Verfassungsebene)

Anfechtbar können auch **Gesetze** sein, **die bereits außer Kraft** getreten, aber im Anlassverfahren noch anzuwenden sind. Voraussetzung aber: **Betroffenheit in Rechtsposition.**

3. Betroffenheit in einer Rechtsposition (Art 140 Abs 1 Satz 1 Z 1 lit c B-VG und § 62 Abs 1 VfGG)
- Norm muss in Rechtssphäre der Person eingreifen bzw diese verletzen
- antragsberechtigt ist nur der Normadressat
- Eingriff muss durch die Norm selbst nach Art und Ausmaß eindeutig bestimmt sein
- Eingriff muss aktuell und nicht bloß potentiell sein
- Norm muss im Zeitpunkt der Antragstellung für den Antragsteller noch rechtliche Wirkungen entfalten

4. Umwegsunzumutbarkeit (Art 140 Abs 1 Satz 1 Z 1 lit c B-VG und § 62 Abs 1 VfGG)
Das Gesetz muss ohne Fällung einer gerichtlichen Entscheidung oder ohne Erlassung eines Bescheids für die Person wirksam geworden sein.

Beachte: Es darf keinen anderen zumutbaren Rechtsweg geben, zB:
- Verwaltungsverfahren: dann Bescheidbeschwerde/Maßnahmenbeschwerde an das VwG, dann Erkenntnisbeschwerde mit amtswegiger Normenkontrolle durch VfGH
- Verfahren vor ordentlichem Gericht: dort Anregung eines Gesetzesprüfungsantrages bzw Parteiantrages auf Gesetzesprüfung (Art 140 Abs 1 Satz 1 lit d B-VG)

Ein solcher Umweg muss möglich und zumutbar sein (auf Erfolgsaussichten kommt es nicht an).

5. Form (§ 15 VfGG und § 62 VfGG)
- Schriftlichkeit (§ 15 VfGG)
- genaue Bezeichnung der angefochtenen Regelung
- Berufung auf Art 140 B-VG
- Darstellung des Sachverhaltes
- Begehren auf Aufhebung der angefochtenen Norm oder die Feststellung der Rechtswidrigkeit außer Kraft getretener Gesetze (§ 62 Abs 1 Satz 1 VfGG, Art 140 Abs 4 B-VG)
- genaue Darlegung der Bedenken (§ 62 Abs 1 Satz 2 VfGG)
- Darlegung der unmittelbaren Betroffenheit des Antragstellers und der Unzumutbarkeit eines anderen Rechtsweges

B. Begründetheit

Der Individualantrag ist begründet, wenn der Antragsteller durch das Gesetz aktuell in einer Rechtsposition verletzt ist.

Beachte: Der VfGH prüft die Vereinbarkeit des Gesetzes nach Maßgabe des Verfassungsrechtes (Art 140 B-VG):
- Übereinstimmung mit den Grundprinzipien der Bundesverfassung
- Übereinstimmung mit dem normalen Verfassungsrecht im Übrigen
- Übereinstimmung mit sonstigen höherrangigen staatlichen Rechtsvorschriften
  - Bundesgrundsatzgesetz (bezüglich Ausführungsgesetz des Landes)
  - GONR, BGBlG
- Übereinstimmung mit der EU-GRC, soweit die EU-GRC-Bestimmung in Formulierung und Bestimmtheit verfassungsgesetzlich gewährleisteten Rechten der österreichischen Bundesverfassung gleicht

✐ Meine Notizen

V. Parteiantrag auf Gesetzesprüfung an den VfGH: Art 140 Abs 1 Satz 1 Z 1 lit d B-VG, §§ 62 ff VfGG

Der Antrag kann von einer Partei, als Partei einer von einem ordentlichen Gericht in erster Instanz entschiedenen Rechtssache, aus Anlass der Erhebung eines Rechtsmittels gegen das Urteil gestellt werden. Die fragliche Norm muss in dem konkreten Rechtsstreit präjudiziell sein.

A. Zulässigkeit

1. Antragsteller (Art 140 Abs 1 Satz 1 Z 1 lit d B-VG, § 62 a VfGG)

- natürliche oder juristische Person, die Partei des erstinstanzlichen Verfahrens war (Partei- und Prozessfähigkeit richtet sich nach §§ 1 ff ZPO, § 35 VfGG)

Beachte: Der Antrag kann, wenn ein zulässiges Rechtsmittel gegen die Entscheidung des Gerichts erhoben wurde, von jeder Partei des gerichtlichen Verfahrens gestellt werden (VfGH 2. 7. 2016, G 95/2016).

2. Prüfungsgegenstand (Art 140 Abs 1 Satz 1 Z 1 lit d B-VG, § 62 a VfGG)
Gesetze im formellen Sinn

- Bundesgesetz (einfache und auf Verfassungsebene)
- Landesgesetz (einfache und auf Verfassungsebene)

Auch bereits **außer Kraft getretene Gesetze,** die noch anzuwenden sind, können angefochten werden. Der VfGH kann die Verfassungswidrigkeit des Gesetzes feststellen (Art 140 Abs 4 B-VG).

Beachte: Die Ausnahmen nach § 62 a VfGG sind nur zulässig, wenn sie zur Sicherung des Zwecks des Verfahrens vor dem ordentlichen Gericht erforderlich sind (Art 140 Abs 1 a B-VG). Der VfGH prüft dies streng.

3. Antragslegitimation (Art 140 Abs 1 Satz 1 Z 1 lit d, § 62 a VfGG)
Behauptung, in einem verfassungsrechtlich gewährleisteten Recht verletzt zu sein.

- Partei des erstinstanzlichen Verfahrens
- rechtzeitige und zulässige Erhebung eines Rechtsmittels gegen diese Entscheidung

Beachte: Der Parteiantrag muss „aus Anlass" eines gegen die Entscheidung erhobenen Rechtsmittels gestellt werden. Das B-VG verlangt keine gleichzeitige Antragstellung mit der Rechtsmittelerhebung. Der Parteiantrag ist rechtzeitig, wenn er innerhalb der Rechtsmittelfrist (Rechtsmittelwerber) bzw während der Frist zur Beantwortung des Rechtsmittels (Rechtsmittelgegner) gestellt wird (VfGH 02. 07. 2016, G 95/2016).

4. Präjudizialität (§ 62 Abs 2 VfGG)
Präjudizialität liegt vor, wenn das Gericht die entsprechende Norm in einem anhängigen Verfahren anzuwenden hat.

Beachte: Gemäß der ständigen Rechtsprechung des VfGH darf der Antrag nur dann wegen mangelnder Präjudizialität zurückgewiesen werden, wenn es offenkundig unrichtig bzw geradezu denkunmöglich ist, dass das angefochtene Gesetz vom Gericht anzuwenden ist (VfSlg 14.322/1995).

5. Form (§§ 15, 17, 62, 62 a VfGG)

- schriftlich (§ 15 Abs 1 VfGG)
- genaue Bezeichnung der angefochtenen Regelung (§ 62 Abs 1 VfGG)
- Berufung auf Art 140 B-VG (§ 15 Abs 2 VfGG)
- Darstellung des Sachverhalts (§ 15 Abs 2 VfGG)
- Begehren auf Aufhebung der angefochtenen Norm (§ 62 Abs 1 VfGG)

- genaue Darlegung der Bedenken (§ 62 Abs 1 Satz 2 VfGG)
- die Bezeichnung der Entscheidung und des ordentlichen Gerichts, das sie erlassen hat (§ 62a Abs 3 Z 1 VfGG)
- erforderliche Angaben für Beurteilung der Rechtzeitigkeit des Antrages (§ 62a Abs 3 Z 2 VfGG)

Meine Notizen

Beachte: Der VfGH hat das ordentliche Gericht erster Instanz von der Stellung eines Parteiantrages unverzüglich zu verständigen. Dieses hat dem VfGH seine Entscheidung über die Rechtzeitigkeit und Zulässigkeit des Rechtsmittels mitzuteilen. In dem beim Rechtsmittelgericht anhängigen Verfahren dürfen bis zur Verkündigung bzw Zustellung des Erkenntnisses des VfGH nur solche Handlungen vorgenommen oder Anordnungen und Entscheidungen getroffen werden, die durch das Erkenntnis des VfGH nicht beeinflusst werden können oder die die Frage nicht abschließend regeln und keinen Aufschub gestatten (§ 62a Abs 5, 6 VfGG).

B. Begründetheit

Der Parteiantrag auf Gesetzesprüfung ist begründet, wenn die behauptete Verfassungswidrigkeit des Gesetzes vorliegt.

Beachte: Der VfGH prüft die Vereinbarkeit des Gesetzes nach Maßgabe des Verfassungsrechtes (Art 140 B-VG):
- Übereinstimmung mit den Grundprinzipien der Bundesverfassung
- Übereinstimmung mit dem Verfassungsrecht im Übrigen
- Übereinstimmung mit sonstigen höherrangingen staatlichen Rechtsvorschriften
  - Bundesgrundsatzgesetz (bezüglich Ausführungsgesetz des Landes)
  - GOG-NR, BGBlG
- Übereinstimmung mit der EU-GRC, soweit die EU-GRC-Bestimmung in Formulierung und Bestimmtheit verfassungsgesetzlich gewährleisteten Rechten der österreichischen Bundesverfassung gleicht

VI. Verordnungsprüfung – abstrakt: Art 139 Abs 1 Satz 1 Z 5 bis 7 B-VG, §§ 57 ff VfGG

Abstrakte Normenkontrolle bedeutet, dass der VfGH die Norm auf ihre Rechtmäßigkeit, losgelöst von einem zur Entscheidung anstehenden Einzelfall, in dem sie anzuwenden wäre, prüft.

A. Zulässigkeit

1. Antragsteller (Art 139 Abs 1 Satz 1 Z 5 bis 7 B-VG, § 10 F-VG)

VO einer Bundesbehörde:
- LReg
- VA

VO einer Landesbehörde:
- BReg
- VA, wenn Zuständigkeit für das jeweilige Land landesverfassungsrechtlich vorgesehen oder gleichartige Einrichtung eines Landes (Art 148i Abs 2 B-VG)

aufsichtsbehördliche VO:
- Gemeinden (Art 119a Abs 6 B-VG)

Gemeinde-VO, mit der eine Abgabe ausgeschrieben wird:
- BM für Finanzen (§ 10 F-VG)

2. Prüfungsgegenstand (Art 139 Abs 1 B-VG)

Verordnung einer Bundes- oder Landesbehörde (funktioneller Behördenbegriff)
- DurchführungsVO und verfassungsunmittelbare (selbstständige) VO
- nach (umstrittener) Judikatur auch VerwaltungsVO

Anfechtbar sind nur **VO, die noch in Kraft** stehen.

Meine Notizen

3. Antragslegitimation (§ 57 Abs 1 VfGG)
Bedenken hinsichtlich der Rechtmäßigkeit der VO

4. Form (§ 15 VfGG und § 57 VfGG)
- schriftlich (§ 15 VfGG)
- genaue Bezeichnung der angefochtenen Regelung
- Berufung auf Art 139 B-VG
- Darstellung des Sachverhalts
- Begehren auf Aufhebung der angefochtenen Norm (§ 57 Abs 1 Satz 1 VfGG)
- genaue Darlegung der Bedenken

B. Begründetheit

Der Antrag der abstrakten Normenkontrolle ist begründet, wenn die Verordnung mit höherrangigen Rechtsvorschriften unvereinbar ist.

Beachte: Der VfGH überprüft die Gesetzmäßigkeit der Verordnung (Art 139 Abs 1 B-VG):
- Übereinstimmung mit formellem Gesetzesrecht
- Übereinstimmung mit der verfassungsrechtlichen Rechtsgrundlage (selbstständige Verordnungen)
- alle höherrangigen staatlichen Rechtsvorschriften (auch höherrangige Verordnungen, zB Bebauungsplan im Verhältnis zum Flächenwidmungsplan)

Hier gilt die Rechtslage im Zeitpunkt der Prüfung. Ausnahme: Verletzung von Verfahrensvorschriften.

VII. Verordnungsprüfung – konkret: Art 139 Abs 1 Satz 1 Z 1 bis 2 B-VG, §§ 57 ff VfGG

Bei der **konkreten Normenkontrolle** ist es Prüfungsvoraussetzung, dass die fragliche Norm in einem konkreten Rechtsstreit anzuwenden wäre (Präjudizialität).

A. Zulässigkeit

1. Antragsteller (Art 139 Abs 1 Satz 1 Z 1 bis 2 B-VG)
- alle ordentlichen Gerichte (wie zB OGH)
- VwG, VwGH
- VfGH (nicht Antragsteller, sondern berechtigt, einen Prüfungsbeschluss von Amts wegen zu fassen)

Beachte: Vorlageberechtigt ist der jeweilige Spruchkörper bzw Einzelrichter eines Gerichts, der die fragliche Norm bei der Entscheidung in der Sache anzuwenden hat.

2. Prüfungsgegenstand (Art 139 Abs 1 B-VG)
Verordnungen einer Bundes- oder Landesbehörde (funktioneller Behördenbegriff)
- DurchführungsVO und verfassungsunmittelbare (selbstständige) VO
- nach (umstrittener) Judikatur auch VerwaltungsVO

Zur Überprüfung vorgelegt werden können **auch VO, die bereits außer Kraft getreten**, aber im Anlassverfahren anzuwenden sind.

3. Antragslegitimation (Art 89 Abs 2 B-VG, Art 135 Abs 4 B-VG, § 57 Abs 1 VfGG)
Bedenken hinsichtlich der Rechtmäßigkeit der VO

4. Präjudizialität (Art 139 Abs 1 Satz 1 Z 2 B-VG, Art 89 Abs 2 B-VG, Art 135 Abs 4 B-VG)
Präjudizialität ist gegeben, wenn der VfGH oder das Gericht die VO zur Lösung einer Rechtsfrage anwenden müssten.

Meine Notizen

Beachte: Gemäß der ständigen Rechtsprechung des Verfassungsgerichtshofes darf daher ein Antrag iSd Art 139 B-VG bzw des Art 140 B-VG nur dann wegen mangelnder Präjudizialität zurückgewiesen werden, wenn es offenkundig unrichtig (denkunmöglich) ist, daß die – angefochtene – generelle Norm eine Voraussetzung der Entscheidung des antragstellenden Gerichtes im Anlaßfall bildet (VfSlg 14.322/1995).

5. Form (§ 15 VfGG und § 57 VfGG)
- Schriftlichkeit (§ 15 VfGG)
- genaue Bezeichnung der angefochtenen Regelung
- Berufung auf Art 139 B-VG
- Begehren auf Aufhebung der angefochtenen Verordnung oder die Feststellung der Rechtswidrigkeit außer Kraft getretener Verordnungen (§ 57 Abs 1 Satz 1 VfGG, Art 89 Abs 3 B-VG, Art 135 Abs 4 B-VG, Art 139 Abs 4 B-VG)
- genaue Darlegung der Bedenken

B. Begründetheit

Der Antrag der konkreten Normenkontrolle ist begründet, wenn die Verordnung mit höherrangigen Rechtsvorschriften unvereinbar ist.

Beachte: Der VfGH überprüft die Gesetzmäßigkeit der Verordnung (Art 139 Abs 1 B-VG):
- Übereinstimmung mit formellem Gesetzesrecht
- Übereinstimmung mit der verfassungsrechtlichen Rechtsgrundlage (selbstständige Verordnungen)
- alle höherrangigen staatlichen Rechtsvorschriften (auch höherrangige Verordnungen, zB Bebauungsplan im Verhältnis zum Flächenwidmungsplan)

Es kommt dabei auf die Rechtslage im Zeitpunkt der Entscheidung des VfGH an. Ausnahme: Verletzung von Verfahrensvorschriften.

VIII. Verordnungsprüfung – Individualantrag: Art 139 Abs 1 Satz 1 Z 3 B-VG, §§ 57 ff VfGG

Beim **Individualantrag** tritt die unmittelbare und aktuelle Betroffenheit an die Stelle der Präjudizialität.

A. Zulässigkeit

1. Antragsteller (Art 139 Abs 1 Satz 1 Z 3 B-VG): natürliche oder juristische Person

2. Prüfungsgegenstand (Art 139 Abs 1 B-VG)
Verordnungen einer Bundes- oder Landesbehörde (funktioneller Behördenbegriff)
- DurchführungsVO und verfassungsunmittelbare (selbstständige) VO
- nach (umstrittener) Judikatur: auch VerwaltungsVO

Anfechtbar können auch **VO** sein, **die bereits außer Kraft** getreten, im Anlassverfahren aber anzuwenden sind. Voraussetzung aber: **Betroffenheit in Rechtsposition.**

3. Betroffenheit in einer Rechtsposition (Art 139 Abs 1 Satz 1 Z 3 B-VG und § 57 Abs 1 VfGG)
- Norm muss in Rechtssphäre der Person eingreifen bzw diese verletzen
- antragsberechtigt ist nur der Normadressat
- Eingriff muss durch die Norm selbst nach Art und Ausmaß eindeutig bestimmt sein
- Eingriff muss aktuell und nicht bloß potentiell sein
- Norm muss im Zeitpunkt der Antragstellung für den Antragsteller noch rechtliche Wirkungen entfalten

Meine Notizen

4. Umwegsunzumutbarkeit (Art 139 Abs 1 Satz 1 Z 3 B-VG und § 57 Abs 1 VfGG)
Die Verordnung muss ohne Fällung einer gerichtlichen Entscheidung oder ohne Erlassung eines Bescheids für die Person wirksam geworden sein.

Beachte: Es darf keinen anderen zumutbaren Rechtsweg geben, zB:
- Verwaltungsverfahren: dann Bescheidbeschwerde/Maßnahmenbeschwerde an das VwG, dann Erkenntnisbeschwerde mit amtswegiger Normenkontrolle des VfGH
- ordentliches Gerichtsverfahren: dort Anregung auf Einbringung eines Verordnungsprüfungsantrages bzw Parteiantrages auf Verordnungsprüfung (Art 139 Abs 1 Satz 1 Z 4 B-VG)

Ein solcher Umweg muss möglich und auch zumutbar sein (auf Erfolgsaussichten kommt es nicht an).

5. Form (§ 15 VfGG und § 57 VfGG)
- Schriftlichkeit (§ 15 VfGG)
- genaue Bezeichnung der angefochtenen Regelung
- Berufung auf Art 139 B-VG
- Begehren Aufhebung der angefochtenen Norm oder die Feststellung der Rechtswidrigkeit außer Kraft getretener Verordnungen (§ 57 Abs 1 Satz 1 VfGG, Art 139 Abs 4 B-VG)
- genaue Darlegung der Bedenken
- Darlegung der unmittelbaren Betroffenheit des Antragstellers und der Unzumutbarkeit eines anderen Rechtsweges

B. Begründetheit

Der Individualantrag ist begründet, wenn die VO gegen höherrangige Rechtsvorschriften verstößt und der Antragsteller dadurch in einer Rechtsposition verletzt ist.

Beachte: Der VfGH überprüft die Gesetzmäßigkeit der Verordnung (Art 139 Abs 1 B-VG) auf:
- Übereinstimmung mit formellem Gesetzesrecht
- Übereinstimmung mit verfassungsrechtlichen Rechtsgrundlagen (selbstständige Verordnungen)
- Übereinstimmung mit allen höherrangigen staatlichen Rechtsvorschriften (auch höherrangige Verordnungen, zB Flächenwidmungsplan im Verhältnis zum überörtlichen Entwicklungsprogramm)

IX. Parteiantrag auf Verordnungsprüfung an den VfGH: Art 139 Abs 1 Satz 1 Z 4 B-VG, §§ 57 ff VfGG

Der Antrag kann von einer Partei, als Partei einer von einem ordentlichen Gericht in erster Instanz entschiedenen Rechtssache, aus Anlass der Erhebung eines Rechtsmittels gegen das Urteil gestellt werden. Die fragliche Norm muss in dem konkreten Rechtsstreit präjudiziell sein.

A. Zulässigkeit

1. Antragsteller (Art 139 Abs 1 Satz 1 Z 4 B-VG, § 57 a VfGG)
- natürliche oder juristische Person, die Partei des erstinstanzlichen Verfahrens war (Partei- und Prozessfähigkeit richtet sich nach §§ 1 ff ZPO, § 35 VfGG)

Beachte: Der Antrag kann, wenn ein zulässiges Rechtsmittel gegen die Entscheidung des Gerichts erhoben wurde, von jeder Partei des gerichtlichen Verfahrens gestellt werden (VfGH 2. 7. 2016, G 95/2016).

✐ Meine Notizen

2. Prüfungsgegenstand (Art 139 Abs 1 Satz 1 Z 4 B-VG, § 57a VfGG)
Verordnungen einer Bundes- oder Landesbehörde (funktioneller Behördenbegriff)
- DurchführungsVO
- verfassungsunmittelbare (selbstständige) VO

Auch bereits **aufgehobene VO,** die noch anzuwenden ist, kann angefochten werden.

Beachte: Die Ausnahmen nach § 57a Abs 2 VfGG sind nur zulässig, wenn sie zur Sicherung des Zwecks des Verfahrens vor dem ordentlichen Gericht erforderlich sind (Art 139 Abs 1a B-VG). Der VfGH prüft dies streng.

3. Antragslegitimation (Art 139 Abs 1 Satz 1 Z 4 B-VG, § 57 a VfGG)
Behauptung, durch Anwendung der gesetzwidrigen VO in Rechten verletzt zu sein.
- Partei des erstinstanzlichen Verfahrens bei ordentlichem Gericht

4. Rechtsschutzbedürfnis
rechtzeitige und zulässige Erhebung eines Rechtsmittels gegen diese Entscheidung

Beachte: Der Parteiantrag muss „aus Anlass" eines gegen die Entscheidung erhobenen Rechtsmittels gestellt werden. Das B-VG verlangt keine gleichzeitige Antragstellung mit der Rechtsmittelerhebung. Der Parteiantrag ist rechtzeitig, wenn er innerhalb der Rechtsmittelfrist (Rechtsmittelwerber) bzw während der Frist zur Beantwortung des Rechtsmittels (Rechtsmittelgegner) gestellt wird (VfGH 02. 07. 2016, G 95/2016).

5. Präjudizialität (§ 57 Abs 2 VfGG)
Präjudizialität liegt vor, wenn das Gericht die entsprechende Norm in einem anhängigen Verfahren anzuwenden hat oder anzuwenden gehabt hätte.

Beachte: Gemäß der ständigen Rechtsprechung des VfGH darf der Antrag nur dann wegen mangelnder Präjudizialität zurückgewiesen werden, wenn es offenkundig unrichtig bzw geradezu denkunmöglich ist, dass das angefochtene Gesetz vom Gericht anzuwenden ist (VfSlg 14.322/1995).

6. Form (§§ 15, 17, 57, 57a VfGG)
- Schriftlich (§ 15 Abs 1 VfGG)
- genaue Bezeichnung der angefochtenen Regelung (§ 57 Abs 1 VfGG)
- Berufung auf Art 139 B-VG (§ 15 Abs 2 VfGG)
- Darstellung des Sachverhalts (§ 15 Abs 2 VfGG)
- Begehren auf Aufhebung der angefochtenen Norm (§ 57 Abs 1 VfGG)
- genaue Darlegung der Bedenken (§ 57 Abs 1 VfGG)
- die Bezeichnung der Entscheidung und des ordentlichen Gerichts, das sie erlassen hat (§ 57a Abs 3 Z 1 VfGG)
- erforderliche Angaben für Beurteilung der Rechtzeitigkeit des Antrages (§ 57a Abs 3 Z 2 VfGG)

Beachte: Der VfGH hat das ordentliche Gericht erster Instanz von der Stellung eines Parteiantrages unverzüglich zu verständigen. Dieses hat dem VfGH seine Entscheidung über die Rechtzeitigkeit und Zulässigkeit des Rechtsmittels mitzuteilen. In dem beim Rechtsmittelgericht anhängigen Verfahren dürfen bis zur Verkündigung bzw Zustellung des Erkenntnisses des VfGH nur solche Handlungen vorgenommen oder Anordnungen und Entscheidungen getroffen werden, die durch das Erkenntnis des VfGH nicht beeinflusst werden können oder die die Frage nicht abschließend regeln und keinen Aufschub gestatten (§ 57a Abs 5, 6 VfGG).

Meine Notizen

B. Begründetheit

Der Parteiantrag auf Verordnungsprüfung ist begründet, wenn die Verordnung mit höherrangigen Rechtsvorschriften unvereinbar ist.

Beachte: Der VfGH überprüft die Gesetzmäßigkeit der Verordnung (Art 139 Abs 1 B-VG):
- Übereinstimmung mit formellem Gesetzesrecht
- Übereinstimmung mit der verfassungsrechtlichen Rechtsgrundlage (selbstständige Verordnungen)
- Übereinstimmung mit allen höherrangigen staatlichen Rechtsvorschriften (auch höherrangige Verordnungen)

X. Wahlgerichtsbarkeit: Art 141 B-VG, §§ 67 ff VfGG

A. Zuständigkeit:

- Überprüfung bestimmter Wahlen (Art 141 Abs 1 lit a und b B-VG)
- Entscheidung über Mandats- bzw Amtsverluste (Art 141 Abs 1 lit c bis g B-VG)
- Überprüfung der Rechtmäßigkeit von Volksbegehren, Volksbefragungen, Volksabstimmungen und europäischen Bürgerinitiativen (Art 141 Abs 1 lit h B-VG)
- Überprüfung der Aufnahme bzw Streichung von Personen in/aus Wählerevidenzen (Art 141 Abs 1 lit i B-VG)
- Entscheidung über Anfechtung von selbstständig anfechtbaren Bescheiden und Entscheidungen der Verwaltungsbehörden sowie – sofern bundes- oder landesgesetzlich vorgesehen – der Verwaltungsgerichte in den Fällen der lit a bis c und g bis i (Art 141 Abs 1 lit j B-VG, besondere Bescheidbeschwerde)

B. Zulässigkeit

1. Antragsteller (Art 141 B-VG und § 67 Abs 2 VfGG)

a) Anfechtung der Wahl

richtet sich grundsätzlich nach der einschlägigen Wahlordnung

Im Allgemeinen:
- zustellungsbevollmächtigter Vertreter einer Wählergruppe (wahlwerbende Partei)
- Wahlwerber (Behauptung, dass Wählbarkeit rechtswidrig aberkannt wurde)
- Wahlen der LReg oder des Gemeindevorstands: 1/10 der Mitglieder des LT bzw des Gemeinderates (mindestens 2 Mitglieder)

Beachte: Die wahlwerbende Partei oder Wahlpartei (nicht zu verwechseln mit der politischen Partei iSd ParteiG) ist eine Gruppe von Wählern, die sich durch rechtzeitige Einbringung eines Wahlvorschlags an einer Wahl beteiligt. Wahlwerbenden Parteien kommt nach VfGH-Judikatur Teilrechtspersönlichkeit zu.

b) Mandats- bzw Amtsverlust (Art 141 Abs 1 lit c bis g B-VG)
- allgemeiner Vertretungskörper, oder sofern gesetzlich vorgesehen, auf Antrag des Vorsitzenden oder eines Drittels der Mitglieder des Vertretungskörpers auf Mandatsverlust eines Mitglieds
- Gemeinderat bzgl Mandatsverlust eines Mitglieds des mit der Vollziehung betrauten Organs der Gemeinde
- satzungsgebendes Organ beruflicher Interessenvertretungen bzgl Mandatsverlust eines Mitglieds
- mindestens die Hälfte der in Österreich gewählten Mitglieder des Europäischen Parlaments bzgl Mandatsverlust eines Mitglieds

- Bundesversammlung bzgl Amtsverlust des BPräs
- NR bzgl Amtsverlust eines Mitglieds der BReg, des Staatssekretärs, des RH-Präsidenten, eines Mitglieds der VA
- LT bzgl Amtsverlust eines Mitglieds der LReg

Meine Notizen

c) Volksbegehren (§ 18 VBegG)
- Bevollmächtigter des Einleitungsantrages
- je 4 Mitglieder des NR oder eines LT

d) Volksabstimmung oder Volksbefragung (§ 14 Abs 2 VAbstG, § 16 Abs 1 VBefrG)
- je nach Landeswahlkreis 100 bis 500 Stimmberechtigte

e) Europäische Bürgerinitiative (§ 4 EBIG)
- Organisator der Bürgerinitiative

2. Anfechtungsgegenstand (Art 141 B-VG und § 67 Abs 1 VfGG)
taxative Aufzählung (Art 141 Abs 1 lit a, b, h und j B-VG)
- BPräs-Wahlen
- Wahlen zu allgemeinen Vertretungskörpern (insb NR, BR, LT und Gemeinderat)
- Wahlen zum Europäischen Parlament
- Wahlen zu satzungsgebenden Organen der gesetzlichen beruflichen Vertretungen
- Wahlen der LReg
- Wahlen zu den mit der Vollziehung betrauten Organen einer Gemeinde
- Volksbegehren, Volksbefragungen, Volksabstimmungen, Europäische Bürgerinitiativen
- selbstständig anfechtbare Bescheide und Entscheidungen der Verwaltungsbehörden sowie der VwG

3. Antragslegitimation (Art 141 B-VG und § 67 Abs 1 VfGG)
Jede behauptete Rechtswidrigkeit des Wahlverfahrens:
- gesetzwidrige Handlungen und Entscheidungen der Wahlbehörden
- Rechtswidrigkeit der von den Behörden angewandten Rechtsgrundlagen

4. Frist, Form (§§ 15 ff, 67 f VfGG)
Frist: Der Antrag ist spätestens 4 Wochen nach Beendigung des Wahlverfahrens bzw nach Zustellung des Bescheids, dessen Rechtswidrigkeit behauptet wird, zu stellen (§ 68 Abs 1 VfGG).

Beachte: Nach den meisten Wahlordnungen ist zunächst ein Einspruch gegen die ziffernmäßige Ermittlung des Wahlergebnisses zu erheben (zB § 110 NRWO). Erst gegen die bescheidmäßige Entscheidung kommt eine Anrufung des VfGH in Betracht. Andere Verstöße gegen das Wahlrecht können hingegen unmittelbar beim VfGH bekämpft werden.

Form:
- Begehr auf Nichtigerklärung des Wahlverfahrens oder eines Teils davon
- Begründung der behaupteten Rechtswidrigkeit
- Darstellung des Sachverhaltes
- Verweis auf Art 141 B-VG
- Schriftlichkeit

B. Begründetheit

Die Anfechtung der Wahl ist begründet, wenn die behauptete Rechtswidrigkeit des Wahlverfahrens erwiesen wurde und auf das Ergebnis von Einfluss war (Art 141 Abs 1 Satz 3 B-VG, § 70 VfGG).

XI. Kausalgerichtsbarkeit: Art 137 B-VG, §§ 37 ff VfGG

A. Zulässigkeit

1. Kläger
Personen im Rechtssinne, dh Träger subjektiver Rechte und Pflichten:
- natürliche Person
- juristische Person

Meine Notizen

2. Beklagte Partei (taxative Aufzählung, Art 137 B-VG und § 37 VfGG)
Gebietskörperschaften:
- Bund
- Länder
- Gemeinden und Gemeindeverbände

Beachte: Passiv klagslegitimiert sind die genannten Gebietskörperschaften, nicht aber andere Körperschaften öffentlichen Rechts, wie Kammern oder ausgegliederte Rechtsträger.

Passiv legitimiert sind auch selbstständige Rechtsträger, die öffentliche Aufgaben einer Gebietskörperschaft besorgen, aber nicht frei über Erträge verfügen können (zB Fonds).

3. Klagsgegenstand (Art 137 B-VG und §§ 37, 38 VfGG)
vermögensrechtlicher Anspruch, der im öffentlichen Recht wurzelt
- Forderung auf Geldleistung
- Forderung auf geldwerte Leistung (insb Herausgabe beschlagnahmter Sachen)

4. Klagslegitimation (Art 137 B-VG, §§ 37, 38 VfGG)
- Geltendmachung des Anspruchs im ordentlichen Rechtsweg ist ausgeschlossen und
- über Anspruch ist auch nicht mittels Bescheid abzusprechen
- eingeklagte Leistung ist bereits fällig (Leistungsklage, § 37 VfGG)
- bei Feststellungklage (§ 38 VfGG): rechtliches, nicht bloß faktisches Interesse an Feststellung des Rechts oder Rechtsverhältnisses

5. Form (§§ 15 ff, 37 ff VfGG)
- Schriftlichkeit (§ 15 VfGG)
- Bezugnahme auf Art 137 B-VG
- Anführung der beklagten Gebietskörperschaft
- Darstellung des Sachverhaltes
- Darlegung der Klagslegitimation
- Begehren auf Leistung oder Feststellung (§§ 37, 38 VfGG)
- Anwaltspflicht (§ 17 Abs 2 VfGG)
- Ggf Antrag auf Kostenzuspruch (§ 41 VfGG)

B. Begründetheit

Die Klage ist begründet, wenn die Forderung auf eine Geldleistung oder geldwerten Leistung zu Recht besteht.

XII. Kompetenzgerichtsbarkeit – Kompetenzkonflikte: Art 138 Abs 1 B-VG, §§ 42 ff VfGG

A. Zulässigkeit

1. Antragsteller

a) positiver Kompetenzkonflikt
- Konflikt zwischen Gerichten und Verwaltungsbehörden (Art 138 Abs 1 Z 1 B-VG): die zuständige oberste Verwaltungsbehörde des Bundes oder des Landes (§ 42 Abs 2 VfGG)
- Konflikt zwischen ordentlichen Gerichten und VwG oder dem VwGH sowie zwischen dem VfGH und allen anderen Gerichten (Art 138 Abs 1 Z 2 B-VG): von Amts wegen der VfGH ab Kenntnis des Konfliktes auf Grund der Aktenlage oder der Anzeige eines „Konflikt"-Gerichts, einer beteiligten Behörde oder Partei (§ 43 Abs 3 und Abs 4 VfGG)
- Konflikt zwischen Verwaltungsbehörden des Bundes und der Länder sowie zwischen verschiedenen Ländern (Art 138 Abs 1 Z 3 B-VG): jede beteiligte Regierung (§ 47 VfGG)
- subsidiäres Antragsrecht der Parteien auf Entscheidung des VfGH (§ 48 VfGG)

✐ Meine Notizen

b) negativer Kompetenzkonflikt

- nur die Partei hat ein Antragsrecht (§ 46 Abs 1, § 50 Abs 1 VfGG)

Beachte:
Positiver Kompetenzkonflikt: zumindest zwei Behörden (Gericht oder Verwaltungsbehörde) nehmen in derselben Sache ihre Zuständigkeit in Anspruch, eine davon zu Unrecht;
negativer Kompetenzkonflikt: zumindest zwei oder mehrere Behörden (Gericht oder Verwaltungsbehörde) lehnen in derselben Rechtssache ihre Zuständigkeit ab, eine davon zu Unrecht.

Beachte:
„dieselbe Rechtssache": dieselbe generelle Rechtsnorm ist auf ein und denselben Sachverhalt anzuwenden (zur weiten Auslegung dieses Begriffes vgl VfSlg 14.600/1996).

2. Antragsgegenstand (§§ 42 Abs 1, § 43 Abs 1, § 46 Abs 1, § 47 Abs 1, § 50 VfGG)
Entscheidungen über die Beanspruchung (Verfahrenseinleitung) bzw Ablehnung (idR: Zurückweisung) einer Zuständigkeit.

Beachte: Der Kompetenzkonflikt wird durch Erkenntnis des VfGH bindend entschieden, sofern nicht bereits der Konflikt mit rechtskräftiger Erledigung der Hauptsache beendet wurde (§ 42 Abs 1, § 43 Abs 1 und 2 VfGG)

3. Beschwerdefrist

- 4 Wochen ab Kenntnis des Konfliktes (§ 42 Abs 2, § 47 Abs 2 VfGG)
- subsidiäres Antragsrecht der Partei: wenn innerhalb von 4 Wochen dem Begehren an die Verwaltungs- und Gerichtsbehörde nicht entsprochen wird, weitere 4 Wochen für den Antrag an den VfGH (§ 48 VfGG)

4. Form

- schriftlich (§ 15 Abs 1 VfGG)
- Berufung auf Art 138 Abs 1 B-VG (§ 15 Abs 2 VfGG)
- Sachverhaltsdarstellung (§ 15 Abs 2 VfGG)
- Begehren: Entscheidung über die Behördenzuständigkeit, Aufhebung entgegenstehender Rechtsakte (§ 15 Abs 2 VfGG, § 51 VfGG)
- Anwaltspflicht bei negativen Kompetenzkonflikten und subsidiären Antragsrecht der Partei (§§ 46, 48, 50 VfGG iVm § 17 Abs 2 VfGG)

B. Begründetheit

Die Beschwerde ist begründet, wenn eine Behörde (Gericht oder Verwaltungsbehörde) ihre Zuständigkeit zu Unrecht in Anspruch genommen bzw abgelehnt hat.

XIII. Kompetenzgerichtsbarkeit – Kompetenzfeststellung: Art 138 Abs 2 B-VG, §§ 53 ff VfGG

A. Antragsteller (Art 138 Abs 2 B-VG)

- BReg
- LReg

B. Antragsgegenstand (Art 138 Abs 2 B-VG, § 53 VfGG)

Zukünftiger Akt der Gesetzgebung oder Vollziehung (zB Gesetzes- oder Verordnungsentwurf)

Meine Notizen

Beachte: Der VfGH kann auch aussprechen, dass der Akt weder in die Zuständigkeit des Bundes noch der Länder fällt.

Beachte: Die präventive Normenkontrolle ist auf die Zuständigkeitsfrage beschränkt (Interpretation der Kompetenzbestimmungen). Keine Überprüfung der inhaltlichen Verfassungskonformität (zB Übereinstimmung mit den Grundrechten).

C. Form

- schriftlich (§ 15 Abs 1 VfGG)
- Berufung auf Art 138 Abs 2 B-VG (§ 15 Abs 2 VfGG)
- Sachverhaltsdarstellung (§ 15 Abs 2 VfGG)
- Begehren: Feststellung, ob eine Angelegenheit der Gesetzgebung oder Vollziehung in die Zuständigkeit des Bundes oder der Länder fällt (§ 15 Abs 2 VfGG, § 53 VfGG)
- Zuständigkeit der Gesetzgebung: Gesetzesentwurf (§ 54 VfGG)
- Zuständigkeit der Vollziehung: Verordnungsentwurf; bei Bescheiden – Tatbestand und Angabe der Behörde, die entscheiden soll (§ 55 VfGG)

D. Weitere Prozessvoraussetzung

Antrag ist nur zulässig, solange kein entsprechendes Gesetz bzw keine entsprechende Verordnung erlassen wurde.

Meine Notizen

Prüfungsschemata Verwaltungsrecht – formell

I. Bescheidbeschwerde an das LVwG/BVwG: Art 130 Abs 1 Z 1 B-VG, §§ 7 ff VwGVG

A. Zulässigkeit

1. Beschwerdeführer (§ 17 VwGVG iVm § 9 AVG)
Beschwerdeführer kann jede partei- und prozessfähige natürliche oder juristische Person sein.

- Parteifähigkeit ist die Fähigkeit, in einem Verfahren Träger von Rechten und Pflichten zu sein.
- Prozessfähigkeit ist die Fähigkeit, durch eigenes Verhalten oder durch gewillkürte Vertretung prozessuale Rechte und Pflichten zu begründen.

Partei- und Prozessfähigkeit knüpfen an die Rechts- und Handlungsfähigkeit des bürgerlichen Rechts an.

2. Beschwerdegegenstand (Art 130 Abs 1 Z 1 B-VG)
Gegenstand einer Bescheidbeschwerde ist ein Bescheid einer Verwaltungsbehörde.

3. Beschwerdelegitimation

- Parteibeschwerde: Behauptung einer Partei, durch den Bescheid in einem subjektiven öffentlichen Recht verletzt zu sein (Art 132 Abs 1 Z 1 B-VG).
- Amtsbeschwerde: Behauptung eines Organs der öffentlichen Verwaltung, der Bescheid verletze objektives Recht (Art 132 Abs 1 Z 2, Abs 5 B-VG).

4. Rechtswegerschöpfung
Besteht in Angelegenheiten des eigenen Wirkungsbereichs der Gemeinde ein zweigliedriger innergemeindlicher Instanzenzug, muss dieser erschöpft sein (Art 132 Abs 6 iVm Art 118 Abs 4 B-VG).

5. Beschwerdefrist (§ 7 Abs 3, 4 VwGVG)
4 Wochen nach Zustellung, Verkündung, Kenntniserlangung

6. Form (§§ 9, 12 VwGVG)

- schriftlich (§ 12 VwGVG)
- Bezeichnung des angefochtenen Bescheids (§ 9 Abs 1 Z 1 VwGVG)
- Bezeichnung der belangten Behörde (§ 9 Abs 1 Z 2 VwGVG)
- bei Parteibeschwerden: Gründe, auf die sich die Rechtswidrigkeit stützt (§ 9 Abs 1 Z 3 VwGVG) bzw bei Amtsbeschwerden: Erklärung über den Umfang der Anfechtung (§ 9 Abs 3 VwGVG)
- Begehren (§ 9 Abs 1 Z 4 VwGVG)
- erforderliche Angaben für Beurteilung der Rechtzeitigkeit der Beschwerde (§ 9 Abs 1 Z 5 VwGVG)
- Einbringung bei der belangten Behörde (§ 9 Abs 2 Z 1, § 12 VwGVG)

B. Begründetheit

Zuständigkeit
Verfahrensvorschriften
Inhaltl. Mangel

Das VwG prüft den angefochtenen Bescheid nur auf Grund der Beschwerde (§ 27 iVm § 9 Abs 1 Z 3 und 4, Abs 3 VwGVG).

Die Beschwerde ist begründet, wenn der angefochtene Bescheid rechtswidrig ist. Das kann aus formellen oder materiellen Gründen der Fall sein:

1. Formelle Rechtmäßigkeit
Einhaltung der Zuständigkeits- und Verfahrensvorschriften durch die belangte Behörde.

✐ Meine Notizen

2. Materielle Rechtmäßigkeit
Einhaltung der inhaltlich relevanten Rechtsvorschriften.

II. Beschwerde gegen AuvBZ an das LVwG/BVwG: Art 130 Abs 1 Z 2 B-VG, §§ 7 ff VwGVG

A. Zulässigkeit

1. Beschwerdeführer (§ 17 VwGVG iVm § 9 AVG)
Beschwerdeführer kann jede partei- und prozessfähige natürliche oder juristische Person sein.

- Parteifähigkeit ist die Fähigkeit, in einem Verfahren Träger von Rechten und Pflichten zu sein.
- Prozessfähigkeit ist die Fähigkeit, durch eigenes Verhalten oder durch gewillkürte Vertretung prozessuale Rechte und Pflichten zu begründen.

Partei- und Prozessfähigkeit knüpfen an die Rechts- und Handlungsfähigkeit des bürgerlichen Rechts an.

2. Beschwerdegegenstand (Art 130 Abs 1 Z 2 B-VG)
Ausübung unmittelbarer verwaltungsbehördlicher Befehls- und Zwangsgewalt (AuvBZ, nach VwGH 21. 12. 2000, 96/01/1032):

- Akt eines Verwaltungsorganes
- Hoheitsverwaltung (kein Gesetzgebungs- oder Justizakt; funktionelle Zurechnung des Handelns des ausführenden Organs)
- einseitig
- Befehls- oder Zwangsakt
- individuell bestimmte Adressaten

Beachte: Gegen Maßnahmen der Vollstreckung ist keine Maßnahmenbeschwerde zulässig.

3. Beschwerdelegitimation (Art 132 Abs 2 B-VG)
Behauptung einer Partei, durch die AuvBZ in einem subjektiven Recht verletzt zu sein.

4. Beschwerdefrist (§ 7 Abs 4 VwGVG)
6 Wochen ab Kenntnis des Betroffenen von der AuvBZ; wenn er aber durch diese behindert war, von seinem Beschwerderecht Gebrauch zu machen, beginnt die Frist mit dem Wegfall dieser Behinderung.

5. Form und Inhalt (§§ 9, 12 VwGVG)

- schriftlich (§§ 12, 20 VwGVG)
- Einbringung unmittelbar beim zuständigen VwG (§§ 12, 20 VwGVG)
- Bezeichnung der AuvBZ, gegen die sich die Beschwerde richtet (§ 9 Abs 1 Z 1 VwGVG)
- soweit zumutbar: Bezeichnung des Organs, das die AuvBZ gesetzt hat (§ 9 Abs 4 VwGVG)
- Gründe, auf die sich die Behauptung der Rechtswidrigkeit stützt (§ 9 Abs 1 Z 3 VwGVG)
- Begehren, die angefochtene AuvBZ für rechtswidrig zu erklären (§ 9 Abs 1 Z 4 VwGVG)
- erforderliche Angaben für Beurteilung der Rechtzeitigkeit der Beschwerde (§ 9 Abs 1 Z 5 VwGVG)

6. Zuständigkeit (Art 131 B-VG, § 3 VwGVG)
Die LVwG sind nach der Generalklausel des Art 131 Abs 1 B-VG sachlich zuständig für alle Beschwerden gegen AuvBZ, sofern sich aus den Folgeabsätzen keine abweichende Zuständigkeit ergibt. Die örtliche Zuständigkeit ergibt sich aus § 3 VwGVG.

Das BVwG ist sachlich zuständig für AuvBZ aus dem Vollzugsbereich der unmittelbaren Bundesverwaltung (Art 131 Abs 2 B-VG). Eine abweichende Zuständigkeitsordnung kann einfachgesetzlich festgelegt werden (Art 131 Abs 4, 5 B-VG).

B. Begründetheit

Meine Notizen

Zuständigk. Bescheid
↳ Ermittlungsverf.

Das VwG prüft die angefochtene AuvBZ nur aufgrund der Beschwerde (§ 27 iVm § 9 Abs 1 Z 3, 4 VwGVG).

Die Beschwerde ist begründet, wenn die angefochtene AuvBZ rechtswidrig ist und der Beschwerdeführer dadurch in seinen Rechten verletzt wurde.

Beachte: Das VwG hat in dem Fall die AuvBZ für rechtswidrig zu erklären und egebenenfalls aufzuheben. Dauert die für rechtswidrig erklärte AuvBZ noch an, so hat die belangte Behörde unverzüglich den der Rechtsanschauung des VwG entsprechenden Zustand herzustellen (§ 28 Abs 6 VwGVG).

III. Säumnisbeschwerde an das LVwG/BVwG: Art 130 Abs 1 Z 3 B-VG, §§ 7 ff VwGVG

A. Zulässigkeit

1. Beschwerdeführer (§ 17 VwGVG iVm § 9 AVG)
Beschwerdeführer kann jede partei- und prozessfähige natürliche oder juristische Person sein.

- Parteifähigkeit ist die Fähigkeit, in einem Verfahren Träger von Rechten und Pflichten zu sein.
- Prozessfähigkeit ist die Fähigkeit, durch eigenes Verhalten oder durch gewillkürte Vertretung prozessuale Rechte und Pflichten zu begründen.

Partei- und Prozessfähigkeit knüpfen an die Rechts- und Handlungsfähigkeit des bürgerlichen Rechts an.

2. Beschwerdegegenstand (Art 130 Abs 1 Z 3 B-VG)
Verletzung der Entscheidungspflicht durch eine Verwaltungsbehörde

3. Beschwerdelegitimation (Art 132 Abs 3 B-VG)
Behauptung einer Partei, im Verwaltungsverfahren zur Geltendmachung der Entscheidungspflicht berechtigt zu sein.

4. Rechtswegerschöpfung
In Angelegenheiten des eigenen Wirkungsbereichs der Gemeinde steht die Beschwerde nur gegen Säumnis der zweitinstanzlichen Behörde zu (Art 132 Abs 6 iVm Art 118 Abs 4 B-VG, § 36 VwGVG).

5. Abgelaufene Entscheidungsfrist (§ 8 Abs 1 VwGVG)
Eine Behörde ist grundsätzlich nach Ablauf einer Entscheidungsfrist von 6 Monaten säumig.

6. Form (§§ 8, 9, 12 VwGVG)

- schriftlich bei der säumigen Verwaltungsbehörde einzubringen (§ 12 VwGVG)

Beachte: Gem § 16 VwGVG hat die säumige Behörde vor der Entscheidung des VwG weitere 3 Monate Zeit, den Bescheid zu erlassen. Kommt sie ihrer Pflicht nach, ist das Verfahren einzustellen. Ansonsten hat sie die Beschwerde unter Anschluss der Akten des Verfahrens dem VwG vorzulegen.

- Bezeichnung der belangten Behörde, deren Entscheidung begehrt wird (§ 9 Abs 5 VwGVG)
- Sachverhalt
- Glaubhaftmachung des Ablaufs der 6-monatigen Frist zu Erhebung der Säumnisbeschwerde (§ 9 Abs 5 iVm § 8 VwGVG)
- Begehren auf Entscheidung in der Sache durch das VwG (§ 9 Abs 1 Z 4 und Abs 5 VwGVG)

✐ Meine Notizen

überwiegendes Verschulden d. Behörde!

B. Begründetheit

Die Beschwerde ist begründet, wenn die belangte Behörde ihre Entscheidungspflicht verletzt hat. Die Verzögerung muss auf ein überwiegendes Verschulden der Behörde zurückzuführen sein (Art 132 Abs 3 B-VG, § 8 VwGVG).

Beachte: Das VwG kann sich in der Entscheidung vorerst auf maßgebliche Rechtsfragen beschränken und der Behörde auftragen, den versäumten Bescheid unter Zugrundelegung dieser Rechtsanschauung binnen bestimmter, 8 Wochen nicht übersteigender Frist zu erlassen.

Andernfalls entscheidet das Verwaltungsgericht über die Beschwerde durch Erkenntnis in der Sache selbst, wobei es auch das sonst der Behörde zustehende Ermessen handhabt (§ 28 Abs 7 VwGVG).

IV. Revision an den VwGH: Art 133 Abs 1 Z 1 B-VG

A. Zulässigkeit

1. Revisionswerber (Art 133 Abs 6 B-VG)
- „Verletzter“ iSd Art 133 Abs 6 Z 1 B-VG
- belangte Behörde (Art 133 Abs 6 Z 2 B-VG)
- zuständiger Bundesminister (Art 133 Abs 6 Z 3 B-VG)
- Schulbehörde (Art 133 Abs 6 Z 4 B-VG)
- Gemeinden (Art 119 a Abs 9 B-VG)

2. Revisionsgegenstand (Art 133 B-VG)
- Erkenntnis eines VwG (Art 133 Abs 1 Z 1 B-VG)
- Beschluss eines VwG (Art 133 Abs 9 B-VG)

3. Revisionslegitimation (Art 133 Abs 6 B-VG)
- **Parteirevision:** Behauptung einer Partei, durch das Erkenntnis in einem subjektiven Recht verletzt zu sein (Art 133 Abs 6 Z 1 B-VG).

Beachte: Parteirevision der Gemeinde gegen Bescheide der Aufsichtsbehörde wegen Verteidigung des subjektiven Rechts auf Selbstverwaltung sowie der Gesetzmäßigkeit der Staatsaufsicht (Art 119a Abs 9 B-VG).

- **Amts- und Organrevision:** Belangte Behörde (Art 133 Abs 6 Z 2 B-VG), der Bundesminister oder ein sonstiges Verwaltungsorgan (Art 133 Abs 6 Z 3 bis 4, Abs 8 B-VG) ist zwecks Wahrung der objektiven Rechtmäßigkeit zur Erhebung der Revision legitimiert.

4. Besondere Zulässigkeitsvoraussetzungen (Art 133 Abs 4 B-VG)
Die Revision ist zulässig, wenn sie von der **Lösung einer Rechtsfrage abhängt, der grundsätzliche Bedeutung** zukommt, insb weil
- das Erkenntnis von der Rsp des VwGH abweicht,
- eine solche Rsp fehlt oder
- die zu lösende Rechtsfrage in der bisherigen Rsp des VwGH nicht einheitlich beantwortet wird.

Ausschluss der Revision:
- bei Verwaltungsstraferkenntnis in den Fällen des § 25 a Abs 4 VwGG
- in den Fällen des § 25 a Abs 2 bis 3 VwGG
- wenn Rs in die Zuständigkeit des VfGH fällt (Art 133 Abs 5 B-VG)

Beachte zur außerordentlichen Revision: Das VwG hat im Spruch seines Erkenntnisses oder Beschlusses mit kurzer Begründung auszusprechen, ob eine Rechtsfrage vorliegt, der grundsätzliche Bedeutung zukommt. Wird die Zulässig-

Meine Notizen

keit der Revision ausgesprochen, kann ordentliche Revision, bei Unzulässigkeit der Revision außerordentliche Revision erhoben werden. Bei der außerordentlichen Revision müssen gesonderte Gründe angegeben werden, aus denen entgegen dem Ausspruch des VwG die Revision für zulässig erachtet wird (§ 28 Abs 3 VwGG). Die Entscheidung des VwG ist für den VwGH nicht bindend (§ 34 Abs 1 a VwGG).

5. Revisionsfrist (§ 26 VwGG)
6 Wochen (§ 26 Abs 1 Satz 1 VwGG) ab Zustellung, Verkündung oder Kenntniserlangung (§ 26 Abs 1 Z 1 bis 5 VwGG)

6. Form (§ 24 VwGG, 28 VwGG)
Die Revision ist beim VwG einzubringen (§ 24 Abs 1, § 25a Abs 5, § 30a VwGG). Folgende Anforderungen sind zu erfüllen:

- schriftlich (§ 24 Abs 1 VwGG)
- Anwaltspflicht (§ 24 Abs 2 VwGG)
- Bezeichnung des angefochtenen Erkenntnisses/Beschlusses (§ 28 Abs 1 Z 1 VwGG)
- Bezeichnung des VwG, das Erkenntnis/Beschluss erlassen hat (§ 28 Abs 1 Z 2 VwGG)
- Sachverhaltsdarstellung (§ 28 Abs 1 Z 3 VwGG)
- Revisionspunkte – bestimmte Bezeichnung der Rechte, in denen der Revisionswerber verletzt zu sein behauptet (§ 28 Abs 1 Z 4 VwGG)
- Revisionsgründe, auf die sich die Rechtswidrigkeit stützt (§ 28 Abs 1 Z 5 VwGG)
- Begehren auf Aufhebung des Erkenntnisses (§ 28 Abs 1 Z 6 VwGG)
- erforderliche Angaben für die Beurteilung der Rechtzeitigkeit der Revision (§ 28 Abs 1 Z 7 VwGG)
- Entrichtung der Gebühr (§ 24 a VwGG)

ggf:

- Antrag auf Verfahrenshilfe (§ 61 VwGG)
- Antrag auf Zuerkennung aufschiebender Wirkung (§ 30 Abs 2 VwGG)

Beachte: Revisionsverfahren: Die Revision ist beim VwG einzubringen. Das VwG prüft zunächst, ob die Revision rechtzeitig eigebracht wurde und der VwGH zuständig ist und ob die Einwendung der entschiedenen Sache entgegensteht (§ 30a Abs 1 VwGG). Möglichkeit einer Verbesserung bei Formmängeln; ansonsten gilt die Beschwerde als zurückgezogen (§ 30a Abs 2 VwGG).

Im Fall der außerordentlichen Revision: Das VwG hat die außerordentliche Revision dem VwGH vorzulegen (§ 30a Abs 7 B-VG). Der VwGH hat die Zulässigkeit einer außerordentlichen Revision im Rahmen der dafür in der Revision vorgebrachten Gründe zu überprüfen (Art 133 Abs 4 B-VG iVm § 34 Abs 1a VwGG). Der VwGH entscheidet, ob die außerordentliche Revision zur weiteren Behandlung geeignet ist (§ 36 Abs 1 VwGG).

B. Begründetheit

Mit dem Erkenntnis ist entweder die Revision als unbegründet abzuweisen, das angefochtene Erkenntnis oder der angefochtene Beschluss aufzuheben oder in der Sache selbst zu entscheiden. Die Parteirevision ist begründet, wenn der Beschwerdeführer in einem subjektiv-öffentlichen Recht verletzt ist.

Beachte: Die Überprüfung durch den VwGH erfolgt (§ 41 VwGG):

- anhand des vom VwG angenommen Sachverhaltes und
- im Rahmen der Revisionspunkte.

Es muss sich um einen Eingriff in ein ausdrücklich von der Rechtsordnung (unterhalb der Stufe des Verfassungsrechts) zugestandenes Recht handeln.

✐ Meine Notizen

Das angefochtene Erkenntnis oder der angefochtene Beschluss ist aufzuheben

1. wegen Rechtswidrigkeit seines Inhalts,
2. wegen Rechtswidrigkeit infolge Unzuständigkeit des VwG,
3. wegen Rechtswidrigkeit infolge Verletzung von Verfahrensvorschriften, und zwar weil

a) der Sachverhalt vom VwG in einem wesentlichen Punkt aktenwidrig angenommen wurde oder

b) der Sachverhalt in einem wesentlichen Punkt einer Ergänzung bedarf oder

c) das VwG bei Einhaltung der verletzten Verfahrensvorschriften zu einem anderen Erkenntnis oder Beschluss hätte kommen können (§ 42 Abs 2 VwGG).

Gem § 42 Abs 3 VwGG tritt das Verfahren in die Lage zurück, in der es sich vor Erlassung des angefochtenen Erkenntnisses bzw Beschlusses befunden hat (Aufhebung wirkt ex tunc).

§ 63 Abs 1 VwGG: VwG und Verwaltungsbehörden sind verpflichtet, unverzüglich den der Rechtsanschauung des VwGH entsprechenden Rechtszustand herzustellen.

Der VwGH kann auch in der Sache selbst entscheiden (§ 42 Abs 4 VwGG), wenn sie entscheidungsreif ist und die Entscheidung in der Sache selbst im Interesse der Einfachheit, Zweckmäßigkeit und Kostenersparnis liegt. In diesem Fall hat er den maßgeblichen Sachverhalt festzustellen und kann zu diesem Zweck auch das VwG mit der Ergänzung des Ermittlungsverfahrens beauftragen.

V. Fristsetzungsantrag: Art 133 Abs 1 Z 2 B-VG

A. Zulässigkeit

1. Antragsteller (Art 133 Abs 7 B-VG, § 21 Abs 3 VwGG)

- Beschwerdeführer und mitbeteiligte Parteien soweit in der Rechtssphäre betroffen
- Volksanwaltschaft (Art 148 c B-VG)

Beachte: Die belangte Behörde (§ 18 VwGVG) hat mangels subjektiver Rechte im Fristsetzungsverfahren keine Parteistellung und ist daher nicht zur Antragstellung berechtigt.

2. Prüfungsgegenstand (Art 133 Abs 1 Z 2 B-VG, § 38 Abs 1 VwGG)
Säumnis eines VwG

3. Fristablauf (§ 38 Abs 1 VwGG)

- keine Entscheidung des VwG in einer Rs binnen 6 Monaten oder abweichende Frist in einzelnen Materiengesetzen (§ 38 Abs 1 VwGG, § 34 Abs 1 VwGVG)
- folgende Fristen werden nicht eingerechnet (§ 38 Abs 2 VwGG):
  - die Zeit, während der das Verfahren bis zur rechtskräftigen Entscheidung einer Vorfrage ausgesetzt ist
  - die Zeit eines Verfahrens vor dem VwGH, VfGH oder EuGH
  - in Verwaltungsstrafsachen und Finanzstrafsachen:
    - die Zeit, während der nach einer gesetzlichen Vorschrift die Verfolgung nicht eingeleitet oder fortgesetzt werden kann
    - die Zeit, während der wegen der Tat gegen den Täter ein Strafverfahren bei der Staatsanwaltschaft, beim Gericht oder bei einer Behörde geführt wird

4. Antragslegitimation
Behauptung, im Verfahren vor dem VwG als Partei zur Geltendmachung der Entscheidungspflicht berechtigt zu sein (Art 133 Abs 7 B-VG).

5. Form und Inhalt (§ 38 Abs 3 VwGG)

- schriftlicher Antrag beim VwG einzubringen (§ 24 Abs 1, § 30 a Abs 8 VwGG)
- Bezeichnung des VwG, dessen Entscheidung in der Rs begehrt wird
- Sachverhalt

Meine Notizen

- Begehren, dem VwG für die Entscheidung eine Frist zu setzen (vgl § 38 Abs 4, § 42 a VwGG)
- Angaben, die erforderlich sind, um glaubhaft zu machen, dass die Antragsfrist gem § 38 Abs 1 VwGG abgelaufen ist

ferner:
- Anwaltspflicht (§ 24 Abs 2 VwGG)
- Möglichkeit einer Verbesserung bei Formmängeln (§ 30 a Abs 2 VwGG)

B. Entscheidungsvarianten

1. Zurückweisung durch das VwG im Vorverfahren (§ 30 a Abs 8 iVm Abs 1 VwGG) oder den VwGH (§ 38 Abs 4 iVm § 34 Abs 1 VwGG) mittels Beschluss:
- Einbringung des Antrages vor dem Fristablauf (§ 38 Abs 1 VwGG)
- Unzuständigkeit des VwGH
- entschiedene Sache
- mangelnde Antragsberechtigung des Antragstellers

2. Einstellung des Fristsetzungsantrages durch den VwGH mittels Beschluss (§ 38 Abs 4 letzter Satz, § 33 Abs 1 VwGG):
- Zurückziehung des Antrages
- Klaglosstellung

Beachte: Wird einem Mängelbehebungsauftrag innerhalb der Verbesserungsfrist nicht Folge geleistet, gilt das als Zurückziehung (§ 30 a Abs 2 iVm Abs 8 VwGG).

3. Bei einem zulässigen Antrag erteilt der VwGH einen Auftrag an das VwG:
Dem VwG ist aufzutragen, das Erkenntnis/den Beschluss innerhalb einer Frist von bis zu 3 Monaten zu erlassen (§ 38 Abs 4 VwGG).

Beachte: Die Frist kann vom VwGH einmal verlängert werden.

Ist das VwG seiner Entscheidungspflicht nicht nachgekommen, so hat ihm der VwGH aufzutragen, das Erkenntnis/den Beschluss innerhalb einer von ihm festzusetzenden angemessenen Frist nachzuholen (§ 42 a VwGG).

Beachte: Entstehen dem Rechtsschutzsuchen aus der Verletzung der Entscheidungspflicht etwaige Schäden, kommt uU noch eine Amtshaftung in Betracht.

VI. Berufung: §§ 63 ff AVG

A. Zulässigkeit

1. Berufungswerber (§ 63 Abs 5 iVm § 9 AVG)
Berufungswerber kann jede partei- und prozessfähige natürliche oder juristische Person sein.
- Parteifähigkeit ist die Fähigkeit, in einem Verfahren Träger von Rechten und Pflichten zu sein.
- Prozessfähigkeit ist die Fähigkeit, durch eigenes Verhalten oder durch gewillkürte Vertretung prozessuale Rechte und Pflichten zu begründen.

Partei- und Prozessfähigkeit knüpfen an die Rechts- und Handlungsfähigkeit des bürgerlichen Rechts an.

2. Berufungsgegenstand (Art 118 Abs 4 B-VG, § 63 Abs 3 AVG)
Bescheid einer erstinstanzlichen Behörde im eigenen Wirkungsbereich der Gemeinde, wenn zugelassen (zB § 93 Stmk GO)

3. Berufungslegitimation
mögliche Verletzung einer Partei in ihren subjektiv-öffentlichen Rechten

✐ Meine Notizen

4. Frist (§ 63 Abs 5 AVG)
2 Wochen

5. Form (§§ 13, 63 AVG)
- schriftlich (§ 13 Abs 1 Satz 2 AVG)
- Bezeichnung des angefochtenen Bescheids (§ 63 Abs 3 AVG)
- Berufungsantrag (§ 63 Abs 3 AVG)
- Begründung (§ 63 Abs 3 AVG)
- Einbringung bei erstinstanzlicher Behörde, Fristwahrung aber auch bei Berufungsbehörde (§ 63 Abs 5 AVG)

Beachte: Der Instanzenzug richtet sich nach den Verwaltungsvorschriften. Für die von den Gemeinden im eigenen Wirkungsbereich zu erlassenden Bescheide ist der Instanzenzug meistens in den Gemeindeordnungen und Stadtrechten geregelt. Regelmäßig ist der Bgm in erster Instanz (zB § 45 Abs 2 lit b Stmk GemO) und der GR in zweiter Instanz zuständig.

B. Begründetheit

Die Berufung ist begründet, wenn der Bescheid rechtswidrig ist und die berufungswerbende Partei dadurch in ihren Rechten verletzt wurde.

Beachte: Die Berufungsbehörde entscheidet in der Sache selbst und kann auch die Zweckmäßigkeit (somit das Ermessen) überprüfen (§ 66 Abs 4 AVG).

VII. Devolutionsantrag: § 73 AVG

Der Devolutionsantrag ist ein Säumnisschutz gegen die verschuldete Untätigkeit der erstinstanzlichen Gemeindebehörde.

A. Zulässigkeit

1. Antragsteller
Antragsteller kann jede partei- und prozessfähige, natürliche oder juristische Person sein (§ 9 AVG).

2. Antragsgegenstand
Verletzung der Entscheidungspflicht durch Nichterlassung eines Bescheids durch die Gemeinde im eigenen Wirkungsbereich (§ 73 Abs 2 Satz 1 AVG).

3. Antragslegitimation
Behauptung des Antragstellers, im Verwaltungsverfahren zur Geltendmachung der Entscheidungspflicht berechtigt zu sein (Erledigungsanspruch).

4. Kein Ausschluss des zweigliedrigen Instanzenzuges
Ein Devolutionsantrag kommt nur dann in Betracht, wenn die erste Instanz im eigenen Wirkungsbereich der Gemeinde säumig ist und der Materiengesetzgeber den zweigliedrigen Instanzenzug nicht gem Art 118 Abs 4 B-VG ausgeschlossen hat.

Beachte: Ist der zweigliedrige Instanzenzug ausgeschlossen, ist die Säumnis der Behörde mit einer Säumnisbeschwerde an das VwG geltend zu machen (Art 130 Abs 1 Z 3 B-VG).

5. Abgelaufene Entscheidungsfrist
Eine Behörde ist grundsätzlich nach Ablauf einer Entscheidungsfrist von 6 Monaten säumig (§ 73 Abs 1 Satz 1 AVG).

Meine Notizen

6. Form
- schriftliche Einbringung bei der Berufungsbehörde (§ 73 Abs 2 AVG)
- konkrete Benennung des Antrages, über den die Behörde nicht entschieden hat
- Begehren des Zuständigkeitübergangs auf die Berufungsbehörde

7. Zuständigkeit
Die Berufungsbehörde ist für einen Devolutionsantrag zuständig (§ 73 Abs 2 AVG).

Beachte: Das Einlangen eines zulässigen Devolutionsantrags bei der zuständigen Berufungsbehörde bewirkt, dass die säumige Behörde ihre Zuständigkeit verliert und die Berufungsbehörde zuständig wird (§ 73 Abs 2 Satz 1 AVG).

Die Berufungsbehörde entscheidet sodann nicht als Rechtsmittelinstanz, sondern anstelle der untätigen Unterbehörde. Die Vorinstanz wird wieder zuständig, wenn der Devolutionsantrag zurückgezogen oder abgewiesen wird. Ist der Antrag unzulässig, geht die Zuständigkeit nicht über.

B. Begründetheit

Der Antrag ist begründet, wenn die belangte Behörde ihre Entscheidungspflicht verletzt hat und die Verzögerung auf ein überwiegendes Verschulden der Behörde zurückzuführen ist (§ 73 Abs 2 letzter Satz AVG).

Beachte: Ist der Antrag begründet, so hat die Berufungsbehörde anstelle der Vorinstanz in der Sache zu entscheiden. Diese hat sie ab dem Tag des Einlangens des Devolutionsantrags spätestens nach 6 Monate zu treffen (§ 73 Abs 3 AVG). Kommt sie ihrer Pflicht nicht nach, kann dagegen Säumnisbeschwerde an das VwG erhoben werden.

Meine Notizen

Prüfungsschemata Verwaltungsrecht – materiell

I. Amtshaftung

Ein Amtshaftungsanspruch gem Art 23 Abs 1 B-VG iVm AHG besteht gegenüber einem Rechtsträger, dessen Organ einem Dritten im Rahmen des Gesetzesvollzuges durch rechtswidriges Handeln schuldhaft einen Schaden zufügt.

Beachte: Gehaftet wird für das Organhandeln in Vollziehung der Gesetze. Keine Amtshaftung gibt es für Akte des Gesetzgebers oder im Bereich der Privatwirtschaftsverwaltung.

A. Zulässigkeit

Der Amtshaftungsanspruch ist durch Klage gegen den Rechtsträger geltend zu machen. Die Zuständigkeit richtet sich nach § 9 Abs 1 AHG (Landesgericht). Vor Einbringung der Klage muss eine schriftliche Aufforderung an den Rechtsträger gerichtet werden (sonst Kostenfolge nach § 45 ZPO iVm § 8 Abs 2 AHG, Kostenfolge auch, wenn der Rechtsträger den Anspruch innerhalb von 3 Monaten ab Geltendmachung anerkennt oder erfüllt).

B. Materieller Anspruch

1. Schaden (§ 1 Abs 1 AHG)
   - Vermögensschäden
   - Schäden an einer Person

2. Handlung (Art 23 Abs 1 B-VG, § 1 Abs 1 AHG)
   - aktive Handlung
   - Unterlassung

Beachte: Das AHG schließt in bestimmten Fällen einen Ersatzanspruch gegen den Rechtsträger aus. Absolut ausgeschlossen ist die Ableitung eines Ersatzanspruches aus einem Erk des VfGH, des OGH und des VwGH (§ 2 Abs 3 AHG). Der Ersatzanspruch nach dem AHG besteht auch dann nicht, wenn der Geschädigte den Schaden durch Rechtsmittel, Beschwerde beim VwG und Revision beim VwGH hätte abwenden können (§ 2 Abs 2 AHG: „Primärrechtsschutz vor Sekundärrechtsschutz“).

3. Rechtswidrigkeit und Rechtswidrigkeitszusammenhang

Rechtswidrigkeit: liegt vor, wenn die gesetzte Handlung (Tun oder Unterlassung) eine Übertretung einer gesetzlichen Verpflichtung darstellt.

Die Rechtswidrigkeit des Verhaltens muss von solcher Art sein, dass die Rechtsverletzung mit dem Schadenseintritt in Zusammenhang steht.

Rechtswidrigkeitszusammenhang: Verletzung einer Norm, die einen Schaden der eingetretenen Art verhindern soll. Beim Rechtswidrigkeitszusammenhang wird geprüft, ob der Schutzzweck der Norm mit dem eingetretenen Schaden in Zusammenhang steht.

4. Kausalität (Art 23 Abs 1 B-VG, § 1 Abs 1 AHG)

Der Schaden muss durch die Zufügung der rechtswidrigen Handlung auftreten. Bei der Kausalität wird geprüft, ob das Verhalten des Rechtsträgers von ursächlichem Zusammenhang mit dem Schadenseintritt war.

✐ Meine Notizen

5. Verschulden (Art 23 Abs 1 B-VG, § 1 Abs 1 AHG).
Unter Verschulden ist

- **Vorsatz**, wenn der Schaden mit Wissen oder Willen, oder
- **Fahrlässigkeit**, wenn der Schaden aus schuldhafter Unwissenheit oder aus Mangel an der gehörigen Aufmerksamkeit oder des gehörigen Fleißes verursacht worden ist, zu verstehen.

Beachte: Es wird bereits bei leichter Fahrlässigkeit gehaftet.

6. Mitverschulden (§§ 1301 ff ABGB)
Mitverschulden des Geschädigten ist haftungsverkürzend oder haftungsausschließend.

Beachte: Bei überwiegendem Mitverschulden aufseiten des Geschädigten kann es sogar zu einem gänzlichen Entfall der Ersatzpflicht kommen.

7. Verjährung
3 Jahre (§ 6 AHG)

II. Flächenwidmungsplan

A. Rechtsschutz gegen einen Flächenwidmungsplan

Ein Flächenwidmungsplan ist eine VO (§ 25 Abs 1 Stmk ROG). Seine Rechtswidrigkeit kann daher im Verordnungsprüfungsverfahren nach Art 139 B-VG aufgegriffen werden.

1. Antrag eines Gerichts (Art 139 Abs 1 Satz 1 Z 1 B-VG)

Beachte: Gerichte müssen einen rechtswidrigen Flächenwidmungsplan anwenden, sofern ein Mindestmaß an Publizität erreicht wurde. Bei Bedenken gegen die Rechtmäßigkeit (§ 8 Abs 1 Stmk ROG) müssen sie das anhängige Verfahren unterbrechen und nach Art 139 Abs 1 Z 1 B-VG iVm Art 89 Abs 2 und 135 Abs 4 B-VG einen Antrag auf Verordnungsprüfung an den VfGH stellen.

2. Amtswegig eingeleitetes Verordnungsprüfverfahren durch den VfGH (Art 139 Abs 1 Z 2 B-VG)

3. Individualantrag auf Normenkontrolle (Art 139 Abs 1 Satz 1 Z 3 B-VG); zB von der Flächenwidmung unmittelbar betroffene Grundstückseigentümer, soweit ihr Grundstück betroffen ist

Beachte: Nachbarn sind durch einen Flächenwidmungsplan nicht unmittelbar betroffen; sie können erst durch die Erteilung einer Baubewilligung durch den Flächenwidmungsplan beeinträchtigt werden.

4. Bescheidbeschwerde (Art 130 Abs 1 Z 1 B-VG)

Beachte: Gem § 38 Abs 12 Stmk ROG genehmigt die LReg den Flächenwidmungsplan mit Bescheid. Art 139 Abs 1 Z 7 B-VG ist daher nicht einschlägig. Die Gemeinde kann sich gegen diesen Bescheid mit einer Bescheidbeschwerde an das VwG wehren und gegen dessen Entscheidung eine Revision an den VwGH und/oder eine Erkenntnisbeschwerde an den VfGH erheben

Ein zulässiger Antrag auf Aufhebung des Flächenwidmungsplan ist begründet, wenn dieser formell und/oder materiell rechtswidrig ist.

B. Formelle Rechtmäßigkeit

Meine Notizen

1. Zuständigkeit für die Erstellung oder Änderung
Gemeinde (§ 25 Abs 1 Stmk ROG)

2. Verfahren

a) Erstellung oder Änderung (spätestens alle 10 Jahre erfolgt eine Revision des Flächenwidmungsplans, um den Änderungsbedarf zu erheben) **im normalen Verfahren nach § 38 Stmk ROG**

- Beschluss des GR über Entwurf (§ 38 Abs 1 Satz 1 Stmk ROG – 2/3-Mehrheit nach § 63 Abs 2 Stmk ROG)
- Festlegung der Auflagedauer (§ 38 Abs 1 Satz 2 Z 1 Stmk ROG)
- Hinweis über Einsichtnahme während Amtszeit (§ 38 Abs 1 Satz 2 Z 2 Stmk ROG)
- Hinweis, dass jeder innerhalb der Auflagedauer Einwendungen schriftlich und begründet beim Gemeindeamt bekannt geben kann (§ 38 Abs 1 Satz 2 Z 3 Stmk ROG)
- Termin und Ort für Versammlung (§ 38 Abs 1 Satz 2 Z 4 Stmk ROG)
- Ordnungsgemäße Kundmachung (§ 38 Abs 2 Stmk ROG)
- Benachrichtigung der in § 38 Abs 3 Stmk ROG genannte Stellen
- Auflage des Entwurfes einschließlich des Erläuterungsberichts (§ 38 Abs 4 Stmk ROG)
- Vorstellung in öffentlicher Versammlung, ggf mit Umweltbericht (§ 38 Abs 5 Stmk ROG)
- Vorlage des Entwurfes an GR samt Einwendungen durch den Bgm (§ 38 Abs 6 Stmk ROG)
- Kenntnisnahme der Einwendungen durch den GR
- Genehmigungsbeschluss über Flächenwidmungsplan (§ 38 Abs 7 Stmk ROG – Beachte 2/3-Mehrheit nach § 63 Abs 2 Stmk ROG)
- Schriftliche Benachrichtigung derjenigen, die Einwendungen erhoben haben, ggf mit Begründung (§ 38 Abs 8 Stmk ROG)
- Genehmigung der LReg durch Bescheid (§ 38 Abs 9 und Abs 12 Stmk ROG, Gründe zur Versagung § 38 Abs 10 Stmk ROG)
- Kundmachung, Ausfertigung an LReg (§ 38 Abs 13 und 14 Stmk ROG)

b) Sonstige Änderungen **im vereinfachten Verfahren nach § 39 Stmk ROG**
§ 39 Abs 1 Z 1 Stmk ROG: Änderungen außerhalb Revision im Rahmen eines genehmigten örtlichen Entwicklungskonzeptes
§ 39 Abs 1 Z 2 Stmk ROG: ausschließliche Änderungen der Bebauungsplanzonierung

- Anwendung § 38 Abs 1 bis 8 Stmk ROG (§ 39 Abs 1 zweiter Satz Z 1 Stmk ROG)
- Bgm verfügt Auflage des Flächenwidmungsplanes und informiert GR (§ 39 Abs 1 zweiter Satz Z 2 Stmk ROG)
- Wahl zwischen Auflage- und Anhörungsverfahren (§ 39 Abs 1 letzter Satz Z 3 Stmk ROG)
- Genehmigung durch die LReg erfolgt nur auf deren Verlangen (§ 39 Abs 2 Stmk ROG)

Beachte: Werden einzelne Verfahrensschritte nicht eingehalten, ist die Erstellung oder Änderung des Flächenwidmungsplanes rechtswidrig.

C. Materielle Rechtmäßigkeit

1. Planrechtfertigung

- im Zuge der Revision wird eine Änderungsnotwendigkeit festgestellt (§ 42 Abs 5 Stmk ROG)
- außerhalb der Revision liegt eine sonstige Änderungsnotwendigkeit vor (§ 42 Abs 8 Stmk ROG)

Beachte: Keine Planung nur aus privaten Motiven (Gemeinwohlbezug erforderlich)

Meine Notizen

2. Zwingende Planungsleit(grund)sätze
- Kein Widerspruch zu Bundes- und Landesgesetzen bzw VO (§ 8 Abs 1 Satz 1 Stmk ROG)
- Kein Widerspruch zum örtl Entwicklungskonzept (§ 8 Abs 1 Satz 2 Stmk ROG)
- Abstimmungsgebot wurde eingehalten (§ 19 Z 2 Stmk ROG)
- Grundsätze des § 3 Abs 1 Stmk ROG wurden eingehalten

3. Abwägung (Sachlichkeitsprüfung)
Eine sachlich gerechte Abwägung erfordert (vgl ua § 3 Abs 2 Stmk ROG), dass
- zunächst eine hinreichende **Grundlagenforschung** (wesentliche Planungsbasis, Bestandsaufnahme aller naturräumlichen, wirtschaftlichen, sozialen und kulturellen Gegebenheiten) vorgenommen wird,
- basierend auf der Grundlagenforschung **überhaupt** eine Abwägung aller Belange erfolgt und
- **alle nach Lage der Dinge** relevanten Belange in die Abwägung einbezogen werden,
- die Bedeutung der betroffenen öffentlichen und privaten Belange **nicht verkannt** wird und
- ein Ausgleich zwischen den betroffenen Belangen in einer Weise vorgenommen wird, dass die Planung **im Verhältnis** zu den einzelnen Belangen steht.

Beachte: Die Abwägung muss hinreichend sachlich begründet sein, damit sie nachgeprüft werden kann.

III. Sicherheitspolizei – Aufgabe und Befugnis

Neben der **Maßnahmenbeschwerde** gem Art 130 Abs 1 Z 2 B-VG, § 88 Abs 1 SPG und der **Bescheidbeschwerde** gem Art 130 Abs 1 Z 1 B-VG, § 14a SPG, gibt es die **Beschwerde gegen übriges Handeln** gem § 88 Abs 2 SPG. Sowohl bei der Maßnahmenbeschwerde als auch bei der Beschwerde gegen schlicht-hoheitliches Handeln ist für die Rechtmäßigkeit der Handlung eine Aufgabe und eine Befugnis notwendig.

Beachte: Schlicht-hoheitliches Handeln liegt vor, wenn ein Verwaltungsorgan im Rahmen der Hoheitsverwaltung eine nicht förmliche Maßnahme vornimmt. Die Beschwerde nach § 88 Abs 2 SPG ist subsidiär (nicht geltend machbar bei AuvBZ, Bescheid oder VO).

A. Zuständigkeit

1. Sicherheitsbehörde (§ 4, §§ 6ff SPG)

2. Organ (§ 5 SPG)

3. örtliche Zuständigkeit (§ 14 SPG)

B. Aufgabe

1. Aufrechterhaltung der öffentlichen Sicherheit (§§ 20ff SPG)
- **Gefahrenabwehr (§ 21 iVm § 16 SPG):**
  - Abwehr allgemeiner Gefahren (§ 21 Abs 1, § 16 Abs 1 SPG)
  - Beendigung gefährlicher Angriffe (§ 21 Abs 2 SPG)
  - Abwehr und Beendigung gefährlicher Angriffe in Zivilluftfahrzeugen (§ 21 Abs 2a SPG).
- **vorbeugender Schutz von Rechtsgütern (§§ 22, 23 SPG):**
  - vorbeugender Schutz von Personen, Einrichtungen und Sachen (§ 22 Abs 1 SPG)
  - vorbeugender Schutz vor gefährlichen Angriffen (§ 22 Abs 2 SPG)
  - Identitätsklärungspflicht (§ 22 Abs 3 SPG)
  - Inkenntnissetzungspflicht (§ 22 Abs 4 SPG)
- **Fahndung (§ 24 SPG)**
- **sicherheitspolizeiliche Beratung (§ 25 SPG)**
- **Streitschlichtung (§ 26 SPG)**

2. Aufrechterhaltung der öffentlichen Ordnung (§ 27 SPG)
- Aufrechterhaltung der öffentlichen Ordnung
- an öffentlichen Orten

Meine Notizen

Beachte: „Ordnung" bedeutet die Gesamtheit jener ungeschriebenen, gesellschaftlichen Verhaltensregeln für den Einzelnen in der Öffentlichkeit, deren Befolgung als unentbehrliche Voraussetzung für ein gedeihliches Miteinander der Menschen angesehen wird (VwSlg 543 A/1948). Öffentliche Orte können jederzeit von einem weitgehend unbeschränkten Personenkreis betreten werden, zB Straßen, Parks.

3. Erste Allgemeine Hilfeleistungspflicht (§ 19 SPG)
Verpflichtet Sicherheitsbehörden zur **subsidiären Hilfeleistung** als stellvertretende Verwaltungspolizei und zur vorläufigen Abwehr besonderer Gefahren unter den Voraussetzungen, dass
- bestimmte Rechtsgüter gefährdet sind oder ihre Gefährdung unmittelbar bevorsteht (§ 19 Abs 1 SPG)
- die Abwehr der Gefährdung in die Zuständigkeit einer Verwaltungsbehörde (§ 19 Abs 1 Z 1 SPG), des Hilfs- und Rettungswesens oder der Feuerpolizei (§ 19 Abs 1 Z 2 SPG) fällt.

Die Pflicht zur Hilfeleistung endet mit
- der erfolgreichen Abwehr der Gefährdung,
- der Ablehnung der Hilfe durch den Gefährdeten oder
- dem Einschreiten der zuständigen Behörde, Rettung oder Feuerwehr (§ 19 Abs 4 SPG).

4. Besonderer Überwachungsdienst (§ 27 a SPG)

C. Befugnis

Beachte: Im Anwendungsbereich des SPG darf ein Rechtseingriff nur dann erfolgen, wenn er der Erfüllung einer im SPG vorgesehenen Aufgabe (§§ 19 ff SPG) dient und diese mit einer dafür vorgesehenen Befugnis (§§ 28 ff SPG) besorgt wird (**strikte Akzessorität** von Aufgabe und Befugnis).

Beachte: Wenn bestimmte Tatsachen die Annahme einer Gefahrensituation rechtfertigen, obliegt den Sicherheitsbehörden, soweit ihnen die Abwehr solcher Gefahren aufgetragen ist, die Gefahrenerforschung (§ 28 a Abs 1 SPG).

1. Allgemeine Befugnisse (§§ 32, 33 SPG)

Beachte: Die Sicherheitsbehörden dürfen zur Erfüllung der ihnen übertragenen Aufgaben alle rechtlich zulässigen Mittel einsetzen, die nicht in die Rechte eines Menschen eingreifen (§ 28 a Abs 2 SPG). Im Rahmen des SPG gilt ein Vorrang nicht eingreifender Mittel (§ 28 a Abs 3 SPG).

Zur Erfüllung der EAH darf in Rechtsgüter von Personen,
- welche die Gefährdung nicht zu verantworten haben, nur dann eingegriffen werden, wenn der abzuwendende Schaden die Rechtsgutverletzung offenkundig und erheblich übersteigt (§ 32 Abs 1 SPG).
- welche die Gefährdung zu verantworten haben, eingegriffen werden (§ 32 Abs 2 SPG).

Zur Beendigung gefährlicher Angriffe (§ 33 SPG).

✐ Meine Notizen

Beachte: Bei diesen Befugnissen wird lediglich das Ziel des Einschreitens vorgegeben. Durch die Inanspruchnahme der allgemeinen Befugnisse darf es zu keiner Beschränkung der besonderen Befugnisse kommen.

2. Besondere Befugnisse (§§ 34 ff SPG)
- **Informationserhebung:** Auskunftsverlangen (§ 34 SPG), Identitätsfeststellung (§ 35 SPG), Identitätsausweis (§ 35 a SPG)
- **Aufenthaltsbeschränkung:** Platzverbot (§ 36 SPG), Schutzzone (§ 36 a SPG), Auflösung von Besetzungen (§ 37 SPG), Wegweisung (§ 38 SPG), Betretungsverbot und Wegweisung zum Schutz vor Gewalt (§ 38 a SPG), Meldeverpflichtung zur Normverdeutlichung (§ 38 b SPG)
- **Betretung, Durchsuchung, Sicherstellung etc:** Betreten und Durchsuchen von Grundstücken, Räumen und Fahrzeugen (§ 39 SPG), Durchsuchen von Menschen (§ 40 SPG), Durchsuchungsanordnung bei Großveranstaltungen (§ 41 SPG), Sicherstellen von Sachen (§ 42 SPG), Fund (§ 42 a SPG), Verfall (§ 43 SPG), Inanspruchnahme von Sachen (§ 44 SPG)
- **Anhaltung, Festnahme:** Festnahme Unmündiger etc (§ 45 SPG), Vorführung bei Arzt/Krankenanstalt (§ 46 SPG)

Beachte: Die Festnahme ist in § 35 VStG geregelt.

- **Bewachung** (§ 48 SPG)
- **Verordnungsbefugnis:** außerordentliche Anordnungsbefugnis (§ 49 SPG)
- **Besondere Befugnisse zur Verhinderung von Gewalt und Rassismus bei Sportgroßveranstaltungen:** Sicherheitsbereich (§ 49 a SPG), Gefährderansprache (§ 49 b SPG), Präventivmaßnahmen (§ 49 c SPG), Gefährderansprache zur Deradikalisierung (§ 49 d SPG), Meldeverpflichtung (§ 49 e SPG)

3. Allgemeine Grundsätze der Befugnisausübung
- **Vorrang bestimmter Schutzgüter (§ 28 SPG):** der Schutz des Lebens und der Gesundheit von Menschen genießt Vorrang vor anderen Gütern.
- **gesetzliche Grundlage bei eingreifenden Maßnahmen (§ 28 a Abs 3 SPG)**
- **Verhältnismäßigkeitsprinzip (§ 29 SPG):** Verhältnismäßigkeit liegt vor, wenn der Rechtseingriff zur Erfüllung der Aufgabe tauglich und erforderlich (gelindestes Mittel) ist sowie der angestrebte Erfolg zu voraussichtlich bewirkten Schäden und Gefährdungen in einem angemessenen Verhältnis steht.
- **Rechte des Betroffenen bei der Ausübung von Befugnissen (§ 30 SPG)**
- **Richtlinien für das Einschreiten (§ 31 SPG)**

Beachte: Bei Richtlinienverletzungen gem § 31 SPG gibt es die Möglichkeit der Erhebung einer Richtlinienbeschwerde gem § 89 SPG.

D. Zwangsmittel (§ 50 SPG)

Die Organe des öffentlichen Sicherheitsdienstes dürfen, sofern nichts anderes bestimmt ist, die Befugnisse unter folgenden Voraussetzungen mit Zwangsgewalt durchsetzen:
- Androhung
- Ankündigung
- Durchführung
- Verhältnismäßigkeit der Durchführung (§ 29 SPG)

Beachte: Ein Androhen und Ankündigen kann gem § 50 Abs 2 SPG in Fällen von Notwehr oder zur Beendigung gefährlicher Angriffe unterbleiben, soweit dies unerlässlich erscheint.

2017																							
Jänner		Februar		März		April		Mai		Juni		Juli		August		Sep-tember		Okto-ber		November		Dezember	
1	So	1	Mi	1	Mi	1	Sa	1	Mo	1	Do	1	Sa	1	Di	1	Fr	1	So	1	Mi	1	Fr
2	Mo	2	Do	2	Do	2	So	2	Di	2	Fr	2	So	2	Mi	2	Sa	2	Mo	2	Do	2	Sa
3	Di	3	Fr	3	Fr	3	Mo	3	Mi	3	Sa	3	Mo	3	Do	3	So	3	Di	3	Fr	3	So
4	Mi	4	Sa	4	Sa	4	Di	4	Do	4	So	4	Di	4	Fr	4	Mo	4	Mi	4	Sa	4	Mo
5	Do	5	So	5	So	5	Mi	5	Fr	5	Mo	5	Mi	5	Sa	5	Di	5	Do	5	So	5	Di
6	Fr	6	Mo	6	Mo	6	Do	6	Sa	6	Di	6	Do	6	So	6	Mi	6	Fr	6	Mo	6	Mi
7	Sa	7	Di	7	Di	7	Fr	7	So	7	Mi	7	Fr	7	Mo	7	Do	7	Sa	7	Di	7	Do
8	So	8	Mi	8	Mi	8	Sa	8	Mo	8	Do	8	Sa	8	Di	8	Fr	8	So	8	Mi	8	Fr
9	Mo	9	Do	9	Do	9	So	9	Di	9	Fr	9	So	9	Mi	9	Sa	9	Mo	9	Do	9	Sa
10	Di	10	Fr	10	Fr	10	Mo	10	Mi	10	Sa	10	Mo	10	Do	10	So	10	Di	10	Fr	10	So
11	Mi	11	Sa	11	Sa	11	Di	11	Do	11	So	11	Di	11	Fr	11	Mo	11	Mi	11	Sa	11	Mo
12	Do	12	So	12	So	12	Mi	12	Fr	12	Mo	12	Mi	12	Sa	12	Di	12	Do	12	So	12	Di
13	Fr	13	Mo	13	Mo	13	Do	13	Sa	13	Di	13	Do	13	So	13	Mi	13	Fr	13	Mo	13	Mi
14	Sa	14	Di	14	Di	14	Fr	14	So	14	Mi	14	Fr	14	Mo	14	Do	14	Sa	14	Di	14	Do
15	So	15	Mi	15	Mi	15	Sa	15	Mo	15	Do	15	Sa	15	Di	15	Fr	15	So	15	Mi	15	Fr
16	Mo	16	Do	16	Do	16	So	16	Di	16	Fr	16	So	16	Mi	16	Sa	16	Mo	16	Do	16	Sa
17	Di	17	Fr	17	Fr	17	Mo	17	Mi	17	Sa	17	Mo	17	Do	17	So	17	Di	17	Fr	17	So
18	Mi	18	Sa	18	Sa	18	Di	18	Do	18	So	18	Di	18	Fr	18	Mo	18	Mi	18	Sa	18	Mo
19	Do	19	So	19	So	19	Mi	19	Fr	19	Mo	19	Mi	19	Sa	19	Di	19	Do	19	So	19	Di
20	Fr	20	Mo	20	Mo	20	Do	20	Sa	20	Di	20	Do	20	So	20	Mi	20	Fr	20	Mo	20	Mi
21	Sa	21	Di	21	Di	21	Fr	21	So	21	Mi	21	Fr	21	Mo	21	Do	21	Sa	21	Di	21	Do
22	So	22	Mi	22	Mi	22	Sa	22	Mo	22	Do	22	Sa	22	Di	22	Fr	22	So	22	Mi	22	Fr
23	Mo	23	Do	23	Do	23	So	23	Di	23	Fr	23	So	23	Mi	23	Sa	23	Mo	23	Do	23	Sa
24	Di	24	Fr	24	Fr	24	Mo	24	Mi	24	Sa	24	Mo	24	Do	24	So	24	Di	24	Fr	24	So
25	Mi	25	Sa	25	Sa	25	Di	25	Do	25	So	25	Di	25	Fr	25	Mo	25	Mi	25	Sa	25	Mo
26	Do	26	So	26	So	26	Mi	26	Fr	26	Mo	26	Mi	26	Sa	26	Di	26	Do	26	So	26	Di
27	Fr	27	Mo	27	Mo	27	Do	27	Sa	27	Di	27	Do	27	So	27	Mi	27	Fr	27	Mo	27	Mi
28	Sa	28	Di	28	Di	28	Fr	28	So	28	Mi	28	Fr	28	Mo	28	Do	28	Sa	28	Di	28	Do
29	So			29	Mi	29	Sa	29	Mo	29	Do	29	Sa	29	Di	29	Fr	29	So	29	Mi	29	Fr
30	Mo			30	Do	30	So	30	Di	30	Fr	30	So	30	Mi	30	Sa	39	Mo	30	Do	30	Sa
31	Di			31	Fr			31	Mi			31	Mo	31	Do			31	Di			31	So

2018

Jänner		Februar		März		April		Mai		Juni		Juli		August		September		Oktober		November		Dezember	
1	Mo	1	Do	1	Do	1	So	1	Di	1	Fr	1	So	1	Mi	1	Sa	1	Mo	1	Do	1	Sa
2	Di	2	Fr	2	Fr	2	Mo	2	Mi	2	Sa	2	Mo	2	Do	2	So	2	Di	2	Fr	2	So
3	Mi	3	Sa	3	Sa	3	Di	3	Do	3	So	3	Di	3	Fr	3	Mo	3	Mi	3	Sa	3	Mo
4	Do	4	So	4	So	4	Mi	4	Fr	4	Mo	4	Mi	4	Sa	4	Di	4	Do	4	So	4	Di
5	Fr	5	Mo	5	Mo	5	Do	5	Sa	5	Di	5	Do	5	So	5	Mi	5	Fr	5	Mo	5	Mi
6	Sa	6	Di	6	Di	6	Fr	6	So	6	Mi	6	Fr	6	Mo	6	Do	6	Sa	6	Di	6	Do
7	So	7	Mi	7	Mi	7	Sa	7	Mo	7	Do	7	Sa	7	Di	7	Fr	7	So	7	Mi	7	Fr
8	Mo	8	Do	8	Do	8	So	8	Di	8	Fr	8	So	8	Mi	8	Sa	8	Mo	8	Do	8	Sa
9	Di	9	Fr	9	Fr	9	Mo	9	Mi	9	Sa	9	Mo	9	Do	9	So	9	Di	9	Fr	9	So
10	Mi	10	Sa	10	Sa	10	Di	10	Do	10	So	10	Di	10	Fr	10	Mo	10	Mi	10	Sa	10	Mo
11	Do	11	So	11	So	11	Mi	11	Fr	11	Mo	11	Mi	11	Sa	11	Di	11	Do	11	So	11	Di
12	Fr	12	Mo	12	Mo	12	Do	12	Sa	12	Di	12	Do	12	So	12	Mi	12	Fr	12	Mo	12	Mi
13	Sa	13	Di	13	Di	13	Fr	13	So	13	Mi	13	Fr	13	Mo	13	Do	13	Sa	13	Di	13	Do
14	So	14	Mi	14	Mi	14	Sa	14	Mo	14	Do	14	Sa	14	Di	14	Fr	14	So	14	Mi	14	Fr
15	Mo	15	Do	15	Do	15	So	15	Di	15	Fr	15	So	15	Mi	15	Sa	15	Mo	15	Do	15	Sa
16	Di	16	Fr	16	Fr	16	Mo	16	Mi	16	Sa	16	Mo	16	Do	16	So	16	Di	16	Fr	16	So
17	Mi	17	Sa	17	Sa	17	Di	17	Do	17	So	17	Di	17	Fr	17	Mo	17	Mi	17	Sa	17	Mo
18	Do	18	So	18	So	18	Mi	18	Fr	18	Mo	18	Mi	18	Sa	18	Di	18	Do	18	So	18	Di
19	Fr	19	Mo	19	Mo	19	Do	19	Sa	19	Di	19	Do	19	So	19	Mi	19	Fr	19	Mo	19	Mi
20	Sa	20	Di	20	Di	20	Fr	20	So	20	Mi	20	Fr	20	Mo	20	Do	20	Sa	20	Di	20	Do
21	So	21	Mi	21	Mi	21	Sa	21	Mo	21	Do	21	Sa	21	Di	21	Fr	21	So	21	Mi	21	Fr
22	Mo	22	Do	22	Do	22	So	22	Di	22	Fr	22	So	22	Mi	22	Sa	22	Mo	22	Do	22	Sa
23	Di	23	Fr	23	Fr	23	Mo	23	Mi	23	Sa	23	Mo	23	Do	23	So	23	Di	23	Fr	23	So
24	Mi	24	Sa	24	Sa	24	Di	24	Do	24	So	24	Di	24	Fr	24	Mo	24	Mi	24	Sa	24	Mo
25	Do	25	So	25	So	25	Mi	25	Fr	25	Mo	25	Mi	25	Sa	25	Di	25	Do	25	So	25	Di
26	Fr	26	Mo	26	Mo	26	Do	26	Sa	26	Di	26	Do	26	So	26	Mi	26	Fr	26	Mo	26	Mi
27	Sa	27	Di	27	Di	27	Fr	27	So	27	Mi	27	Fr	27	Mo	27	Do	27	Sa	27	Di	27	Do
28	So	28	Mi	28	Mi	28	Sa	28	Mo	28	Do	28	Sa	28	Di	28	Fr	28	So	28	Mi	28	Fr
29	Mo			29	Do	29	So	29	Di	29	Fr	29	So	29	Mi	29	Sa	29	Mo	29	Do	29	Sa
30	Di			30	Fr	30	Mo	30	Mi	30	Sa	30	Mo	30	Do	30	So	30	DI	30	Fr	30	So
31	Mi			31	Sa			31	Do			31	Di	31	Fr			31	Mi			31	Mo

✐ Meine Notizen

Landesgesetze Steiermark

Steiermärkisches Baugesetz (LGBl 1995/59 idF LGBl 2017/61)

§ 1 Eigener Wirkungsbereich der Gemeinden

Die in diesem Gesetz geregelten Angelegenheiten der Gemeinde sind solche des eigenen Wirkungsbereiches.

§ 3 Ausnahmen vom Anwendungsbereich

Dieses Gesetz gilt insbesondere nicht für:

1. bauliche Anlagen, die nach straßenrechtlichen Vorschriften als Straßen oder Bestandteile einer Straße gelten, sowie die dazugehörigen Lärmschutzanlagen;
2. bauliche Anlagen, die der Abwicklung oder Sicherung des Betriebes oder Verkehrs von Eisenbahnen oder auf Flugplätzen dienen, einschließlich der dazugehörigen Lärmschutzanlagen;
3. die Errichtung und Instandhaltung von militärischen Anlagen, insbesondere von Kampf- und Waffenständen, verbunkerten Führungs- und Fernmeldeeinrichtungen sowie Sperren, Munitionslagern, nicht ortsfest errichteten militärischen Anlagen für Zwecke der Luftraumüberwachung, Bauwerken für den militärischen Flugbetrieb, Schießstätten und Übungsplätzen mit Ausnahme der dazugehörigen Hochbauten samt den damit zusammenhängenden Versorgungsanlagen;
4. bauliche Anlagen, die nach bergrechtlichen, schiffahrtsrechtlichen oder abfallrechtlichen Bestimmungen einer Bewilligung bedürfen;
5. bauliche Anlagen, die nach forstrechtlichen Vorschriften einer Bewilligung bedürfen, soweit es sich nicht um Gebäude handelt;
6. bauliche Anlagen, die nach wasserrechtlichen Vorschriften einer Bewilligung bedürfen, soweit es sich um solche handelt, die unmittelbar der Wassernutzung (z. B. Wasserversorgung, Abwasserentsorgung, Energiegewinnung) dienen;
7. bauliche Anlagen, die der Fortleitung oder Umformung von Energie dienen (Freileitungen, Trafostationen, Kabelstationen, Kabelleitungen, Gasleitungen, Gasreduzierstationen, Fernwärmeleitungen, Funkleitungseinrichtungen, Pumpstationen, E-Ladestationen u. dgl.), soweit es sich nicht um betretbare Gebäude handelt;
8. bauliche Anlagen vorübergehenden Bestandes, die dem Steiermärkischen Veranstaltungsgesetz 2012 unterliegen;
9. Neu- und Zubauten in Leichtbauweise, Wohncontainer und sonstige Fertigteilbauten oder die Nutzung von baulichen Anlagen, jeweils zur vorübergehenden Unterbringung einer größeren Anzahl von Personen aus humanitären Gründen, wenn die Unterbringung staatlich organisiert ist, ausschließlich für die Dauer des Bestehens des Erfordernisses der vorübergehenden Unterbringung.

§ 4 Begriffsbestimmungen

Die nachstehenden Begriffe haben in diesem Gesetz folgende Bedeutung:

1. **Abstellanlagen für Fahrräder:** Fahrrad-Abstellplätze mit felgenschonenden Vorrichtungen zum standsicheren Abstellen der Fahrräder und der Möglichkeit zum Absperren des Fahrradrahmens;
2. **Abstellflächen für Kraftfahrzeuge:** Flächen im Freien, die dem Abstellen sowie der Zu- und Abfahrt von Kraftfahrzeugen außerhalb von öffentlichen Verkehrsflächen dienen;
3. **Abstellplatz für Kraftfahrzeuge:** jene Teilfläche einer Garage oder Abstellfläche, die dem Abstellen des einzelnen Kraftfahrzeuges dient;
4. **Abweichung vom genehmigten Projekt, geringfügige:** Änderung in der Bauausführung, wodurch weder öffentliche noch nachbarliche Interessen berührt werden und das Projekt in seinem Wesen nicht verändert wird;

[. . .]

13. **Bauliche Anlage (Bauwerk):** eine Anlage, die mit dem Boden in Verbindung steht und zu deren fachgerechter Herstellung bautechnische Kenntnisse erforderlich sind.

Eine Verbindung mit dem Boden besteht schon dann, wenn die Anlage
- durch eigenes Gewicht auf dem Boden ruht oder
- auf ortsfesten Bahnen begrenzt beweglich ist oder

Meine Notizen

– nach ihrem Verwendungszweck dazu bestimmt ist, überwiegend ortsfest benutzt zu werden;

[...]

40. **Kleinhäuser:** Häuser, die ausschließlich dem Wohnen dienen und
– eine Gesamtwohnnutzfläche unter 600 m^2 sowie
– höchstens drei oberirdische Geschoße (einschließlich Dachgeschoße) haben;

[...]

44. **Nachbar:** Eigentümer oder Inhaber eines Baurechtes (Bauberechtigter) der an den Bauplatz angrenzenden Grundflächen sowie jener Grundflächen, die zum vorgesehenen Bauplatz in einem solchen räumlichen Naheverhältnis stehen, dass vom geplanten Bau oder dessen konsensgemäßer Benützung Einwirkungen auf diese Grundflächen ausgehen können, gegen welche die Bestimmungen dieses Gesetzes Schutz gewähren, oder dass von seiner genehmigten gewerblichen oder landwirtschaftlichen oder forstwirtschaftlichen Betriebsanlage Einwirkungen auf den Bauplatz ausgehen können;

[...]

48. **Neubau:** Herstellung einer neuen baulichen Anlage, die keinen Zu- oder Umbau darstellt. Ein Neubau liegt auch dann vor, wenn nach Abtragung bestehender baulicher Anlagen alte Fundamente oder Kellermauern ganz oder teilweise wiederverwendet werden;

[...]

58. **Umbau:** die Umgestaltung des Inneren oder Äußeren einer bestehenden baulichen Anlage, die die äußeren Abmessungen nicht vergrößert oder nur unwesentlich verkleinert, jedoch geeignet ist, die öffentlichen Interessen zu berühren (z. B. Brandschutz, Standsicherheit, äußeres Erscheinungsbild), bei überwiegender Erhaltung der Bausubstanz;

[...]

§ 5 Bauplatzeignung

(1) Eine Grundstücksfläche ist als Bauplatz für die vorgesehene Bebauung geeignet, wenn

1. eine Bebauung nach dem Steiermärkischen Raumordnungsgesetz zulässig ist,

[...]

5. Gefährdungen durch Lawinen, Hochwasser, Grundwasser, Vermurungen, Steinschlag, Rutschungen u. dgl. nicht zu erwarten sind und

[...]

§ 17 Auskünfte

(1) Die Behörde hat über Anfrage Auskunft über die rechtlichen Grundlagen der Bebaubarkeit des Grundstückes (Flächenwidmungsplan, Bebauungsplan, Bausperre und dergleichen) zu geben. Aus einer solchen Auskunft erwachsen keine Rechte oder Pflichten.

(2) Unabhängig von der Auskunftserteilung hat die Behörde Bauwerber in Bauangelegenheiten zu beraten.

§ 19 Baubewilligungspflichtige Vorhaben

Bewilligungspflichtig sind folgende Vorhaben, sofern sich aus den §§ 20 und 21 nichts anderes ergibt:

1. Neu-, Zu- oder Umbauten von baulichen Anlagen sowie größere Renovierungen (§ 4 Z 34 a)

2. Nutzungsänderungen, die auf die Festigkeit, den Brandschutz, die Hygiene, die Sicherheit von baulichen Anlagen oder deren Teilen von Einfluss sein können oder die Nachbarrechte berühren oder wenn Bestimmungen des jeweils geltenden Raumordnungsgesetzes, des Flächenwidmungsplanes oder des Bebauungsplanes berührt werden können

3. die Errichtung, Änderung oder Erweiterung von Abstellflächen für Kraftfahrzeuge, Garagen und Nebenanlagen;

4. Einfriedungen gegen Nachbargrundstücke oder öffentliche Verkehrsflächen sowie Stützmauern, jeweils ab einer Höhe von mehr als 1,5 m

5. Veränderungen des natürlichen Geländes von nach dem Flächenwidmungsplan im Bauland gelegenen Grundflächen sowie von im Freiland gelegenen Grundflächen, die an das Bauland angrenzen

Meine Notizen

6. die länger als drei Tage dauernde Aufstellung von Fahrzeugen und anderen transportablen Einrichtungen, die zum Aufenthalt oder Nächtigen von Personen geeignet sind, wie insbesondere Wohnwagen, Mobilheime und Wohncontainer, außerhalb von öffentlichen Verkehrsflächen, Abstellflächen oder Garagen;

7. der Abbruch von Gebäuden, ausgenommen Nebengebäude;

8. Projekte gemäß § 22 Abs. 6.

§ 20 Anzeigepflichtige Vorhaben

Anzeigepflichtig sind folgende Vorhaben, soweit sich aus § 21 nichts anderes ergibt:

1. Neu-, Zu- oder Umbauten von Kleinhäusern im Bauland, wenn die Eigentümer der an den Bauplatz angrenzenden Grundstücke sowie jene Grundeigentümer, deren Grundstücke vom Bauplatz durch ein schmales Grundstück bis zu 6 m Breite (z. B. öffentliche Verkehrsfläche, privates Wegegrundstück, Riemenparzelle u. dgl.) getrennt sind, durch Unterfertigung der Baupläne ausdrücklich ihr Einverständnis mit dem Vorhaben erklärt haben

2. die Errichtung, Änderung oder Erweiterung von

a) Abstellflächen für mehr als fünf Krafträder bis höchstens 30 Krafträder oder mehr als zwei Kraftfahrzeuge bis höchstens zwölf Kraftfahrzeuge mit einem höchsten zulässigen Gesamtgewicht von je 3500 kg einschließlich der erforderlichen Zu- und Abfahrten;

b) Garagen für höchstens 30 Krafträder oder höchstens zwölf Kraftfahrzeuge mit einem höchsten zulässigen Gesamtgewicht von je 3500 kg und Nebenanlagen, auch wenn sie als Zubau zu einem Gebäude ausgeführt werden;

c) Schutzdächern (Flugdächern) mit einer überdeckten Fläche von über 40 m^2, auch wenn diese als Zubau zu einem Gebäude ausgeführt werden;

d) Nebengebäuden,

jeweils wenn die Voraussetzungen nach Z 1 vorliegen.

3. Die Errichtung, Änderung oder Erweiterung von

a) Werbe- und Ankündigungseinrichtungen (Tafeln, Schaukästen, sonstige Vorrichtungen und Gegenstände, an denen Werbungen und Ankündigungen angebracht werden können, Bezeichnungen, Beschriftungen, Hinweise u. dgl.);

b) Umspann- und Kabelstationen, soweit es sich um Gebäude handelt;

c) Einfriedungen gegen öffentliche Verkehrsflächen sowie Stützmauern, jeweils bis zu einer Höhe von 1,5 m

d) Ölfeuerungsanlagen und Feuerungsanlagen für feste Brennstoffe einschließlich von damit allenfalls verbundenen baulichen Änderungen oder Nutzungsänderungen

e) sichtbaren Antennen- und Funkanlagentragmasten

f) baulichen Anlagen für Reitparcours oder Hundeabrichteplätze;

g) die nachträgliche Errichtung, Änderung oder Erweiterung von Hauskanalanlagen und Sammelgruben

h) Solar- und Photovoltaikanlagen bis zu einer Kollektorfläche von insgesamt 100 m^2 und einer Höhe von über 3,50 m

4. Veränderungen des natürlichen Geländes von nach dem Flächenwidmungsplan im Bauland gelegenen Grundflächen sowie von im Freiland gelegenen Grundflächen, die an das Bauland angrenzen, wenn die Eigentümer der an den Bauplatz angrenzenden Grundstücke durch Unterfertigung der Baupläne ausdrücklich ihr Einverständnis mit dem Vorhaben erklärt haben

5. die Aufstellung von Motoren, Maschinen, Apparaten oder ähnlichem, wenn hiedurch die Festigkeit von Bauten beeinflußt oder eine Gefährdung herbeigeführt werden könnte und die Aufstellung nicht in einer der Gewerbeordnung oder dem Luftreinhaltegesetz für Kesselanlagen unterliegenden Anlage vorgenommen wird

6. die Durchführung von größeren Renovierungen (§ 4 Z 34 a) oder wärmetechnischen Optimierungen der Gebäudehülle, jeweils bei bestehenden Kleinhäusern.

§ 21 Baubewilligungsfreie Vorhaben

(1) Zu den baubewilligungsfreien Vorhaben gehört die Errichtung, Änderung oder Erweiterung von:

1. Nebengebäuden (mit Ausnahme von Garagen), landesüblichen Zäunen, Folientunnel, Hagelnetzanlagen, Flachsilos, Beregnungsanlagen u. dgl., jeweils nur im Rahmen der Land- und Forstwirtschaft, sofern keine Nachbarrechte im Sinne des § 26 Abs. 1 Z 1 und 2 berührt werden;

Meine Notizen

2. kleineren baulichen Anlagen, wie insbesondere

a) für die Verwertung (Kompostierung) von biogenem Abfall im Sinne des Steiermärkischen Abfallwirtschaftsgesetzes; wie insbesondere Kleinkompostieranlagen für Gebäude mit nicht mehr als sechs Wohnungen;

b) Abstellflächen für höchstens 5 Kraftfahrräder oder höchstens 2 Kraftfahrzeuge mit einem höchsten zulässigen Gesamtgewicht von je 3500 kg einschließlich der erforderlichen Zu- und Abfahrten, Fahrradabstellanlagen sowie Schutzdächer (Flugdächer), mit einer überdeckten Fläche von insgesamt höchstens 40 m^2, auch wenn diese als Zubau zu einem Gebäude ausgeführt werden, samt allfälligen seitlichen Umschließungen, die keine Gebäudeeigenschaft (§ 4 Z. 29) bewirken;

c) Skulpturen und Zierbrunnenanlagen bis zu einer Höhe von 3,0 m inklusive Sockel, kleineren sakralen Bauten sowie Gipfelkreuzen;

d) Wasserbecken bis zu insgesamt 100 m^3 Rauminhalt, Saisonspeichern für solare Raumheizung und Brunnenanlagen;

e) luftgetragenen Überdachungen bis zu insgesamt 100 m^2 Grundfläche;

f) Pergolen bis zu einer bebauten Fläche von 40 m^2, Klapotetzen, Maibäumen, Fahnen- und Teppichstangen, Jagdsitzen sowie Kinderspielgeräten;

g) Gerätehütten im Bauland bis zu einer Gesamtfläche von insgesamt 40 m^2;

h) Gewächshäusern bis zu 3,0 m Firsthöhe und bis zu einer Gesamtfläche von insgesamt 40 m^2;

i) Parabolanlagen sowie Hausantennenempfangsanlagen im Privatbereich; Mikrozellen zur Versorgung von Geländeflächen mit einem Durchmesser von 100 m bis 1 km und Picozellen für Mobilfunkanlagen zur Versorgung von Geländeflächen mit einem Durchmesser bis 100 m, samt Trag- und Befestigungseinrichtungen;

j) Telefonzellen und Wartehäuschen für öffentliche Verkehrsmittel;

k) Stützmauern bis zu einer Höhe von 50 cm über dem angrenzenden natürlichen Gelände;

l) Loggiaverglasungen einschließlich der erforderlichen Rahmenkonstruktion

3. kleineren baulichen Anlagen und kleineren Zubauten, jeweils im Bauland, soweit sie mit den in Z. 2 angeführten Anlagen und Einrichtungen hinsichtlich Größe, Verwendungszweck und Auswirkungen auf die Nachbarn vergleichbar sind;

4. Baustelleneinrichtungen, einschließlich der zum vorübergehenden Aufenthalt dienenden Unterstände;

5. Feuerungsanlagen für feste und flüssige Brennstoffe bis zu einer Nennheizleistung von 8,0 kW, sofern Nachweise über das ordnungsgemäße Inverkehrbringen im Sinne des Steiermärkischen Feuerungsanlagengesetzes, LGBl. Nr. 73/2001, vorliegen;

5 a. Gasanlagen, die keiner Bewilligungspflicht nach dem Steiermärkischen Gasgesetz unterliegen, Feuerungsanlagen jedoch nur dann, wenn Nachweise über das ordnungsgemäße Inverkehrbringen im Sinne des Steiermärkischen Feuerungsanlagengesetzes, LGBl. Nr. 73/2001 und der Gasgeräte-Sicherheitsverordnung, BGBl. Nr. 430/1994, vorliegen, sonstige Gasgeräte, die keine Feuerungsanlagen sind, jedoch nur dann, wenn Nachweise über das ordnungsgemäße Inverkehrbringen im Sinne der Gasgeräte-Sicherheitsverordnung, BGBl. Nr. 430/1994, vorliegen;

6. Werbe- und Ankündigungsreinrichtungen von Wählergruppen, die sich an der Wahlwerbung für die Wahl zu einem allgemeinen Vertretungskörper oder zu den satzungsgebenden Organen einer gesetzlichen beruflichen Vertretung, für die Wahl des Bundespräsidenten oder für Volksabstimmungen, Volksbegehren und Volksbefragungen auf Grund landes- oder bundesgesetzlicher Vorschriften beteiligen, innerhalb von sechs Wochen vor dem Wahltag oder dem Tag der Volksabstimmung, der Volksbefragung oder des Volksbegehrens bis spätestens zwei Wochen danach.

(2) Baubewilligungsfrei sind überdies:

1. der Umbau einer baulichen Anlage oder Wohnung, der keine Änderung der äußeren Gestaltung bewirkt;

2. die bis zu drei Tagen dauernde Aufstellung von Fahrzeugen und anderen transportablen Einrichtungen im Sinne des § 19 Z.6;

3. die Lagerung von Heizöl bis 300 l;

4. der Abbruch aller nicht unter § 19 Z 7 fallenden baulichen Anlagen;

5. Einfriedungen gegen Nachbargrundstücke (ausgenommen öffentliche Verkehrsflächen) bis zu einer Höhe von 1,5 m;

6. Solar- und Photovoltaikanlagen bis zu einer Kollektorfläche von insgesamt 100 m^2; dabei dürfen Anlagen und ihre Teile eine Höhe von 3,50 m nicht überschreiten;

7. Der Umbau einer baulichen Anlage, sofern es sich dabei ausschließlich um eine Färbelung handelt.

✐ Meine Notizen

(3) Baubewilligungsfreie Vorhaben sind vor ihrer Ausführung der Gemeinde schriftlich mitzuteilen. Die Mitteilung hat den Ort und eine kurze Beschreibung des Vorhabens zu enthalten.

(4) Durch baubewilligungsfreie Vorhaben dürfen Bau- und Raumordnungsvorschriften, wie insbesondere festgelegte Bauflucht-, Baugrenz- und Straßenfluchtlinien, sowie die Vorschriften über Abstände nicht verletzt werden.

§ 22 Ansuchen

(1) Um die Erteilung der Baubewilligung ist bei der Behörde schriftlich anzusuchen.

(2) Dem Ansuchen sind folgende Unterlagen anzuschließen:

1. der Nachweis des Eigentums oder des Baurechtes an dem für die Bebauung vorgesehenen Grundstück in Form einer amtlichen Grundbuchabschrift oder in anderer rechtlich gesicherter Form, jeweils nicht älter als sechs Wochen;

2. die Zustimmungserklärung des Grundeigentümers oder des Bauberechtigten, wenn der Bauwerber nicht selbst Grundeigentümer oder Bauberechtigter ist;

2a. die gegebenenfalls erforderliche Zustimmung bzw. Bewilligung der Straßenverwaltung nach den landes-straßenverwaltungsrechtlichen Bestimmungen;

3. der Nachweis, dass die zu bebauende Grundstücksfläche – sofern diese nicht in zwei Katastralgemeinden liegt – aus einem Grundstück im Sinn des Vermessungsgesetzes, BGBl. Nr. 306/1968, in der Fassung BGBl. Nr. 480/1980, oder aus einer Teilfläche besteht. Der Nachweis kann entfallen

- für bestehende Bauten,
- für Bauten, die sich auf Grund ihrer Funktion üblicherweise über zwei Grundstücke erstrecken,
- wenn rechtswirksame Bebauungspläne bestehen, denen ein Teilungsplan zugrunde liegt
- sowie bei land- und forstwirtschaftlichen Bauten im Freiland;

4. ein Verzeichnis der Grundstücke, die bis zu 30,0 m von den Bauplatzgrenzen entfernt liegen, jeweils mit Namen und Anschriften der Eigentümer dieser Grundstücke;

5. Angaben über die Bauplatzeignung;

6. das Projekt in zweifacher Ausfertigung.

(3) Wenn aus den im Abs. 2 angeführten Unterlagen allein nicht beurteilt werden kann, ob das geplante Bauvorhaben den Vorschriften dieses Gesetzes entspricht, sind auf Verlangen der Behörde weitere Nachweise, insbesondere über die Standsicherheit, die Tragfähigkeit des Bodens, die Einhaltung des Brand- und Schallschutzes u. dgl. sowie ein Höhenschichtlinienplan zu erbringen.

(4) Die Behörde kann von der Beibringung einzelner in Abs. 2 angeführten Unterlagen absehen, wenn die Unterlagen zur Beurteilung des Vorhabens ausreichend sind.

(5) Wird der Nachweis gemäß Abs. 2 Z 3 dem Ansuchen nicht angeschlossen, so muß dieser spätestens vor Erteilung der Baubewilligung erbracht werden.

(6) Der Bauwerber besitzt die Wahlmöglichkeit, ein Gesamtbauvorhaben, das aus baubewilligungspflichtigen und anzeigepflichtigen Vorhaben besteht, als baubewilligungspflichtiges Vorhaben gemäß § 19 Z. 8 bei der Baubehörde zur Erteilung der Baubewilligung einzureichen. Hinsichtlich der dem Bauansuchen betreffend ein anzeigepflichtiges Vorhaben anzuschließenden Unterlagen ist § 33 Abs. 2 Z. 2 und 3 sowie Z. 4 bezüglich des Grundstücksverzeichnisses anzuwenden. Weiters gilt § 33 Abs. 5a sinngemäß. Im Baubewilligungsverfahren betreffend ein anzeigepflichtiges Vorhaben gemäß § 20 Z. 3, 5 und 6 ist nur der Bauwerber Partei.

§ 23 Projektunterlagen

(1) Das Projekt hat zu enthalten:

1. einen Lageplan, der auszuweisen hat:

- die Grenzen des Bauplatzes,
- die auf dem Bauplatz bestehenden und geplanten Bauten mit Nebenanlagen und Freiflächen (Sammelgruben, Kinderspielplätze, Abstellflächen für Kraftfahrzeuge, Stellplätze für Müllbehälter, Anlagen zur Wasser- und Energieversorgung und Abwasserbeseitigung samt Leitungen u.dgl.),
- die zahlenmäßige Angabe der Abstände der Gebäude von den Nachbargrenzen sowie der Gebäude untereinander,

✐ Meine Notizen

- die bestehenden baulichen Anlagen auf den angrenzenden und bis zu 30,0 m von den Bauplatzgrenzen entfernt liegenden Grundstücken mit Angabe der jeweiligen Geschoßanzahl,
- die Grundstücksnummern,
- die Grundgrenzen,
- die Verkehrsflächen,
- die Nordrichtung,
- alle am Bauplatz befindlichen sowie die für die Aufschließung des Bauplatzes maßgeblichen Leitungen mit Namen und Anschrift der Leitungsträger,
- den bekannten höchsten Grundwasserstand und
- einen Höhenfestpunkt, auf dessen Höhe das gesamte Planwerk zu beziehen ist;

2. die Grundrisse sämtlicher Geschosse mit Angabe der Raumnutzung und der Nutzflächen sowie im Fall des § 92b die Darstellung des Zugangspunktes zum Gebäude;

3. die Berechnung der Bruttogeschoßflächen aller Geschosse in überprüfbarer Form;

4. die notwendigen Schnitte, insbesondere die Treppenhausschnitte und jene Schnitte, die zur Feststellung der einzuhaltenden Abstände notwendig sind

5. alle Ansichten, die zur Beurteilung der äußeren Gestaltung der baulichen Anlagen und des Anschlusses an die Nachbargebäude erforderlich sind, sowie Angaben über die Farbgebung;

6. die Darstellung der geplanten Geländeveränderungen (ursprüngliches und neues Gelände) in den Schnitten und Ansichten;

7. die Darstellung der Abwasserentsorgungs- und Energieversorgungsanlagen, Düngerstätten u. dgl.;

8. betreffend Energieeinsparung und Wärmeschutz:

a) den Energieausweis gemäß § 81;

b) den Nachweis der Erfüllung der Anforderungen gemäß § 80 in Verbindung mit der Verordnung gemäß § 82, soweit diese Anforderungen im Energieausweis nach lit. a nicht berücksichtigt sind oder kein Energieausweis zu erstellen ist;

c) gegebenenfalls den durch einen nach den für die Berufsausübung maßgeblichen Vorschriften berechtigten Sachverständigen für das einschlägige Fachgebiet erbrachten Nachweis, dass die Anforderungen gemäß § 80 Abs. 5 berücksichtigt werden;

9. gegebenenfalls die Art und die Darstellung der baulichen Vorsorge für Heizungsanlagen samt Rauchfängen einschließlich der Rauchfanganschlüsse, allfällige Aufzüge, Lüftungs- und Förderleitungen, Klimaanlagen u. dgl.;

10. *(Anm.: entfallen)*

11. eine Beschreibung des Bauplatzes und der geplanten baulichen Anlage mit Angabe aller für die Bewilligung maßgebenden, aus den Plänen nicht ersichtlichen Umständen, insbesondere auch mit Angaben über den Verwendungszweck der geplanten baulichen Anlagen (Baubeschreibung).

(2) Lagepläne sind im Maßstab 1:1000, Grundrisse, Schnitte und Ansichten sowie Darstellungen im Sinne des Abs. 1 Z 7 und 9 im Maßstab 1:100, sofern nicht ein größerer oder kleinerer Maßstab für das Vorhaben geeigneter ist, zu verfassen.

(3) Die Pläne sind in technisch einwandfreier Form herzustellen. In Plänen für Zu- und Umbauten sind die abzutragenden Bauteile gelb, die neu zu errichtenden Bauteile rot darzustellen.

(4) Die Pläne und die Baubeschreibung sind vom Bauwerber, von den Grundeigentümern oder Bauberechtigten und von den Verfassern der Unterlagen, allfällige weitere Nachweise vom Bauwerber und von den Verfassern der Unterlagen unter Beisetzung ihrer Funktion zu unterfertigen. Als Verfasser der Unterlagen kommen nur dazu gesetzlich Berechtigte in Betracht.

§ 24 Bauverhandlung

(1) Die Behörde kann über ein Ansuchen eine mündliche Bauverhandlung durchführen und mehrere Verwaltungssachen zur gemeinsamen Verhandlung und Entscheidung verbinden oder sie wieder trennen. Im Rahmen der Bauverhandlung hat ein Ortsaugenschein stattzufinden.

(2) Die Behörde hat sich bei allen diesen Verfahrensanordnungen von Rücksichten auf möglichste Zweckmäßigkeit, Raschheit, Einfachheit und Kostenersparnis leiten zu lassen.

Meine Notizen

(3) Die bei der Verhandlung aufgelegten Projektsunterlagen sind mit einem Sichtvermerk (Vidierung) zu versehen.

(4) Benötigt ein bewilligungspflichtiges Vorhaben gemäß § 19 eine Genehmigung nach den gewerberechtlichen Vorschriften über Betriebsanlagen (§§ 74ff Gewerbeordnung 1994), so soll auf Antrag des Bauwerbers die Bauverhandlung gleichzeitig mit der Verhandlung nach der Gewerbeordnung durchgeführt werden.

§ 25 Kundmachung und Ladung zur Bauverhandlung

(1) Die Anberaumung einer Bauverhandlung hat durch persönliche Verständigung der bekannten Beteiligten zu erfolgen. Als bekannte Beteiligte gelten insbesondere

1. der Bauwerber,
2. der Grundeigentümer,
3. der Inhaber des Baurechtes,
4. die Verfasser der Projektunterlagen,
5. die Nachbarn, die der Behörde durch das auf seine Vollständigkeit und Richtigkeit hin überprüfte Verzeichnis nach § 22 Abs. 2 Z 4 bekannt geworden sind,
6. die Gemeinde in jenen Bauverfahren, die durch Übertragungsverordnung der Landesregierung auf staatliche Behörden des Landes übertragen wurden. Wenn noch andere Personen als Beteiligte in Betracht kommen, ist die Verhandlung überdies durch Anschlag in der Gemeinde oder durch Verlautbarung in der für amtliche Kundmachungen der Behörde bestimmten Zeitung kundzumachen.

(2) Die Bauverhandlung ist so anzuberaumen, dass die Teilnehmer rechtzeitig und vorbereitet erscheinen können. Die Verständigung (Kundmachung) über die Anberaumung der Verhandlung hat den Gegenstand, die Zeit und den Ort der Bauverhandlung einschließlich des Hinweises auf die gemäß § 27 Abs. 1 eintretenden Folgen (Verlust der Parteistellung) zu enthalten. Falls für Zwecke der Verhandlung Pläne oder sonstige Behelfe zur Einsicht der Beteiligten aufzulegen sind, ist dies bei der Anberaumung der Bauverhandlung unter Angabe von Zeit und Ort der Einsichtnahme bekannt zu geben.

§ 26 Nachbarrechte

(1) Der Nachbar kann gegen die Erteilung der Baubewilligung Einwendungen erheben, wenn diese sich auf Bauvorschriften beziehen, die nicht nur dem öffentlichen Interesse, sondern auch dem Interesse der Nachbarn dienen (subjektiv-öffentlichrechtliche Einwendungen). Das sind Bestimmungen über

1. die Übereinstimmung des Vorhabens mit dem Flächenwidmungsplan und einem Bebauungsplan, soweit damit ein Immissionsschutz verbunden ist
2. die Abstände (§ 13);
3. den Schallschutz (§ 77 Abs. 1)
4. die brandschutztechnische Ausführung der Außenwände von Bauwerken an der Nachbargrenze (§ 52 Abs. 2)
5. die Vermeidung einer sonstigen Gefährdung oder unzumutbaren Belästigung bzw. unzumutbaren Beeinträchtigung (§ 57 Abs. 2, § 58, § 60 Abs. 1, § 66 zweiter Satz und § 88)
6. die Baueinstellung und die Beseitigung (§ 41 Abs. 6).

(2) (Anm: derogiert durch § 82 Abs. 7 AVG)

(3) Wird von einem Nachbarn die Verletzung eines Rechtes behauptet, das im Privatrecht begründet ist (privatrechtliche Einwendung), so hat die Behörde zunächst eine Einigung zu versuchen. Kommt keine Einigung zustande, so ist der Beteiligte mit seinen privatrechtlichen Einwendungen auf den ordentlichen Rechtsweg zu verweisen.

(4) Bei Neu- oder Zubauten sowie Nutzungsänderungen, die dem Wohnen dienen, sind auch Einwendungen im Sinn des § 26 Abs. 1 Z 1 zu berücksichtigen, mit denen Immissionen geltend gemacht werden, die von einer/einem genehmigten benachbarten:

1. gewerblichen Betriebsanlage oder
2. Seveso-Betrieb oder
3. land- oder forstwirtschaftlichen Betriebsanlage

ausgehen und auf das geplante Bauvorhaben einwirken (heranrückende Wohnbebauung). Dies gilt jedoch nur in Bezug auf rechtmäßige Emissionen, deren Zulässigkeit vom Nachbarn zu belegen ist.

Meine Notizen

(5) Bei Neu- oder Zubauten sowie Nutzungsänderungen innerhalb des angemessenen Sicherheitsabstandes eines rechtmäßig bestehenden Seveso-Betriebes, wird dem Betriebsinhaber das Recht eingeräumt, das Risiko eines schweren Unfalls beim Seveso-Betrieb oder, soweit ein solches Risiko bereits besteht, dessen Vergrößerung oder Verschlimmerung der Folgen eines solchen Unfalls einzuwenden.

(6) Bei Neu-, Zu und Umbau eines Seveso-Betriebes sowie bei einer Nutzungsänderung zu einem Seveso-Betrieb wird dem Nachbarn innerhalb des angemessenen Sicherheitsabstandes das Recht eingeräumt, das Risiko eines schweren Unfalls beim Seveso-Betrieb oder, soweit ein solches Risiko bereits besteht, dessen Vergrößerung oder Verschlimmerung der Folgen eines solchen Unfalls einzuwenden.

§ 27 Parteistellung

(1) Wurde eine Bauverhandlung gemäß § 25 Abs. 1 letzter Satz und zusätzlich in geeigneter Form kundgemacht, so hat dies zur Folge, dass ein Nachbar seine Stellung als Partei verliert, soweit er nicht spätestens am Tag vor Beginn der Verhandlung bei der Behörde oder während der Verhandlung Einwendungen im Sinne des § 26 Abs. 1 erhebt. Eine Kundmachungsform ist geeignet, wenn sie sicherstellt, dass ein Nachbar von der Anberaumung der Bauverhandlung voraussichtlich Kenntnis erlangt.

(2) Wurde eine Bauverhandlung nicht gemäß Abs. 1 kundgemacht, so erstreckt sich die darin bezeichnete Rechtsfolge (Verlust der Parteistellung) nur auf jene Nachbarn, die rechtzeitig die Verständigung von der Anberaumung der Bauverhandlung erhalten haben.

(3) Ein Nachbar, der seine Parteistellung gemäß Abs. 1 verloren hat und glaubhaft macht, dass er durch ein unvorhergesehenes oder unabwendbares Ereignis verhindert war, rechtzeitig Einwendungen im Sinne des § 26 Abs. 1 zu erheben, und den kein Verschulden oder nur ein minderer Grad des Versehens trifft, kann binnen zwei Wochen nach dem Wegfall des Hindernisses seine Einwendungen auch nach Abschluss der Bauverhandlung vorbringen, und zwar

1. bis zum Ablauf von acht Wochen ab tatsächlichem Baubeginn oder
2. ab Kenntnis der bewilligungspflichtigen Nutzungsänderung, längstens jedoch bis zum Ablauf eines Jahres ab durchgeführter Nutzungsänderung.

(4) Ein Nachbar, der nicht gemäß Abs. 1 seine Parteistellung verloren hat und dem kein Bescheid zugestellt worden ist (übergangener Nachbar), kann nur bis zum Ablauf von drei Monaten ab tatsächlichem Baubeginn oder ab Kenntnis der bewilligungspflichtigen Nutzungsänderung, längstens jedoch bis zum Ablauf eines Jahres ab durchgeführter Nutzungsänderung nachträgliche Einwendungen gegen die bauliche Maßnahme vorbringen oder die Zustellung des Genehmigungsbescheides beantragen.

(5) Solange über das Bauansuchen noch nicht entschieden wurde, sind Einwendungen nach Abs. 3 und 4 von der Behörde in gleicher Weise zu berücksichtigen, als wären sie in der mündlichen Verhandlung erhoben worden. Wurde hingegen der Baubewilligungsbescheid bereits erlassen, gilt die Einbringung der Einwendung als Antrag auf Zustellung des Genehmigungsbescheides. Gegen den Genehmigungsbescheid oder gegen den dem Antrag auf Zustellung nicht stattgebenden Bescheid ist ein Rechtsmittel zulässig. Für das weitere Verfahren ist die zum Zeitpunkt der Erlassung des erstinstanzlichen Bescheides maßgebliche Rechtslage zu berücksichtigen.

[. . .]

§ 29 Entscheidung der Behörde

(1) Die Behörde hat einem Ansuchen mit schriftlichem Bescheid stattzugeben, wenn die nach diesem Gesetz für die Bewilligung geforderten Voraussetzungen erfüllt sind.

(2) Auf die Ausschöpfung der für Baugebiete im Flächenwidmungsplan festgesetzten höchstzulässigen Bebauungsdichte besteht ein Rechtsanspruch, sofern nicht ein Bebauungsplan oder die Belange des Straßen-, Orts- oder Landschaftsbildes entgegenstehen.

(3) Bei der Beurteilung der Zulässigkeit eines Vorhabens im Sinne der Bestimmungen des Steiermärkischen Raumordnungsgesetzes sind auch alle im Projekt vorgesehenen, im Interesse des Nachbarschaftsschutzes gelegenen Maßnahmen zu berücksichtigen.

(4) Entspricht ein eingereichtes Bauvorhaben nicht dem Festlegungsbescheid, dann ist das Ansuchen abzuweisen. Dies gilt nicht bei zulässigen Über- oder Unterschreitungen der Bebauungsdichte.

Meine Notizen

(5) Eine Bewilligung ist mit Auflagen zu erteilen, soweit dies erforderlich ist, damit den von der Behörde zu wahrenden öffentlichen Interessen sowie den subjektiv-öffentlichen Rechten der Nachbarn entsprochen wird.

(6) Werden die Interessen gemäß § 95 Abs. 1 durch eine aufrechte baubehördliche Bewilligung im Rahmen der Landwirtschaft nicht mehr ausreichend geschützt, hat die Behörde – insbesondere auf Antrag eines Nachbarn – in begründeten Fällen andere oder zusätzliche Auflagen nach dem Stand der Technik vorzuschreiben. Bezogen auf landwirtschaftliche Tierhaltungsbetriebe ist diese Bestimmung erst ab einer Größe der Geruchszahl G = 20 anzuwenden. Die Verfahrenskosten hat die Gemeinde zu tragen.

(7) Die Behörde kann für die Erfüllung bzw. Einhaltung von zusätzlichen Auflagen gemäß Abs. 6 eine Frist von höchstens fünf Jahren einräumen, wenn diese Pflichten dem Betriebsinhaber erst nach einem oder mehreren Jahren wirtschaftlich zumutbar sind und der Schutzzweck eine solche Fristsetzung erlaubt (Interessenabwägung).

(8) Von einer Änderung bzw. Ergänzung der ursprünglichen Auflagen gemäß Abs. 6 ist jedoch abzusehen, wenn der finanzielle Aufwand im Vergleich zum angestrebten Nutzen unverhältnismäßig hoch ist. Hierbei sind insbesondere die Art, die Menge und das Gefährdungspotenzial der von der Anlage ausgehenden Emissionen, die von ihr verursachten Immissionen, die Nutzungsdauer und die technische Ausrüstung der Anlage zu berücksichtigen.

(9) Mit dem Bewilligungsbescheid ist dem Bauwerber eine mit dem Genehmigungsvermerk versehene Ausfertigung der Projektunterlagen auszufolgen.

(10) Bauliche Anlagen oder Teile derselben dürfen schon vor Rechtskraft der Bewilligung errichtet werden, wenn nur der Antragsteller dagegen ein Rechtsmittel ergriffen hat und die Auflagen der Bewilligung eingehalten werden.

§ 30 Befristete Baubewilligung

(1) Bauliche Anlagen, die nach ihrem Verwendungszweck im Zusammenhang mit einer Veranstaltung errichtet werden, dürfen einmalig auf die Dauer von höchstens sechs Monaten, bewilligt werden. Die Frist beginnt mit Rechtskraft der Bewilligung.

(2) Für solche Bauten sind Abweichungen von den Festlegungen im Flächenwidmungsplan zulässig, sofern Nachbarrechte nicht berührt werden.

[...]

§ 35 Baudurchführung

(1) Bei der Baudurchführung ist darauf zu achten, daß die Sicherheit von Menschen und Sachen gewährleistet ist und unzumutbare Belästigungen vermieden werden.

(2) Zur Vermeidung von Gefahren und Belästigungen nach Abs. 1 kann die Behörde die Aufstellung von Bauplanken, die Anbringung von Schutzdächern, die Absicherung von Baugruben, die Kennzeichnung von Verkehrshindernissen, Brandschutz-, Schallschutz- und Staubschutzmaßnahmen u. dgl. sowie zeitliche Beschränkungen für die Durchführung von Bau- und Abbrucharbeiten anordnen.

(3) Die Gemeinde kann durch Verordnung bestimmen, daß in der Nähe von Einrichtungen, die eines besonderen Schutzes gegen Lärm bedürfen, wie z. B. bei Schulen, Kirchen, Krankenanstalten, Erholungsheimen und Kindergärten, sowie zum Schutz von Kur- und Erholungsgebieten lärmerregende Bauarbeiten während bestimmter Zeiten überhaupt nicht vorgenommen sowie bestimmte Baumaschinen nicht verwendet werden dürfen und welche Vorkehrungen gegen die Ausbreitung des Baulärms getroffen werden müssen.

(4) Nach Vollendung der Baudurchführung hat der Bauherr unverzüglich alle Aufräumungsarbeiten zu veranlassen, die im Interesse der Sicherheit, des Verkehrs und des Schutzes des Straßen- und Ortsbildes notwendig sind. Kommt der Bauherr dieser Verpflichtung nicht nach, hat die Behörde mit Bescheid die Durchführung dieser Arbeiten aufzutragen.

(5) Bei Durchführung von Bauarbeiten in Gebäuden mit weiterhin benützten Wohnungen dürfen die bestehende Wasserversorgung, Beheizbarkeit, Abwasserbeseitigung, Benützbarkeit von Klosettanlagen sowie Zugänglichkeit erst unterbrochen bzw. entfernt werden, wenn die in der Baubewilligung vorgesehenen diesbezüglichen Einrichtungen funktionsfähig hergestellt worden sind. Bei Unterbrechung der Funktionsfähigkeit dieser Einrichtungen ohne vorherige Herstellung der bewilligten oder Schaffung eines ausreichenden Ersatzes kann die Behörde diese Bauarbeiten in sinn-

Meine Notizen

gemäßer Anwendung des § 41 einstellen. Für die Sicherstellung der Funktionsfähigkeit gilt § 42 sinngemäß.

(6) Mehr als geringfügige Abweichungen (§ 4 Z 4) von genehmigten Bauplänen unterliegen vor ihrer Ausführung der Bewilligung bzw. Genehmigung der Baubehörde, wenn sie bewilligungspflichtige oder anzeigepflichtige Baumaßnahmen betreffen.

[. . .]

§ 37 Überprüfung der Baudurchführung

(1) Die Behörde ist berechtigt, jederzeit die Einhaltung der baurechtlichen Vorschriften zu überprüfen. Zu diesem Zweck ist den Organen der Behörde der Zutritt zur Liegenschaft und zu allen Teilen der baulichen Anlage zu gestatten. Bauherr und Bauführer sind verpflichtet, den Organen der Behörde alle nötigen Auskünfte sowie Einsicht in alle bezughabenden Unterlagen zu gewähren.

(2) Die Behörde kann überdies Belastungsproben und Untersuchungen über den Wärme- und Schallschutz anordnen und Nachweise über die Einbaufähigkeit der Bauprodukte verlangen.

(3) Der Bauherr hat bei

1. Vorhaben gemäß § 19 Z. 1 (ausgenommen größere Renovierungen und Nebengebäude) und § 20 Z 1,
2. Garagen gemäß § 19 Z 3 und § 20 Z 2 lit. b und
3. Vorhaben gemäß §19 Z 8, soweit sie aus Vorhaben gemäß § 38 Abs. 1 bestehen,

der Behörde die Fertigstellung des Rohbaues, nach Möglichkeit mit gleichzeitiger Bestätigung der konsensgemäßen Ausführung durch den Bauführer schriftlich anzuzeigen. Wird der Anzeige die Bestätigung nicht angeschlossen, hat die Behörde eine Rohbaubeschau auf Kosten des Bauherrn durchzuführen.

(4) Wird bei der Baudurchführung gegen baurechtliche Vorschriften verstoßen, hat die Behörde die unverzügliche Abstellung der Mängel bescheidmäßig zu veranlassen oder, wenn dies für eine einwandfreie weitere Bauführung nicht ausreichend ist, die Baueinstellung zu verfügen.

[. . .]

§ 41 Baueinstellung und Beseitigungsauftrag

(1) Die Behörde hat die Baueinstellung zu verfügen, wenn Vorhaben gegen Bestimmungen dieses Gesetzes verstoßen, insbesondere wenn

1. bewilligungspflichtige Vorhaben ohne Bewilligung,
2. anzeigepflichtige Vorhaben ohne Genehmigung im Sinne des § 33 Abs. 6 oder
3. baubewilligungsfreie Vorhaben nicht im Sinne dieses Gesetzes

ausgeführt werden.

(2) Werden unzulässige Bauarbeiten trotz verfügter Baueinstellung fortgesetzt, kann die Baubehörde die Baustelle versiegeln oder absperren und die auf der Baustelle vorhandenen Baustoffe, Bauteile, Geräte, Maschinen und Bauhilfsmittel in amtlichen Gewahrsam bringen.

(3) Die Behörde hat hinsichtlich vorschriftswidriger baulicher Anlagen oder sonstiger Maßnahmen einen Beseitigungsauftrag zu erlassen. Der Auftrag ist ungeachtet eines Antrages auf nachträgliche Erteilung einer Baubewilligung oder einer Anzeige gemäß § 33 Abs. 1 zu erteilen.

(4) Die Behörde hat die Unterlassung der vorschriftswidrigen Nutzung aufzutragen, wenn eine bewilligungspflichtige Änderung des Verwendungszweckes von baulichen Anlagen oder Teilen derselben ohne Bewilligung vorgenommen wurde; Abs. 3 zweiter Satz gilt sinngemäß.

(5) Rechtsmittel gegen Bescheide nach Abs. 1 und 4 haben keine aufschiebende Wirkung.

(6) Den Nachbarn steht das Recht auf Erlassung eines baupolizeilichen Auftrages zu, wenn die Bauarbeiten, die baulichen Anlagen oder sonstigen Maßnahmen im Sinne der Abs. 1, 3 und 4 ihre Rechte (§ 26 Abs. 1) verletzen.

§ 42 Sofortmaßnahmen

(1) Bei Gefahr in Verzug kann die Behörde ohne weiteres Verfahren die erforderlichen Verfügungen und Sicherungsmaßnahmen auf Gefahr und Kosten des Eigentümers (jedes Miteigentümers) einer baulichen Anlage an Ort und Stelle anordnen und sofort vollstrecken lassen. Wenn die Rettung von Menschen nur von einem benachbarten Gebäude oder Grundstück aus möglich ist, ist jeder Eigentümer (Miteigentümer) und Benützer verpflichtet, das Betreten des Gebäudes oder Grundstückes

Meine Notizen

und die Vornahme der notwendigen Veränderungen zu dulden. Dabei können die erforderlichen Verfügungen sofort angeordnet und vollstreckt werden.

(2) Werbe- und Ankündigungseinrichtungen, die ab dem 1. März 1989 ohne Bewilligung errichtet wurden, können von der Behörde sofort entfernt werden. Die Behörde hat den Eigentümer des entfernten Gegenstandes oder den Grundeigentümer unverzüglich aufzufordern, diesen zu übernehmen. Die Kosten der Entfernung und Aufbewahrung eines Gegenstandes nach dem ersten Satz sind von dessen Eigentümer der Behörde zu ersetzen. Die Nichtübernahme von entfernten Gegenständen innerhalb eines Monats nach der Aufforderung gilt als Verzicht auf das Eigentum zugunsten der Gemeinde. Für Schäden, die bei der Entfernung von Gegenständen unvermeidbar eintreten, besteht kein Anspruch auf Entschädigung.

§ 43 Allgemeine Anforderungen

(1) Bauwerke und alle ihre Teile müssen so geplant und ausgeführt sein, dass sie unter Berücksichtigung der Wirtschaftlichkeit gebrauchstauglich sind und die in Folge angeführten bautechnischen Anforderungen erfüllen. Diese Anforderungen müssen entsprechend dem Stand der Technik bei vorhersehbaren Einwirkungen und bei normaler Instandhaltung über einen wirtschaftlich angemessenen Zeitraum erfüllt werden. Dabei sind Unterschiede hinsichtlich der Lage, der Größe und der Verwendung der Bauwerke zu berücksichtigen.

(2) Bautechnische Anforderungen an Bauwerke sind:
1. mechanische Festigkeit und Standsicherheit,
2. Brandschutz,
3. Hygiene, Gesundheit und Umweltschutz,
4. Nutzungssicherheit und Barrierefreiheit,
5. Schallschutz,
6. Energieeinsparung und Wärmeschutz sowie
7. nachhaltige Nutzung der natürlichen Ressourcen.

(3) Bauteile müssen aus entsprechend widerstandsfähigen Baustoffen hergestellt oder gegen schädigende Einwirkungen geschützt sein, wenn sie solchen Einwirkungen ausgesetzt sind. Schädigende Einwirkungen sind z. B. Umweltschadstoffe, Witterungseinflüsse, Erschütterungen oder korrosive Einwirkungen.

(4) Zusätzlich zu den bautechnischen Anforderungen muss das Bauwerk derart geplant und ausgeführt werden, dass es in seiner gestalterischen Bedeutung dem Straßen-, Orts- und Landschaftsbild gerecht wird. Hierbei ist auf Denkmäler und hervorragende Naturgebilde Rücksicht zu nehmen.

[...]

§ 57 Abwässer

(1) Bei Bauwerken muss unter Berücksichtigung ihres Verwendungszweckes für das Sammeln und Beseitigen der Abwässer und Niederschlagswässer vorgesorgt sein.

(2) Die Anlagen zur Sammlung und Beseitigung von Abwässern und Niederschlagswässern sind so anzuordnen, herzustellen und instand zu halten, dass sie betriebssicher sind und Gefahren oder unzumutbare Belästigungen nicht entstehen.

(3) Die Tragfähigkeit des Untergrundes und die Trockenheit von Bauwerken darf durch Anlagen zum Sammeln und Beseitigen der Abwässer und Niederschlagswässer nicht beeinträchtigt werden.

(4) Die Anlagen zur Sammlung und Beseitigung von Abwässern und Niederschlagswässern müssen ohne großen Aufwand überprüft und gereinigt werden können.

§ 58 Sonstige Abflüsse

Sonstige Abflüsse, insbesondere solche aus landwirtschaftlichen Anlagen, wie z. B. aus Stallungen, Düngersammelanlagen oder Silos, sind so zu sammeln, dass die Hygiene und die Gesundheit von Personen nicht gefährdet werden.

[...]

§ 60 Abgase von Feuerstätten

(1) Abgase von Feuerstätten sind unter Berücksichtigung der Art der Feuerstätte und des Brennstoffes so ins Freie abzuführen, dass die Sicherheit und die Gesundheit von Personen nicht gefährdet und diese nicht unzumutbar belästigt werden.

[...]

✐ Meine Notizen

§ 66 Belüftung und Beheizung

Räume sind ihrem Verwendungszweck entsprechend lüftbar und beheizbar einzurichten. Lüftungsanlagen dürfen Personen nicht in ihrer Gesundheit gefährden und nicht unzumutbar belästigen. Die ordnungsgemäße Ableitung der Abgase von Feuerstätten darf nicht beeinträchtigt werden.

[. . .]

§ 77 Allgemeine Anforderungen

(1) Bauwerke müssen so geplant und ausgeführt sein, dass gesunde, normal empfindende Benutzer oder Nachbarn dieses Bauwerkes nicht durch bei bestimmungsgemäßer Verwendung auftretenden Schall und Erschütterungen in ihrer Gesundheit gefährdet oder unzumutbar belästigt werden. Dabei sind der Verwendungszweck sowie die Lage des Bauwerkes und seiner Räume zu berücksichtigen.

(2) Wenn der besondere Verwendungszweck es erfordert, ist eine entsprechende Raumakustik sicherzustellen.

[. . .]

§ 88 Anforderungen

Bei Veränderungen des Geländes gemäß den §§ 19 oder 20 dürfen damit verbundene Änderungen der Abflussverhältnisse keine Gefährdungen oder unzumutbaren Beeinträchtigungen verursachen.

§ 118 Strafbestimmungen

[. . .]

(2) Eine Verwaltungsübertretung, die mit Geldstrafe bis zu EUR 7.267,– zu bestrafen ist, begeht, wer

[. . .]

11. die in Bescheiden und Erkenntnissen getroffenen Anordnungen oder vorgeschriebenen Auflagen nicht einhält;

[. . .]

Steiermärkisches Raumordnungsgesetz
(LGBl 2010/49 idF LGBl 2017/117)

§ 3 Raumordnungsgrundsätze

(1) Folgende Raumordnungsgrundsätze sind für die Raumordnung im Land Steiermark maßgeblich:

1. Die Qualität der natürlichen Lebensgrundlagen ist durch sparsame und sorgsame Verwendung der natürlichen Ressourcen wie Boden, Wasser und Luft zu erhalten und, soweit erforderlich, nachhaltig zu verbessern.

2. Die Nutzung von Grundflächen hat unter Beachtung eines sparsamen Flächenverbrauches, einer wirtschaftlichen Aufschließung sowie weit gehender Vermeidung gegenseitiger nachteiliger Beeinträchtigungen zu erfolgen. Die Zersiedelung der Landschaft ist zu vermeiden.

3. Die Ordnung benachbarter Räume sowie raumbedeutsame Planungen und Maßnahmen aller Gebietskörperschaften sind aufeinander abzustimmen.

(2) Dabei sind folgende Ziele abzuwägen:

1. Entwicklung der Wirtschafts- und Sozialstruktur des Landes und seiner Regionen unter Bedachtnahme auf die jeweiligen räumlichen und strukturellen Gegebenheiten.

2. Entwicklung der Siedlungsstruktur

a) nach dem Prinzip der gestreuten Schwerpunktbildung (dezentrale Konzentration),

b) im Einklang mit der anzustrebenden Bevölkerungsdichte eines Raumes,

c) unter Berücksichtigung der ökologischen, wirtschaftlichen und sozialen Tragfähigkeit,

d) von innen nach außen,

e) Flächenrecycling und Wiedernutzbarmachung von Konversionsflächen,

f) durch Ausrichtung an der Infrastruktur,

g) im Einzugsbereich öffentlicher Verkehrsmittel,

h) unter Berücksichtigung sparsamer Verwendung von Energie und vermehrtem Einsatz erneuerbarer Energieträger,

✐ Meine Notizen

i) unter Berücksichtigung von Klimaschutzzielen,

j) unter Vermeidung von Gefährdung durch Naturgewalten und Umweltschäden durch entsprechende Standortauswahl.

k) durch die Überwachung der Ansiedlung von Seveso-Betrieben, der Änderung bestehender Seveso-Betriebe und von neuen Entwicklungen in der Nachbarschaft derartiger Betriebe, einschließlich der Verkehrswege, der öffentlich genutzten Örtlichkeiten und der Siedlungsgebiete, wenn diese Ansiedlungen oder Entwicklungen Ursache schwerer Unfälle sein oder das Risiko solcher Unfälle vergrößern oder deren Folgen verschlimmern können.

3. Sicherstellung der Versorgung der Bevölkerung mit öffentlichen und privaten Gütern und Dienstleistungen in zumutbarer Entfernung durch

a) Entwicklung einer entsprechenden Siedlungsstruktur,

b) geeignete Standortvorsorge für Handels- und Dienstleistungseinrichtungen,

c) die zweckmäßige Ausstattung zentraler Orte entsprechend ihrer zentralörtlichen Funktion sowie

d) Stärkung der Funktionsfähigkeit bestehender Zentren.

4. Gestaltung und Erhaltung der Landschaft sowie Schutz vor Beeinträchtigungen, insbesondere von Gebieten mit charakteristischer Kulturlandschaft oder ökologisch bedeutsamen Strukturen.

5. Schutz erhaltenswerter Kulturgüter, Stadt- und Ortsgebiete.

6. Freihaltung von Gebieten mit der Eignung für eine Nutzung mit besonderen Standortansprüchen von anderen Nutzungen, die eine standortgerechte Verwendung behindern oder unmöglich machen, insbesondere

a) für Wohnsiedlungen,

b) Gewerbe- und Industriebetriebe,

c) für Erholung, vor allem im Nahbereich von Siedlungsschwerpunkten,

d) für einen leistungsfähigen Tourismus unter Bedachtnahme auf die wirtschaftliche und soziale Tragfähigkeit, die ökologische Belastbarkeit des Raumes sowie die Erfordernisse des Natur- und Landschaftsschutzes,

e) für eine leistungsfähige Land- und Forstwirtschaft,

f) mit überörtlich bedeutsamen Rohstoffvorkommen.

[...]

§ 8 Rechtswirkung der Planungsinstrumente

(1) Verordnungen der Gemeinden auf Grund dieses Gesetzes (Örtliche Entwicklungskonzepte, Flächenwidmungspläne, Bebauungspläne und Bausperren) dürfen Gesetzen und Verordnungen des Bundes und des Landes nicht widersprechen. Zusätzlich dürfen Flächenwidmungspläne nicht dem örtlichen Entwicklungskonzept und Bebauungspläne nicht dem Flächenwidmungsplan und dem örtlichen Entwicklungskonzept widersprechen.

(2) Bewilligungen nach diesem Gesetz, Baubewilligungen und Genehmigungen nach § 33 des Steiermärkischen Baugesetzes dürfen diesem Gesetz und Verordnungen auf Grund dieses Gesetzes nicht widersprechen.

(3) Abs. 2 gilt nicht bei Baubewilligungen und Genehmigungen nach § 33 des Steiermärkischen Baugesetzes, die auf Grundlage eines Festlegungsbescheides gemäß § 18 des Steiermärkischen Baugesetzes erlassen werden. Dies gilt jedoch nicht, wenn eine Bausperre erlassen wurde.

(4) Vor der Aufhebung der Festlegung von Bauland als Aufschließungsgebiet im Sinne des § 29 Abs. 3 ist die Erteilung von Festlegungs- und Baubewilligungsbescheiden nach dem Steiermärkischen Baugesetz sowie Genehmigungen nach § 33 des Steiermärkischen Baugesetzes zulässig, wenn

1. die Bewilligungen der Erfüllung der fehlenden Baulandvoraussetzungen dienen oder

2. die gleichzeitige Fertigstellung der fehlenden Baulandvoraussetzungen mit dem Bauvorhaben gesichert ist.

(5) Baubewilligungen und Genehmigungen nach § 33 des Steiermärkischen Baugesetzes sowie Bewilligungen nach diesem Gesetz, die den Abs. 2 und 4 sowie § 9 Abs. 4, § 31 Abs. 11, § 33 Abs. 7, § 40 Abs. 8, § 45 Abs. 2 und § 47 Abs. 2 widersprechen, sind innerhalb von drei Jahren nach Eintreten der Rechtskraft mit Nichtigkeit bedroht (§ 68 Abs. 4 Z 4 Allgemeines Verwaltungsverfahrensgesetz 1991 – AVG).

✐ Meine Notizen

(6) Raumbedeutsame Maßnahmen

1. des Landes, der Gemeinde und der auf Grund eines Landesgesetzes eingerichteten Körperschaft öffentlichen Rechts als Träger von Privatrechten dürfen einem Entwicklungsprogramm,

2. der Gemeinde als Träger von Privatrechten dürfen einem örtlichen Entwicklungskonzept, einem Flächenwidmungsplan oder Bebauungsplan
nicht widersprechen.

§ 9 Bausperre

(1) Die Landesregierung hat, wenn dies zur Sicherung der Zielsetzungen eines zu erlassenden Entwicklungsprogramms notwendig ist, für bestimmte Teile des Landesgebietes durch Verordnung eine Bausperre zu erlassen. Die Verordnung ist in der „Grazer Zeitung – Amtsblatt für die Steiermark" und auch sonst ortsüblich und zweckmäßig bekanntzumachen.

(2) Der Gemeinderat hat, wenn dies zur Sicherung der Zielsetzungen eines zu erlassenden örtlichen Entwicklungskonzeptes, Flächenwidmungsplanes oder Bebauungsplanes notwendig ist, für das gesamte Gemeindegebiet oder für bestimmte Teile desselben durch Verordnung eine Bausperre zu erlassen.

(3) Die Bausperre tritt, soweit sie nicht früher aufgehoben wird, mit dem Inkrafttreten des Entwicklungsprogramms (Abs. 1), des örtlichen Entwicklungskonzeptes, des Flächenwidmungs- oder Bebauungsplanes (Abs. 2) außer Kraft. Wird das Entwicklungsprogramm, das örtliche Entwicklungskonzept, der Flächenwidmungs- oder der Bebauungsplan nicht innerhalb von zwei Jahren ab Inkrafttreten der Bausperre erlassen, dann tritt die Bausperre außer Kraft. Die zweijährige Frist kann aus Gründen, die nicht in einer Säumigkeit der Gemeinde oder des Landes liegen, um höchstens ein weiteres Jahr verlängert werden.

(4) Die Bausperre hat die Wirkung, dass für raumbedeutsame Maßnahmen behördliche Bewilligungen, insbesondere nach dem Steiermärkischen Baugesetz, die dem Planungsvorhaben, zu deren Sicherung die Bausperre erlassen wurde, widersprechen, nicht erlassen werden dürfen.

[...]

§ 17 Geschäftsführung im Raumordnungsbeirat

(1) Die/Der Vorsitzende hat die Tätigkeit zu organisieren, insbesondere die Sitzungen vorzubereiten, einzuberufen und zu leiten.

(2) Die Mitglieder sind verpflichtet, an den Sitzungen teilzunehmen. Ein Mitglied, das verhindert ist, ist durch ein Ersatzmitglied zu vertreten.

(3) Der Raumordnungsbeirat ist beschlussfähig, wenn die/der Vorsitzende oder derenVertreterin/dessen Vertreter und mindestens die Hälfte der Mitglieder (Ersatzmitglieder) zur Zeit der Beschlussfassung anwesend sind.

(4) Beschlüsse können auch außerhalb einer Sitzung nach Maßgabe der Geschäftsordnung gefasst werden; dabei müssen alle stimmberechtigten Mitglieder oder ihre Ersatzmitglieder Gelegenheit zur Stimmabgabe haben.

(5) Die näheren Bestimmungen über die Geschäftsführung des Raumordnungsbeirats (insbesondere über die Vorsitzführung, Einberufung und den Ablauf der Sitzungen, die Beschlussfassung, die Beiziehung von Auskunftspersonen und die Geschäftsstelle) können von der Landesregierung durch Verordnung festgelegt werden.

[...]

§ 19 Aufgaben

Aufgaben der örtlichen Raumordnung sind insbesondere

1. auf Grund der Bestandsaufnahme die örtliche zusammenfassende Planung für eine den Raumordnungsgrundsätzen entsprechende Ordnung des Gemeindegebietes aufzustellen, anzupassen und zu entwickeln;

2. raumbedeutsame Maßnahmen der Gemeinde sowie anderer Planungsträger und Unternehmen besonderer Bedeutung unter Zugrundelegung der Raumordnungsgrundsätze aufeinander abzustimmen (Koordinierung);

3. bei der Raumordnung und den Fachplanungen des Bundes und des Landes sowie bei der Raumordnung der angrenzenden Gemeinden auf die Wahrung der Belange der örtlichen Raumordnung der Gemeinde hinzuwirken. Insbesondere sind die strategischen Lärmkarten und die Aktionspläne, die auf Grund von Vorschriften betreffend Umgebungslärm erlassen wurden, zu berücksichtigen.

[...]

§ 25 Flächenwidmungsplan

Meine Notizen

(1) Jede Gemeinde hat in Durchführung der Aufgaben der örtlichen Raumordnung (§ 19) für ihr Gemeindegebiet durch Verordnung einen Flächenwidmungsplan aufzustellen und fortzuführen.

(2) Der Flächenwidmungsplan besteht aus dem Wortlaut und folgenden planlichen Darstellungen:

1. dem Flächenwidmungsplan im engeren Sinn,
2. dem Bebauungsplanzonierungsplan,
3. allfälligen Ergänzungsplänen, wenn dadurch Inhalte des Flächenwidmungsplanes besser lesbar sind. Auf diese hat die Legende des Flächenwidmungsplanes hinzuweisen.

Der Wortlaut hat nur jene Anordnungen zu erfassen, die zeichnerisch nicht darstellbar sind. Soweit ein Widerspruch zwischen dem Wortlaut und den planlichen Darstellungen besteht, gilt der Wortlaut.

(3) Zur Begründung des Flächenwidmungsplanes ist ein Erläuterungsbericht zu erstellen, der auch den Differenzplan zu umfassen hat. Der Erläuterungsbericht hat unter Berücksichtigung der Ergebnisse der Bestandsaufnahme zu enthalten:

1. die Veränderungen im Vergleich (Differenzplan),
2. die Begründungen der Planungsfestlegungen und der gewählten Baulandmobilisierungsmaßnahmen,
3. die Flächenbilanz (Baulandflächenbilanzplan),
4. die Berechnungsnachweise (z. B. Geruchskreise, Lärmemissionen),
5. das Quellenverzeichnis (z. B. Herkunft der Ersichtlichmachungen) und
6. die erforderlichen Unterlagen im Sinn des § 4 (Umweltprüfung).

(4) Die Landesregierung kann durch Verordnung nähere Bestimmungen festlegen betreffend

1. die Form und den Maßstab der planlichen Darstellungen und über die in diesen Darstellungen zu verwendenden Planzeichen,
2. die elektronische Darstellung und Übermittlung an die Landesregierung, die dabei zu verwendenden Dateiformate und die digitalen Schnittstellen und
3. die inhaltlichen Vorgaben und die Baulandflächenbilanz.

§ 26 Inhalt des Flächenwidmungsplans

(1) Der Flächenwidmungsplan hat das gesamte Gemeindegebiet räumlich zu gliedern und die Nutzungsart für alle Flächen entsprechend den räumlich-funktionellen Erfordernissen festzulegen. Dabei sind folgende Nutzungsarten vorzusehen:

1. Bauland,
2. Verkehrsflächen,
3. Freiland.

Das im Flächenwidmungsplan ausgewiesene unbebaute Wohnbauland gemäß § 29 Abs. 1 darf den Bedarf für die in der Planungsperiode zu erwartende Siedlungsentwicklung der Gemeinde nicht überschreiten. Die Landesregierung kann durch Verordnung nähere Bestimmungen betreffend die Berechnung des Wohnbaulandbedarfs festlegen.

(2) Für verschiedene übereinander liegende Ebenen desselben Planungsgebietes können verschiedene Nutzungen und Baugebiete, soweit es zweckmäßig ist, auch verschiedene zeitlich aufeinander folgende Nutzungen und Baugebiete für ein und dieselbe Fläche festgelegt werden.

(3) Die Gemeinde hat auf Planungen benachbarter Gemeinden, anderer öffentlich-rechtlicher Körperschaften sowie anderer Planungsträger und Unternehmen besonderer Bedeutung Bedacht zu nehmen.

(4) Im Flächenwidmungsplan hat die Gemeinde jene Teile des Baulandes und jene Sondernutzungen im Freiland festzulegen, für die durch Verordnung Bebauungspläne zu erlassen sind (Bebauungsplanzonierung). Flächen gemäß § 40 Abs. 4 Z 2 bis 4 sind jedenfalls in die Zonierung aufzunehmen. Die Festlegungen sind bei der nächsten regelmäßigen Revision oder Änderung des Flächenwidmungsplanes im Flächenwidmungsplan zu treffen. Bei jeder weiteren Fortführung oder Änderung des Flächenwidmungsplanes sind die Bebauungsplanzonierung sowie der Inhalt der Festlegungen zu überprüfen.

(5) Im Flächenwidmungsplan sollen für ein zusammenhängendes Bauland mit mehr als 1000 Einwohnern mindestens ein öffentlicher Kinderspielplatz und eine öffentliche Sportanlage im Bauland oder in zumutbarer Entfernung vom Bauland vorge-

✐ Meine Notizen

sehen werden. Nach Möglichkeit sollen diese Anlagen auch für jedes zusammenhängende Bauland mit weniger als 1000 Einwohnern vorgesehen werden. Öffentliche Kinderspielplätze und öffentliche Sportanlagen sind solche, die im Eigentum der Gemeinden stehen, und andere, die allgemein zugänglich sind.

(6) Im Flächenwidmungsplan ist dem Erfordernis Rechnung zu tragen, dass zwischen Seveso-Betrieben einerseits und

1. Bauland im Sinn des § 30 Abs. 1, ausgenommen Z 5 lit. b,

2. Nutzungen gemäß § 33 Abs. 3, soweit öffentlich genutzte Gebiete festgelegt werden,

3. bebauten Gebieten gemäß § 33 Abs. 5 Z 2,

4. öffentlich genutzten Gebäuden, soweit sie nicht von Z 1 und 2 umfasst sind,

5. Hauptverkehrswegen – soweit unter Berücksichtigung der Schutzinteressen möglich – und

6. unter dem Gesichtspunkt des Naturschutzes besonders wertvollen bzw. empfindlichen Gebieten andererseits

ein angemessener Sicherheitsabstand gewahrt bleibt.

Gebiete, die unter die Z 6 fallen, können auch durch andere relevante gleichwertige Maßnahmen geschützt werden."

(7) Im Flächenwidmungsplan sind ersichtlich zu machen:

1. Flächen, die durch rechtswirksame überörtliche Festlegungen für eine besondere Nutzung bestimmt sind (Eisenbahnen, Flugplätze, Schifffahrtsanlagen, Bundes- und Landesstraßen, militärische Anlagen, Standorträume für die Errichtung von Abfallbehandlungsanlagen, Ver- und Entsorgungsanlagen Versorgungsanlagen von überörtlicher Bedeutung, Bergbaugebiete, öffentliche Gewässer und dergleichen) sowie Projekte dieser Art;

2. Flächen und Objekte, für die auf Grund von Bundes- oder Landesgesetzen Nutzungsbeschränkungen bestehen, aus öffentlichen Mitteln geförderte Meliorationsgebiete und Grundzusammenlegungsgebiete;

3. Gefahrenzonen, Vorbehalt- und Hinweisbereiche nach den Gefahrenzonenplänen gemäß den forstrechtlichen Bestimmungen;

4. der angemessene Sicherheitsabstand von Seveso-Betrieben;

5. Flächen, die durch Hochwasser, hohen Grundwasserstand, Vermurung, Steinschlag, Erdrutsch oder Lawinen und dergleichen gefährdet und nicht durch Ersichtlichmachung unter Z 1 bis 3 miterfasst sind;

6. Gebiete mit erhaltenswerten Orts- und Straßenbildern sowie historische, städtebaulich und architektonisch bedeutsame Gebäudegruppen;

7. ruhige Gebiete in einem Ballungsraum und auf dem Land, die in einem Entwicklungsprogramm für den Sachbereich Umgebungslärm festgelegt sind (§ 11 Abs. 8);

8. Anlagen und Einrichtungen, die wirtschaftlichen, sozialen, religiösen und kulturellen Zwecken dienen (Schulbauten, Kindergärten, Alten- und Pflegeheime, Krankenanstalten, Seelsorgeeinrichtungen, Friedhöfe, Kinderspielplätze, Sport- und Parkanlagen, Wasser- und Energieversorgungsanlagen, Abwasserbeseitigungsanlagen, Abfallbehandlungsanlagen und Lager für Abfälle, Zivilschutzanlagen und dergleichen);

9. Flächen, die durch bundesrechtliche Bestimmungen als Altlasten ausgewiesen sind;

10. Gebiete, für die eine zentrale Wärmeversorgung über Fernwärmesysteme (Fernwärmeanschlussbereiche) zu erfolgen hat.

(8) Zur Ermittlung des angemessenen Sicherheitsabstandes haben Betreiber von Seveso-Betrieben den Gemeinden sowie den Dienststellen des Landes ausreichende Informationen zu den vom Betrieb ausgehenden Risiken als Grundlage für Entscheidungen über die Ansiedlung neuer Seveso-Betriebe, die Änderung bestehender Seveso-Betriebe oder neue Entwicklungen in der Nachbarschaft von bestehenden Seveso-Betrieben zu übermitteln. Bei Seveso-Betrieben der unteren Klasse nach der Richtlinie 2012/18/EU müssen diese Informationen nur auf Verlangen der Behörde zur Verfügung gestellt werden.

[. . .]

§ 28 Bauland

(1) Flächen, die als Bauland geeignet sind, sind in Baulandarten und darüber hinaus entsprechend den örtlichen Erfordernissen in Baugebiete einzuteilen.

✐ Meine Notizen

(2) Als Bauland sind Flächen nicht geeignet, wenn

1. sie auf Grund der natürlichen Voraussetzungen (Bodenbeschaffenheit, Grundwasserstand, Hochwassergefahr, Klima, Steinschlag, Lawinengefahr und dergleichen) von einer Verbauung freizuhalten sind oder

2. auf Grund von Immissionen (Lärm, Luftschadstoffe, Erschütterungen, Geruchsbelästigung und dergleichen) eine Gesundheitsgefährdung oder unzumutbare Belästigung zu erwarten ist und diese Baulandvoraussetzung nicht über Aufschließungsmaßnahmen herstellbar ist oder

3. sie aus Gründen der Wahrung des Orts- und Landschaftsbildes von einer Bebauung freizuhalten sind.

[...]

§ 30 Baugebiete

(1) Als Baugebiete kommen in Betracht:

1. [...]

2. allgemeine Wohngebiete, das sind Flächen, die vornehmlich für Wohnzwecke bestimmt sind, wobei auch Nutzungen zulässig sind, die den wirtschaftlichen, sozialen, religiösen und kulturellen Bedürfnissen der Bewohner von Wohngebieten dienen (z.B. Verwaltung, Schulen, Kirchen, Krankenanstalten, Kindergärten, Garagen, Geschäfte, Gärtnereien, Gasthäuser und sonstige Betriebe aller Art), soweit sie keine dem Wohncharakter des Gebietes widersprechenden Belästigungen der Bewohnerschaft verursachen.

[...]

7. Dorfgebiete, das sind Flächen, die für Bauten land- und forstwirtschaftlicher Nutzung in verdichteter Anordnung bestimmt sind, wobei auch Wohnbauten und sonstige Nutzungen zulässig sind, die den wirtschaftlichen, sozialen, religiösen und kulturellen Bedürfnissen der Bewohner von Dorfgebieten dienen und sich der Eigenart des Dorfgebietes entsprechend einordnen lassen, soweit sie keine diesem Gebietscharakter widersprechenden Belästigungen der Bewohnerschaft verursachen;

[...]

§ 33 Freiland

(1) Alle nicht als Bauland oder Verkehrsflächen festgelegten Grundflächen gehören zum Freiland. Sofern im Freiland keine baulichen Nutzungen außerhalb der Land- und/oder Forstwirtschaft nach Maßgabe der Abs. 3, 5 und 6 zulässig sind, dienen die Flächen des Freilandes der land- und forstwirtschaftlichen Nutzung oder stellen Ödland dar.

(2) Als Freihaltegebiete können solche Flächen festgelegt werden, die im öffentlichen Interesse, insbesondere zum Schutz der Natur oder des Orts- und Landschaftsbildes oder wegen der natürlichen Verhältnisse wie Grundwasserstand, Bodenbeschaffenheit, Lawinen-, Hochwasser-, Vermurungs-, Steinschlag- und Rutschgefahr sowie Immissionen usw. von einer Bebauung freizuhalten sind.

(3) Im Freiland können folgende Flächen bzw. Gebiete als Sondernutzung festgelegt werden:

1. Flächen, wenn aufgrund der besonderen Standortgunst die flächenhafte Nutzung im Vordergrund steht und diese nicht typischerweise einem Baulandgebiet zuzuordnen ist. Als solche gelten insbesondere Flächen für Erwerbsgärtnereien, Erholungs-, Spiel- und Sportzwecke, öffentliche Parkanlagen, Kleingartenanlagen, Friedhöfe, Abfallbehandlungsanlagen und Lager für Abfälle, Geländeauffüllungen, Bodenentnahmeflächen, Schießstätten, Schieß- und Sprengmittellager und ihre Gefährdungsbereiche, Energieerzeugungs- und -versorgungsanlagen, Hochwasser- und Geschieberückhalteanlagen, Wasserversorgungsanlagen, Abwasserbeseitigungs- und -reinigungsanlagen sowie Tierhaltungsbetriebe gemäß § 27 Abs. 6. Erforderlichenfalls kann die Errichtung von baulichen Anlagen ausgeschlossen werden.

2. Auffüllungsgebiete, wenn

a) es sich um kleinräumige, zusammenhängend mit mindestens drei vor dem 1. Juli 2010 rechtmäßig errichteten oder als rechtmäßig errichteten Bestand anzusehenden Wohngebäuden bebaute Gebiete außerhalb von Freihaltegebieten gemäß Abs. 2 handelt, die weilerartige oder zeilenförmige Bebauungsstrukturen aufweisen, wobei zwischen den bestehenden Wohngebäuden eine oder mehrere unbebaute Lücken vorhanden sind,

b) diese unbebauten Lücken eine Gesamtfläche von insgesamt höchstens 3000 m^2 aufweisen und für eine Wohnbebauung vorgesehen sind, wobei nur nutzbare Flächen

Meine Notizen

in die Berechnung einbezogen werden dürfen. Für eine Neubebauung nicht nutzbare Teilflächen sind sämtliche nicht bebaubaren Flächen, z. B. Flächen zur Einhaltung der Mindestabstände gem. § 13 Stmk. BauG, geringfügige Restflächen von Grundstücken, Erschließungsflächen u.dgl. Diese bleiben bei der Flächenermittlung außer Betracht.

c) die Ausschlussgründe gemäß § 28 Abs. 2 nicht vorliegen sowie die Voraussetzungen gemäß § 29 Abs. 2 Z 1 bis 3 erfüllt sind und

d) keine Erweiterung nach außen erfolgt, ausgenommen Erweiterungen um eine Bauplatzbreite, wenn der Einheit des Auffüllungsgebietes auf Grund des Heranrückens an eindeutige naturräumliche Grenzen nichts entgegensteht.

Im Wortlaut zum Flächenwidmungsplan sind für das Auffüllungsgebiet Bebauungsgrundlagen festzulegen. In diesen ist insbesondere sicherzustellen, dass die zukünftige Lückenbebauung zusammen mit den baulichen Beständen eine visuelle Gesamteinheit bildet.

(4) Im Rahmen der land- und/oder forstwirtschaftlichen Nutzung sind im Freiland zulässig:

1. Umbauten.

2. Neu- und Zubauten sowie Änderungen des Verwendungszweckes, die für einen land- und/oder forstwirtschaftlichen Betrieb erforderlich und in ihrer standörtlichen Zuordnung betriebstypisch sind. Insbesondere bei Neugründung eines Betriebes ist ein positiver Deckungsbeitrag mittels Betriebskonzept nachzuweisen. In die Kalkulation sind auch die Kosten von Investitionen mit einzubeziehen, die durch den Deckungsbeitrag zur Gänze abgedeckt werden müssen.

3. Einmalig im unmittelbaren Anschluss an die bestehenden Gebäude (Hoflage) auf demselben Grundstück

a) die Ersetzung von Altbauten für Wohnzwecke durch Neubauten und

b) die Errichtung eines betriebszugehörigen Einfamilienwohnhauses.

Stellt der Altbau gemäß lit. a eine baukulturell bemerkenswerte und gebietstypische Bausubstanz dar, so kann das Gebäude, ohne abgetragen werden zu müssen, auch einer anderen Nutzung zugeführt werden, wenn damit die Erhaltung und fachgerechte Sanierung verbunden ist.

Ist die Hoflage durch eine öffentliche Verkehrsfläche oder ein Gewässer geteilt, so kann die Voraussetzung, dass der Ersatzbau (lit. a) bzw. das betriebszugehörige Einfamilienwohnhaus (lit. b) auf demselben Grundstück zu errichten ist, entfallen, wenn aus katastertechnischen Gründen eine Zusammenlegung der Grundstücke nicht erfolgen kann und eine Bebauung auf dem Grundstück mit den die Hoflage bildenden Gebäuden nicht möglich ist.

4. Neu- und Zubauten im unmittelbaren Anschluss an die bestehenden Gebäude (Hoflage) für Zwecke der Privatzimmervermietung samt dazugehöriger infrastruktureller Einrichtungen im unbedingt erforderlichen Ausmaß, wenn

a) die beantragte Nutzung in bestehenden Räumlichkeiten nicht möglich ist,

b) hierdurch das Orts- und Landschaftsbild nicht beeinträchtigt wird und

c) die Weiterführung des land- und/oder forstwirtschaftlichen Betriebes dadurch nicht behindert wird und der Gebietscharakter nicht verändert wird.

Das insgesamt höchstzulässige Ausmaß der Privatzimmervermietung im Rahmen des land- und/oder forstwirtschaftlichen Betriebes darf durch den Neu- oder Zubau nicht überschritten werden.

5. Änderungen des Verwendungszweckes
bei Gebäuden eines land- und/oder forstwirtschaftlichen Betriebes in Hoflage für gewerbliche Tätigkeiten, wenn die Weiterführung des land- und/oder forstwirtschaftlichen Betriebes dadurch nicht behindert wird, die Errichtung von neuen Gebäuden nicht erforderlich ist und der Gebietscharakter nicht verändert wird.

Die Änderung des Verwendungszweckes ist nur bei Gebäuden zulässig, die bis zum 1. Juli 2010 rechtmäßig errichtet wurden. Zubauten für die neue Nutzung sind nicht zulässig; hiervon ausgenommen sind Zubauten in der Hoflage, wenn der Zuwachs an Geschoßflächen max. 10% in Bezug auf jene Geschoßfläche beträgt, die bis zum 1. Juli 2010 rechtmäßig bestanden hat, und Schutzdächer, die als Zubauten ausgeführt werden, bis zu einer überdeckten Fläche von insgesamt höchstens 40 m^2.

(5) Außerhalb der land- und/oder forstwirtschaftlichen Nutzung dürfen im Freiland

1. Neu- und Zubauten errichtet werden,

a) die für eine Sondernutzung gemäß Abs. 3 Z 1 erforderlich sind, oder

Meine Notizen

b) für eine Wohnnutzung, wenn eine Sondernutzung gemäß Abs. 3 Z 2 (Auffüllungsgebiet) festgelegt ist und der Neu- bzw. Zubau nicht innerhalb des Geruchsschwellenabstandes eines landwirtschaftlichen Tierhaltungsbetriebes errichtet wird.

2. Zubauten bei im Freiland befindlichen rechtmäßig bestehenden baulichen Anlagen – ausgenommen bei solchen baulichen Anlagen, die ehemals im Rahmen der land- und/oder forstwirtschaftlichen Nutzung oder ehemals einer Sondernutzung im Sinn des Abs. 3 Z 1 unter Anwendung von raumordnungsrechtlichen Freilandbestimmungen bewilligt wurden – bewilligt werden. Durch Zubauten darf die neu gewonnene Geschoßfläche insgesamt nicht mehr als die im Zeitpunkt des Inkrafttretens des ersten Flächenwidmungsplanes bestehende oder erstmals genehmigte betragen, wobei der Zubau den gleichen Verwendungszweck aufzuweisen hat wie der bauliche Bestand. Geht bei einer rechtmäßig bestehenden baulichen Anlage im Zuge von Bauausführungen der Konsens unter, kann das Projekt (ehemaliger Altbestand und Zubau) mit demselben Verwendungszweck als Neubau auf demselben Standort bewilligt werden.

3. Umbauten vorgenommen werden. Umbauten auf Grund einer Änderung des Verwendungszweckes sind nur dann zulässig, wenn damit die Erhaltung und fachgerechte Sanierung einer baukulturell bemerkenswerten und gebietstypischen Bausubstanz verbunden ist; ausgenommen davon sind Dachgeschoßausbauten bei bestehenden Wohnhäusern.

4. Änderungen des Verwendungszweckes bei bis zum 1. Juli 2010 rechtmäßig errichteten Gebäuden bewilligt werden, wenn der bisherige Nutzungscharakter des Gebäudes überwiegend erhalten bleibt. Zubauten für die neue Nutzung sind nicht zulässig (ausgenommen Dachgaupen).

5. bei zusammengefassten Kleingartenanlagen von mehr als zehn Einheiten bauliche Anlagen nur nach einem Gesamtkonzept (Infrastruktur und Gestaltung) errichtet werden, wobei keine Dauerbewohnbarkeit geschaffen werden darf. Für die Erstellung des Gesamtkonzeptes kann die Gemeinde durch Verordnung bestimmte Voraussetzungen, wie Infrastruktur, Gestaltung und dergleichen festlegen.

6. Wartehäuschen im Zusammenhang mit dem Betrieb von Kraftfahrlinien, Telefonzellen, Messstellen, Trafostationen, Sende- und Strommasten, Bildstöcke, Regeldruckeinrichtungen, Schiebestationen und dergleichen sowie Solar- und Photovoltaikanlagen bis zu einer Kollektorfläche von insgesamt 100 m^2. errichtet werden.

7. kleinere ebenerdige, unbewohnbare Gebäude von untergeordneter Bedeutung (Gartenhäuschen, Gerätehütten, Garagen für höchstens zwei Kraftfahrzeuge mit einem höchsten zulässigen Gesamtgewicht von je 3500 kg, Holzlagen, Bienenhütten und dergleichen) und Flugdächer insgesamt bis zu einer Gesamtfläche von 40 m^2 sowie andere kleinere bauliche Anlagen ohne Gebäudeeigenschaft im Sinn des § 21 Abs. 1 Z 2 des Steiermärkischen Baugesetzes, und jeweils nur im unmittelbaren Anschluss an rechtmäßig bestehende Wohngebäude auf demselben Grundstück, sowie Einfriedungen errichtet werden, wenn hierdurch das Orts- und Landschaftsbild nicht beeinträchtigt wird.

(6) Im Freiland dürfen über die Abs. 4 und 5 hinaus bestehende bauliche Anlagen im unbedingt notwendigen Abstand zum bisherigen Standort ersetzt werden, wenn

1. sie infolge eines katastrophenartigen Ereignisses (wie z. B. Elementarereignisse, Brandschaden usw.) untergegangen sind und bei Einbringung des Bauansuchens der Zeitpunkt des Unterganges nicht länger als fünf Jahre zurückliegt oder

2. sich der Neubau im öffentlichen Interesse (Erfordernisse des Verkehrs, der Landesverteidigung oder des Hochwasser- oder Grundwasserschutzes) als erforderlich erweist.

Die bisherige Geschoßfläche darf hierbei nach Maßgabe des Abs. 5 Z 2 vergrößert werden, wenn ein Zubau nach dieser Bestimmung zulässig wäre.

(7) Vor Erlassung einer baurechtlichen Bewilligung ist zwingend ein Gutachten eines Sachverständigen einzuholen für

1. Neubauten gemäß Abs. 4 Z 2 und Z 3 lit. b, wenn die Größe der für eine land- und forstwirtschaftliche Nutzung geeigneten Flächen unter 5 ha liegt, hinsichtlich des Vorliegens eines land- und/oder forstwirtschaftlichen Betriebes und der Erforderlichkeit des geplanten Bauvorhabens; bei Flächen ab 5 ha ist ein derartiges Gutachten dann einzuholen, wenn Zweifel bestehen, ob ein land- und forstwirtschaftlicher Betrieb vorliegt;

2. Zubauten gemäß Abs. 4 Z 2, wenn dadurch die bestehenden Geschoßflächen um mehr als 50 Prozent erweitert werden, hinsichtlich des Vorliegens eines land-

Meine Notizen

und/oder forstwirtschaftlichen Betriebes und der Erforderlichkeit des geplanten Bauvorhabens;

3. Neu- und Zubauten gemäß Abs. 4 Z 4 hinsichtlich des Vorliegens eines land- und/oder forstwirtschaftlichen Betriebes und der Erforderlichkeit des geplanten Bauvorhabens unter den Voraussetzungen der Z 1 sowie hinsichtlich der Frage einer allfälligen Beeinträchtigung des Orts- und Landschaftsbildes. Das letztgenannte Gutachten ist von einem Sachverständigen auf dem Fachgebiet des Ortsbildschutzes zu erstellen;

4. Neu- und Zubauten gemäß Abs. 5 Z 1 auf Flächen gemäß Abs. 3 Z 1 hinsichtlich der Erforderlichkeit des geplanten Bauvorhabens;

5. Änderungen des Verwendungszweckes gemäß Abs. 4 Z 5 und Abs. 5 Z 3 und Z 4 im Sinne der jeweils genannten Erfordernisse.

[. . .]

§ 35 Privatwirtschaftliche Maßnahmen

(1) Die Gemeinde kann Vereinbarungen mit den Grundeigentümern über die Verwendung der Grundstücke innerhalb angemessener Frist entsprechend der beabsichtigten Flächenwidmung und den beabsichtigten Festlegungen der Baulandzonierung abschließen. Der Abschluss solcher Vereinbarungen hat im Besonderen die Zurverfügungstellung von geeigneten Grundstücken für den förderbaren Wohnbau im Sinn des Steiermärkischen Wohnbauförderungsgesetzes 1993 in der jeweils geltenden Fassung im erforderlichen Ausmaß sicherzustellen. Dabei ist der nachweisliche Eigenbedarf des Eigentümers oder des Baurechtsberechtigten, für Wohnzwecke auch der unmittelbare Nachkomme des Eigentümers innerhalb eines Zeitraumes von zehn Jahren zu beachten.

[. . .]

§ 38 Verfahren zur Erlassung und Änderung eines Flächenwidmungsplanes

(1) Der Gemeinderat hat die Auflage des Entwurfes zur Erstellung oder Änderung des Flächenwidmungsplanes zu beschließen. Der Beschluss hat insbesondere zu enthalten:

1. die Auflage in der Dauer von mindestens 8 Wochen,

2. den Hinweis, wo in den Entwurf während der Amtsstunden Einsicht genommen werden kann,

3. den Hinweis, dass jedermann innerhalb der Auflagedauer Einwendungen schriftlich und begründet beim Gemeindeamt (Magistrat) bekannt geben kann,

4. allenfalls den Termin und den Ort für die öffentliche Versammlung gemäß Abs. 5.

(2) Dieser Beschluss ist durch Anschlag an der Amtstafel, in der Landeshauptstadt Graz zusätzlich durch einmalige Verlautbarung im Amtsblatt kundzumachen. Der Inhalt des Beschlusses soll auch sonst ortsüblich und zweckmäßig bekannt gemacht werden. In der Kundmachung ist die Dauer der Auflage kalendermäßig zu bestimmen.

(3) Von dieser Beschlussfassung sind so rasch wie möglich schriftlich (oder elektronisch hinsichtlich der Stellen nach Z 3. bis 8.) zu benachrichtigen:

1. die für Angelegenheiten der örtlichen Raumordnung zuständige Fachabteilung des Amtes der Landesregierung unter Anschluss aller aufgelegten Unterlagen.

2. die grundbücherlichen Grundeigentümer, deren Grundstücke zur Gänze oder teilweise ohne Anregung des Grundeigentümers von Freiland in Bauland gewidmet oder von Bauland in Freiland rückgewidmet werden sollen.

Als Zustelladresse gilt jene Wohnanschrift, an welche die Bescheide über die Grundsteuer ergehen. Die erfolgte, jedoch mangelhafte Verständigung der Grundeigentümer hat auf das gesetzmäßige Zustandekommen des Flächenwidmungsplanes keinen Einfluss.

3. die benachbarten Gemeinden,

4. die Wirtschaftskammer,

5. die Landwirtschaftskammer,

6. die Arbeiterkammer Steiermark,

7. die Steiermärkische Kammer für Arbeiter und Angestellte in der Land- und Forstwirtschaft,

8. die Bundes- und Landesdienststellen und weitere Körperschaften öffentlichen Rechtes, die von der Landesregierung nach Maßgabe der von diesen wahrzunehmen-

Meine Notizen

den Aufgaben durch Verordnung festzulegen sind, soweit sie davon betroffen sind, sowie

9. bei zu erwartenden erheblichen Umweltauswirkungen auch außerhalb des Landesgebietes die davon betroffenen Nachbarländer.

(4) Der Entwurf einschließlich des Erläuterungsberichtes ist für die gesamte Auflagedauer im Gemeindeamt (Magistrat) während der Amtsstunden zur allgemeinen Einsicht aufzulegen und nach Maßgabe der technischen Möglichkeiten auch in allgemein zugänglicher elektronischer Form (z. B. Internet) zu veröffentlichen. Bei Erforderlichkeit einer Umweltprüfung (§ 4 Abs. 1 und 2) ist der Umweltbericht (§ 5), bei Nichterforderlichkeit einer Umweltprüfung (§ 4 Abs. 2 und 3) die Begründung hierfür zusammen mit dem Flächenwidmungsplan aufzulegen.

(5) Bei Erforderlichkeit einer Umweltprüfung muss der Flächenwidmungsplan samt Umweltbericht, bei Nichterforderlichkeit einer Umweltprüfung kann der Flächenwidmungsplan samt Begründung für die Nichterforderlichkeit allen Gemeindemitgliedern und anderen betroffenen natürlichen und juristischen Personen in einer öffentlichen Versammlung vorgestellt werden.

(6) Der Bürgermeister hat den Entwurf des Flächenwidmungsplanes samt den eingelangten schriftlichen Einwendungen dem Gemeinderat zur Beschlussfassung vorzulegen. Rechtzeitige und schriftlich begründete Einwendungen sind vom Gemeinderat zu beraten und in Abwägung mit den örtlichen Raumordnungsinteressen nach Möglichkeit zu berücksichtigen.

(7) Der Beschluss über den Flächenwidmungsplan in einer anderen als der zur Einsicht aufgelegten Fassung ist nur nach Anhörung der durch die Änderung Betroffenen zulässig, es sei denn, dass durch diesen Beschluss Einwendungen gemäß Abs. 6 Rechnung getragen werden soll und die Änderung keine Rückwirkung auf Dritte hat.

(8) Nach erfolgter Beschlussfassung sind diejenigen, die Einwendungen vorgebracht haben, schriftlich davon zu benachrichtigen, ob ihre Einwendungen berücksichtigt wurden oder nicht; erfolgt keine Berücksichtigung, ist dies zu begründen.

(9) Nach der Beschlussfassung sind der Landesregierung ehestmöglich zur Genehmigung vorzulegen:

1. der beschlossene Flächenwidmungsplan (2fach) sowie die dem Plan zugrunde liegenden elektronischen Daten,

2. der Erläuterungsbericht (2fach) und

3. der Verfahrensakt einschließlich der privatwirtschaftlichen Maßnahmen gemäß § 35 sowie der Niederschriften über die Beschlussfassungen des Gemeinderates.

(10) Die Genehmigung ist zu versagen, wenn

1. landesgesetzlichen Bestimmungen, insbesondere den Bestimmungen dieses Gesetzes, wie den darin enthaltenen Raumordnungsgrundsätzen, widersprochen wird,

2. einem Entwicklungsprogramm oder einem örtlichen Entwicklungskonzept widersprochen wird,

3. die geordnete wirtschaftliche, soziale und kulturelle Entwicklung anderer Gemeinden oder des Landes wesentlich beeinträchtigt würde,

4. mit den für die Verwirklichung des örtlichen Entwicklungskonzeptes und Flächenwidmungsplanes notwendigen Maßnahmen unverhältnismäßig hohe finanzielle Belastungen der Gemeinde verbunden wären, durch die die Erfüllung der gesetzlichen oder vertraglichen Verpflichtungen der Gemeinde in Frage gestellt werden kann,

5. den Zielsetzungen der Richtlinie 2001/42/EG oder den Zielen des Übereinkommens zum Schutze der Alpen (Alpenkonvention) widersprochen wird.

(11) Im Fall der beabsichtigten Versagung hat die Landesregierung der Gemeinde alle Versagungsgründe mitzuteilen und ihr Gelegenheit zur Stellungnahme innerhalb einer angemessenen, jedoch mindestens vier Wochen betragenden Frist zu geben.

(12) Die Landesregierung hat über den Flächenwidmungsplan innerhalb von sechs Monaten nach vollständigem Einlangen der Unterlagen mit Bescheid zu entscheiden. Wird nicht innerhalb dieser Frist die Genehmigung versagt, so gilt der Flächenwidmungsplan mit Ablauf dieser Frist als genehmigt; darüber ist die Gemeinde zu informieren.

(13) Der Flächenwidmungsplan ist innerhalb von zwei Wochen ab Verständigung der Genehmigung kundzumachen. In den Flächenwidmungsplan mit sämtlichen Planungsbestandteilen und in den Erläuterungsbericht kann bei der Gemeinde während der Amtsstunden Einsicht genommen werden.

(14) Eine Ausfertigung der Kundmachung ist der Landesregierung zu übermitteln.

✐ Meine Notizen

§ 39 Vereinfachtes Verfahren bei Änderung eines Flächenwidmungsplans

(1) Für Änderungen eines Flächenwidmungsplanes außerhalb einer Revision, die

1. im Rahmen eines von der Landesregierung genehmigten örtlichen Entwicklungskonzeptes erfolgen,

2. ausschließlich Änderungen der Bebauungsplanzonierung beinhalten,

gelten abweichend von § 38 folgende Regelungen:

1. Für das Verfahren ist § 38 Abs. 1 bis 8 anzuwenden. Danach ist die Flächenwidmungsplanänderung kundzumachen und eine Ausfertigung der Kundmachung der Landesregierung zu übermitteln.

2. Der Bürgermeister hat die Auflage zu verfügen und die Gemeinderatsmitglieder darüber zu informieren.

3. Hat die beabsichtigte Änderung nur auf anrainende oder durch Straßen, Flüsse, Eisenbahnen und dergleichen getrennte Grundstücke Auswirkungen, so kann der Bürgermeister anstelle des Auflageverfahrens ein Anhörungsverfahren durchführen. Hierbei sind die grundbücherlichen Eigentümer der im Änderungsgebiet liegenden Grundstücke und jener Grundstücke, auf die die beabsichtigte Änderung Auswirkungen hat, innerhalb angemessener Frist anzuhören (§ 38 Abs. 3 Z 2 Sätze 2 und 3 sind anzuwenden), wobei innerhalb der Anhörungsfrist Einwendungen schriftlich und begründet beim Gemeindeamt (Magistrat) bekannt gegeben werden können. Auf die Möglichkeit der Einsichtnahme während der Amtsstunden ist hinzuweisen. Eine Ausfertigung des Entwurfes ist der für Angelegenheiten der örtlichen Raumordnung zuständigen Fachabteilung des Amtes der Landesregierung zu übermitteln.

(2) Die Landesregierung kann jedoch im Zuge des Auflage- oder Anhörungsverfahrens von der Gemeinde schriftlich unter Anführung der Gründe verlangen, dass die Flächenwidmungsplanänderung dem Genehmigungsvorbehalt unterliegt. Solche Gründe für dieses Verlangen liegen dann vor, wenn ein oder mehrere Versagungsgründe gemäß § 38 Abs. 10 vorliegen. In diesem Fall sind für die Durchführung des weiteren Verfahrens die Bestimmungen des § 38 Abs. 6 bis 14 anzuwenden, sofern den angeführten Gründen nicht vollinhaltlich Rechnung getragen wird.

[...]

§ 42 Fortführung der örtlichen Raumordnung

(1) Die örtliche Raumordnung ist nach Rechtswirksamkeit des örtlichen Entwicklungskonzeptes (§ 21) und des Flächenwidmungsplanes (§ 25) nach Maßgabe der räumlichen Entwicklung fortzuführen.

(2) Der Bürgermeister hat spätestens alle zehn Jahre aufzufordern, Anregungen auf Änderungen des örtlichen Entwicklungskonzeptes und des Flächenwidmungsplanes einzubringen (Revision). Diese Frist ist jeweils vom Zeitpunkt des Inkrafttretens des durch die letzte Revision geänderten Planungsinstrumentes zu berechnen. Diese Aufforderung hat insbesondere zu enthalten:

1. eine kalendermäßig genau bezeichnete Frist, die mindestens acht Wochen von der Kundmachung an gerechnet betragen muss, innerhalb der jedes Gemeindemitglied sowie jede physische und juristische Person, die ein berechtigtes Interesse glaubhaft machen kann, Bauvorhaben und sonstige Planungsinteressen sowie Planungsanregungen dem Gemeindeamt (Magistrat) schriftlich bekannt geben kann,

2. die Aufforderung, dass Eigentümer von Grundstücken, deren Verwendung als Vorbehaltsflächen möglich ist, diese Grundstücke der Gemeinde zum Kauf anbieten sollen.

(3) Diese Aufforderung ist kundzumachen:

- in der Landeshauptstadt Graz durch einmalige Verlautbarung im Amtsblatt;
- in allen anderen Gemeinden durch Anschlag an der Amtstafel.

Der Inhalt der Aufforderung soll auch sonst ortsüblich und zweckmäßig bekanntgemacht werden.

(4) Von dieser Aufforderung sind so bald als möglich schriftlich zu benachrichtigen:

1. die benachbarten Gemeinden,
2. die Wirtschaftskammer,
3. die Landwirtschaftskammer,
4. die Arbeiterkammer Steiermark,
5. die Steiermärkische Kammer für Arbeiter und Angestellte in der Land- und Forstwirtschaft sowie

Meine Notizen

6. die Bundes- und Landesdienststellen und weitere Körperschaften öffentlichen Rechtes, die von der Landesregierung nach Maßgabe der von diesen wahrzunehmenden Aufgaben durch Verordnung festzulegen sind.

(5) Nach Ablauf der Frist hat der Gemeinderat zu beschließen, ob die Voraussetzungen für eine Änderung gegeben sind oder nicht.

(6) Sind die Voraussetzungen für eine Änderung gegeben, so sind die entsprechenden Änderungsverfahren (§§ 24 oder 38) durchzuführen.

(7) Zieht die Revision keine Änderung des örtlichen Entwicklungskonzeptes oder Flächenwidmungsplanes nach sich, so hat der Gemeinderat den Abschluss der Revision zu beschließen und den Beschluss mit der Niederschrift über die Beschlussfassung und den eingelangten Anregungen der Landesregierung zur Genehmigung vorzulegen. Die Frist gemäß Abs. 2 beginnt in diesen Fällen vom Zeitpunkt der Vorlage an die Landesregierung zu laufen.

(8) Eine Änderung des örtlichen Entwicklungskonzeptes und des Flächenwidmungsplanes ist ungeachtet der Revisionsfrist von zehn Jahren jedenfalls vorzunehmen, wenn dies

1. durch eine wesentliche Änderung der Planungsvoraussetzungen,
2. zur Vermeidung oder Behebung von Widersprüchen zu Gesetzen und Verordnungen des Bundes und des Landes,
3. zur Abwehr schwerwiegender volkswirtschaftlicher Nachteile oder
4. wegen Aufhebung des Vorbehaltes gemäß § 37 Abs. 3 und 7 erforderlich ist.

(9) Das Verfahren zur Fortführung des örtlichen Entwicklungskonzeptes und des Flächenwidmungsplanes ist

1. aus Anlass der Revision (Abs. 2) nach Ablauf der Zehnjahresfrist (Revisionsfrist),
2. nach Eintritt wesentlich geänderter Planungsvoraussetzungen (Abs. 8 Z 1)

spätestens innerhalb von zwei Jahren abzuschließen. Der Gemeinderatsbeschluss ist mit den dazugehörigen Unterlagen sofort der Landesregierung zur Genehmigung vorzulegen. Das Verfahren zur Fortführung gemäß Abs. 8 Z 2 und 3 ist ehestmöglich einzuleiten, abzuschließen und zur Genehmigung vorzulegen, sofern in Bezug auf Abs. 8 Z 2 die betreffenden landes- oder bundesgesetzlichen Regelungen in Übergangsbestimmungen nichts anderes bestimmen.

(10) Das örtliche Entwicklungskonzept darf nur bei wesentlicher Änderung der Planungsvoraussetzungen geändert werden.

(11) Der Bürgermeister hat dem Gemeinderat einmal jährlich über den Stand der örtlichen Raumordnung und über zwischenzeitliche Planungswünsche zu berichten.

[...]

§ 63 Eigener Wirkungsbereich

(1) Die nach diesem Gesetz von der Gemeinde zu besorgenden Aufgaben sind solche des eigenen Wirkungsbereiches.

(2) Alle zu fassenden Beschlüsse des Gemeinderates in Angelegenheiten der Raumordnung – ausgenommen jene nach Abs. 3 – bedürfen einer Zweidrittelmehrheit.

(3) Für Beschlüsse des Gemeinderates betreffend die Aufhebung der Festlegung von Bauland als Aufschließungsgebiet (§ 29 Abs. 3) und die Erlassung oder Änderung von Bebauungsplänen (§ 40 Abs. 6) genügt eine einfache Stimmenmehrheit.

Steiermärkische Gemeindeordnung
(LGBl 1967/115 idF LGBl 2014/131)

§ 14 Organe

(1) Die Organe der Gemeinde sind
- der Gemeinderat (§ 15)
- der Gemeindevorstand (§ 18)
- der Bürgermeister (§ 19)
- der Gemeindekassier (§ 85)
- die Gemeindevorstandsmitglieder (§ 42 Abs. 3)
- die Verwaltungsausschüsse (§ 28)
- die Fachausschüsse (§ 28)
- der Prüfungsausschuß (§ 86)

✐ Meine Notizen

(2) Für die Verwaltung von in § 71 genannten Einrichtungen und Unternehmungen kann der Gemeinderat aus seiner Mitte nach dem Verhältniswahlrecht Verwaltungsausschüsse bestellen, wenn dies wegen ihres Umfanges oder ihrer Bedeutung zweckmäßig ist. Ihr Beschlußrecht beschränkt sich auf Gegenstände der Verwaltung dieser Anstalten und Unternehmungen.

(3) Zur Vorbereitung und Antragstellung über einzelne Angelegenheiten kann der Gemeinderat aus seiner Mitte nach dem Verhältniswahlrecht Fachausschüsse bestellen.

(4) Der Gemeinderat hat einen Prüfungsausschuß nach § 86 Abs. 1 zu bestellen.

(5) In Stadtgemeinden wird der Gemeindevorstand als Stadtrat, der Gemeindekassier als Finanzreferent bezeichnet.

[. . .]

§ 40 Eigener Wirkungsbereich

(1) Der eigene Wirkungsbereich umfaßt neben den im § 1 Abs. 3 angeführten Angelegenheiten alle Angelegenheiten, die im ausschließlichen oder überwiegenden Interesse der in der Gemeinde verkörperten örtlichen Gemeinschaft gelegen und geeignet sind, durch die Gemeinschaft innerhalb ihrer örtlichen Grenzen besorgt zu werden.

(2) Der Gemeinde sind zur Besorgung im eigenen Wirkungsbereich die behördlichen Aufgaben insbesondere in folgenden Angelegenheiten zugewiesen:

1. Bestellung der Gemeindeorgane unbeschadet der Zuständigkeit überörtlicher Wahlbehörden;
2. Regelung der inneren Einrichtungen zur Besorgung der Gemeindeaufgaben;
3. Bestellung der Gemeindebediensteten und Ausübung der Diensthoheit unbeschadet der Zuständigkeit überörtlicher Disziplinar-, Qualifikations- und Prüfungskommissionen;
4. Bemessung und Einhebung der von der Gemeinde zu verwaltenden Gemeindeabgaben;
5. örtliche Sicherheitspolizei einschließlich örtliche Katastrophenpolizei;
6. örtliche Veranstaltungspolizei;
7. örtliche Gesundheitspolizei, insbesondere auch auf dem Gebiete des Hilfs- und Rettungswesen sowie des Leichen- und Bestattungswesen;
8. Verwaltung der Verkehrsflächen der Gemeinde, örtliche Straßenpolizei;
9. örtliche Baupolizei;
10. örtliche Feuerpolizei einschließlich örtliche Kehrpolizei;
11. örtliche Raumplanung;
12. örtlicher Landschafts- und Naturschutz;
13. örtliche Marktpolizei;
14. Flurschutzpolizei;
15. öffentliche Wasserversorgung, soweit es sich nicht um Angelegenheiten des Wasserrechtes handelt;
16. öffentliche Abwässerbeseitigung, soweit es sich nicht um Angelegenheiten des Wasserrechtes handelt;
17. öffentliche Müllabfuhr und -beseitigung;
18. öffentliche Fürsorge, unbeschadet der Zuständigkeit überörtlicher Fürsorgebehörden;
19. Errichtung, Erhaltung und Auflassung öffentlicher Kindergärten und Horte, Mitwirkung bei der Errichtung und Auflassung und die Erhaltung aller Schulen, für die die Gemeinden auf Grund der Gesetze Schulerhalter sind, sowie die durch Gesetze geregelte sonstige Einflußnahme auf das Pflichtschulwesen;
20. Sittlichkeitspolizei;
21. örtliche Maßnahmen zur Förderung und Pflege des Fremdenverkehrs;
22. öffentliche Einrichtungen zur außergerichtlichen Vermittlung von Streitigkeiten;
23. freiwillige Feilbietungen beweglicher Sachen.

(3) Zum eigenen Wirkungsbereich gehören auch die übrigen der Gemeinde durch dieses Gesetz überlassenen Angelegenheiten, ausgenommen

a) die Wahrnehmung der Anzeigepflicht nach § 47 Abs. 2,

b) die Kundmachung von Verordnungen der Gemeinde in Angelegenheiten des übertragenen Wirkungsbereiches (§ 92),

c) die Vollstreckung (§ 95) sowie

Meine Notizen

d) die Kundmachung der Aufhebungsverordnungen der Aufsichtsbehörde gemäß § 100 Abs. 3.

Weiters gehören zum eigenen Wirkungsbereich alle in anderen Gesetzen ausdrücklich als solche bezeichneten Angelegenheiten.

(4) Die Gemeinde hat die Angelegenheiten des eigenen Wirkungsbereiches im Rahmen der Gesetze und Verordnungen des Bundes und des Landes in eigener Verantwortung frei von Weisungen und unter Ausschluss eines Rechtsmittels an Verwaltungsorgane außerhalb der Gemeinde zu besorgen.

(5) Auf Antrag des Gemeinderates kann die Besorgung einzelner Angelegenheiten des eigenen Wirkungsbereiches, soweit sie zum Bereich der Landesvollziehung gehören, durch Verordnung der Landesregierung auf eine staatliche Behörde übertragen werden, wenn dies im Interesse der Zweckmäßigkeit, Raschheit oder Einfachheit gelegen und die staatliche Behörde nach ihrem Aufgabenbereich und ihrer Organisation zur Durchführung der zu übertragenden Aufgaben geeignet ist. Die Übertragung auf eine Bundesbehörde darf nur mit Zustimmung der Bundesregierung erfolgen.

(6) Eine Übertragung nach Abs. 5 bewirkt, daß die davon betroffenen Angelegenheiten als solche der staatlichen Verwaltung zu behandeln sind; die Übertragung erstreckt sich nicht auf das Verordnungsrecht.

(7) Eine Verordnung nach Abs. 5 ist aufzuheben, wenn die für ihre Erlassung maßgebenden Gründe weggefallen sind. Vor Erlassung einer solchen Verordnung ist der Gemeinde Gelegenheit zur Äußerung zu geben.

[...]

§ 42 Übertragener Wirkungsbereich

(1) Der übertragene Wirkungsbereich umfaßt die Angelegenheiten, die die Gemeinde nach Maßgabe der Bundesgesetze im Auftrag und nach den Weisungen des Bundes oder nach Maßgabe der Landesgesetze im Auftrag und nach den Weisungen des Landes zu besorgen hat.

(2) Die Angelegenheiten des übertragenen Wirkungsbereiches werden vom Bürgermeister besorgt. Er ist hiebei in den Angelegenheiten der Bundesvollziehung an die Weisungen der zuständigen Organe des Bundes, in den Angelegenheiten der Landesvollziehung an die Weisungen der zuständigen Organe des Landes gebunden und nach Abs. 4 verantwortlich.

(3) Der Bürgermeister kann einzelne Gruppen von Angelegenheiten des übertragenen Wirkungsbereiches – unbeschadet seiner Verantwortlichkeit – wegen ihres sachlichen Zusammenhanges mit den Angelegenheiten des eigenen Wirkungsbereiches Mitgliedern des Gemeindevorstandes zur Besorgung in seinem Namen übertragen. In diesen Angelegenheiten sind die Mitglieder des Gemeindevorstandes an die Weisungen des Bürgermeisters gebunden und nach Abs. 4 verantwortlich.

(4) Die Landesregierung kann den Bürgermeister und die von ihm nach Abs. 3 mit der Besorgung von Angelegenheiten des übertragenen Wirkungsbereiches betrauten Organe der Gemeinde ihres Amtes für verlustig erklären, wenn sie auf dem Gebiet der Landesvollziehung vorsätzlich oder grob fahrlässig Gesetze verletzt oder Verordnungen oder Weisungen nicht befolgt haben. Die allfällige Mitgliedschaft einer solchen Person zum Gemeinderat wird hiedurch nicht berührt.

§ 43 Wirkungskreis des Gemeinderates

(1) Dem Gemeinderat obliegt die Beschlußfassung über alle zum eigenen Wirkungsbereich der Gemeinde gehörigen Angelegenheiten, soweit diese nicht gesetzlich ausdrücklich anderen Organen der Gemeinde vorbehalten sind.

(2) Der Gemeinderat kann, sofern dies im Interesse der Zweckmäßigkeit, Raschheit, Einfachheit und Kostenersparnis gelegen ist, das ihm zustehende Beschlußrecht in nachstehenden Angelegenheiten durch Verordnung dem Gemeindevorstand übertragen:

a) der Erwerb und die Veräußerung von beweglichen Sachen im Rahmen des Voranschlages bis zu einem Betrag von drei Prozent der Gesamteinnahmen des ordentlichen Gemeindevoranschlages des laufenden Haushaltsjahres;

b) die Vergabe von Bau-, Liefer- und Dienstleistungsaufträgen im Rahmen des Voranschlages, wenn die Kosten (bei regelmäßig wiederkehrenden Vergaben die jährlichen Kosten) drei Prozent der Gesamteinnahmen des ordentlichen Gemeindevoranschlages des laufenden Haushaltsjahres nicht übersteigen;

✐ Meine Notizen

c) die Gewährung von Subventionen im Rahmen des Voranschlages im Einzelfall bis zu einem Betrag von 0,2 Prozent der Gesamteinnahmen des ordentlichen Gemeindevoranschlages des laufenden Haushaltsjahres, höchstens jedoch € 10.000,–;

d) das Einschreiten bei Gerichten und Verwaltungsbehörden, sofern dies nicht zur laufenden Verwaltung (§ 45 Abs. 2 lit. c) gehört, die Bestellung von Rechtsvertretern sowie Stellungnahmen im Anhörungsverfahren in bestimmten Angelegenheiten;

e) der Abschluß und die Auflösung von Miet- und Pachtverträgen;

f) die Gewährung von Gehaltsvorschüssen bis zu drei Monatsbezügen.

(2 a) Der Gemeinderat kann einzelne in seine Zuständigkeit fallende Angelegenheiten der örtlichen Straßenpolizei durch Verordnung dem Bürgermeister übertragen, wenn dies im Interesse der Zweckmäßigkeit, Raschheit und Einfachheit notwendig erscheint.

(3) Werden Rechtsgeschäfte nach Abs. 2 lit. a und b abgeschlossen, deren Inhalte in einem wirtschaftlichen oder funktionellen Zusammenhang stehen, sind die jährlichen Entgelte hinsichtlich der Wertgrenze zusammenzuzählen.

(4) *(Anm.: entfallen)*

[. . .]

§ 45 Wirkungskreis des Bürgermeisters

(1) Der Bürgermeister vertritt die Gemeinde nach außen. Unbeschadet der Zuständigkeit der anderen Gemeindeorgane leitet und beaufsichtigt er die gesamte Verwaltung der Gemeinde. Er ist Vorstand des Gemeindeamtes und Vorgesetzter der Gemeindebediensteten. Diese sind an seine Weisungen gebunden.

(2) Dem Bürgermeister obliegen:

a) die Vollziehung der Beschlüsse des Gemeinderates, des Gemeindevorstandes und der Verwaltungsausschüsse;

b) die Entscheidung und Verfügung in allen gemeindebehördlichen Angelegenheiten des eigenen Wirkungsbereiches, sofern hierfür gesetzlich nicht ein anderes Gemeindeorgan zuständig ist;

c) die laufende Verwaltung, insbesondere hinsichtlich des Gemeindeeigentums;

d) die Handhabung der Ortspolizei;

e) die Ausübung von Zwangsbefugnissen, sofern sie nach diesem oder anderen Gesetzen dem Bürgermeister vorbehalten sind;

f) die Erteilung von Zustimmungen und Bewilligungen gemäß den §§ 24 bis 25 a und 54 des Steiermärkischen Landes-Straßenverwaltungsgesetzes 1964, LGBl. Nr. 154/1964;

g) die Dienstenthebung (Suspendierung) von Gemeindebediensteten sowie unbeschadet des Dienstposten- oder Stellenplans die Aufnahme von im § 44 Abs. 1 lit. g genannten Personen auf die Dauer von höchstens drei Monaten oder als Ferialarbeiter auf die Dauer von nicht mehr als einen Monat, deren Kündigung und Entlassung;

h) die Entlassung von Gemeindebediensteten, wenn dies im Gemeindeinteresse gelegen ist und die Genehmigung des Gemeinderates nicht rechtzeitig eingeholt werden kann;

i) die Gewährung einer Zahlungserleichterung fälliger Abgabenschuldigkeiten bis zu vier Wochen;

j) die Besorgung der Angelegenheiten des übertragenen Wirkungsbereiches nach § 42.

(2 a) Im Falle des Abs. 2 lit. h ist diese Genehmigung jedoch ehestmöglich einzuholen. Verweigert der Gemeinderat die Genehmigung für eine vom Bürgermeister ausgesprochene Entlassung, so gilt die Entlassung als nicht ausgesprochen.

(3) Der Bürgermeister ist für die Erfüllung der dem eigenen Wirkungsbereich der Gemeinde zugehörigen Aufgaben dem Gemeinderat verantwortlich (§ 36).

[. . .]

§ 93 Instanzenzug

(1) Der Instanzenzug gegen Bescheide in Angelegenheiten des eigenen Wirkungsbereiches geht an den Gemeinderat, sofern gesetzlich nichts anderes bestimmt ist. Dieser übt auch die in den verfahrensgesetzlichen Bestimmungen vorgesehenen oberbehördlichen Befugnisse aus.

(2) Jeder letztinstanzliche Bescheid eines Gemeindeorganes in Angelegenheiten des eigenen Wirkungsbereiches hat einen Hinweis auf die Möglichkeit der Beschwerde an das Landesverwaltungsgericht zu enthalten.

[. . .]

Meine Notizen

§ 96 Umfang der Aufsicht

(1) Das Land übt das Aufsichtsrecht über die Gemeinde dahin aus, daß diese bei Besorgung der Aufgaben des eigenen Wirkungsbereiches aus dem Bereich der Landesvollziehung die Gesetze und Verordnungen nicht verletzt, insbesondere ihren Wirkungsbereich nicht überschreitet und die ihr gesetzlich obliegenden Aufgaben erfüllt.

(2) Die Gemeinde hat im Fall des § 99 einen Rechtsanspruch auf Ausübung des Aufsichtsrechts.

§ 97 Aufsichtsbehörde

(1) Aufsichtsbehörde ist die Landesregierung. Sie kann sich zur Überprüfung der Gemeinden (§§ 87 und 98) sowie für Erhebungen und Ermittlungen der Bezirksverwaltungsbehörden bedienen.

(2) Die Aufsichtsbehörde hat unter möglichster Bedachtnahme auf die Eigenverantwortlichkeit der Gemeinde und unter möglichster Schonung erworbener Rechte Dritter vorzugehen. Stehen im Einzelfall verschiedene Aufsichtsmittel zur Verfügung, so ist das jeweils gelindeste noch zum Ziel führende Mittel anzuwenden.

(3) Soweit eine aufsichtsbehördliche Maßnahme die Klärung einer Rechtsfrage voraussetzt, durch die der sachliche Wirkungsbereich einer anderen Behörde berührt wird, hat die Aufsichtsbehörde die andere Behörde zu hören.

[. . .]

§ 98 a Aufsichtsbeschwerden

(1) Für Beschwerden über die Amtsführung von Gemeindeorganen (Aufsichtsbeschwerden) gilt vorbehaltlich Abs. 3:

1. Aufsichtsbeschwerden sind schriftlich bei der Aufsichtsbehörde einzubringen;

2. die Aufsichtsbehörde hat von dem von der Aufsichtsbeschwerde betroffenen Organ eine schriftliche Stellungnahme einzuholen;

3. die Aufsichtsbehörde hat zu beurteilen, ob das Gemeindeorgan durch sein Verhalten Gesetze oder Verordnungen verletzt hat. Über das Ergebnis sind der Beschwerdeführer und das betroffene Organ schriftlich zu informieren;

4. die Erledigung einer Aufsichtsbeschwerde hat ohne Verzug, spätestens aber sechs Monate ab Einlangen, bei der Aufsichtsbehörde zu erfolgen.

(2) Werden Aufsichtsbeschwerden von einem Mitglied des Gemeinderates eingebracht, gilt darüber hinaus:

1. Die Stellungnahme gemäß Abs. 1 Z. 2 ist diesem Gemeinderatsmitglied zu übermitteln.

2. Das Gemeinderatsmitglied hat das Recht, sich zur Stellungnahme gemäß Abs. 1 Z. 2 innerhalb von zwei Wochen ab Zustellung der Mitteilung gemäß Z. 1 zu äußern.

(3) Anonyme Aufsichtsbeschwerden oder solche in Angelegenheiten, die von der Aufsichtsbehörde auf Grund einer Aufsichtsbeschwerde der einschreitenden Person bereits erledigt wurden, oder solche, mit denen die Tätigkeit der Aufsichtsbehörde offenbar mutwillig in Anspruch genommen wird, sind nicht weiter zu behandeln.

[. . .]

§ 100 Verordnungsprüfung

(1) Die Gemeinde hat im eigenen Wirkungsbereich erlassene Verordnungen der Aufsichtsbehörde unverzüglich, spätestens jedoch einen Monat nach Kundmachung unter Anschluss der maßgebenden Aktenteile vorzulegen.

(2) Die Aufsichtsbehörde hat gesetzwidrige Verordnungen (Abs. 1) aufzuheben und die Gründe hiefür der Gemeinde spätestens mit der Kundmachung der die Aufhebung verfügenden Verordnung im Landesgesetzblatt mitzuteilen. Vor der Erlassung einer solchen Verordnung ist der Gemeinde Gelegenheit zur Äußerung zu geben.

(3) Die Aufhebungsverordnung der Aufsichtsbehörde ist überdies vom Bürgermeister unverzüglich in gleicher Weise wie die aufgehobene Verordnung an der Amtstafel kundzumachen.

[. . .]

§ 101 Sonstige Behebung von Bescheiden

(1) Ein rechtskräftiger Bescheid eines Gemeindeorgans in den Angelegenheiten des eigenen Wirkungsbereiches der Gemeinde aus dem Bereich der Landesvollziehung kann von der Aufsichtsbehörde nur aus den Gründen des § 68 Abs. 3 und 4 des

✐ Meine Notizen

Allgemeinen Verwaltungsverfahrensgesetzes 1991 – AVG behoben werden. In Angelegenheiten eines öffentlich-rechtlichen Dienst-, Ruhe- oder Versorgungsverhältnisses zu Gemeinden ist eine Behebung von rechtskräftigen Bescheiden auch dann zulässig, wenn das entscheidende Gemeindeorgan wusste oder wissen musste, dass der Bescheid gegen zwingende gesetzliche Vorschriften verstößt.

(2) Nach Ablauf von drei Jahren kann ein in Abs. 1 genannter Bescheid nicht mehr behoben werden. Diese Frist beginnt mit der Zustellung der schriftlichen Ausfertigung des Bescheides, im Falle bloß mündlicher Verkündung mit dieser.

§ 101 a Ersatzvornahme

(1) Erfüllt eine Gemeinde eine ihr durch Gesetz oder Verordnung auferlegte Verpflichtung nicht, so kann ihr die Aufsichtsbehörde die Erfüllung durch Bescheid auftragen. Hierfür ist eine angemessene Frist zu setzen.

(2) Nach fruchtlosem Ablauf der nach Abs. 1 festgesetzten Frist oder bei Gefahr im Verzug kann die Aufsichtsbehörde an Stelle und im Namen der Gemeinde sowie auf deren Kosten und Gefahr die erforderlichen Maßnahmen treffen.

(3) Zur Erlassung von Bescheiden anstelle säumiger Gemeindeorgane ist die Aufsichtsbehörde nicht berufen.

Statut der Landeshauptstadt Graz
(LGBl 1967/130 idF LGBl 2016/45)

§ 14 Übersicht

(1) Organe der Stadt sind:
1. der Gemeinderat,
2. der Bürgermeister,
3. der Stadtsenat,
4. die einzelnen Mitglieder des Stadtsenates,
5. die Verwaltungsausschüsse.

(2) Hilfsorgan der Stadt ist der Magistrat.

[. . .]

§ 15 Zusammensetzung und Wahl

(1) Der Gemeinderat besteht aus 48 Mitgliedern.

[. . .]

§ 41 Eigener Wirkungsbereich

(1) Der eigene Wirkungsbereich umfaßt neben den im § 1 Abs. 3 angeführten Angelegenheiten alle Angelegenheiten, die im ausschließlichen oder überwiegenden Interesse der in der Stadt verkörperten örtlichen Gemeinschaft gelegen und geeignet sind, durch die Gemeinschaft innerhalb ihrer örtlichen Grenzen besorgt zu werden.

(2) Der Stadt sind zur Besorgung im eigenen Wirkungsbereich die behördlichen Aufgaben insbesondere in folgenden Angelegenheiten zuzuweisen:

1. Bestellung der Gemeindeorgane unbeschadet der Zuständigkeit überörtlicher Wahlbehörden;
2. Regelung der inneren Einrichtungen zur Besorgung der Gemeindeaufgaben;
3. Bestellung der Gemeindebediensteten und Ausübung der Diensthoheit unbeschadet der Zuständigkeit überörtlicher Disziplinar-, Qualifikations- und Prüfungskommissionen;
4. Bemessung und Einhebung der von der Gemeinde zu verwaltenden Gemeindeabgaben;
5. örtliche Sicherheitspolizei einschließlich örtliche Katastrophenpolizei;
6. örtliche Veranstaltungspolizei;
7. örtliche Gesundheitspolizei, insbesondere auch auf dem Gebiete des Hilfs- und Rettungswesens sowie des Leichen- und Bestattungswesens;
8. Verwaltung der Verkehrsflächen der Gemeinde, örtliche Straßenpolizei;
9. örtliche Baupolizei,
10. örtliche Feuerpolizei einschließlich örtliche Kehrpolizei;
11. örtliche Raumplanung;
12. örtlicher Landschafts- und Naturschutz;
13. örtliche Marktpolizei;
14. Flurschutzpolizei;

Meine Notizen

15. öffentliche Wasserversorgung, soweit es sich nicht um Angelegenheiten des Wasserrechtes handelt;

16. öffentliche Abwässerbeseitigung, soweit es sich nicht um Angelegenheiten des Wasserrechtes handelt;

17. öffentliche Müllabfuhr und -beseitigung;

18. öffentliche Fürsorge unbeschadet der Zuständigkeit überörtlicher Fürsorgebehörden;

19. Errichtung, Erhaltung und Auflassung öffentlicher Kindergärten, Horte und Heime, Mitwirkung bei der Errichtung und Auflassung und die Erhaltung aller Schulen, für die die Stadt auf Grund der Gesetze Schulerhalter ist, sowie die durch Gesetze geregelte sonstige Einflußnahme auf das Pflichtschulwesen;

20. Sittlichkeitspolizei;

21. örtliche Maßnahmen zur Förderung und Pflege des Fremdenverkehrs;

22. öffentliche Einrichtungen zur außergerichtlichen Vermittlung von Streitigkeiten;

23. freiwillige Feilbietungen beweglicher Sachen.

(3) Zum eigenen Wirkungsbereich gehören auch die übrigen der Stadt durch dieses Gesetz überlassenen sowie jedenfalls auch alle in anderen Gesetzen ausdrücklich als solche bezeichneten Angelegenheiten.

(4) Die Stadt hat die Angelegenheiten des eigenen Wirkungsbereiches im Rahmen der Gesetze und Verordnungen des Bundes und des Landes in eigener Verantwortung frei von Weisungen und unter Ausschluss eines Rechtsmittels an Verwaltungsorgane außerhalb der Stadt zu besorgen.

(5) Auf Antrag des Gemeinderates kann die Besorgung einzelner Angelegenheiten des eigenen Wirkungsbereiches, soweit sie zum Bereich der Landesvollziehung gehören, durch Verordnung der Landesregierung auf eine staatliche Behörde übertragen werden, wenn dies im Interesse der Zweckmäßigkeit, Raschheit oder Einfachheit gelegen und die staatliche Behörde nach ihrem Aufgabenbereich und ihrer Organisation zur Durchführung der zu übertragenden Aufgaben geeignet ist. Die Übertragung auf eine Bundesbehörde darf nur mit Zustimmung der Bundesregierung erfolgen.

(6) Eine Übertragung nach Abs. 5 bewirkt, daß die davon betroffenen Angelegenheiten als solche der staatlichen Verwaltung zu behandeln sind; die Übertragung erstreckt sich nicht auf das Verordnungsrecht nach § 42.

(7) Eine Verordnung nach Abs. 5 ist aufzuheben, sobald die für ihre Erlassung maßgebenden Gründe weggefallen sind, insbesondere, wenn der Gemeinderat die Aufhebung beantragt. Vor der Erlassung einer solchen Verordnung ist der Gemeinde Gelegenheit zur Äußerung zu geben.

[...]

§ 51 Beschlußfähigkeit und Beschlußfassung

(1) Der Gemeinderat ist beschlußfähig, wenn sämtliche Mitglieder des Gemeinderates ordnungsgemäß zur Sitzung eingeladen wurden und, sofern dieses Statut oder andere Gesetze für bestimmte Beratungsgegenstände nicht eine höhere Anwesenheitspflicht anordnen, mehr als die Hälfte aller Mitglieder anwesend sind.

(2) Zur Fassung eines gültigen Beschlusses sind die Beschlußfähigkeit und die Zustimmung der einfachen Mehrheit der anwesenden Mitglieder erforderlich, sofern dieses Statut oder andere Gesetze nicht die Zustimmung einer erhöhten Mehrheit der anwesenden Mitglieder anordnen.

(3) Stimmenthaltung gilt als Ablehnung. Die Abstimmung erfolgt durch Erheben der Hand. Wenn es dieses Statut bestimmt oder der Gemeinderat es besonders beschließt, ist die Abstimmung mit Stimmzetteln oder namentlich durchzuführen.

(4) Bei Stimmengleichheit gilt der Antrag als abgelehnt.

[...]

§ 56 Wirkungskreis des Bürgermeisters

(1) Der Bürgermeister vertritt die Stadt. Er ist zur Leitung der gesamten Stadtverwaltung berufen.

(2) Der Bürgermeister beaufsichtigt alle der Stadt obliegenden Geschäfte. Die dafür erforderlichen Instrumente der Innenrevision sind beim Magistratsdirektor einzurichten. Der Bürgermeister ist insbesondere verpflichtet, die Einhaltung der durch dieses Statut und durch sonstige Gesetze für die einzelnen Organe der Stadt bestimmten Wirkungskreise zu überwachen.

(3) Der Bürgermeister ist der Vorstand des Magistrates; er ist Vorgesetzter der Bediensteten der Stadt.

✐ Meine Notizen

(4) Unbeschadet der Bestimmungen des § 57 hat der Bürgermeister jeden Beschluß eines Kollegialorganes in der von diesem angegebenen Art vollziehen zu lassen.

(5) Der Bürgermeister ist jederzeit berechtigt, im gesamten Bereich des Magistrates und der Gemeindeunternehmungen die Vorlage von Geschäftsstücken sowie die Erteilung von Auskünften zu verlangen und persönlichen Einblick in den Geschäftsgang zu nehmen.

(6) Dem Bürgermeister sind außer jenen Angelegenheiten, die ihm durch andere Bestimmungen dieses Statutes oder durch sonstige Gesetze übertragen sind, noch folgende Angelegenheiten vorbehalten:

1. die Bewilligung von Dienstreisen im Inland;

2. die Gewährung von einmaligen nichtrückzahlbaren Geldaushilfen bis zur Höhe eines Monatsbezuges an Bedienstete der Stadt;

3. die Bewilligung von fallweisen Ausnahmen von der regelmäßigen Arbeitszeit;

4. die Heranziehung der vom Gemeinderat Bevollmächtigten zur Vertretung der Stadt (§ 45 Abs. 2 Z 4) im Einzelfall;

5. die fallweise Entsendung von Bediensteten in beratende Kommissionen und Ausschüsse.

(7) Die Besorgung der Aufgaben im übertragenen Wirkungsbereich bestimmt sich nach § 60.

[...]

§ 60 Besorgung der Aufgaben des übertragenen Wirkungsbereiches

(1) Die Angelegenheiten des übertragenen Wirkungsbereiches werden vom Bürgermeister besorgt. Er ist hiebei in den Angelegenheiten der Bundesvollziehung an die Weisungen der zuständigen Organe des Bundes, in den Angelegenheiten der Landesvollziehung an die Weisungen der zuständigen Organe des Landes gebunden und nach Abs. 3 verantwortlich.

(2) Der Bürgermeister kann einzelne Gruppen von Angelegenheiten des übertragenen Wirkungsbereiches – unbeschadet seiner Verantwortlichkeit – wegen ihres sachlichen Zusammenhanges mit den Angelegenheiten des eigenen Wirkungsbereiches Mitgliedern des Stadtsenates zur Besorgung in seinem Namen übertragen. In diesen Angelegenheiten sind die Mitglieder des Stadtsenates an die Weisungen des Bürgermeisters gebunden und nach Abs. 3 verantwortlich.

(3) Die Landesregierung kann den Bürgermeister und die von ihm nach Abs. 2 mit der Besorgung von Angelegenheiten des übertragenen Wirkungsbereiches betrauten Organe der Stadt dieses Amtes für verlustig erklären, wenn sie auf dem Gebiet der Landesvollziehung vorsätzlich oder grobfahrlässig Gesetze verletzt oder Verordnungen oder Weisungen nicht befolgt haben. Die allfällige Mitgliedschaft einer solchen Person zum Gemeinderat wird hiedurch nicht berührt.

§ 61 Wirkungskreis des Stadtsenates und der Stadtsenatsmitglieder

(1) Dem Stadtsenat obliegt die Vorberatung und Antragstellung in den der Erledigung des Gemeinderates vorbehaltenen Angelegenheiten, soweit der Gemeinderat nicht eigene Ausschüsse zur Vorberatung und Antragstellung bestellt hat.

(2) Dem Stadtsenat obliegt ferner die Besorgung aller Angelegenheiten des eigenen Wirkungsbereiches, die ihm durch dieses Statut oder durch andere Gesetze übertragen sind, sowie aller übrigen Angelegenheiten des eigenen Wirkungsbereiches, die durch Gesetz keinem anderen Organ der Stadt ausdrücklich vorbehalten sind.

(3) In der vom Stadtsenat zu beschließenden Geschäftsordnung sind die Angelegenheiten zu bezeichnen, die der kollegialen Beschlußfassung vorbehalten sind. Alle übrigen Geschäfte sind für den Stadtsenat von den nach der Referatseinteilung (§ 62 Abs. 3) zuständigen Mitgliedern des Stadtsenates (Stadtsenatsreferenten) zu besorgen, sofern der betreffende Stadtsenatsreferent nicht selbst eine Kollegialbeschlußfassung beantragt. Auch der Stadtsenat kann einzelne Angelegenheiten zur

[...]

§ 68 Befangenheit

(1) Ein Mitglied eines Kollegialorganes der Stadt sowie eines vorberatenden Gemeinderatsausschusses ist von der Beratung und Beschlußfassung über einen Verhandlungsgegenstand ausgeschlossen:

a) in Sachen, an denen es selbst, der Ehegatte, die Verwandten in gerader Linie und die Verwandten zweiten, dritten und vierten Grades in der Seitenlinie, die Verschwägerten in gerader Linie und die Verschwägerten zweiten Grades in der Sei-

Meine Notizen

tenlinie, die Wahleltern und Wahlkinder und die Pflegeeltern und Pflegekinder, Personen, die miteinander in Lebensgemeinschaft leben, sowie Kinder und Enkel einer dieser Personen im Verhältnis zur anderen Person sowie der eingetragene Partner, beteiligt sind.

b) in Sachen seiner Wahl- oder Pflegeeltern, Wahl- oder Pflegekinder, seines Mündels oder Pflegebefohlenen;

c) in Sachen, in denen es als Bevollmächtigter einer Partei bestellt war oder noch bestellt ist;

d) wenn sonstige wichtige Gründe vorliegen, die geeignet sind, seine volle Unbefangenheit in Zweifel zu setzen.

(1 a) Die durch eine Ehe begründete Eigenschaft einer Person als Angehöriger bleibt aufrecht, auch wenn die Ehe nicht mehr besteht. Der in Abs. 1 geregelte Ausschluss für die Verschwägerten in gerader Linie und die Verschwägerten zweiten Grades in der Seitenlinie gilt für eingetragene Partner sinngemäß. Die durch eine eingetragene Partnerschaft begründete Eigenschaft einer Person als Angehöriger bleibt aufrecht, auch wenn die eingetragene Partnerschaft nicht mehr besteht.

(2) Das befangene Mitglied hat seine Befangenheit aus eigenem wahrzunehmen und dem Vorsitzenden (Obmann) mitzuteilen. Es hat für die Dauer der Beratung und Beschlußfassung den Sitzungssaal zu verlassen. Über ausdrücklichen Beschluß des Kollegialorganes kann das betreffende Mitglied jedoch der Beratung zur Erteilung von Auskünften beigezogen werden; auch in diesem Falle ist in seiner Abwesenheit Beschluß zu fassen. Beschlüsse, die unter Außerachtlassung dieser Bestimmungen gefasst werden, sind ungültig, wenn das Kollegialorgan bei Abwesenheit des befangenen Mitgliedes nicht beschlussfähig gewesen wäre oder wenn ohne diese Stimme die erforderliche Stimmenmehrheit nicht zustande gekommen wäre; die auf ihrer Grundlage erlassenen Bescheide sind innerhalb von drei Jahren nach Eintreten der Rechtskraft mit Nichtigkeit bedroht (§ 68 Abs. 4 Z 4 Allgemeines Verwaltungsverfahrensgesetz 1991 – AVG, BGBl. Nr. 51/1991).

(3) Befangenheit liegt nicht vor, wenn ein Mitglied eines Kollegialorganes an einem Verhandlungsgegenstand lediglich als Angehöriger einer Berufsgruppe oder einer Bevölkerungsgruppe beteiligt ist, deren gemeinsame Interessen durch den Verhandlungsgegenstand berührt werden und deren Interessen zu vertreten das Mitglied berufen ist.

(4) Ob ein wichtiger Grund im Sinne des Abs. 1 lit. d vorliegt, entscheidet im Zweifelsfalle das Kollegialorgan.

(5) Bei der Besorgung behördlicher Aufgaben gelten die Bestimmungen des § 7 iVm. § 36a AVG.

(6) Für die Mitglieder des Stadtsenates, die nicht dem Gemeinderat angehören, gelten ebenfalls die Bestimmungen der Abs. 1 bis 5. Das gleiche gilt auch für die nicht in kollegialer Beratung und Beschlußfassung durchzuführende Tätigkeit des Bürgermeisters und der übrigen Mitglieder des Stadtsenates.

[...]

§ 100 Instanzenzug

(1) In den landesgesetzlich geregelten Angelegenheiten des eigenen Wirkungsbereiches sind mit Ausnahme der in Abs. 2 angeführten Angelegenheiten Berufungen gegen Bescheide eines Organs der Stadt ausgeschlossen. In jenen bundesgesetzlich geregelten Angelegenheiten, in denen ein zweistufiger Instanzenzug nicht ausgeschlossen ist, entscheidet über Berufungen der Gemeinderat.

(2) In den Angelegenheiten des Grazer Gemeindevertragsbedienstetengesetzes und der Dienst- und Gehaltsordnung der Beamten der Landeshauptstadt Graz 1956, mit Ausnahme der Disziplinarverfahren sind Berufungen zulässig. Berufungsbehörde ist der Gemeinderat.

Steiermärkisches Landesverfassungsgesetz
(LGBl 2010/77 idF 2017/115)

Art 27 Beschlusserfordernisse

(1) Zu einem Beschluss des Landtages ist, soweit in diesem Gesetz, im Bundes-Verfassungsgesetz oder der Geschäftsordnung des Landtages nicht anderes bestimmt ist, die Anwesenheit von mindestens der Hälfte der Mitglieder und die unbedingte Mehrheit der abgegebenen Stimmen erforderlich.

✐ Meine Notizen

(2) Ein Landesverfassungsgesetz kann nur mit einer Mehrheit von zwei Dritteln der abgegebenen Stimmen beschlossen werden. Verfassungsgesetze oder in einfachen Gesetzen enthaltene Verfassungsbestimmungen sind als solche (‚Landesverfassungsgesetz', ‚Verfassungsbestimmung') ausdrücklich zu bezeichnen.